河北省教育厅人文社会科学研究重大课题攻关项目
"河北省现代畜牧业发展研究"（项目编号：ZD201516）

现代畜牧业发展研究
—— 以河北省为例

Research on the Development of Modern Animal Husbandry:
Taking Hebei Province as an Example

路剑 周勋章 张红程 丛林 等／著

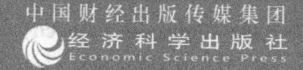

中国财经出版传媒集团
经济科学出版社
Economic Science Press

图书在版编目（CIP）数据

现代畜牧业发展研究：以河北省为例/路剑等著．
—北京：经济科学出版社，2021.12
ISBN 978-7-5218-3340-9

Ⅰ.①现… Ⅱ.①路… Ⅲ.①畜牧业经济－经济
－研究－河北 Ⅳ.①F326.372.2

中国版本图书馆 CIP 数据核字（2021）第 253756 号

责任编辑：李　宝
责任校对：郑淑艳
责任印制：张佳裕

现代畜牧业发展研究
——以河北省为例

路　剑　周勋章　张红程　丛　林　等著
经济科学出版社出版、发行　新华书店经销
社址：北京市海淀区阜成路甲 28 号　邮编：100142
总编部电话：010-88191217　发行部电话：010-88191522
网址：www.esp.com.cn
电子邮箱：esp@esp.com.cn
天猫网店：经济科学出版社旗舰店
网址：http://jjkxcbs.tmall.com
北京财经印刷厂印装
710×1000　16 开　28 印张　600000 字
2021 年 12 月第 1 版　2021 年 12 月第 1 次印刷
ISBN 978-7-5218-3340-9　定价：98.00 元
（图书出现印装问题，本社负责调换。电话：010-88191545）
（版权所有　侵权必究　打击盗版　举报热线：010-88191661
QQ：2242791300　营销中心电话：010-88191537
电子邮箱：dbts@esp.com.cn）

本书得到以下项目团队和机构支持：
河北省现代农业产业技术体系生猪产业创新团队
河北省农业农村经济协同创新中心
河北省高等学校人文社会科学重点研究基地（河北农业大学现代农业发展研究中心）
2021年度河北省社会科学发展研究课题：河北省生猪产业集群建设研究（20210301089）

前言
PREFACE

畜牧业是关系国计民生的重要产业，肉蛋奶是百姓"菜篮子"的重要品种。"十三五"期间，河北省畜牧业综合生产能力显著增强，2020年猪牛羊禽肉产量415.8万吨，其中，猪肉产量226.9万吨、牛肉产量55.6万吨、羊肉产量31.3万吨、禽肉产量102.0万吨；禽蛋产量389.7万吨；牛奶产量483.4万吨；水产品产量95.3万吨；畜牧业产值达到2 309.7亿元。畜牧业在保障省内粮食安全、繁荣农村经济、促进农牧民增收等方面发挥了重要作用，成为促进农民增收、推动农村经济发展的重要支柱产业。

当前，河北省畜牧业发展的内外部环境已经发生了根本性转变，资产、技术和管理的密集度日益提升，新冠肺炎疫情、非洲猪瘟带来的冲击短期内难以消除，资源、市场和环境因素日益趋紧，进口挤压日益增大，综合竞争力提升日益迫切。实施乡村振兴战略，为畜牧业发展带来巨大的历史机遇，畜牧业作为农村、农民收入的重要来源之一，是实施乡村振兴战略的重要动力来源。"十四五"期间，围绕"保供给、保安全、保生态"总目标，解决畜牧产业发展效益低、支持保障体系不健全、抵御各种风险能力偏弱等突出问题，成为促进畜牧业高质量发展、全面提升畜禽产品供应安全保障能力的关键。

本书是河北省教育厅人文社会科学研究重大课题攻关项目"河北省现代畜牧业发展研究"（项目编号：ZD201516）的研究成果。课题团队成员在对2016~2020年河北省畜牧业全面深入研究的基础上，就河北省现代畜牧业发展现状和条件、主要畜牧产业发展情况、饲料及兽药产业发展、粪污资源化利用、畜产品品牌建设、宠物食品市场、动物疫病防治、畜牧业发展规划等方面进行了系统研究。

鉴于非洲猪瘟疫情对生猪产业的直接冲击和对畜牧产业的间接影响巨大，为此专门开展了非洲猪瘟专题研究，从非洲猪瘟疫情影响、应对措施、疫情防控和"后非瘟时代"生猪产业转型升级对策等方面进行了深入研究。

本书的主要研究内容如下：

上篇河北省现代畜牧业发展专题包括九章。

第1章为导论。首先介绍本书的研究背景及研究意义，对国内外畜牧业发展相关研究进行阐述；其次提出本书的研究目标并对所研究内容进行说明；最后指出本书应用的研究方法以及技术路线，并提出本书创新点。

第2章为河北省现代畜牧业发展条件及现状。从地理气候、自然资源、市场资源、科技资源、政策环境五大方面分析河北省畜牧业发展的资源禀赋；以数据为支撑，从不同角度论证河北省畜牧业发展现状，阐释河北省畜牧业发展面临的机遇与挑战；分析河北省畜牧产业供求与畜牧业结构变化，探索河北省畜牧业转型变化趋势。

第3章为河北省主要畜牧产业发展分析。从河北省生猪产业、羊产业、牛产业、鸡产业几个主要畜牧产业的生产、加工与消费环节角度出发，对河北省主要畜牧产业发展情况进行分析，总结其面临的主要问题，提出相关对策建议。

第4章为河北省饲料及兽药产业发展研究。通过对中国饲料产业概况、河北省饲料产业特点、河北省饲料企业发展概况以及河北省饲料产业发展环境进行分析，揭示河北省饲料产业发展存在的问题，提出促进河北省饲料产业发展的建议；在对河北省兽药研发、生产、销售现状进行分析的基础上，通过问卷调查研究河北省养殖场（户）兽药的购买行为，并针对兽药产销中存在的问题提出相应对策。

第5章为河北省畜禽养殖粪污资源化利用问题研究。基于对河北省畜禽养殖发展概况及河北省畜禽粪污资源化发展变化的分析，通过分析调查问卷数据，运用多变量Probit回归模型，对生猪养殖场（户）粪污资源化利用行为的影响因素以及不同情境下生猪养殖场（户）资源化利用行为差异分析，提出河北省畜禽养殖粪污资源化利用的对策建议。

第6章为河北省市场畜产品品牌现状调查及问题分析。基于对河北省市场畜产品、肉类产品、蛋类产品、奶类产品品牌调研的基本情况，分析河北省市场畜产品品牌发展存在的问题。通过调查问卷数据统计描述，以消费者市场畜产品品牌认识和食用情况研究视角，分析河北省市场畜产品品牌影响因素，从而提出促进河北省市场畜产品品牌发展的相关对策建议。

第7章为河北省宠物食品市场调研分析。在分析河北省宠物食品市场供给主体、产品类别、知名品牌建设及相关法律制度建设供给现状与宠物食品需求群体、需求偏好、品种偏好及城乡购买差距需求现状的基础上，定性定量方法相结合，探索河北省居民宠物食品购买行为及市场需求的影响因素，提出完善河北省宠物食品市场发展的对策建议。

第8章为河北省畜牧业疫病防治服务研究。在梳理河北省畜牧业疫病防治相关政策措施与主要服务模式，分析疫病防治服务主体及养殖场（户）接受防疫服务基本现状的基础上，整理调查问卷信息，利用主成分分析法，探索养殖场（户）接受疫病防治服务效果及主、客观因素影响机理，提出河北省构建现代化疫病防治服务体系的对策建议。

第9章为河北省现代畜牧业发展思路。通过描述河北省区位优势，体现发展现代畜牧产业的积极意义；根据新时代发展思想规划现代畜牧业产业发展的基本原则和主要目标任务，确立发展现代畜牧业的总体思路；围绕目标任务对发展现代畜牧业进行路径分析，提出发展现代畜牧业的保障措施。

下篇非洲猪瘟专题包括五章。

第10章为河北省生猪产业发展的基础状况。在对河北省生猪产业发展国际和国内背景及河北省生猪生产的基本情况进行分析的基础上，研究河北省生猪价格、猪肉价格、仔猪价格、猪饲料原料价格变动情况，进而对河北省生猪产业生产趋势与发展趋势进行分析，在空间和时间上完整描述了河北省生猪产业发展的基础状况。

第11章为非洲猪瘟疫情影响的调查研究。通过对河北省7个生猪试验站展开实际调研，分析非洲猪瘟疫情影响下河北省规模养殖场生产经营状况、散养户生产经营状况、屠宰企业经营状况、生猪交易经纪人情况、冷链运输企业情况，基于此总结河北省生猪生产总体情况，并选取石家庄市、唐山市、秦皇岛市和辛集市作进一步现状分析。

第12章为应对非洲猪瘟疫情的专项研究。通过跨省禁运类专项研究，分析跨省禁运对京津地区生猪市场和河北省生猪产业的影响，提出对策建议和预案；通过非洲猪瘟防控类专项研究，分析河北省非洲猪瘟疫情下生猪产业情况及影响，揭示当前生猪产业存在的问题并提出对策；通过生物安全体系建设类专项研究，探讨非洲猪瘟背景下规模猪场生物安全体系建设，并列举文献说明不同养殖规模下生猪疫病风险认知对养猪户生物安全行为的影响；通过生猪养殖保险类专项研究，分析河北省政策性生猪保险开展状况及存在问题，提出规范和促进河北省生猪保险发展的对策建议。

第13章为河北省非洲猪瘟疫情防控分析。介绍非洲猪瘟疫情的起源及全球非洲猪瘟发展基本情况，基于生猪养殖量、养殖主体、防控经验和地理位置等角度分析河北省非洲猪瘟疫情防控存在的难点，从而提出河北省非洲猪瘟疫情防控建议。

第 14 章为"后非瘟时代"河北省生猪产业转型升级对策建议。分析后非洲猪瘟时代河北省生猪产业特点，探讨河北省生猪产业发展在自主育种、养殖效率、环境保护和产业链条等方面存在的问题，基于此提出促进河北省生猪产业转型升级的对策建议。

本书提出的河北省现代畜牧业发展战略对河北省畜牧业发展具有重要指导意义。河北省畜牧业发展现状、条件和主要畜牧产业发展情况分析，为推进畜牧产业政策优化、促进畜牧产业发展提供了理论和现实依据。畜牧业饲料兽药产业发展研究、畜产品品牌发展研究和宠物粮市场调研分析为相关产业发展提供了重要决策依据。废弃物资源化利用和动物疫病防控研究对促进河北省生态、健康畜牧业发展具有一定指导意义。非洲猪瘟专题系统研究了非洲猪瘟暴发后对河北省生猪产业造成的冲击以及河北省主要应对措施，在分析非洲猪瘟疫情防控措施基础上，提出了"后非瘟时代"河北省生猪产业转型升级的对策建议，对河北省生猪产业发展具有重要的参考价值。

本书由路剑教授负责全书的内容设计和组织工作，路剑、周勋章、张红程、丛林、刘振涛等对全书进行了统稿和审定，各章具体分工如下：第 1 章：路剑、贾会棉；第 2 章：杜英娜、张红程；第 3 章：刘文超、王斌、王印华、刘振涛、梁帆、董璠、王丽娜；第 4 章：薛凤蕊、丛林、丁丽妍；第 5 章：刘振涛、张红程；第 6 章：路剑、杨文龙、王印华、徐胜利；第 7 章：路剑、周世杰；第 8 章：齐斌、李珍；第 9 章：赵君彦、周勋章、王秀芳；第 10 章：张红程、李珍、徐胜利；第 11 章：丛林、刘振涛、连大鹏、董璠；第 12 章：王秀芳、梁帆、张明达；第 13 章：周勋章、路剑、彭紫瑞；第 14 章：周勋章、路剑、张灿。

作者
2021 年 10 月于保定

目录
CONTENTS

上篇　河北省现代畜牧业发展专题

第1章　**导论** ·· 3
 1.1　研究背景及意义 ·· 3
 1.2　国内外研究现状 ·· 5
 1.3　研究目标及研究内容 ··· 11
 1.4　研究方法及技术路线 ··· 12
 1.5　创新说明 ··· 14

第2章　**河北省现代畜牧业发展条件及现状** ························ 16
 2.1　河北省畜牧业发展资源禀赋 ································· 16
 2.2　河北省畜牧业发展现状 ··· 23
 2.3　河北省发展现代畜牧业面临的机遇和挑战 ·········· 27
 2.4　河北省畜牧业转型的变化趋势 ····························· 30

第3章　**河北省主要畜牧产业发展分析** ································ 54
 3.1　主要畜牧产业的生产现状 ····································· 54
 3.2　主要畜牧产业的加工现状 ····································· 67
 3.3　主要畜牧产品的消费现状 ····································· 72
 3.4　主要畜牧产业发展面临的问题及对策建议 ·········· 76

第4章　河北省饲料及兽药产业发展研究 ……… 83
- 4.1　中国饲料产业概况 ……… 83
- 4.2　河北省饲料产业发展基本情况 ……… 86
- 4.3　河北省饲料产业的发展环境分析 ……… 97
- 4.4　河北省饲料产业发展存在的问题及发展建议 ……… 99
- 4.5　河北省兽药产销现状分析 ……… 104
- 4.6　河北省养殖场（户）兽药购买行为分析 ……… 117
- 4.7　河北省兽药产销中存在的问题及对策建议 ……… 130

第5章　河北省畜禽养殖粪污资源化利用问题研究 ……… 138
- 5.1　河北省畜禽养殖场（户）粪污资源化利用现状分析 ……… 138
- 5.2　畜禽养殖场（户）粪污资源化利用调研——以生猪养殖场（户）为例 ……… 150
- 5.3　生猪养殖场（户）粪污资源化利用行为的影响因素分析 ……… 156
- 5.4　不同情境下生猪养殖场（户）资源化利用行为差异分析 ……… 164
- 5.5　对策建议 ……… 170

第6章　河北省市场畜产品品牌现状调查及问题分析 ……… 174
- 6.1　河北省市场畜产品品牌调查 ……… 174
- 6.2　河北省市场畜产品品牌问题分析 ……… 181
- 6.3　河北省市场畜产品品牌影响因素调查分析 ……… 183
- 6.4　河北省市场畜产品品牌发展的建议及对策 ……… 193

第7章　河北省宠物食品市场调研分析 ……… 196
- 7.1　河北省宠物食品市场供给现状 ……… 196
- 7.2　河北省宠物食品市场需求现状 ……… 204
- 7.3　河北省居民宠物食品购买行为分析 ……… 208
- 7.4　河北省居民宠物食品市场需求影响因素分析 ……… 220
- 7.5　推动河北省宠物食品产业发展的相关建议 ……… 227

第8章	河北省畜牧业疫病防治服务研究 …………………… 230
	8.1　河北省畜牧业疫病防治服务现状 ……………… 231
	8.2　河北省养殖业疫病防治服务存在的问题 ……… 248
	8.3　提高河北省养殖业疫病防治服务水平的对策建议 ……… 251

第9章	河北省现代畜牧业发展思路 ……………………… 255
	9.1　发展现代畜牧业的重要意义 …………………… 255
	9.2　发展现代畜牧业的总体思路 …………………… 256
	9.3　发展现代畜牧业的路径分析 …………………… 258
	9.4　发展现代畜牧业的保障措施 …………………… 265

下篇　非洲猪瘟专题

第10章	河北省生猪产业发展的基础状况 ………………… 271
	10.1　河北省生猪产业发展的国际和国内背景 ……… 272
	10.2　河北省生猪生产基本情况 ……………………… 280
	10.3　河北省生猪市场价格分析 ……………………… 286
	10.4　河北省生猪产业生产形势与发展趋势分析 …… 289

第11章	非洲猪瘟疫情影响的调查研究 …………………… 292
	11.1　非洲猪瘟对河北省生猪产业发展的影响 ……… 292
	11.2　主产区生产调研分析 …………………………… 298
	11.3　市场消费调研分析 ……………………………… 309

第12章	应对非洲猪瘟疫情的专项研究 …………………… 316
	12.1　跨省禁运类专项研究 …………………………… 316
	12.2　非洲猪瘟防控类专项研究 ……………………… 323
	12.3　生物安全体系建设类专项研究 ………………… 337
	12.4　生猪养殖保险类专项研究 ……………………… 367

第13章 河北省非洲猪瘟疫情防控分析 ·············· 374
- 13.1 非洲猪瘟疫情简介 ·············· 374
- 13.2 河北省非洲猪瘟疫情防控难点 ·············· 376
- 13.3 河北省非洲猪瘟疫情防控建议 ·············· 378

第14章 "后非瘟时代"河北省生猪产业转型升级对策建议 ·············· 382
- 14.1 "后非瘟时代"河北省生猪产业特点 ·············· 382
- 14.2 河北省生猪产业发展存在的问题 ·············· 383
- 14.3 促进河北省生猪产业转型升级的对策建议 ·············· 383

参考文献 ·············· 386
附录A 2020年河北省农业农村厅对生猪养殖企业情况的调查 ·············· 394
附录B 2020年河北省农业农村厅对生猪饲料和兽药企业发展情况的调查 ·············· 406
附录C 河北省猪肉产品加工企业情况调研 ·············· 415
附录D 2020年河北省农业农村厅对银行及金融机构支持生猪产业发展情况调查 ·············· 420
附录E 2020年河北省农业农村厅对生猪保险发展情况的调查 ·············· 422
附录F 生猪粪污资源化利用情况调查问卷 ·············· 427
附录G 河北省宠物食品需求调查问卷 ·············· 431
后记 ·············· 435

上 篇
河北省现代畜牧业发展专题

第 1 章

导　论

1.1　研究背景及意义

1.1.1　研究背景

现代畜牧业作为现代农业的重要组成部分，也是现代农业的重要标志。自改革开放以来，我国畜牧业快速发展，逐渐成为农村经济中相对独立的支柱产业，畜牧业不再是传统意义上的养殖业，而是全面融合第一、第二、第三产业，带动相关产业发展。近年来，随着现代农业的转型升级，我国畜牧业也在有条不紊地进行转型，生产结构、区域布局和生产主体不断优化，畜牧产品的饲养量和畜禽产品的产量都在不断提高。2015年底供给侧结构性改革的提出，进一步促进了畜牧业转型升级和提质增效，畜牧业产业化水平和国际竞争力进一步提高，创新发展和绿色发展将迈出实质性步伐；《中共中央　国务院关于落实发展新理念加快农业现代化　实现全面小康目标的若干意见》进一步加大了对畜牧业的扶持力度，各地政府也相继出台发展畜牧业的优惠政策，随着这些政策的实施，我国畜牧业飞速发展。从我国目前畜牧业发展状况看，根据国家统计局数据，截至2019年底，我国畜牧业产值占我国农林牧渔业总产值的27%。但与发达国家相比，我国畜牧业产值在农业总产值中所占比重仍然较低，还存在差距。同时，由于我国耕地面积少，人均耕地面积有限，畜牧业地区之间的发展越来越不平衡，很多地区在畜牧业标准化、产业化、集约化、生态化及产品质量安全上存在突出问题。因此，迫切需要我们积极推动现代畜牧业的建设，从而促进我国农业的全面可持续发展。

当前，河北省畜牧业正处于由传统畜牧业向现代畜牧业转型提升的重要时期，市场、资源、环境、质量安全等因素对畜牧业发展提出了新的更高的要求，转变生产增长方式，进行畜牧业供给侧结构调整，加快建设现代畜牧业势在必行。此外，京津冀协同发展战略的提出为河北现代畜牧业发展提供了新机遇：京津畜牧业呈逐渐减少并部分向河北省转移趋势，同时京津居民充足的购买力、旺盛的市场需求为河北省发展现代畜牧业带来前所未有的机遇。

河北省是农业大省，畜牧业作为全省农业的支柱产业，在促进农业增产、农民增收、农村稳定工作中发挥着不可替代的重要作用。2019年全省畜牧业产值达2 035.4亿元，占农林牧渔业总产值的33.6%（《2020中国统计年鉴》数据），畜牧业已成为农业增效和农民增收的重要途径。然而，河北省畜牧业在快速发展的同时也面临一系列突出问题：（1）产品需求层次不断提高。随着生活水平的提高，人们对畜产品的品质也有越来越高的要求，畜禽产品的卫生、安全和质量隐患严重，畜产品中药物残留已经成为制约河北省畜产品出口和自身消费结构升级的主要"瓶颈"。（2）生产方式较为落后。养殖方式仍然落后，标准化规模养殖场提供的畜禽产品比例较低，产业整体精深加工能力不高，品牌效应不强。（3）缺少完整的现代畜牧业产业体系。现代畜牧业的发展关键在于打造现代畜牧业产业体系。河北省缺乏大型龙头企业，产业链条不完整，供求关系不确定，产业链上各方利益联结不紧密，难以实现产业一体化。（4）科学研究和推广的不力制约着河北省现代畜牧业的发展。河北省畜牧业不仅相关科技成果转化率偏低，而且从事畜牧业生产劳动的人员素质普遍偏低，制约着畜牧业生产效率的提高。（5）政策层层加码，环保压力大。2014年《畜禽规模养殖污染防治条例》开始实施，2015年1月1日起实施新修订的《中华人民共和国环境保护法》，2016年2月《河北省水污染防治工作方案》出台，畜禽规模养殖粪污处置要求更为严格，环境承载力紧张，环保压力加大。上述问题制约着河北省现代畜牧业的可持续发展。

因此，本书的研究目的在于，紧抓京津冀协同发展契机，改善河北省畜牧业发展现状，促使畜牧产业上档升级，优化区域产业布局结构，建设现代畜牧业产业体系，提升畜牧业可持续发展能力，加快传统畜牧业向现代畜牧业的转变。

1.1.2 研究意义

河北省现代畜牧业不仅涉及畜牧企业及农户,也关系到畜产品供给,其产生的环境污染问题也越来越受到关注。受制于环境约束的现代畜牧业发展问题是政府、社会、畜牧产业链各方主体所共同面对的重大课题,本书的主要结论将有助于推进河北省现代畜牧业创新升级,为政府制定相关政策提供依据。同样,作为区域现代畜牧业发展研究,对其他省份的畜牧业发展有实际借鉴意义。

1.2 国内外研究现状

1.2.1 国外研究现状

国外的现代畜牧业研究发展较早,尤其体现在对畜牧业发展实践的探索上。国外畜牧业产业普遍采用"合作社+公司+农户"的发展模式,合作社属于公司所有,同时,农户是合作社的股东,因此农户是公司的真正所有者,公司经营状况的好坏与农户的切身利益直接相关。如此一来,形成良性循环,对农户形成积极的鼓励作用。这种畜牧业的产业化经营形式将农户和公司结合为一个经济利益共同体,使其拥有共同的发展目标。

国外对现代畜牧业的研究可以归纳为三种模式:一是以澳大利亚和新西兰为代表的主要以天然草地为基础,围栏放牧为主,资源、生产和生态协调发展的草地畜牧业模式;二是以美国为典型代表的主要以规模化、机械化、设备化为主要特征,精饲料、资本和技术密集投入的高投入、高产出、高效益、大规模、工厂化畜牧业模式;三是以荷兰、德国和法国为代表的主要规模适度、农牧结合、环境友好的适度规模经营畜牧业模式;此外,还有日本、韩国针对土地资源稀缺,以家庭农场饲养为主,发展适度规模,进行集约化经营畜牧业的模式。

国外专家学者在畜牧业方面的研究成果主要体现在畜牧业生产方式、生产技术、生产环境、疫病防治等方面。有学者(Khandi S. A.,Mandal G. M. K.,

Hamdani S. A.，2010）通过问卷调查对查谟和克什米尔地区畜牧业生产方式进行了调研，结果表明，态度决定了传统畜牧业向现代畜牧业的转变，18%的人对现代畜牧业生产方式持反对态度，15%的人持积极态度，67%的人持中立态度，并说明农民的受教育程度对其态度起到决定性作用。有学者（I. G. Staritsky，IS. Geijzendorffer，H. S. et al.，2011）对1997~2006年荷兰从事生猪养殖、肉牛养殖及家禽养殖的养殖户进行调查，研究表明，这一时期从事畜牧养殖的农场数量在逐年减少，并深入分析了其中原因。有学者（Henk Jochemsen，2013）指出欧洲政治界和学术界比较注重畜牧业生产过程中的生产行为，并指出现今畜牧业生产中存在的问题，认为应该将畜牧业生产与道德相结合。有学者（Tjeerd Kimman，Maarten Hoek，Mart C. M.，2013）认为畜牧业生产中的疾病及其传播问题影响着畜牧业的健康发展，在畜牧业生产中应采取措施预防和控制疫病的发生和传播，确保人畜安全。有学者（K. N. Bhilegaonkar，S. Rawat，R. K. Agarwal，2014）指出在从事畜牧业生产中要特别注意食品安全问题，在养殖过程中要注意动物的健康，进行安全生产行为。有学者（Alex et al.，2016）通过理论与实证相结合的方式，开展了畜牧业对于经济发展重要性的研究，得出了畜牧业是经济发展的有力推手，对于国内人均收入的提高有着明显的促进作用的结论。有学者（Alex Sayf Cumming，2017）认为畜牧业的健康发展是推动经济发展、缓解环境污染的一个重要方式，对于一个国家的农业乃至整个国民经济的发展都有非常重要的作用。有学者（Temple Grandi，2018）认为，畜牧业的发展要制订科学的发展规划，结合当时的实际情况推出各地特色发展战略，美国对于当下畜牧业的发展给予了很大的指导。

1.2.2 国内研究现状

我国畜牧业长期以来以家庭副业的形式存在，起点低、发展基础较差。但是对于发展畜牧业来讲，我国具有资源优势，并且市场潜力巨大。对于正处于新农村建设初级阶段的中国来说，将传统畜牧业向现代畜牧业转变，有利于调整农村经济结构，实现农业增效农民增收。国内专家学者对现代畜牧业的研究主要集中于以下五个方面。

1.2.2.1 关于现代畜牧业内涵的研究

方天堃（2003）认为现代畜牧业应有畜种现代化、技术现代化、人员知识化、装备现代化、经营管理现代化、流通消费方式现代化、服务方式现代化、经济总量现代化、发展理念现代化几大基本特征，揭示了畜牧业现代化的内涵。张守莉、郭庆海（2011）认为现代畜牧业与传统畜牧业的内涵有很大的差距，现代畜牧业的发展要将种植业、养殖业和加工业等联结起来，形成一体化的产业系统。汪兴华（2015）认为现代畜牧业的本质是把畜牧业生产建立在现代科学技术和经济管理科学的基础上，充分合理利用畜牧业生产的各种自然和经济资源，是具有合理的生产结构，能够大幅度增加畜产品产量的高产、高效、优质、低耗的畜牧业生产系统和与环境相协调的生态系统。许金新和张文娟（2019）认为所谓的现代畜牧业，是在传统畜牧业基础上发展起来的，立足于当今世界先进的畜牧兽医科技、完善的基础设施、规范健康的养殖体系、健全高效的动物防疫体系、先进快捷的加工流通体系等，现代畜牧业具有区域化布局、规模化养殖、标准化生产、产业化经营、社会化服务等特征。杨环（2021）认为现代畜牧业顾名思义指的是立足于传统畜牧业，以当前先进畜牧技术、兽医技术、科学技术为支撑，拥有健康规范的养殖体系、高效且健全的动物防疫体系、快捷且先进的流通加工体系和完善且现代的基础设施的一种现代化的畜牧业。

1.2.2.2 关于现代畜牧业发展路径的研究

李采明（2011）认为随着畜牧业的快速发展，畜牧养殖专业户的风险和风险管理已经成为当前畜牧养殖中非常重要的一个方面，风险管理是否成功，对养殖的发展有非常大的影响，通过以专业合作组织、适度规模经营为载体，可以实现种养结合，有效化解养殖风险。张弦（2015）主张现代畜牧业发展要实现由传统的粗放型发展模式向规模化、标准化、产业化、社会化方向发展，加快畜牧业转型升级，优化产业结构，加强动物疫病防疫和食品安全控制能力建设，注重资源节约和生态环境保护，发展生态畜牧业，完善社会化服务体系，构建一体化发展格局，已成为中国当前畜牧业现代化发展的路径选择。谢杰（2016）认为新常态下，依托"互联网+"畜牧业模式，是现代畜牧业转型升级的必经之路，并通过互联网经济与畜牧经济的结合点制作出路径图，根据所得路径图提出政策建议。雒国兴（2019）认为随着科学技术的不断发展，基因芯片技术的发展与更新也迎来了更大的进步。基因芯片技术的发展也预示着生物化学与分子生物的进一步突破。发展基因芯片技术的过程中，要发挥其独特的技术作用，应用到不同的领域，基因芯片技术在现代畜牧业的应用将成为趋势。张勇（2019）认为5G技术不仅能够改变大众的日常通信方式、生活方式，同样也能够给我国现代畜牧业的发展带来巨大而深刻的变革。新的行业愿景即将呈现在现代畜牧业发展的前路上。

1.2.2.3 关于现代畜牧业产业化的研究

王明利、王济民（2002）认为构建畜牧产业化体系的突破点是建立完善的以农民组织体系为载体的社会化服务体系，充分满足产业链的各方需求，通过社会化服务体系实现畜牧业的健康发展。李东华（2009）以河南省为例，通过分析认为，畜牧业产业化体系建设一是以市场为导向；二是发挥比较优势，在畜牧业规模化、专业化、区域化和社会化的基础上，重点突破规模养殖、加工储运、市场营销；三是建立教、研、推相结合的科技增长机制；四是提高畜牧产业整体素质。白献晓（2016）通过集群调研，针对生猪产业、奶业、肉牛产业、肉禽产业发展的现状，剖析了畜牧产业发展中存在的关键性问题以及不同畜禽产业存在的共性与个性问题，分类提出了若干发展建议，为河南省畜牧业产业化发展提供建议参考。王均良和贾青（2017）认为集约化的畜牧业为市场提供了大量的畜产品，但随之而来的粪污污染，畜产品安全，疾病的多发、频发、难治，成为困扰现代畜牧业发展的难题。针对目前问题，从科学规划养殖场、适度规模生产、疫病多策防治、畜产品安全系列治理、畜牧人才的实用性培养利用、畜禽粪污综合治理六个方面客观全面阐述相应的解决措施，希望对加快现代畜牧业发展起到一定的帮助作用。王国刚（2018）认为中国现代畜牧业发展水平可划分为六大类型区，各类型区应根据"区情、畜情"从不同的侧重点制定现阶段及未来的发展思路与策略。基于此，提出政策建议：推进标准化规模养殖场建设，提升养殖场标准化水平；引导建立多渠道、多主体的科技推广机制，提升科技支撑能力；扶持畜牧业专业合作组织发展，提升行业整体竞争力和组织化程度；科学确定养殖区域布局规划，因地制宜指导各地畜牧业合理适度发展。和元（2020）认为发展现代畜牧业一是稳步提高养殖效率；二是适度规模，提高生产水平；三是低碳畜牧和健康养殖；四是培育良种；五是畜牧业发展模式多元化；六是政府在畜牧业发展中转变职能。

1.2.2.4 关于现代畜牧业产业链发展的研究

国内学者关于现代畜牧业产业链发展的研究涵盖上、中、下游三个环节各个主体。对现代畜牧业上游产业链的研究主要是对饲料产业和兽药产业等环节主体的研究。张勇翔等（2021）深入分析了我国饲料产业在生产、供需和价格方面的运行态势，并在此基础上预判未来饲料市场走势，指出我国饲料产业发展中行业整合、饲料市场结构和产品创新等方面还存在一些问题，急需采取针对性策略改进；马英杰、张秀珍（2021）介绍了饲料产业链的发展情况，并对产业链一体化发展的影响因素进行了分析，提出了基于产业链一体化的饲料企业管理战略转变模式和路径；董艳娇等（2020）通过对我国兽药产品结构、企业发展、产业产能、国产和进口兽药注册、兽药监管等多方面存在的问题进行分析，提出稳步推进市场发展、调整产品和产业结构、提升研发和创新水平以及完善行业监管等相应对策，为促进兽药行业更好地发展提供参考；耿健等（2021）从中兽药产业发展现状、机遇、优势与面临的问题等角度入手，为推动中兽药产业发展，形成中兽药产业的良性循环提供对策建议。

现代畜牧业中游产业链的研究主体主要是畜禽养殖产业，还有疫病防治服务的研究。随着畜禽产业的快速发展，环境污染问题越来越严重，因此畜禽产业的布局和优化必须考虑环境承载力的问题，张文岑（2017）通过分析养羊企业疫病防控效果的相关数据，并对养羊企业疫病防控成本投入和获得效益进行经济学分析评估，判断动物疫病防控效果和免疫效果；廖祺（2017）从经济学的视角，通过收集实验数据和统计数据，采用实证方法研究动物疫病防控策略与方案，评估防控策略在一定暴发风险概率下的经济效果，提出优化动物疫病防控策略；王舫（2020）依据区域环境承载力、养分平衡和比较优势等理论，分析畜禽产业的发展情况和养殖特征，总结畜禽产业布局及集聚变动情况，并提出目前畜禽产业布局存在的问题；豆志杰、钟明艳（2021）从畜禽养殖业时空分布特征入手，在分析区域产业系统和区域生态系统的基础上，拟对区域畜禽养殖业进行分区管理，设定不同的发展目标，探索产业系统优化道路。

对现代畜牧业下游产业链的研究主要包括畜产品屠宰加工与流通销售、产品质量安全及品牌建设等方面。刘桂艳等（2021）在评析农畜产品流通渠道变革与创新研究的基础上，对我国草原畜产品流通渠道的构成和问题进行了分析，并构建了畜产品流通模式需要的保障机制和实现路径；孙世民、张园园（2016）针对畜产品供应链质量信息不对称的特点，构建信号博弈模型，对畜产品供应链中畜禽养殖户与屠宰加工企业质量控制的信号博弈均衡条件及演变过程进行了分析；刘硕敏（2018）依据新公共服务理论、市场失灵信息不对称理论以及精细化管理理论，将"精细化"管理理念引入农畜产品质量安全监管，提出完善农畜产品质量安全监管的理论构想；于江学（2021）探讨了电子商务背景下畜产品加工企业品牌营销情况，并对其面临的问题及背后成因进行了分析，之后提出畜产品品牌建设及营销策略。

1.2.2.5 非洲猪瘟背景下生猪产业研究

随着非洲猪瘟的肆虐，非洲猪瘟对生猪产业的影响得到学者们的关注，主要集中在调查研究非洲猪瘟的影响、疫情防控、"后非瘟"时期生猪产业转型升级三个方面。程志利等（2018）指出非洲猪瘟发生后小规模养殖场户加速退出，河北省启动"跨省禁运"政策，生猪价格小幅震荡，价格变动引起养殖场户补栏积极性大幅下降，受地缘因素影响，京津市场对河北省猪肉的需求量猛增，屠宰企业业务量激增。程云飞（2021）研究发现非洲猪瘟易感动物主要为家猪和野猪。非洲猪瘟感染的猪不分年龄大小，无品种、性别和个体差异，只要发生，会波及所有的猪群。在面临非洲猪瘟疫情防控的巨大压力之下，为有效防控非洲猪瘟疫情，赵飞等（2020）分别针对生猪养殖企业、屠宰企业和官方兽医提出"密罐式"管理、"高压式"管理、"问责式"管理的精准举措。随着非洲猪瘟疫情常态化发展，寇涛（2020）指出生猪产业化水平还有待提高。虽然非洲猪瘟加大了疫情防控困难，但是也给生猪产业转型升级带来了积极变化。张红程等（2021）研究发现河北省面对非洲猪瘟生猪养殖主体加快了淘汰落后生产方式的步伐，加速了河北省规模化养猪的发展进程，使全省生猪产业在尽可能稳产保供的基础上，逐步实现产业发展的转型升级。梁帆、路剑（2021）指出非洲猪瘟促使河北省生猪产业工厂化养殖速度加快，规模化养殖模式促进中小规模养猪场（户）转型，生猪产业生产布局逐步优化。

1.2.3　研究现状述评

综上所述，国内外众多学者在现代畜牧业内涵界定、发展模式、产业布局、产业链、非洲猪瘟疫情等方面做了大量研究工作，积累了较为丰富的研究成果。尽管现代畜牧业的研究已经有了一定的基础，但研究多从宏观论述，没有针对一个农区如何发展现代畜牧业进行具体分析和整体设计。此外，现代畜牧业发展研究还没有形成系统；有的还停留在一般工作角度论述，有的则是强调一个方面，把本应是并列关系的方面，放在了子系统中，导致宏观把握上不具有系统性，还有的对整个畜牧产业系统中各部分之间的联系缺少研究，使论述变得隔离和孤立，缺少呼应。因此，针对河北省深入系统地研究在京津冀协同发展背景下如何发展现代畜牧业是非常重要的问题，也是推进河北省农业经济持续发展的关键。

1.3 研究目标及研究内容

1.3.1 研究目标

本书的总体研究目标是根据区域经济、产业经济和环境经济等现代经济理论，以河北省畜牧业生产各要素为研究对象，运用实证分析方法和系统分析方法，跨学科研究河北省现代畜牧业发展战略问题，以推动河北省畜牧业现代化发展为目标；通过优化产业布局，创新市场流通模式，提升产品安全消费能力，增强产业保障服务水平，借力京津冀协同发展的历史机遇，大力加快河北省现代畜牧业发展步伐。

本书的具体研究目标可分为：

（1）分析河北省现代畜牧业发展条件，揭示河北省畜牧业转型的变化趋势。

（2）研究畜牧产业链上各个主体发展情况及存在的主要问题。

（3）研究河北省畜禽养殖污染治理及现代养殖业疫病防治及兽药产销对畜牧业的影响及发展对策。

1.3.2 研究内容

基于上述研究目标，本书在综合研究分析的基础上，针对河北省现代畜牧业发展的战略，分为以下四个部分：

第一部分：河北省现代畜牧业发展条件。深入调研河北省目前畜牧业发展情况，分析困扰河北省畜牧业发展的"瓶颈"和制约因素，结合河北省特色资源禀赋和区位优势，研究在京津冀协同背景下河北省现代畜牧业场的发展方向、重点突破领域以及长远规划，并提出在经济发展新常态背景下河北省现代畜牧业发展战略规划。

第二部分：河北省畜牧业转型的变化趋势。本部分分别从河北省畜牧产业链整体环节（养殖、饲料兽药、资源化利用、疫病防控、品牌战略）着手，分析了河北省畜牧业转型的变化趋势，为河北省畜牧业转型升级提供思路。

第二部分是本书的核心内容，具体包括以下四个方面：

第一，河北省现代养殖业生产现状。以主要畜牧养殖品种为切入点，分析不同养殖行业的生产、加工和消费现状。深入研究河北省现代养殖业经营主体与经营模式。调查河北省养殖业经营主体的现状，分析不同模式的适用条件及制约因素，创新河北省现代养殖业经营模式。

第二，河北省现代饲料及兽药产业发展现状。通过实地调研了解河北省饲料产业发展整体状况，分析养殖主体的兽药购买行为，找出存在的主要问题，提出对策。

第三，河北省畜禽养殖污染治理及疫病防治。对河北省畜禽养殖污染现状及问题成因进行阐述，根据调研数据进行畜禽养殖污染估算，根据调查畜禽粪污处理状况分析畜禽粪污对环境的污染。

第四，河北省畜产品品牌及市场典型案例分析。在现代畜牧业大发展的背景下，深入调查河北省畜产品品牌发展现状，综合分析其特征、存在问题及影响因素，提出适应河北省现代畜牧业发展的方向、对策及建议。结合现实情况，特别分析了宠物食品市场的市场发展情况，为创建省内畜牧产品优势提供经验借鉴。

第三部分：非洲猪瘟背景下河北省生猪产业转型和发展分析。生猪作为国民消费排行榜第一位的肉类消费品，保障其正常供给具有重要意义。非洲猪瘟疫情对全国范围内的生猪养殖造成了严重的影响。通过了解非洲猪瘟对主产区及市场消费的影响，结合河北省的生猪养殖及防控情况，进一步分析非洲猪瘟对河北省生猪产业影响的实际情况，进而提出应对"后非瘟时代"生猪产业转型升级的对策建议。

第四部分：结论及政策建议。运用整体评价与重点评价相结合的方法，对河北省畜牧业支持政策实施效果进行评价，发现政策存在的问题；提出河北省现代畜牧业优化产业布局的思路；从制度、技术、资金、人才等层面，构建现代畜牧业发展的社会化服务体系，为河北省畜牧业发展提供保障。

1.4 研究方法及技术路线

1.4.1 研究方法

现代畜牧业的研究，不仅涉及经济学的各个分支学科，如农业经济学、产业经济学、环境经济学,还将涉及畜牧学等学科。在研究过程中,本书始终坚持理论与实践相联系、规范与实证相结合的研究范式,从经济学的基本理论出发,注重多学科结合,综合应用文献查阅与实地调研相结合、实证研究与规范研究相结合、系统分析方法和因素分析方法相结合以及经济研究方法与技术研究方法相结合等研究方法。本书具体研究方法分为两类:一是项目基本情况和数据信息收集方法;二是项目研究方法。

(1) 项目中的数据信息收集方法。

①调查问卷。利用假期,项目组成员带动本科生和硕士研究生采用调查问卷的形式对河北省不同区域类型的畜牧业和典型经营者进行调查。收集整理调查数据,利用 STATA 和 SPSS 统计分析软件进行分析。

②实地研究。选择 10 家河北省典型的畜牧业经营者为调查对象,项目组成员分组进行实地走访调研。

(2) 项目研究的方法和手段。

①专家访谈和文献分析。用于了解本项研究的前沿动态、当前研究水平,通过文献的比较、分析和研究,识别本项研究的深层次问题、完善细化研究思路和研究的技术路线。

②案例和实证分析。将综合分析的结论应用于河北省畜牧业发展战略和规划研究,接受实证的检验,提出实际操作性强的对策建议。

③系统分析方法和因素分析方法相结合。本书把整个河北畜牧产业作为一个系统进行分析研究,而在具体研究中则把产业发展条件与变化趋势、产业链各主体发展、粪污治理及疫病防治、政策评价及战略制定作为四个子系统进行分析研究。在每个系统研究中,对系统内的诸多因素,采用因素关联分析方法逐一进行分析研究,探讨各因素间的关联,从而对系统内每个层面和因素具有宏观和微观上的把握,对整个畜牧产业运行的规律有更深的认识。

1.4.2 研究技术路线

在明确发展高质量畜牧业的时代背景下,分析资源环境、产业主体、市场流通、政策导向和保障机制,通过系统分析与评价研究,对河北省现代畜牧业提出发展思路。图 1-1 为本书研究的技术路线。

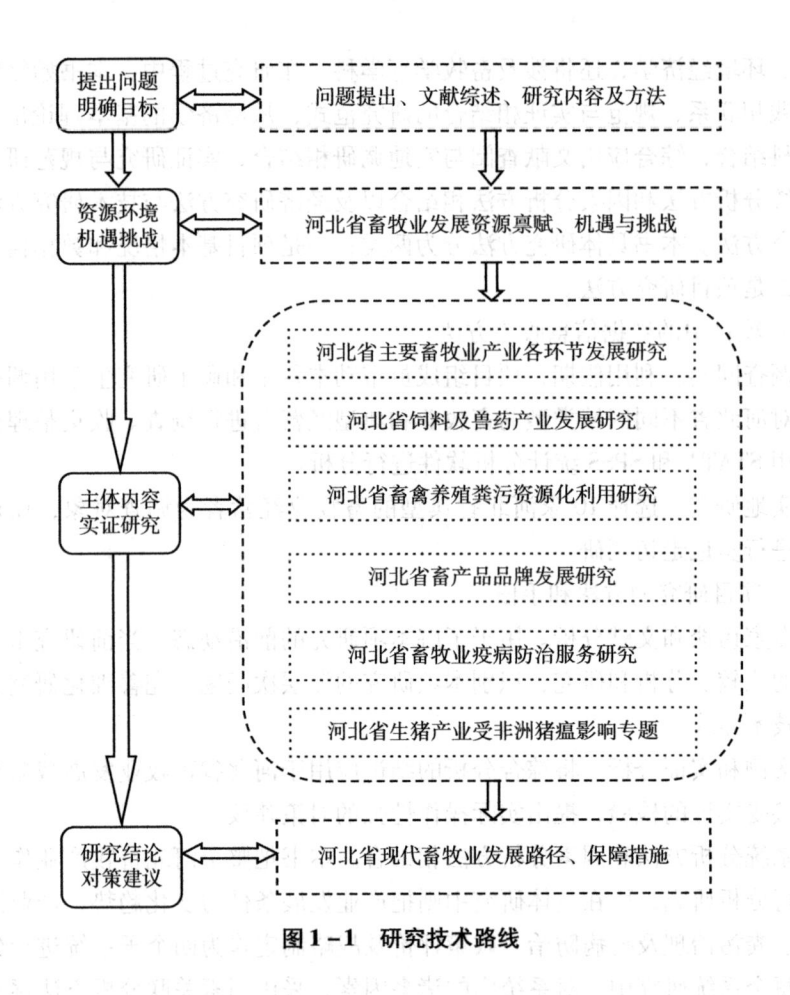

```
┌──────────┐     ┌─────────────────────────────────┐
│提出问题  │◄───►│问题提出、文献综述、研究内容及方法│
│明确目标  │     └─────────────────────────────────┘
└────┬─────┘
     │
┌────▼─────┐     ┌─────────────────────────────────┐
│资源环境  │◄───►│河北省畜牧业发展资源禀赋、机遇与挑战│
│机遇挑战  │     └─────────────────────────────────┘
└────┬─────┘
     │              ┌─────────────────────────────────┐
     │              │河北省主要畜牧业产业各环节发展研究│
     │              ├─────────────────────────────────┤
     │              │河北省饲料及兽药产业发展研究      │
     │              ├─────────────────────────────────┤
┌────▼─────┐        │河北省畜禽养殖粪污资源化利用研究  │
│主体内容  │◄──────►├─────────────────────────────────┤
│实证研究  │        │河北省畜产品品牌发展研究          │
└────┬─────┘        ├─────────────────────────────────┤
     │              │河北省畜牧业疫病防治服务研究      │
     │              ├─────────────────────────────────┤
     │              │河北省生猪产业受非洲猪瘟影响专题  │
     │              └─────────────────────────────────┘
┌────▼─────┐     ┌─────────────────────────────────┐
│研究结论  │◄───►│河北省现代畜牧业发展路径、保障措施│
│对策建议  │     └─────────────────────────────────┘
└──────────┘
```

图1-1 研究技术路线

1.5 创 新 说 明

在深入调研和实证分析论证的基础上，发现问题存在的主要障碍因素，评价其影响，并寻找解决问题的机制和对策。在本书中，创新之处主要涉及以下三个方面：

一是研究对象的创新。全面系统地对一个区域性的畜牧产业发展进行从宏观到中观再到微观的研究。本书对河北省畜牧业发展的现状、经营主体及市场流通等环节，进行多角度多层面分析，提出全面性的战略。本书由于针对河北省畜牧业实际进行研究，其区域性、针对性特色明显，对河北省现代畜牧业生产和发展有很强的指导性。

二是研究视角的创新。本书采用内分外统的思路，选定生猪、肉牛、肉羊、蛋鸡和肉鸡等河北省畜牧业重点产业作为典型研究，分别从品种、生产、加工、消费、问题和对策六个方面进行系统分析。对于畜牧业整体，从产前的饲料、兽药，产中的疫病防治服务、废弃物资源化利用，产后的品牌建设等方面进行整体性分析研究。

三是结合产业重大事件进行了深入典型案例分析。针对非洲猪瘟重大疫情，课题组重点针对非洲猪瘟对河北省生猪产业的影响进行了深入的专项研究，在对非洲猪瘟疫情影响开展大规模调研的基础上，对疫情防控政策及措施进行分析评价，进而分析了河北省非洲猪瘟疫情防控的难点和措施建议，提出了"后非瘟时代"产业转型升级的对策建议。

第 2 章

河北省现代畜牧业发展条件及现状

当前河北省畜牧业正处于由传统畜牧业向现代畜牧业转型提升的重要时期，市场、资源、环境、质量安全等因素对畜牧业发展提出了新的更高的要求。同时京津冀协同发展战略的提出，京津居民充足的购买力、旺盛的市场需求为河北省发展现代畜牧业带来前所未有的机遇。

2.1 河北省畜牧业发展资源禀赋

河北省在畜牧产业布局调整中，凭借自身优势，经济发达的城郊地区利用充足的资金、技术资源，加快发展畜禽种业和畜产品加工业，形成了一批具有竞争优势和知名品牌的龙头企业；沿海地区利用便利的交通条件，发展外向型畜牧业，建设出口基地，提高国际市场竞争力；中部平原农区凭借丰富的粮食、饲草饲料和劳动力资源，实施标准化规模养殖，注重提升品质和效率；黑龙港流域具有土地资源优势，以此拓宽产业结构，引进加工企业，打造新型畜牧业生产基地；坝上地区、山区充分利用生态草原、草山、草坡资源，加快发展生态特色畜牧业。

2.1.1 地理气候

地理位置的优越程度对地区畜牧经济的发展起加速或延缓的作用，因此地理位置不同，所具有的自然条件和交通、信息等资源不同，畜牧产业的分布存在差异。

地形地貌上，河北省地势西北高、东南低，从西北到东南依次分布有坝上高原、燕山和太行山山地、河北平原三大地貌，坝上高原主要分布在张家口北部地区和承德北部部分地区；燕山山地主要分布在承德南部大部分地区以及秦皇岛北部、唐山北部部分区域；太行山山地主要分布在张家口西南部以及保定、石家庄、邢台西部的部分区域；河北平原主要分布在沧州、衡水、唐山及秦皇岛南部、保定西部、石家庄西部和邢台西部部分地区；由于地形及所处的地理位置不同，各地的气温存在一定的差异，河北省全省年平均气温在4℃～13℃之间，冀北高原年均气温低于4℃，而中南部地区年平均气温在12℃左右，因此，河北省南、北部年平均气温相差很大。由于地形地貌及气温的差异，致使光、热、水、土等自然条件适合多种牧草及畜禽的生长发育，使得全省多地都有发展畜禽养殖的优良传统。

2.1.2 自然资源

畜牧业是受自然资源影响较为严重的产业，自然资源是畜牧业发展的前提和基础，不同畜产品的生物特性决定了要有适合其生长的地理气候条件，会影响养殖的饲草饲料费用及牲畜的产出性能，因此养殖受区域自然条件限制。

2.1.2.1 饲草、饲料资源

河北省地处北温带，中纬度地区，气候条件适宜，拥有丰富的饲草、饲料资源优势。河北省自然资源分布差异较大，中、南部地势平坦、土壤肥沃、盛产粮棉，秸秆资源丰富，农副产品丰富，不断增长的粮食产量为饲料产业提供了充足的原料。北部辽阔的坝上草原，西部山区山地、丘陵，草山草坡众多，饲草资源丰富，拥有人工牧草78.11万公顷，苜蓿草1万公顷，专用青贮玉米种植面积30万公顷。

2019年末，河北省农作物总播种面积8 132.7千公顷，各地市农作物的播种面积见图2-1，可以看出，邯郸市的农作物种植面积985.5千公顷，居全省之首，沧州、邢台和保定的农作物种植面积都在900千公顷以上；河北省是玉米生产大省，各地市玉米种植面积分布从图2-1可知，沧州玉米种植面积509千公顷，保定玉米种植面积420.5千公顷，邢台、邯郸、衡水和石家庄四市的玉米种植面积在350千～400千公顷之间。

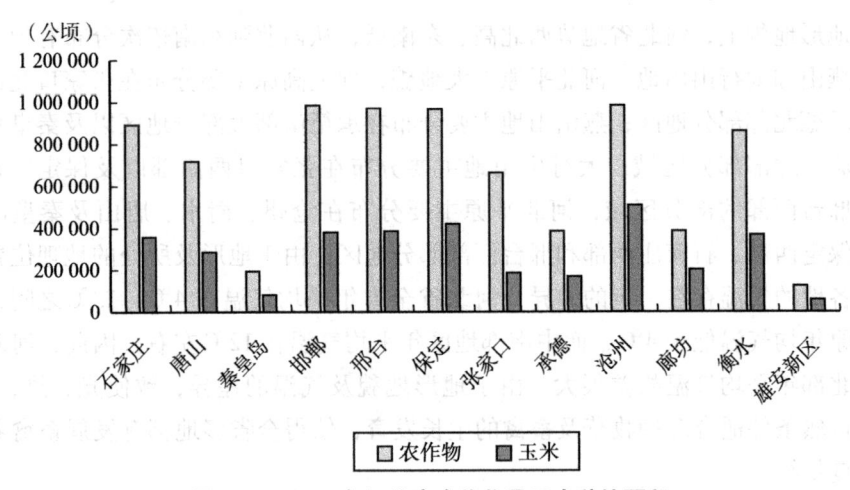

图 2−1　2019 年河北省农作物及玉米种植面积

资料来源：2020 年《河北农村统计年鉴》。

此外，河北省自然资源分布差异较大，饲料产业在各市分布存在差异，冀中南地区饲料企业分布较多。而冀北的张家口、承德地区及黑龙港流域草地分布广，青饲料资源丰富，全省青饲料种植面积6.43万公顷，其中张家口地区青饲料种植面积5.27万公顷，占全省青饲料种植总面积的81.97%，沧州、廊坊、承德地区青饲料种植面积分别为0.66万公顷、0.24万公顷、0.14万公顷，分别占全省青饲料种植面积的10.24%、3.72%和2.13%。[①]

通过上述分析可知，河北省不同地区有其发展畜牧业的不同的自然资源优势，同一自然资源在各市的分布也存在差异，冀北张家口、承德地区及黑龙港流域青饲料资源丰富，而冀中南地区粮食作物资源丰富，这种自然资源布局决定着各地区饲料产业的分布格局，从而影响河北省畜牧产业的分布格局。

2.1.2.2　水资源

河北省的河流水系主要有海河、滦河和辽河三大外河，以及安固里河、三台河、葫芦河和大清沟河等内陆河。河北省属严重的资源型缺水省份，全省人均水资源占有量仅为全国的1/7，亩均水资源量仅为全国水平的1/9，远低于国际公认的严重缺水警戒线。根据河北省水利厅2003年12月编制的《河北省水资源评价》，河北省地表水资源极度匮乏，地下水超采严重，具有年际间变化大、年内分布不均等特点。

---

① 参见：2020 年《河北农村统计年鉴》。

2014年12月12日，长1 432公里、历时11年建设的南水北调中线正式通水。每年可向北方输送95亿立方米的水量，相当于1/6条黄河的水量，基本缓解了北方严重缺水的局面。截至2016年11月25日，南水北调中线一期工程已累计调引"南水"超过60亿立方米，惠及北京、天津、河南、河北四省市4 200万人。河北省分水4.8亿立方米，受水县区37个，涉及700万人。[①] 2015年1月27日，长江水通过南水北调向保定市区供水工程与西大洋库水混合输送至市区第一地表水厂，保定市成为全省第一个承接长江水的设区市。保定市将形成"引长江水为主、地表水补充、地下水应急"的新型供水工程网络。

2.1.3 市场资源

影响和制约畜牧业的市场因素，主要有地区经济发展水平、劳动力状况及基础设施等。它们共同构成畜牧产业发展的市场条件，对畜牧业发展起着深刻、持久，甚至是决定性的作用。

2.1.3.1 地区经济发展水平

地区生产总值、人均收入水平是衡量地区经济发展水平的重要指标。地区生产总值和人均收入水平高的地区，其经济发展水平也高，而地区生产总值、人均收入水平的高低直接影响畜产品的需求量，进一步影响畜牧业的空间布局。

从2019年河北省各市农林牧渔业总产值的对比中可以得知，2019年唐山、石家庄、保定、邯郸和沧州农林牧渔业总产值位居全省前五位（如图2-2所示），与之相应，唐山、石家庄、保定、邯郸和沧州五个地区的畜牧业产值也位居全省前五位（如图2-3所示），从而得知地区生产总值是影响畜牧产业布局的重要因素之一。

从图2-4可以看出，廊坊、唐山、石家庄等市的城镇居民及农村居民人均可支配收入较高，存在潜在的消费市场，能够带动畜牧产业的发展。

长期以来，河北省畜牧业具有巨大的市场潜力。河北省畜产品不仅具有较高的自给率，能够不断满足省内市场日益增长的需求量，而且河北省还是畜产品的主要输出省份，拥有广阔的"消费源"。

---

① 参见：中华人民共和国水利部南水北调工程管理司网站，http://nsbd.mwr.gov.cn/。

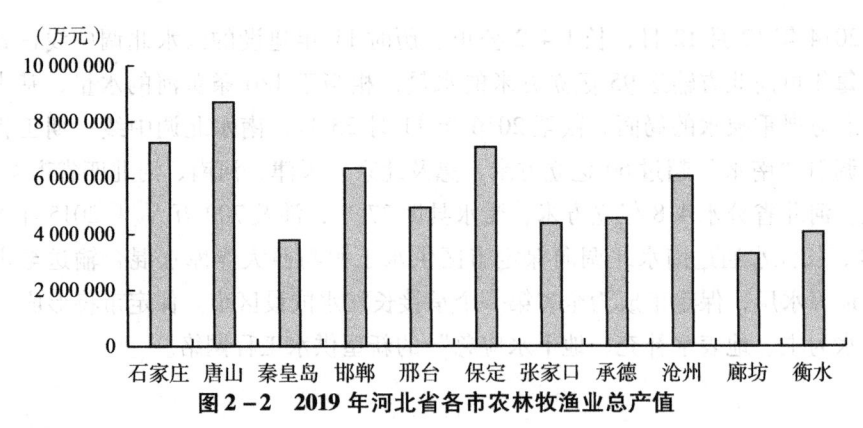

图 2-2 2019 年河北省各市农林牧渔业总产值

资料来源：2020 年《河北农村统计年鉴》。

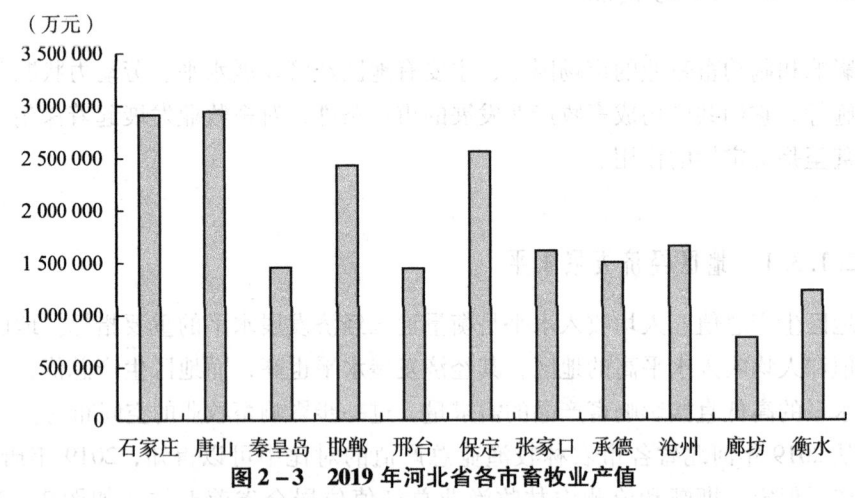

图 2-3 2019 年河北省各市畜牧业产值

资料来源：2020 年《河北农村统计年鉴》。

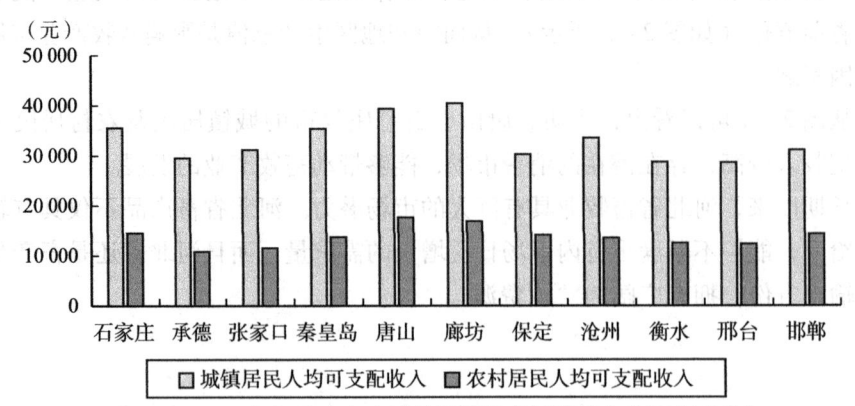

图 2-4 2018 年河北省各市城镇居民及农村居民人均可支配收入

资料来源：2019 年《河北经济年鉴》。

2.1.3.2 劳动力资源

目前来说，畜牧业仍然是劳动密集型产业。河北省人口众多，劳动力资源丰富，为畜牧产业发展提供了优势条件。如表2-1所示，从河北省11个市乡村劳动力资源分布来看，畜牧产值排名前四位的石家庄、唐山、邯郸和保定4个市，其劳动力资源也是在全省排名靠前的地市，表明劳动力资源与畜牧产业空间布局呈正相关关系。

表2-1　　　　2019年河北省11个市乡村劳动力资源分布

指标	石家庄	承德	张家口	秦皇岛	唐山	廊坊	保定	沧州	衡水	邢台	邯郸
乡村劳动力（万人）	422.2	188.9	181.1	128.6	338.5	202.6	530.3	368.6	210.1	351.3	452.4
占全省百分比（%）	13	6	5	4	10	6	16	11	6	10	13

注：占比仅保留至个位数。
资料来源：2020年《河北农村统计年鉴》。

2.1.3.3 基础设施

基础设施是畜牧业发展的硬环境，良好的交通、运输、信息、网络等基础设施，可以为畜牧业发展提供良好的环境，提升发展空间，产生聚集效应。

畜产品对产品的保鲜度要求较高，因此交通基础设施越健全，运输条件越发达，越利于成为畜产品的优势产区。河北省境内交通发达，铁路、高速公路、国道、省道错综复杂。南北贯穿有京广铁路，东西贯穿有石太铁路，京石、石太、石黄等高速公路和多条高等级国道纵横交错，为发展畜产品物流配送、开拓省内外市场提供了极为有利的交通条件。

河北省畜牧兽医信息化管理机构进一步健全，信息建设与发布平台初步构建，信息化管理水平明显提高。建设动物卫生监督管理平台，实现了动物检疫电子出证；建立畜牧兽医综合信息服务平台、生产统计监测平台，生产监测预警能力明显增强；完善防火调度指挥中心运行机制，草原防火应急水平明显提升。建立畜产品质量安全风险预警专家委员会，成立河北省动物防疫专家委员会，充分发挥风险预警作用。成立了河北省畜牧监测预警中心，建立了河北畜牧网、河北畜牧监测预警网、"河北牧业"微信平台，实现了三个不同层次的信息发布渠道。

2.1.4 科技资源

畜牧业的发展需要强大的技术支撑体系,河北省畜牧科技资源丰富,具有较完善的技术研究与推广体系。河北省加强科研院校与大专院校的合作,以河北省畜牧兽医研究所、河北农业大学、河北农业科技师范学院、河北北方学院、河北工程大学为依托,在畜禽生产、品种改良、疫病防控和饲料、兽药开发等多方面获得省部级奖励,主要有"规模化生态养鸡技术体系""提高河北细毛羊产肉性能研究""优质高端食品——蛋鸡生产技术体系研究与应用""肉乳兼用牛优质高效产业化生产技术研究""米糠多糖对鸡生长与免疫调控研究""高致病性禽流感综合防控研究"等。石家庄、保定、秦皇岛、张家口、邯郸等地市依附于各畜牧科研机构,使其畜牧产业发展有了强有力的技术支撑,畜牧经济获得长足发展。

2.1.5 政策环境

河北省加大支农投入,强化项目统筹整合,强化惠农政策,发挥政策引导的作用。河北省农业农村厅发布了多条涉及畜牧业的重点支农政策。

(1) 支持生猪产业发展。支持对象为种猪场和年出栏500头以上规模猪场。对种猪场和年出栏500~5 000头规模猪场流动资金贷款、新建、改扩建猪场的建设资金贷款进行贴息补助,贴息比例原则上不超过2%;推广人工授精技术,对实施人工授精技术的能繁母猪按每头年使用4份精液进行补贴,每份精液补贴10元。

(2) 智能奶牛场建设。支持对象为全省存栏100头以上规模奶牛养殖场。补助比例不超过智能奶牛场投资总额的50%,存栏100~299头奶牛养殖场补贴20万元,存栏300~499头奶牛养殖场补贴30万元,存栏500~999头补贴50万元,存栏1 000头及以上最高补贴300万元。补贴内容为安装挤奶自动计量、精准饲喂(TMR)、环境监控等智能传感设备。

(3) 乳品企业自建奶牛场补贴。支持对象为乳品企业自建(改建、扩建)的奶牛养殖场,旨在提升企业自有奶源基地比例,鼓励乳品加工企业自建奶牛养殖场。按照设计存栏规模,每个栏位补贴基本建设费2 000元。

(4) 高产奶牛胚胎移植和性控冻精补贴。高产奶牛胚胎移植支持对象为具备移植条件的奶牛场,性控冻精补贴对象为全省奶牛养殖场。移植高产奶牛雌性胚胎每枚补贴2 000元,国产优质荷斯坦牛性控冷冻精液每支补贴150元。通过性控冻精选配和高产奶牛胚胎移植,提高母犊率,有效推进全省优质奶牛良种繁育进程。

(5)生鲜乳喷粉补贴。支持对象为省内的乳品加工企业。为有效缓解生产和收购矛盾,防止奶企发生拒收现象,保证奶农利益,在新冠肺炎疫情防控期间和3~5月市场生鲜乳相对过剩、企业产品销售困难时期,帮助乳制品加工企业克服销售困难,继续履行鲜奶收购合同,杜绝倒奶现象发生。按照乳制品加工企业生鲜乳收购量的10%进行补贴,每吨补贴500元。

(6)实施粮改饲。支持对象为符合要求的适度规模草食家畜养殖场(户、企业、合作社)或专业青贮饲料收贮企业(合作社等)。按照收贮主体实际收贮量进行补助,按每立方贮量800公斤折算,优质饲草料每吨补贴不超过60元;青贮窖每立方米补贴不超过120元,地面堆贮场每平方米补贴不超过50元。

(7)高产优质苜蓿示范区建设。补贴对象为种植苜蓿的饲草专业生产合作社、饲草生产加工企业和草食畜养殖企业。重点扶持建设一批有一定规模、生产基础好、示范带动作用强的生产基地,为奶业发展提供优质苜蓿草产品。支持项目实施主体开展苜蓿种植,对集中连片500亩以上的苜蓿种植基地按照每亩600元的标准给予补助。

(8)畜禽粪污资源化利用。支持对象为畜禽粪污资源化利用整县推进的养殖场和企业,旨在提升畜牧大县畜禽废物综合利用水平。补助标准为大型沼气工程补助比例不超过项目投资的35%,最高不超过1 500万元;粪污集中处理中心按设计畜禽粪污处理能力给予补助,最高不超过1 000万元。

(9)动物强制扑杀。资金用于在预防、控制和扑灭动物疫病过程中,对被强制扑杀动物所有者给予补偿。强制扑杀补助标准为猪130~800元/头,奶牛1 500~6 000元/头,肉牛(耕牛)600~3 000元/头,羊170~500元/只,家禽5~15元/羽,马4 000~12 000元/匹。

2.2 河北省畜牧业发展现状

2020年全省各级畜牧部门紧紧围绕乡村振兴战略,扎实推进畜牧业转型升级,克服非洲猪瘟带来的不利影响,全省畜牧业高质量发展,主要畜产品市场供应充足,奶业振兴开局良好,生猪生产逐步恢复,粪污利用提前完成年度任务。

河北省政府制定了《关于持续深化"四个农业"促进农业高质量发展的行动方案（2021—2025年）》以及配套制订了各个特色产业推进方案，努力实现河北省现代农业跨越式发展。

2.2.1 综合生产能力再上新台阶

2020年全省肉类总产量415.82万吨，其中猪肉226.89万吨，禽肉102.04万吨，牛肉55.57万吨，羊肉31.32万吨，分别占比约55%、25%、13%和7%；禽蛋产量389.71万吨，同比增长1%；生牛奶产量483.4万吨，同比增长12.8%；年底全省生猪存栏1 748.85万头，同比增长23.3%；全省奶牛存栏122.26万头，同比增加6.5%；肉牛存栏222.48万头，同比增加9.5%；羊存栏1 270.31万只，出栏2 265.84万只，分别同比增长6.3%和1.4%；活家禽存栏3.99亿只，同比增加1%，出栏6.87亿只，同比增加3.2%。①

2.2.2 奶业振兴工作发展迅速

2019年生鲜乳产量429万吨，同比增长11.4%，产量居全国第三位，增速为近10年最快；奶牛平均单产7.9吨、创历史新高；乳制品产量357万吨，同比增长5.8%，连续6年全国第一；婴幼儿乳粉产量8万吨，同比增长60%，增速全国第一。② 一是奶牛养殖场智能化水平实现新跨越。新建智能化牧场150家，全省智能化牧场总数达到510余家，占牧场总数57%，实现精准化、智能化管理，提高了生产效率和养殖水平。升级改造200家家庭奶牛场，配备更新控温控湿、饲喂清粪、挤奶存储、粪污处理等设施设备。全省奶牛养殖规模化比率达到100%，其中300头以上规模存栏比例98%以上，奶牛场粪污处理设施装备配套率达到100%。7家奶牛养殖场通过"GLOBAL GAP（全球良好农业规范）"认证。全省奶牛养殖规模化、智能化、绿色化水平进一步提升，为奶业持续健康发展奠定了坚实基础。二是奶牛良繁体系建设实现新突破。引进世界顶级种公牛胚胎200枚，培育种公牛10头。与美国合作，利用全基因组测定技术，开展种质遗传评估，初步实现种公牛评价体系与国际接轨。全年在已有52个单产10吨以上高产奶牛核心群的基础上，新增30个，到达了82个。全省以自繁为主的良繁

---

①② 参见：2020年《河北农村统计年鉴》。

体系建设不断完善，激发了奶业现代化内生动力。三是利益联结机制进一步完善。定期召开全省生鲜乳价格协调会，推动养殖场与乳制品加工企业签订长期购销合同，并对协商价格和收购合同执行情况进行监督。四是乳品加工能力实现新飞跃。按照做强骨干龙头企业、做大区域龙头企业、做多新兴龙头企业的思路，以婴幼儿奶粉为重点，梯次布局乳制品加工项目。2019年建设9个乳制品加工厂，总投资40亿元，5个已建成投产，年增生鲜乳处理能力66万吨；4个正在建设，2020年投产后年增生鲜乳处理能力42万吨；还有6个项目正在筹建，年增生鲜乳处理能力140万吨。养殖场积极探索通过开办奶吧、建加工厂、与乳企合作代加工和开办餐饮等方式进入加工流通领域，构建第一、第二、第三产业融合发展模式。五是乳品品牌知名度达到新高度。狠抓乳品品牌建设，提升品牌知名度。乳企进一步优化乳制品结构，提高高端乳制品、功能乳制品、婴幼儿配方乳粉市场占比。成功举办河北国际奶业博览会、河北省奶农大会等大型宣传活动，营造奶业振兴良好氛围。全省15家乳制品加工厂陆续开放工业旅游，其中1家为国家4A级旅游景区、4家为3A级旅游景区。在2019年中国品牌强国盛典活动上，君乐宝入选"榜样100品牌"和"十大年度新锐品牌"。君乐宝"悦鲜活"牛奶和乐铂K2奶粉分别荣获13届全球乳制品大会"最佳工艺创新奖"和"最佳儿童乳品奖"，旗帜奶粉获得世界食品品质评鉴大会的最高荣誉——特别金奖。河北乳业的品牌影响力持续扩大。

2.2.3 畜禽良繁体系趋于完善

2019年河北省共有种畜禽生产经营企业268家，其中曾祖代、祖代或原种场61家，其他扩繁场207家。在曾祖代、祖代或原种场中，有国家级核心育种场及国家良种扩繁基地12家，包括生猪国家级核心场4家、蛋鸡国家级核心场1家、蛋鸡国家级良种扩繁基地3家、肉鸡国家级良种扩繁基地1家、奶牛国家级核心育种场1家、肉牛国家级核心育种场2家、国家级保种场1家。从品种上分，种猪场118家、种公猪站14家、种公牛站3家、种牛胚胎生产企业1家、蛋种鸡场54家、肉种鸡场35家、种奶牛场4家、种肉牛场3家、种羊场22家、种鸭场12家、其他种畜禽生产经营企业3家，其中2家为省级地方品种保种场（深县猪和太行鸡）。2019年审核省级种畜禽场13家，比2018年多4家，其中新增5家省级种畜禽场，更新省级种畜禽场生产经营许可证8家。2019年是所有种畜禽场效益最好的一年，由于受猪周期和非洲猪瘟的影响，生猪种畜禽场存栏量下降50%~60%，因代偿作用，其他种畜禽企业生产经济效益很高。围绕畜禽种业发展的短板和河北省畜牧业发展的方向,突出稳定生猪生产、推进奶业振兴、提高种猪繁殖技能、调研地方品种资源情况等工作。

2.2.4　畜禽粪污资源化利用成效显著

2019 年,河北省深入贯彻落实《国务院办公厅关于加快推进畜禽养殖废弃物资源化利用的意见》和《河北省畜禽养殖废弃物资源化利用工作方案》,全省规模养殖场粪污处理设施装备配套率达到 97.4%,较 2018 年提高 3.6 个百分点。全省畜禽粪污综合利用率达到 75.8%,较 2018 年提高 1.2 个百分点,畜禽粪污资源化利用水平进一步提高,为推进农牧业与生态环境协调发展奠定了扎实基础。一是设施建设加快推进。到 2019 年底,全省 11 533 个规模养殖场中已有 11 239 个配建有粪污处理设施装备,配套率达到 97.4%,大型规模养殖场设施装备配套率达到 100%,规模养殖场粪污处理设施装备水平不断提升。二是资源化利用水平持续提升。在 40 个县开展了畜禽养殖环境承载能力评估,对养殖规模超过土地承载能力的区域,提出预警和调整养殖总量的建议,促进畜禽养殖与环境承载能力相匹配。坚持种养结合、农牧循环,精准引导种养业协调发展。截至目前,全省畜禽粪污综合利用率达到 75.8%。三是产业形态初步形成。推行"政府引导、部门监管、专业治理、市场运作"的第三方治理模式,调动社会资本投入积极性。初步建立了受益者合理付费、粪污等价置换有机肥等市场化运营机制,为畜禽粪污资源化利用产业长效可持续运营打下良好基础。

2.2.5　统计监测工作有序开展

一是做好畜牧业统计监测报表工作。2019 年共完成部、省两级 16 059 张报表,171.27 万个监测数据的催报、审核与汇总工作,主要包括:30 个畜禽饲料与价格监测县及 13 个交易量监测县的周监测;65 个全固定监测县、950 多个生鲜乳收购站、900 多个畜禽定点规模场、6 个定点规模商品猪场的月监测;部级年报;全省畜禽生产月报、规模场(小区)季报、省级专业年报等,有力支持了全省畜牧业生产及全国的畜牧业统计监测工作。二是关注生产和市场变化,发布行情信息。多次进行畜牧业生产形势调研,了解目前畜牧业生产基本情况及基层工作中存在的困难与问题,多方收集材料,加强监测数据分析,密切跟踪市场变化,高质量完成了各季度全省畜牧业产销形势分析,为领导决策、引导生产提供了精准参考。

2.3 河北省发展现代畜牧业面临的机遇和挑战

为提高农业质量效益和竞争力,实现农业高质量发展,2017 年,省政府印发了《河北省农业供给侧结构性改革三年行动计划(2018—2020 年)》,提出"深入推进农业供给侧结构性改革,加快发展科技农业、绿色农业、品牌农业、质量农业"。经过各级各部门的努力,三年行动计划圆满收官,取得积极成效,推动全省农业高质量发展迈上新台阶,为未来发展奠定了基础。

为巩固拓展农业供给侧结构性改革三年行动成果,推动河北省现代农业在"十四五"时期实现跨越式发展,2021 年河北省政府印发了《关于持续深化"四个农业"促进农业高质量发展行动方案(2021—2025)》,为进一步将"四个农业"的要求落到实处、引向深处,按照"规模化、集约化、融合化"发展思路,河北省将重点打造"12 群、百园、百品",即重点打造优质专用小麦、优质谷子、精品蔬菜、道地中药材、优质食用菌、沙地梨、优质专用葡萄、优质苹果、高端乳品、优质生猪、优质蛋鸡、特色水产等 12 个特色优势产业集群;重点支持 100 个现代农业示范园区,其中种植业 60 个、畜牧养殖 30 个、水产养殖 10 个;重点打造 100 个高端精品。通过"12 群、百园、百品",连点成面、连片成带、集群成链,带动河北省构建形成特色鲜明、规模开发、高端带动、集群扩展的新格局。

2.3.1 机遇

2.3.1.1 区域产业布局调整将扩大畜牧产品需求

京津冀协同发展的规划为河北省提供了更好地利用京津的技术、人才、资金、信息、市场等资源的机遇,省内广大农民的积极性、创造性将得到进一步激发和释放。京津城市人口急剧膨胀,作为特大型消费城市,靠自身的耕地是不可能自给自足的,必须依靠与周边省市的合作,提高畜牧产品的供应调控能力和应急保障能力。河北省作为畜牧大省,借助其特殊的区位、便利的交通、丰富的农副产品资源等优势,能够通过"农超""农市""农企""农校""农餐"等对接模式为京津提供畜牧产品，及时有力保障京津地区人民的畜牧产品需求。

2.3.1.2 新型高新技术产业发展对畜牧业科技支撑更加有力

科技创新孕育新突破，全球绿色经济、低碳技术正在兴起，生物、信息、新材料、新能源、先进装备制造等高新技术广泛应用于畜牧业领域，现代畜牧业发展的动力更加强劲。河北省农业科技人才相对匮乏，农业科技创新水平与成果转化效果还有待进一步提高。因此，在科技人才方面京津比河北省表现出明显的优势，可以为河北省畜牧业的发展提供良好的科技支撑。

2.3.1.3 旅游消费需求增加促进生态畜牧业发展

随着京津居民消费水平的提高和消费心理的日益成熟，旅游消费渐趋理性和个性化，人们更多选择农村作为旅游地点，体验农村生活，亲近自然，使休闲农业蓬勃发展。河北省作为综合性的农业大省，农村面积广大，农作物种类丰富，农业生产类型多种多样，乡村民俗风情浓厚多彩，拥有独特的条件和巨大的潜力。生态农业园、高科技农业园、主题农业园等多种模式农业园区建设为休闲农业和乡村旅游的发展提供了丰富的资源；京津有3 000多万人口，为休闲农业和乡村旅游的发展准备了充足的客源。

2.3.1.4 中央政府加强对畜牧业政策支持

"三农"问题始终是中央各项战略任务解决的首要问题，随着我国综合国力和财政实力不断增强，强农惠农富农政策力度将进一步加大，支持现代农业发展的物质基础更加牢固，中央出台的一系列有利于农业和农村经济健康发展的政策措施为河北省加快畜牧业发展创造了更好的政策环境。

2.3.2 挑战

2.3.2.1 农业生产环境恶化

河北省农田水利设施建设滞后，113.81万公顷耕地没有灌溉条件，现有的农田水利工程老化失修严重，设施不配套，灌溉保证率低；河北省仍有水土流失面积656.4万公顷，水土流失和荒漠化严重，农业生产环境质量恶化的趋势尚未得到根本扭转，5%的耕地遭受到了重金属和工业"三废"的污染。

2.3.2.2　农业科技贡献低

随着节水节肥、优质高产等农业科技成果和先进适用技术在河北省环首都经济圈内的大力推广，农业科技进步贡献率虽然已经达到55.6%，但仍低于北京、天津。河北省农村劳动力中，初中及以下文化程度占78.34%，接受新知识、新技术的能力相对偏弱，劳动力总体素质偏低。

2.3.2.3　生态保护压力增大

河北省毗邻京津，人口众多，资源紧张。加强生态保护是重要的政治任务，河北省作为全国畜牧大省，规模养殖粪污处理难度大、成本高，环境承载力紧张，环保压力很大。国务院印发《水污染防治行动计划》对规模化畜禽养殖场（区）的粪污处理提出了明确要求，对限养区和禁养区做出了详细规定，河北省畜牧业发展规模必定会受到一定程度的制约。为保持国家粮食稳产，国家对农业用地要求越来越严格，畜牧业发展所需饲料作物种植和养殖用地与粮食作物种植争土地、争资源现象将更加突出，成为制约畜牧业持续发展的"瓶颈"之一。

2.3.2.4　产业化经营依然落后

按照现代畜牧业生产标准统计，河北62%的生猪由年出栏500头以下的农户提供，蛋鸡存栏500只以上的养殖场仅占88%，肉鸡出栏2 000只以上的养殖场仅占90%。呈现出以下几个特点：一是产业链条不完整。产、供、销各环节没有做到环环相扣，精深加工比例不高，与现代畜牧业发展要求的高度集约化、标准化、规模化和产业化的养殖水平不符。二是供求关系不稳定。除奶业和肉鸡链条经济采用合同收购和订单生产的模式外，其他都是松散简单的购销关系，在市场发生变化时，没有有效的利益保障机制。三是利益联结不紧密。市场供不应求时，养殖场户单方违约，随意销售，以获得最大利益；市场供大于求时，龙头企业压低价格，以降低成本的方式增加利润，养殖户缺乏话语权；双方没有实现利益共享。

2.3.2.5 市场调控能力较弱

一方面，消费者对畜产品需求的刚性增长逐年提高，保障畜产品市场有效供给的压力加大，但在一定时期、一定地域某些畜禽品种供给有余或不足，供给市场波动较大，调控手段有限，尤其是生产相对过剩时期难有大作为。另一方面，社会对畜产品品种和质量要求不断提高，畜产品安全压力很大。生产销售病死畜禽行为屡禁不绝；兽药残留超标、违法添加有毒有害物质现象在部分地区、个别品种上还比较突出，给畜产品质量安全带来较大隐患。

2.3.2.6 监管体系不完善

一是基层监管队伍薄弱。有的地方乡镇动物防疫站没有站址、人员编制不落实、工资偏低，素质较差，制度不完善、监管不到位，执法意识较差。河北省具有县级编办批文的畜产品质量安全监管机构的比例仅占48.5%，县级检测机构检测技术水平不高，记录不规范。二是屠宰环节监管亟待加强。目前畜禽定点屠宰职能还没有全部调整到位。多数屠宰企业实际屠宰量不到设计屠宰能力的1/3，生产能力闲置现象普遍存在，代宰比例达70%以上。屠宰环节监管检测能力弱、私屠滥宰、宰前静养制度没有完全落实、监管不到位的问题比较突出。

面对京津冀协同发展的契机，河北省应主动适应经济发展新常态，以提质增效、提升竞争力和可持续发展为主攻方向，以优化产业区域布局、转变生产方式为主线，强化政策、科技、信息、人才及体制、机制支撑，建立以布局区域化、养殖规模化、生产标准化、装备设施化、环境清洁化、经营产业化、管理信息化、服务社会化为主要特征的现代畜牧业生产体系。

2.4 河北省畜牧业转型的变化趋势

近年来，河北省大力推进畜牧业供给侧结构性改革，按照"促发展、强监管、保安全、护生态"的总体要求，大力调整畜牧业结构，积极转变畜牧业发展方式，畜牧业综合生产能力不断增强，现代畜牧业发展水平再上新台阶，主要畜产品产量与市场需求更加紧密，畜牧业生产不断优化。

2003~2019年，河北省畜牧业产值呈现不断增长的趋势，从721.31亿元增加到 2 035.42 亿元，增长了 182.18%。从河北省畜牧业产值占农林牧渔业总产值比重来看，2004 年达到最高为 40.46%，之后基本呈现下降的趋势，2018 年这一比重仅为 31.78%。具体情况如表 2-2 所示。

表 2-2　　　　　　　　　河北省农林牧渔分项产值

年份	农林牧渔（亿元）	农业（亿元）	林业（亿元）	牧业（亿元）	渔业（亿元）	农林牧渔服务业（亿元）	畜牧业所占农林牧渔业比重（%）
2003	1 904.38	985.30	41.27	721.31	57.72	98.78	37.88
2004	2 285.56	1 135.75	40.02	924.78	72.08	112.93	40.46
2005	2 379.16	1 258.00	40.13	879.38	79.44	122.21	36.96
2006	2 566.37	1 380.45	45.85	932.32	72.75	135.00	36.33
2007	3 075.77	1 639.07	52.37	1 146.99	85.14	152.20	37.29
2008	3 505.23	1 760.75	55.89	1 410.82	102.77	175.00	40.25
2009	3 640.95	1 958.79	39.69	1 350.10	108.38	183.99	37.08
2010	4 309.43	2 470.11	51.26	1 443.76	142.47	201.83	33.50
2011	4 895.88	2 775.27	58.78	1 674.04	163.58	224.21	34.19
2012	5 340.11	3 095.29	77.88	1 747.66	177.74	241.54	32.73
2013	5 832.94	3 473.27	96.30	1 818.19	178.72	266.46	31.17
2014	5 994.80	3 453.42	108.14	1 952.02	190.97	290.25	32.56
2015	5 978.87	3 441.37	121.48	1 904.12	198.72	313.18	31.85
2016	5 299.66	2 772.86	148.30	1 846.23	190.30	341.97	34.84
2017	5 373.37	2 890.60	175.54	1 735.82	195.86	375.55	32.30
2018	5 707.00	3 085.86	186.64	1 813.82	207.49	413.19	31.78
2019	6 061.46	3 114.86	231.38	2 035.42	212.54	467.26	33.58

注：结果均保留两位小数。
资料来源：2004~2020 年《河北农村统计年鉴》。

2.4.1　河北省畜产品供求的变化

2.4.1.1　河北省畜产品供给

（1）肉类产量。

河北省肉类产量在 2010~2014 年平稳上升，由 2010 年的 420.7 万吨增加到

2014 年的 481.1 万吨，增长幅度达到 14.36%。2015 年之后肉类产量小幅减少。2019 年减少到 433.4 万吨，与 2014 年峰值相比，减少了 9.91%。具体情况见图 2-5。

图 2-5　2005~2019 年河北省肉类产量变化情况

资料来源：2006~2020 年《河北农村统计年鉴》。

（2）禽蛋产量。

河北省禽蛋产量在 2005~2019 年间有一次明显下降，其余年份则呈现窄幅震荡的发展态势。2005~2008 年，禽蛋产量由 2005 年的 385.2 万吨增加到 2008 年的 412.5 万吨，增长幅度达到 7.1%，此后受禽流感疫情影响连续两年下降，到 2010 年减少为 341.5 万吨；自 2011 年开始河北省禽蛋产量开始了小幅上升的发展态势。从 2010 年的 341.5 万吨增加到 2016 年的 395.6 万吨，增长了 15.84%，此后出现小幅下降。具体情况如图 2-6 所示。

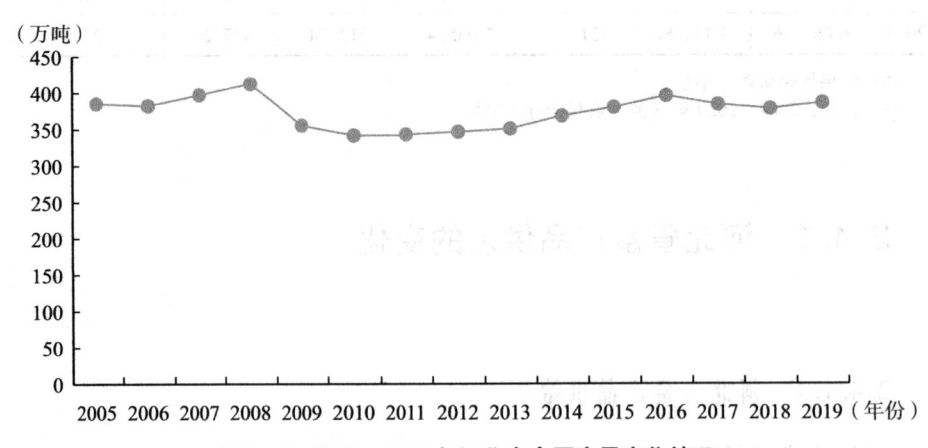

图 2-6　2005~2019 年河北省禽蛋产量变化情况

资料来源：2006~2020 年《河北农村统计年鉴》。

(3) 牛奶产量。

河北省牛奶产量在 2005~2008 年快速上升，由 2005 年的 340.4 万吨增加到 2008 年的 419.6 万吨，增长幅度达到 23.27%。自 2008 年开始，受"三聚氰胺事件"的影响，河北省奶业开始深度调整，牛奶产量由 2008 年峰值 419.6 万吨减少为 2010 年的 365.7 万吨，减少了 12.85%。2010 年以后，除个别年份外，河北省牛奶产量小幅增加，2019 年为 428.7 万吨，创历史新高。具体情况如图 2-7 所示。

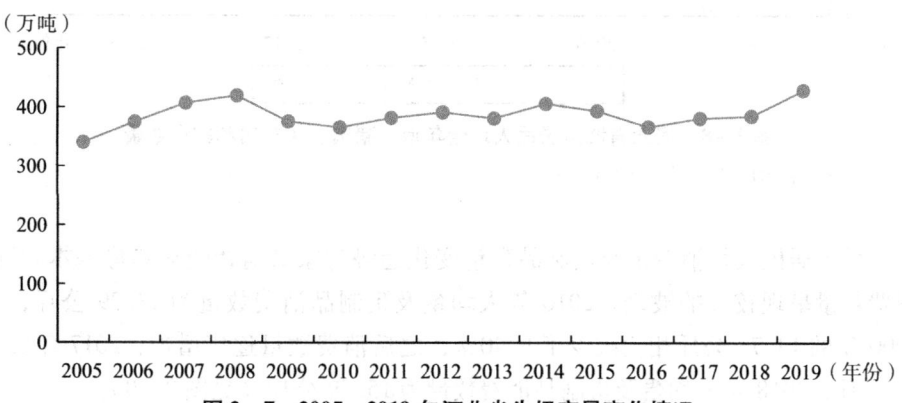

图 2-7　2005~2019 年河北省牛奶产量变化情况

资料来源：2006~2020 年《河北农村统计年鉴》。

2.4.1.2　河北省畜产品消费

(1) 河北省城镇居民畜产品消费。

2000~2010 年城镇居民每年人均猪肉消费量明显增加，由 9.97 公斤增加到 13.49 公斤，涨幅达 35.31%。2010~2017 年猪肉消费处于相对稳定阶段，人均猪肉消费在 13 公斤以上。2018 年又一次显著增加，达到了 17.52 公斤，比 2017 年增加 28.26%。城镇居民牛羊肉消费量 2000~2018 年相对稳定，人均全年消费量在 4 公斤以上。

受到禽流感疫情的影响，家禽城镇居民人均消费呈现较大的波动。2010 年为最低的 3.23 公斤，此后逐步增加，2015 年突破 5 公斤。2018 年人均家禽消费数量为 5.92 公斤（见图 2-8）。

从 2010~2018 年整体来看，城镇居民人均猪肉消费在 13 公斤以上，牛羊肉消费在 4~5 公斤之间，家禽在 3~6 公斤之间。人均猪肉消费量是牛羊肉、家禽消费量的 3 倍左右。

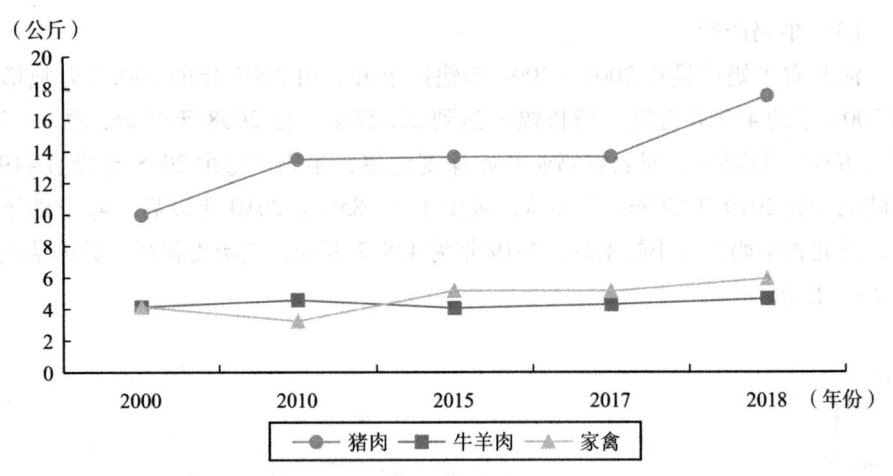

图 2-8　河北省城镇居民人均全年消费猪肉、牛羊肉和家禽数量

资料来源：2019 年《河北经济年鉴》。

城镇居民人均消费蛋及蛋制品数量变化趋势与家禽消费变化趋势基本相同，消费数量呈现较大的波动。2010 年人均蛋及蛋制品消费数量为 13.39 公斤，与 2000 年的 14.78 公斤相比减少了 9.40%；之后消费数量逐年增加，2017 年突破 15 公斤，2018 年人均蛋及蛋制品消费数量为 15.59 公斤（见图 2-9）。

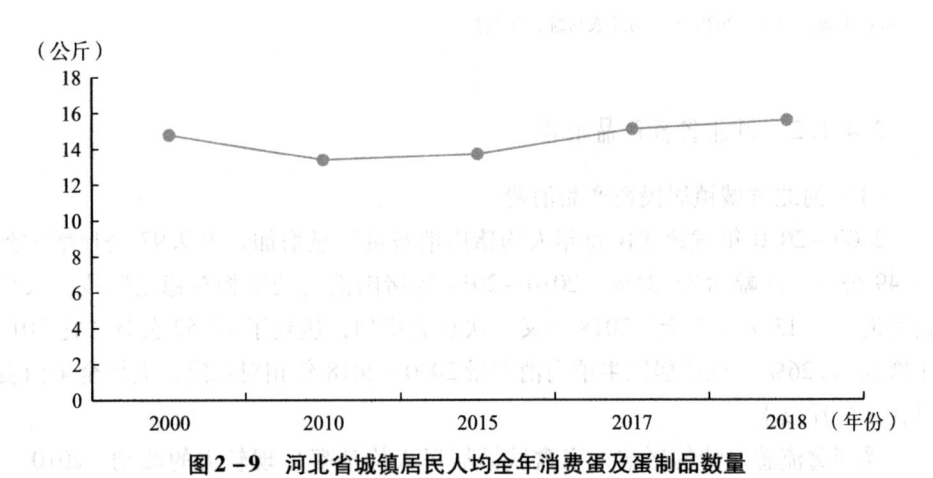

图 2-9　河北省城镇居民人均全年消费蛋及蛋制品数量

资料来源：2019 年《河北经济年鉴》。

2010 年城镇居民人均奶及奶制品消费数量为 20.46 公斤，与 2005 年的 30.24 公斤相比减少了 32.34%；此后人均奶及奶制品消费数量变化不大，均在 21 公斤左右（见图 2-10）。

图 2-10　河北省城镇居民人均全年消费奶及奶制品数量

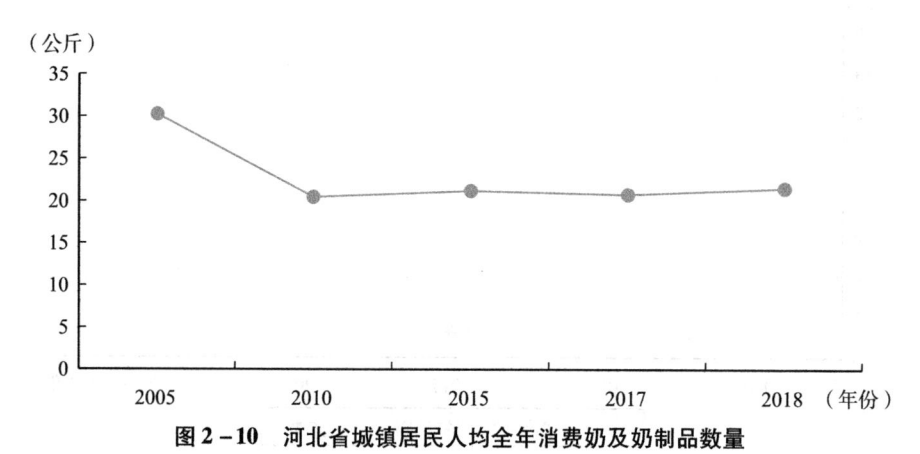

资料来源：2019 年《河北经济年鉴》。

（2）河北省农村居民畜产品消费。

2010～2015 年河北省农村居民每年人均猪肉消费数量持续增加，从 2010 年的 7.12 公斤，增加到 2015 年的 11.26 公斤，增长了 58.15%；2017 年猪肉消费数量稍有下降，2018 年、2019 年出现回升，2019 年为 12.18 公斤。2015 年，农村居民人均牛羊肉消费数量大幅上升，为 1.27 公斤，此后消费数量变化不大，都在 1 公斤以上波动。河北省农村居民每年人均家禽消费数量由 2010 年开始呈现不断上升的趋势，由 2010 年的 1.02 公斤增加到 2015 年的 2.93 公斤，增加了 1.91 公斤，增长了 187.25%，2017 年突破了 3 公斤并逐年增加，2019 年达到 4.25 公斤。从 2010～2019 年整体来看，农村居民人均猪肉消费在 7～14 公斤之间，牛羊肉在 1 公斤左右，家禽在 1～4 公斤之间。人均猪肉消费量是牛羊肉消费量的 10 倍左右，是家禽消费量的 5 倍左右（见图 2-11）。

河北省农村居民人均消费蛋及蛋制品数量呈现先升后降再升的变化趋势，由 2010 年的 7.26 公斤增加到 2017 年的 12.96 公斤，增长了 78.51%。2018 年人均蛋及蛋制品消费数量略有下降，降为 11.81 公斤，减少了 8.87%。2019 年消费数量有所增加，为 14.28 公斤，与 2018 年相比，增长了 20.91%（见图 2-12）。

河北省农村居民人均消费奶及奶制品数量呈现先上升后平稳发展的变化趋势，由 2010 年的 3.48 公斤增加到 2017 年的 8.26 公斤，增长了 137.36%。2018 年人均奶及奶制品消费数量稍有下降，为 7.47 公斤。2019 年消费数量有所增加，为 8.39 公斤，增长了 12.32%。

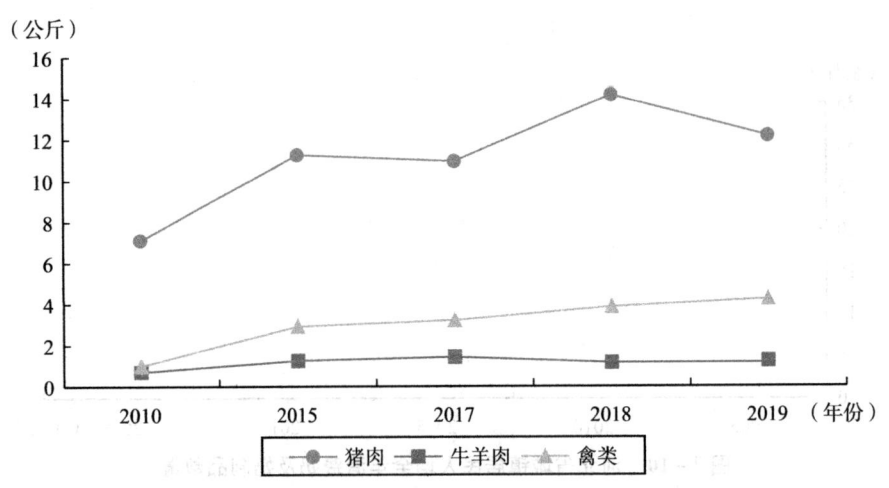

图 2-11　河北省农村居民人均全年消费猪肉、牛羊肉和家禽数量

资料来源：2011~2020 年《河北农村统计年鉴》。

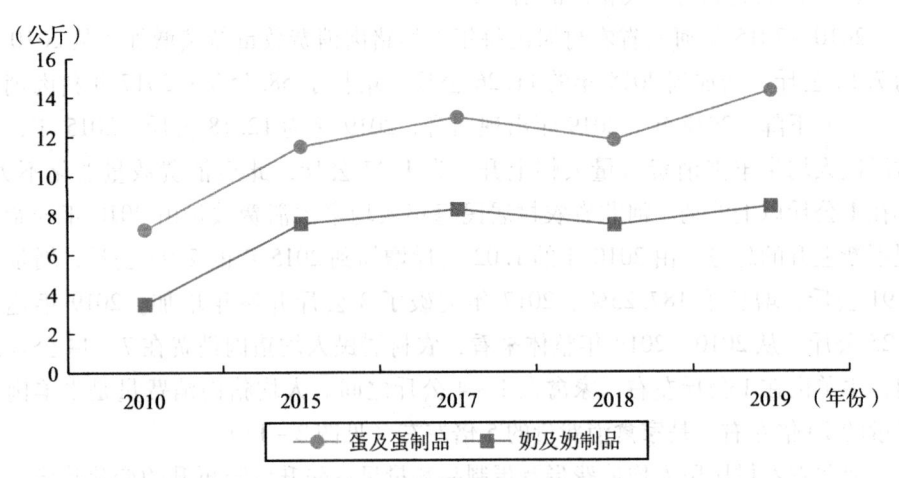

图 2-12　河北省农村居民人均全年消费蛋及蛋制品、奶及奶制品数量

资料来源：2011~2020 年《河北农村统计年鉴》。

2.4.1.3　河北省畜产品贸易

（1）河北省畜产品产量占京津冀地区比重。

河北省畜产品在京津冀地区中占有较大比重，是京津冀地区畜产品的主要生产地。河北省肉类总产量和牛奶产量在京津冀地区所占比重均呈现稳步上升的变化趋势。2010 年肉类总产量在京津冀地区所占比重为 82.42%，此后所占比重持续上升，2019 年这一比重为 92.43%。2010 年奶类产量在京津冀地区所占比重为

76.77%，2019年这一比重为85.31%。具体如图2-13所示。

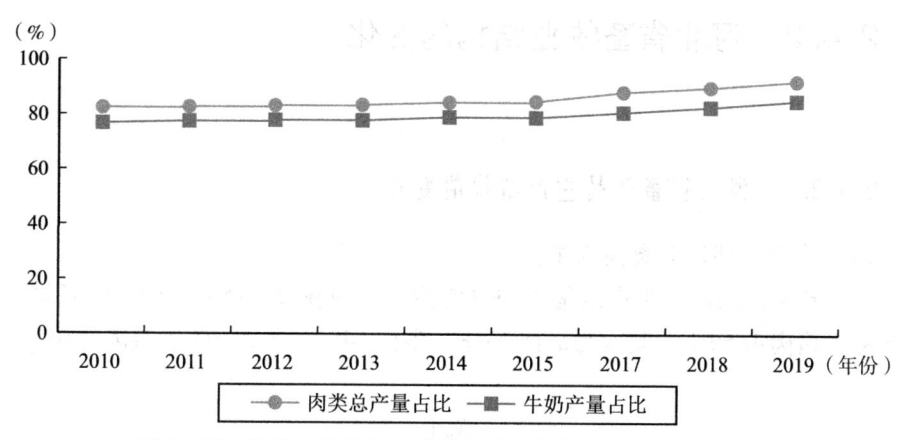

图2-13　2010~2019年河北省畜产品产量占京津冀地区比重

资料来源：2011~2020年《中国统计年鉴》。

（2）河北省主要畜产品出口数量。

河北省畜产品出口包括肉及杂碎、牛肉、冻鸡，2019年肉及杂碎出口12 403吨，牛肉出口807吨，冻鸡出口6 546吨，肉及杂碎占62.78%，冻鸡占33.13%。2010~2019年，肉及杂碎、冻鸡的出口数量呈现不断增加的趋势，冻鸡涨幅达1700%以上，肉及杂碎涨幅达88%。具体如图2-14所示。

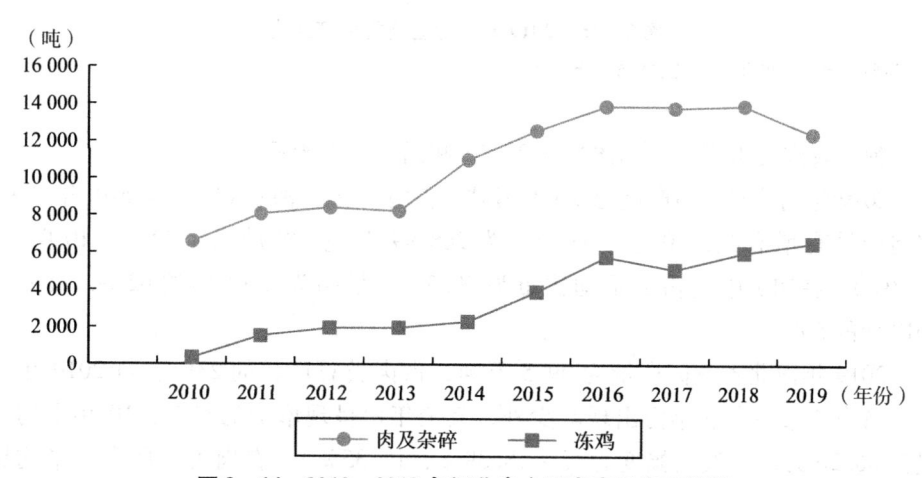

图2-14　2010~2019年河北省主要畜产品出口数量

资料来源：2011~2020年《河北农村统计年鉴》。

2.4.2 河北省畜牧业结构的变化

2.4.2.1 河北省畜产品生产结构的变化

（1）肉类以猪肉和禽肉为主。

河北省畜产品肉类生产以猪肉和禽肉为主（见图2-15）。2019年河北省肉类产品中猪肉占56%，其次为禽肉23%、牛肉14%、羊肉7%和兔肉为0%。

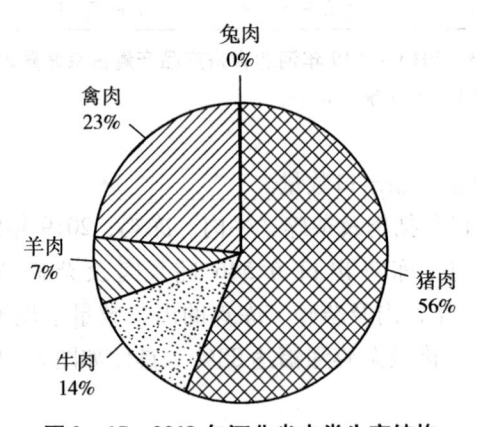

图2-15 2019年河北省肉类生产结构

资料来源：2020年《河北农村统计年鉴》。

河北省肉类生产情况具体如图2-16和图2-17所示。

2019年河北省猪肉产量为241.9万吨，占肉类总产量的56%。自2010年以来，猪肉产量有增有减，10年平均产量为268.99万吨，波动幅度为（-10.07%，8.37%），在肉类中所占的平均比重为60.5%，最高为2017年的62%，最低为2019年的56%。

2019年河北省禽肉产量为99.5万吨，占肉类总产量的23%；自2010年以来，禽肉产量除个别年份出现减少外，其余年份呈现增加的趋势，10年平均产量为86.26万吨，波动幅度为（-18.39%，15.35%），在肉类中所占的平均比重为19.4%，最高为2019年的23%，最低为2010年的17%。2010年，禽肉产量大幅下滑，主要是受到禽流感疫情因素的影响。禽类产业遭遇重创，禽类食品的产销量急剧下降。

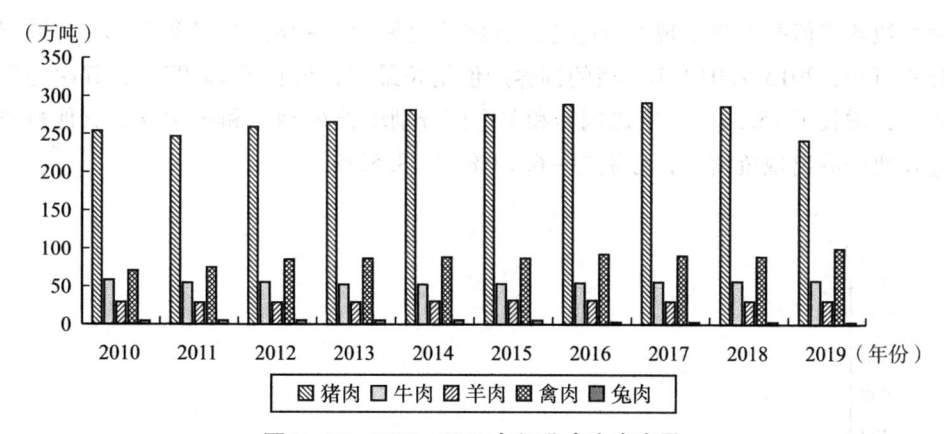

图 2-16 2010~2019 年河北省肉类产量

资料来源：2011~2020 年《河北农村统计年鉴》。

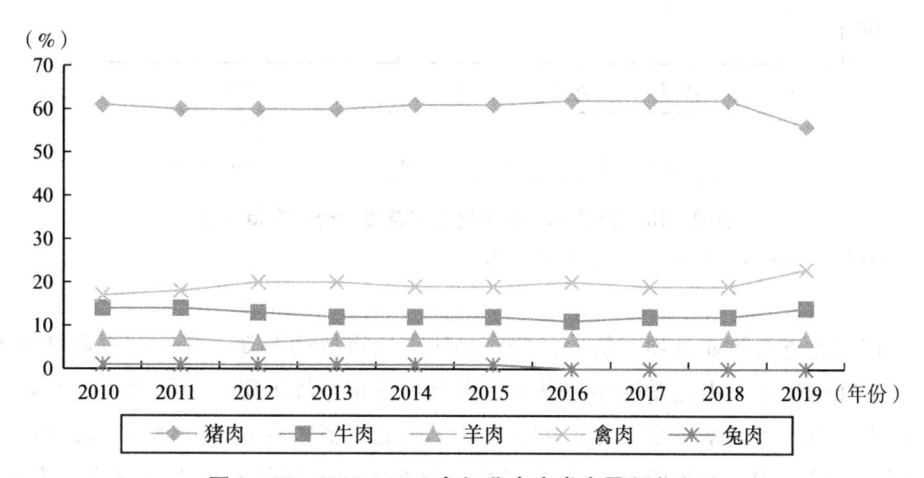

图 2-17 2010~2019 年河北省肉类产量所占比重

资料来源：2011~2020 年《河北农村统计年鉴》。

此外，河北省牛羊肉的产量也在逐年递增。2019 年河北省牛肉产量为 57.2 万吨，占肉类总产量的 14%；自 2010 年以来，牛肉产量增减互现，10 年平均产量为 54.94 万吨，波动幅度较小，为（-4.8%，5.8%），在肉类中所占的平均比重为 12.6%，最高为 2010 年的 14%，最低为 2016 年的 11%。2019 年河北省羊肉产量为 31 万吨，占肉类总产量的 7%；自 2010 年以来，羊肉产量比较稳定，10 年平均产量为 30.07 万吨，与 2006 年相比增加了 6.5%，在肉类中所占的比重只有 2012 为 6%，其余年份都是 7%。

（2）产值总体上升。

从河北省畜牧业分项产值来看，牛、羊、奶产品、生猪饲养、家禽饲养和其他畜牧业产值基本都呈现上升趋势，具体情况见图 2-18。根据图 2-18 中数据计算可知，2013~2019 年，猪的饲养产值增长最快，增长了 28.97%，其次为牛产值，增长了 15.37%，家禽饲养和羊产值分别增长 6.34% 和 6.01%，其他畜牧业及奶产品出现负增长，分别为 -6.73% 和 -8.52%。

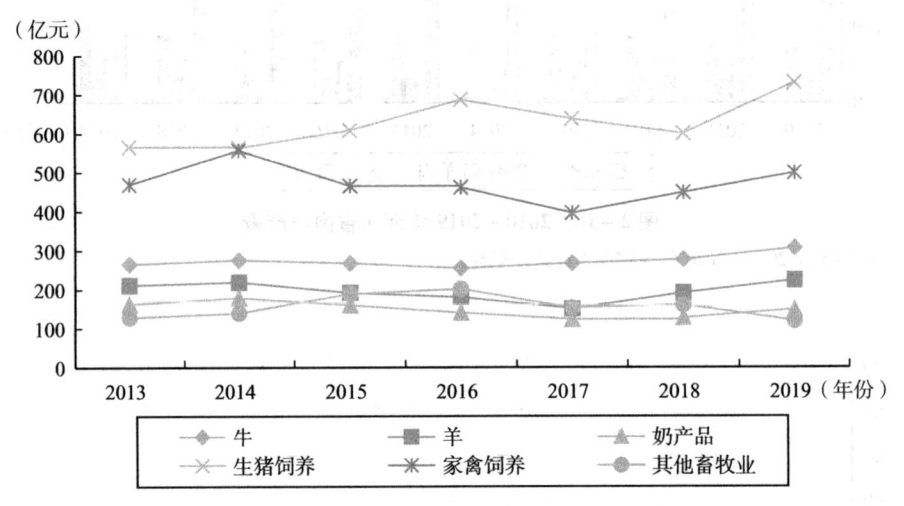

图 2-18　2013~2019 年河北省畜牧业分项产值情况

资料来源：2014~2020 年《中国畜牧兽医年鉴》。

在河北省畜牧业分项产值中，奶产品所占比重持续下降，其他畜牧业则先上升后下降；生猪所占比重不断上升；家禽所占比重小幅下降，羊所占比重小幅增加；牛所占比重基本不变。图 2-19 反映了河北省畜牧业分项产值在畜牧业产值中所占比重。2013~2019 年，生猪饲养产值在畜牧业产值中所占比重有所上升，由 2013 年的 31% 提高到 2019 年的 36%；奶产品由 2013 年的 9% 下降到 2019 年的 7%，其他畜牧业在畜牧业产值中所占比重由最高年份 2016 年的 11% 下降到 2019 年的 6%。

2.4.2.2　河北省畜产品生产规模的变化

河北省畜禽规模化养殖进程不断加快，生猪饲养业逐渐从农户散养向规模化养殖过渡。在畜牧大县，以养殖场生物安全和粪污资源化利用为重点，创建一批高水平的标准化示范场。积极参与农业农村部组织的标准化示范场创建活动，指导 10 家部级、100 家省级畜禽养殖标准化示范场建设。引领全省畜禽养殖向标准化、规模化方向发展，以 2019 年《全国农产品成本收益资料汇编》

中的饲养业规模划分标准为基准（见表 2-3），河北省规模化养殖率达到 64% 以上。

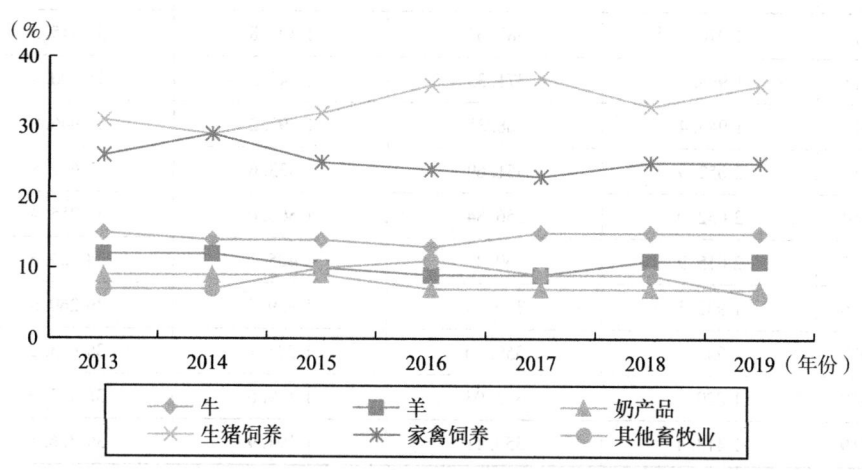

图 2-19　2013~2019 年河北省畜牧业分项产值所占比重变化情况

资料来源：2014~2020 年《中国畜牧兽医年鉴》。

表 2-3　饲养业品种规模分类标准

品种	单位	分类数量标准（Q）			
		散养	小规模	中规模	大规模
生猪	头	Q≤30	30<Q≤100	100<Q≤1 000	Q>1 000
肉鸡	只	Q≤300	300<Q≤1 000	1 000<Q≤10 000	Q>10 000
蛋鸡	只	Q≤300	300<Q≤1 000	1 000<Q≤10 000	Q>10 000
奶牛	头	Q≤10	10<Q≤50	50<Q≤500	Q>500
肉牛	头	Q≤50	Q>50		
肉羊	只	Q≤100	Q>100		

资料来源：《2019 年全国农产品成本收益汇编》。

河北省主要畜禽存栏量变化情况见表 2-4。生猪存栏量在 2013 年之前小幅增加，2013 年达到最大，为 2 052.9 万头，之后持续减少。从 2018 年开始的非洲猪瘟疫情，使生猪存栏量骤减，2019 年下降到 1 418.4 万头，比上一年减少 22.1%；2010~2014 年活家禽存栏量持续增加，近几年波动幅度较小；羊存栏量在 2014 年达到峰值为 1 503.0 万只，之后持续降低；牛存栏量从 2010 年以来在波动中微幅下滑。

表 2-4　　　　　　　　2010~2019 年河北省主要畜禽存栏量

年份	生猪存栏（万头）	牛存栏（万头）	羊存栏（万只）	活家禽存栏（万只）
2010	1 910.7	380.62	1 397.8	33 345.5
2011	1 968.1	371.33	1 443.2	35 990.5
2012	1 945.4	368.35	1 397.2	38 946.8
2013	2 052.9	351.69	1 435.6	37 677.8
2014	2 052.0	356.84	1 503.0	39 255.4
2015	2 015.9	360.31	1 425.1	38 421.6
2016	1 982.5	340.74	1 359.8	39 260.6
2017	1 957.8	359.50	1 228.1	39 653.2
2018	1 820.8	342.03	1 179.6	38 463.6
2019	1 418.4	350.11	1 194.9	39 466.6

资料来源：2011~2020 年《河北农村统计年鉴》。

河北省主要畜禽出栏量变化情况见表 2-5。生猪出栏量在 2013 年之前小幅增加，2014 年达到最大，为 3 897.8 万头，之后除 2017 年有微幅增加外，其余年份持续减少。从 2018 年开始的非洲猪瘟疫情，使生猪存栏量出现骤减，2019 年下降到 3 119.8 万头，比上一年减少 15.9%；2010~2019 年活家禽出栏量总体呈增加趋势，2019 年为 66 628.3 万只，比 2010 年增加了 37.9%。

表 2-5　　　　　　　　2010~2019 年河北省主要畜禽出栏量

年份	年内肉猪出栏（万头）	年内牛出栏（万头）	年内羊出栏（万只）	活家禽出栏（万只）
2010	3 335.8	361.2	2 127.0	48 327.2
2011	3 378.1	339.0	2 031.0	51 189.1
2012	3 576.7	340.3	2 047.6	58 564.5
2013	3 666.4	325.3	2 076.9	59 315.3
2014	3 897.8	320.6	2 155.7	60 491.7
2015	3 837.1	325.4	2 216.1	59 388.6
2016	3 742.6	331.9	2 259.7	61 875.3
2017	3 785.3	340.5	2 168.9	60 637.8

续表

年份	年内肉猪出栏（万头）	年内牛出栏（万头）	年内羊出栏（万只）	活家禽出栏（万只）
2018	3 709.6	345.6	2 201.4	59 728.2
2019	3 119.8	349.1	2 234.5	66 628.3

资料来源：2011~2020年《河北农村统计年鉴》。

从出栏率来看，受非洲猪瘟疫情影响，2018年后生猪出栏率明显下滑；而疫情恰恰提高了其他畜禽产品的出栏率，牛、羊及家禽出栏率都达到了历史新高，2019年较2010年牛、羊及家禽出栏率分别提高了15.9%、38.6%和25.9%（见表2-6）。

表2-6　　　　2010~2019年河北省主要畜禽出栏率　　　　单位：%

年份	猪出栏率	牛出栏率	羊出栏率	家禽出栏率
2010	165.2	88.1	136.7	137.6
2011	176.8	89.1	145.3	153.5
2012	181.7	91.7	141.9	162.7
2013	188.5	88.3	148.6	152.3
2014	189.9	91.2	150.2	160.5
2015	187.0	91.2	147.4	151.3
2016	185.7	92.1	158.6	161.0
2017	190.9	99.9	159.5	154.4
2018	189.5	96.1	179.3	150.6
2019	171.3	102.1	189.4	173.2

资料来源：2011~2020年《河北农村统计年鉴》。

受猪肉产量降低的拖累，2019年猪牛羊肉产量明显降低，仅为330.1万吨，不及2010年水平；2010~2019年生牛奶和禽蛋产量经历小幅调整，呈增长趋势，并在2019年创历史新高，分别达到428.7万吨和385.9万吨（见表2-7）。

表 2-7　　2010~2019 年河北省主要畜禽产量　　　　单位：万吨

年份	猪牛羊肉产量	生牛奶产量	禽蛋产量
2010	340.9	365.7	341.5
2011	340.0	381.7	342.9
2012	356.4	391.2	346.3
2013	362.7	380.9	350.4
2014	383.6	405.7	368.0
2015	381.5	393.5	379.7
2016	375.3	366.4	395.6
2017	377.2	381.0	383.7
2018	373.3	384.8	378.0
2019	330.1	428.7	385.9

资料来源：2011~2020 年《河北农村统计年鉴》。

2.4.2.3　河北省畜产品生产成本的变化

（1）养殖业中间品消耗。

根据《河北省农村统计年鉴》资料，养殖业中间品消耗主要是物质消耗，2019 年生猪、活牛、活羊、牛奶和鸡蛋每头（只）、公斤中间消耗分别为：1 389.12 元、5 941.93 元、411.86 元、2.33 元和 5.67 元；其中，物质消耗分别占到了 98.62%、99.18%、98.15%、98.28% 和 97.88%。在物质消耗中，以饲料、饲草为主要消耗品，牛奶和鸡蛋的饲料、饲草占物质消耗的 93.45% 和 94.41%；在生猪养殖和活牛、活羊养殖中，种子和饲料、饲草是主要消耗品，所占比重分别为：23.48% 和 73.45%，47.55% 和 51.32%，35.70% 和 62.84%。

生猪养殖成本。2012~2019 年，河北省生猪养殖每只中间消耗由 1 172.04 元增加到 1 389.12 元，增幅达到 18.52%。其中，饲料、饲草消耗在此期间，先是逐年增加，在 2015 年达到波峰，由 2012 年的 887.89 元增加到 982.41 元，之后逐年下降；2019 年达到新高，为 1 006.28 元。种子消耗波动幅度较大，由 2012 年的 241.47 元骤降到 2014 年的 120.26 元，降幅约 50%，2016 年迅速增加到 376.05 元，增幅 212.70%。具体如图 2-20 所示。

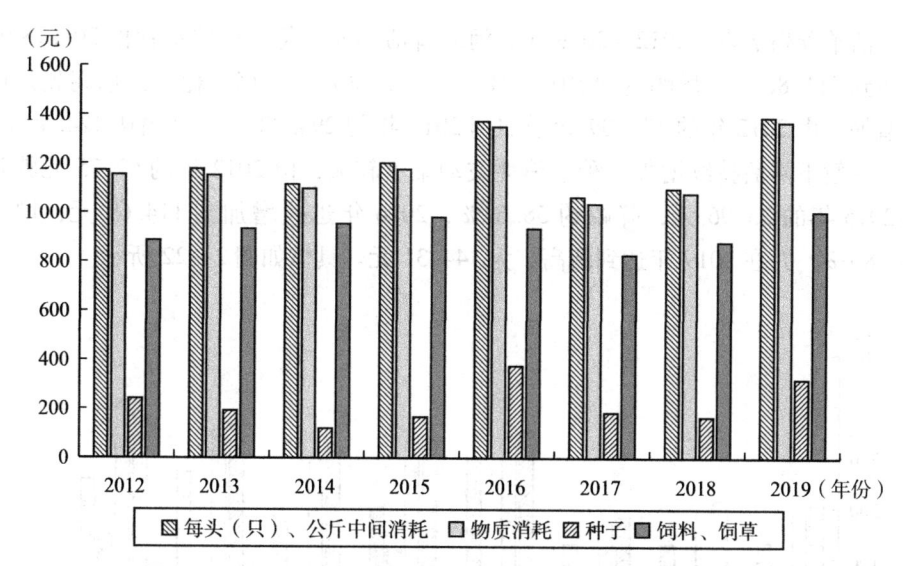

图 2-20　2012~2019 年河北省生猪养殖中间品消耗变化情况

资料来源：2013~2020 年《河北农村统计年鉴》。

活牛养殖成本。2012~2019 年，河北省活牛养殖每头中间消耗由 2 721.75 元增加到 5 941.93 元，增幅达 118.31%。其中，饲料、饲草消耗除个别年份有所降低，总体呈上升趋势，由 1 541.52 元增加到 3 024.52 元，增幅达 96.24%。在此期间，种子消耗由 1 086.13 元增加到 2 802.36 元，增幅为 158.01%。具体如图 2-21 所示。

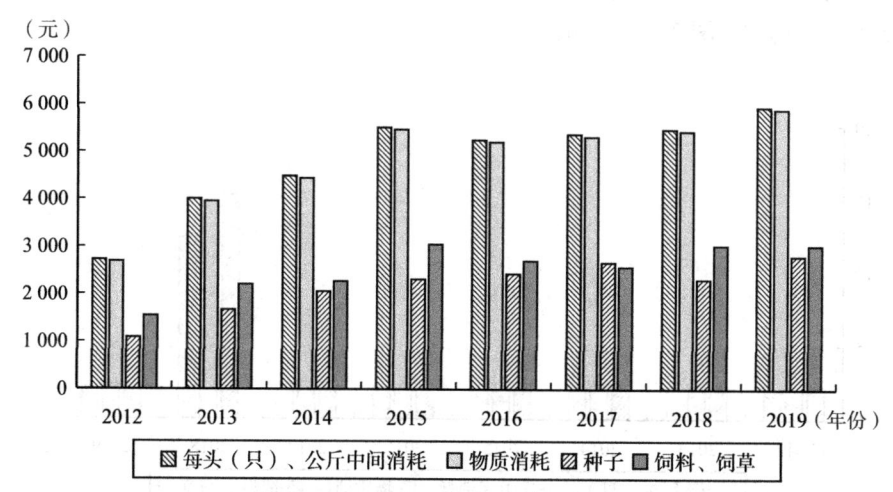

图 2-21　2012~2019 年河北省活牛养殖中间品消耗变化情况

资料来源：2013~2020 年《河北农村统计年鉴》。

活羊养殖成本。2012~2019年，河北省活羊养殖每只中间消耗由204.78元增加到411.86元，增幅达到101.12%。其中，饲料、饲草消耗在此期间先是逐年增加，由2012年的131.09元增加到2015年的294.28元，增幅达124.49%，之后短暂下降后持续增加。种子消耗波动幅度较大，由2012年的62.75元骤降到2015年的25.96元，降幅约58.63%，2016年迅速增加到114.69元，增幅341.80%，并在2019年达到新高，为144.31元。具体如图2-22所示。

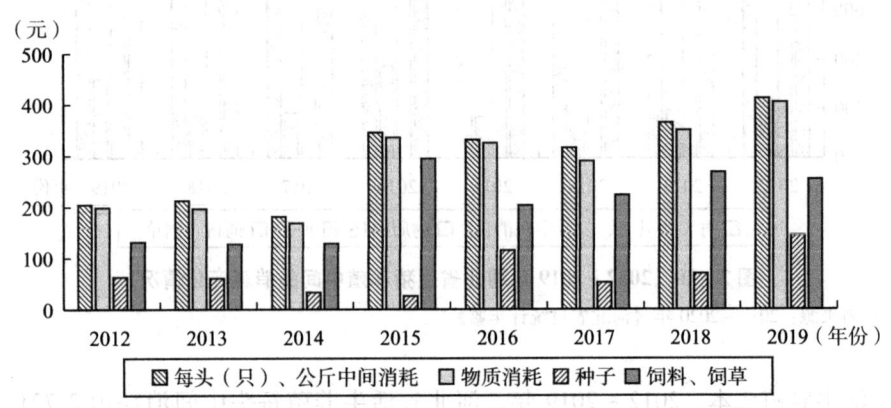

图2-22　2012~2019年河北省活羊养殖中间品消耗变化情况

资料来源：2013~2020年《河北农村统计年鉴》。

牛奶生产成本。2012~2019年，河北省牛奶生产每公斤中间消耗除2018年骤然增加外，其余年份都稳定在2.30元左右；2018年为15.25元，相较其余年份增幅近600%。其中，饲料、饲草消耗2018年为12.33元，相较其余年份增幅约500%。具体如图2-23所示。

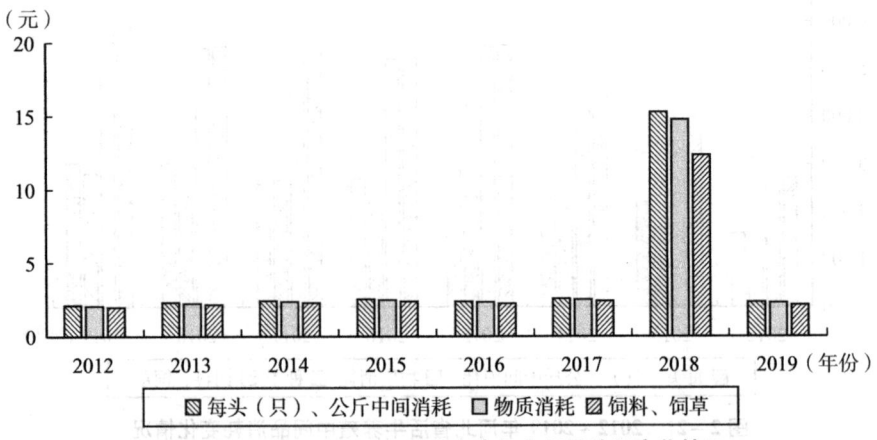

图2-23　2012~2019年河北省牛奶中间品消耗变化情况

资料来源：2013~2020年《河北农村统计年鉴》。

鸡蛋生产成本。2012~2019 年，河北省鸡蛋生产每公斤中间消耗变化不大，由 6.44 元减少到 5.67 元，降幅为 11.96%。其中，饲料、饲草消耗总体呈下降趋势，由 6.24 元减少到 5.24 元，降幅为 16.03%。具体如图 2-24 所示。

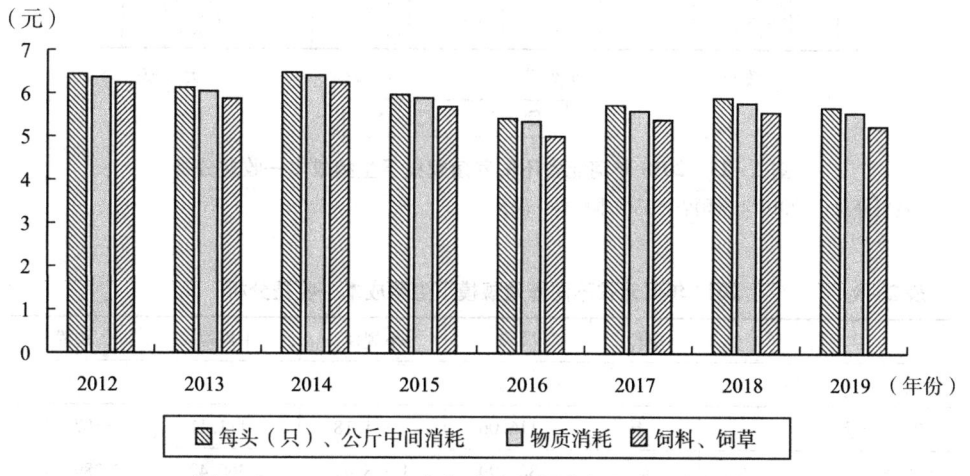

图 2-24　2012~2019 年河北省鸡蛋中间品消耗变化情况

资料来源：2013~2020 年《河北农村统计年鉴》。

（2）不同规模下的成本—收益分析。

按照《全国农产品成本收益资料汇编》，总成本是指生产过程中耗费的资金、劳动力和土地等生产要素的成本，由生产成本和土地成本两部分构成。从一般养殖企业的成本构成来看，生产成本是最重要、比重最大的组成部分，通常占总成本的 80% 以上。生产成本的构成中，90% 以上为直接费用，间接费用所占比重很小，人工成本的比重因养殖规模而异，散户饲养的人工成本占总成本比重较大，而规模化养殖的人工成本所占比重较小。

生猪养殖规模越大，成本利润率越高。2018 年河北省散养、小规模、中规模和大规模养殖成本利润率分别为：-12.64%、-5.67%、-2.39% 和 3.89%。从不同养殖规模的产值和成本来看，随着养殖规模的扩大，养殖产品产值也在减少，但是成本的下降速度更为明显（见图 2-25、表 2-8），因此，成本利润率呈现上升的态势。

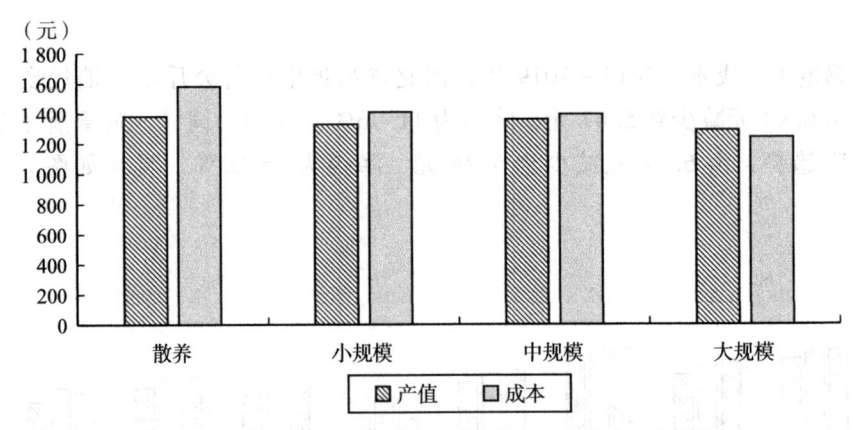

图 2-25 2018 年河北省不同养殖规模下生猪成本—收益分析

资料来源：《2019 年全国农产品成本收益汇编》。

表 2-8   2018 年河北省不同养殖规模下生猪成本—收益分析

项目	单位	散养	小规模	中规模	大规模
每头					
主产品产量	公斤	116.06	111.18	111.11	107.54
产值合计	元	1 381.99	1 328.41	1 360.49	1 289.23
主产品产值	元	1 373.43	1 317.09	1 344.08	1 277.13
副产品产值	元	8.56	11.32	16.41	12.10
总成本	元	1 582.02	1 408.26	1 393.84	1 240.93
生产成本	元	1 581.78	1 405.35	1 391.21	1 238.08
物质与服务费用	元	1 222.44	1 160.43	1 206.47	1 152.30
人工成本	元	359.34	244.92	184.74	85.78
家庭用工折价	元	359.34	218.25	171.99	13.16
雇工费用	元	—	26.67	12.75	72.62
土地成本	元	0.24	2.91	2.63	2.85
净利润	元	-200.03	-79.85	-33.35	48.30
成本利润率	%	-12.64	-5.67	-2.39	3.89
每 50 公斤主产品					
平均出售价格	元	591.69	592.32	604.84	593.79
总成本	元	677.33	627.93	619.67	571.54
生产成本	元	677.23	626.63	618.50	570.23
净利润	元	-85.64	-35.61	-14.83	22.25

资料来源：《2019 年全国农产品成本收益汇编》。

将河北省生猪养殖与生猪养殖大省四川进行比较发现,河北省生猪养殖成本利润率较高。从散养规模来看,河北省生猪养殖成本利润率为-12.64%,低于全国平均水平,高于四川省(见表2-9);小规模养殖情况下,河北省生猪养殖成本利润率为-5.67%,低于全国平均的-2.75%和四川省的1.67%;中规模养殖情况下,河北省生猪养殖成本利润率为-2.39%,低于全国平均的2.02%和四川省的5.74%;大规模养殖情况下,河北省生猪养殖成本利润率为3.89%,高于全国平均的2.87%,低于四川省的6.52%;对其进行分析发现,河北省生猪养殖主产品产量以及产品销售价格都不具备优势,低于全国平均水平和四川省,但是河北省人工成本较低(物质与服务费用、人工成本都较低)是成本利润率较高的原因所在。

表2-9　　　　　　　　生猪养殖成本—收益分析　　　　　　　　单位:%

项目	成本利润率			
	散养	小规模	中规模	大规模
平均	-12.57	-2.75	2.02	2.87
河北	-12.64	-5.67	-2.39	3.89
四川	-16.40	1.67	5.74	6.52

资料来源:《2019年全国农产品成本收益汇编》。

奶牛养殖的总成本主要包括物质与服务费用以及人工成本两部分。人工成本主要由家庭用工折价及雇工费用两部分组成,小规模和中规模奶牛养殖人工成本主要是家庭用工折旧,分别占85.61%和100%,大规模奶牛养殖人工成本主要是雇工费用,占65.99%(见表2-10)。2018年河北省中规模奶牛养殖成本利润率最高,为49.19%,高于全国平均水平31.57%,每50公斤主产品净利润为61.00元,高于全国平均水平48元,均在全国排名第四。分析原因在于:第一,河北省土地成本较低;第二,人工成本中多为家庭用工,雇工费用较低。

表2-10　　　　2018年河北省不同养殖规模下奶牛成本—收益分析

项目	单位	小规模	中规模	大规模
每头				
主产品产量	公斤	6 173.28	6 126.04	7 603.84
产值合计	元	23 931.93	25 746.04	30 731.17
主产品产值	元	20 886.53	22 670.04	28 073.25
副产品产值	元	3 045.40	3 076.00	2 657.92

续表

项目	单位	小规模	中规模	大规模
总成本	元	17 788.44	17 257.57	21 159.53
生产成本	元	17 755.00	17 220.33	21 116.53
物质与服务费用	元	15 641.00	15 212.68	18 133.42
人工成本	元	2 114.00	2 007.65	2 983.11
家庭用工折价	元	1 809.85	2 007.65	1 014.44
雇工费用	元	304.15	—	1 968.67
土地成本	元	33.44	37.24	43.00
净利润	元	6 143.49	8 488.47	9 571.64
成本利润率	%	34.54	49.19	45.24
每50公斤主产品				
平均出售价格	元	169.17	185.03	184.60
总成本	元	125.74	124.03	127.10
生产成本	元	125.51	123.76	126.85
净利润	元	43.43	61.00	57.50

资料来源：《2019年全国农产品成本收益汇编》。

蛋鸡规模养殖成本收益分析。2018年河北省中规模蛋鸡养殖成本利润率为4.01%，低于全国平均水平7.15%。全国成本利润率最高的湖北省为15.14%（见表2-11）。2018年河北省中规模蛋鸡养殖产值合计为15 676.64元/百只，生产成本为15 056.75元/百只，净利润为604.43元/百只。从2018年全国平均水平来看，中规模蛋鸡养殖产值合计为16 237.66元/百只，生产成本为15 132.09元/百只，净利润为1 083.42元/百只。而2018年湖北省中规模蛋鸡养殖产值合计为15 365元/百只，生产成本为13 320.34元/百只，净利润为2 020.66元/百只。

表2-11　　　　　　　2018年中规模蛋鸡养殖成本—收益分析

项目	单位	平均	河北	湖北
每百只				
主产品产量	公斤	1 805.92	1 837.42	1 791.00
产值合计	元	16 237.66	15 676.64	15 365.00
主产品产值	元	14 224.88	13 741.31	13 199.00
副产品产值	元	2 012.78	1 935.33	2 166.00

续表

项目	单位	平均	河北	湖北
总成本	元	15 154.24	15 072.21	13 344.34
生产成本	元	15 132.09	15 056.75	13 320.34
物质与服务费用	元	13 982.11	13 458.13	12 887.40
人工成本	元	1 149.98	1 598.62	432.94
家庭用工折价	元	947.37	1 458.41	432.94
雇工费用	元	202.61	140.21	—
土地成本	元	22.15	15.46	24.00
净利润	元	1 083.42	604.43	2 020.66
成本利润率	%	7.15	4.01	15.14
每50公斤主产品				
平均出售价格	元	393.84	373.93	368.48
总成本	元	367.56	359.51	320.02
生产成本	元	367.02	359.14	319.45
净利润	元	26.28	14.42	48.46

资料来源:《2019年全国农产品成本收益汇编》。

2.4.2.4 河北省畜产品生产组织的变化

2021年是"十四五"开局之年,面对新冠肺炎疫情的严重冲击,各地统筹疫情防控和畜牧业生产,深化供给侧结构性改革,坚持高质量发展。生猪生产持续恢复,奶业发展量价双增,家禽养殖形势平稳,肉牛肉羊产销两旺,全省畜牧业发展整体趋好,畜产品供给能力显著增强,质量效益明显提升。

(1) 产业链条不断完善。

2015年以来,河北省全面推进奶业利益联结长效机制建设。河北省农业厅与省内所有乳品加工企业签订了《完善奶业利益联结长效机制合作备忘录》(以下简称《备忘录》),在全国率先探索建立奶农与乳品加工企业利益联结机制。《备忘录》包括共同推进奶源基地标准化建设、共同为奶牛养殖场(小区)融资提供帮助、建立生鲜乳和乳品生产有计划同步发展制度、共同推进生鲜乳价格协调机制建设、实施生鲜乳第三方仲裁检测等内容,涵盖了奶业发展的12个重点环节。针对乳品企业和奶牛养殖场不遵守生鲜乳收购合同现象,多次约谈乳制品加工企业和奶牛养殖场,有效遏制抢奶行为。严厉打击违法违规私收散奶以及强卖饲料、兽药和养殖设备行为,维护生鲜乳收购秩序。支持乳品加工企业自建牧场、与奶牛养殖场合建示范家庭牧场，推进饲草种植，奶牛养殖、乳品加工一体化发展，产业链各环节主体共享收益。蒙牛、伊利、君乐宝等大型加工企业出台奶农扶持政策，累计提供贷款10多亿元。日趋密切的利益联结机制，有力保障奶业持续稳定健康发展。

（2）乳品品质实现新提升。

对标国际一流标准，河北省农业厅研究起草了推荐性生乳团体标准，以标准升级带动产品升级；牵头制定了《河北省奶业质量安全风险管控方案》，推动落实生鲜乳生产运输、乳制品加工仓储、市场流通销售全链条质量安全风险标准化管控。君乐宝乳业筹建婴幼儿奶粉检测中心和河北省乳制品产业技术研究院，提升乳制品质量安全保障能力。2019年全省生鲜乳第三方抽检合格率100%，乳制品监督抽检合格率100%。

（3）饲草基地建设实现新扩展。

合理布局饲草基地，扩大全株饲用玉米种植面积，在黑龙港流域发展苜蓿连片种植。制定了《河北省2019年粮改饲试点工作实施方案》《2019年山前平原区奶牛养殖大县整县推进粮改饲专项工作方案》，全年全省种植全株玉米220万亩，苜蓿种植面积在2018年37.36万亩的基础上，新增7万亩，苜蓿品质由过去的3级为主提升到2级为主，所有奶牛养殖场全部饲喂全株青贮玉米和苜蓿，实现了饲草生产与奶牛养殖协同高质量发展。

（4）畜禽养殖日益标准化、规模化。

2019年，河北省按照农业农村部关于畜禽养殖标准化示范场创建通知的要求，及时印发了河北省农业农村厅《关于开展2019年畜禽养殖标准化示范创建活动的通知》。各市按照活动方案有关创建条件，积极发动各县推动畜禽养殖示范创建，通过各市县宣传发动，积极组织畜禽规模养殖场申报，市县组织有关技术专家进行技术指导，调动申报养殖企业积极性，确保高质量创建。两年累计创建部级畜禽养殖示范场16个，充分发挥示范场设施装备先进、环境优良、管理先进、粪污无害化处理的带动作用，促进畜禽规模化养殖标准化生产，提高畜禽产品质量安全，实现畜禽规模养殖效益。

（5）疫情应对积极有力。

2020年，河北省政府印发《关于维护畜牧业正常产销秩序保障肉蛋奶市场供应的紧急通知》，安排专人受理解决问题和诉求，降低企业损失，稳定生鲜乳收购预期。同时，协调一批畜禽产品支援武汉，做到北京市场有求必应，为全国抗疫提供畜禽产品支持；先后受理企业求助358起，发放民生资质保供证明1 385份，协调解决了邯郸华裕公司每天500万羽以上种鸡苗调往山东交通受阻、献县临河猪场调运活猪运输受阻、保定凯圣兰装潢包装公司等乳企上游供应商因疫情防控被责令停工停产等问题。此外，印发了《河北省奶业质量安全风险管控方案》和《河北省疫情期间学生饮用奶质量安全风险管控指导方案》，确保奶业平安发展。

（6）政策设计更加完善。

2020年，河北省政府及农业农村厅印发了一系列方案保障畜牧业高质量发展，其中包括：《关于促进畜牧业高质量发展的实施意见》，指导全省现代畜牧业建设；《关于加强畜牧业布局规划引领 促进绿色可持续发展的实施方案》，保障畜牧业绿色可持续发展；《关于优化全省生猪产业布局加快恢复生猪产能的指导意见》，优化生猪产业布局；《河北省畜禽养殖废弃物资源化利用专项行动方案（2020—2022年）》，强化畜禽规模养殖污染整治。

（7）产业基础更加牢固。

河北省农业农村厅起草了《河北省畜禽种业"十四五"发展规划》《河北省地方畜禽遗传资源保护方案》，修订了《河北省种畜禽生产经营许可证审核发放管理办法》，畜禽种业科学发展、规范发展的基础更加牢固。同时，新创建阳原驴、肉鸽原种场各1家，蛋鸡新品种（配套系）"大午褐"通过国家畜禽遗传资源委员会的品种审定，保种育种工作扎实推进。此外，畜禽监测统计更加准确及时，2019年，河北省畜牧统计监测工作荣获全国第2名的好成绩。

第 3 章
河北省主要畜牧产业发展分析

3.1 主要畜牧产业的生产现状

3.1.1 生猪产业生产现状

3.1.1.1 生猪存栏出栏情况

在生猪存栏量方面,河北省生猪存栏数量大体在 1 800 万~2 000 万头之间波动。2014 年和 2015 年河北省生猪存栏量连续下降,去产能导致 2016 年猪价大幅攀升,该年生猪存栏量达到近年高峰 1 982.52 万头,2017 年河北生猪存栏量为 1 957.80 万头,较上年微降 1.25%。由于 2018 年 8 月我国发生非洲猪瘟疫情并随之蔓延,河北省养殖场户出于恐慌心理纷纷减产和清栏,导致河北省 2018 年生猪存栏仅 1 820.75 万头,较 2017 年下降 7.0%,2019 年跌至 1 418.40 万头,同比减少 22.1%,为 2010 年以来的最低值。随后,在养殖用地、环评和信贷等各方面政策的支持下,2020 年末河北省生猪存栏回增至 1 748.85 万头,同比增幅达 23.3%,已经恢复到非洲猪瘟前 2016 年(近 10 年河北省存栏最高值)的 88.21%(见图 3-1)。

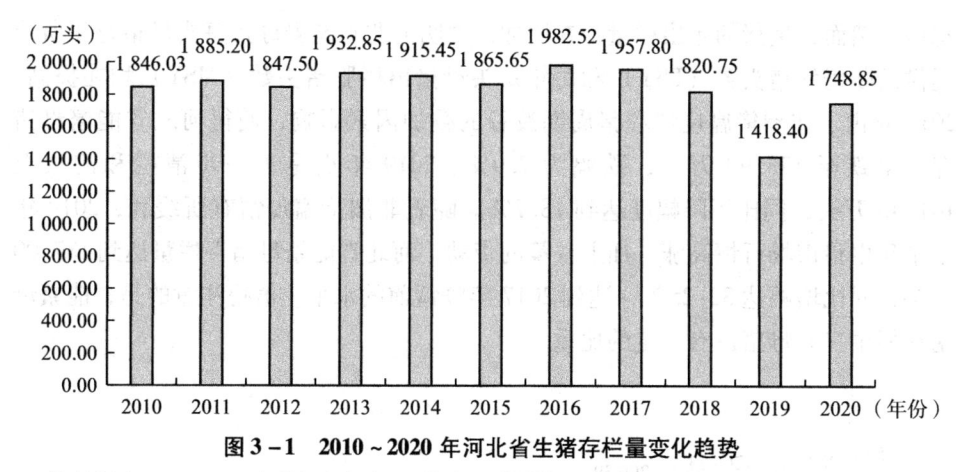

图3-1　2010~2020年河北省生猪存栏量变化趋势

资料来源：2010~2019年数据来自《河北统计年鉴》，2020年存栏量来自河北省统计局。

在生猪出栏量方面，从2010年到2017年，河北生猪出栏量的总体趋势是波动上升的。2017年出栏量为3 785.3万头，为近年来的最高值。2018年受非洲猪瘟疫情影响，河北省生猪出栏量同比下降2.0%，为3 709.59万头，2019年进一步减少到3 119.8万头，同比减少15.9%。2020年虽然非洲猪瘟疫情发展的强度和造成的损失均有明显的下降，但由于2019年能繁母猪存栏量下降较多，钳制了育肥猪的出栏量，导致2020年河北省生猪出栏进一步下降为2 907.62万头，同比下降6.8%（见图3-2）。

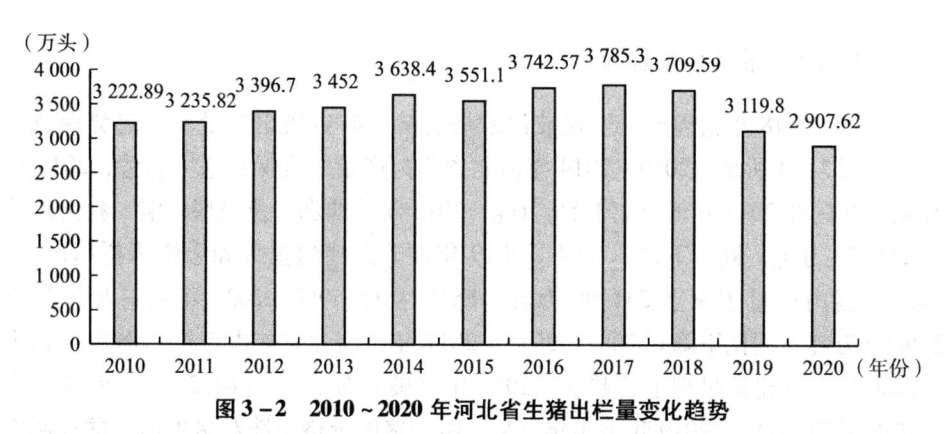

图3-2　2010~2020年河北省生猪出栏量变化趋势

资料来源：2010~2019年数据来自《河北统计年鉴》，2020年出栏量来自河北省统计局。

3.1.1.2　能繁母猪存栏情况

由图3-3可以看出，2013~2017年，河北省能繁母猪存栏量呈现缓慢下降态势。然而，生猪的年出栏量却在增加，说明河北省能繁母猪每头母猪每年所能提供的断奶仔猪头数（PSY）和每年每头母猪出栏肥猪头数（MSY）均在提高。2018年由于非洲猪瘟疫情和猪周期波谷的叠加因素影响，使得河北省能繁母猪存栏量跌至173.90万头，跌幅为7.0%。2019年更是进一步清栏和淘汰至141.40万头，同比下降幅度达到18.7%。随着非洲猪瘟疫情有所缓和，2019年下半年生猪市场行情高涨，加上政策的带动，河北省能繁母猪存栏量达到187.00万头，同比增幅达32.25%，达到2017年疫情前的水平。值得注意的是，能繁母猪存栏中三元母猪占有一定的比重。

图3-3 2013～2020年河北省能繁母猪存栏量变化趋势

资料来源：2013～2019年数据来自《河北统计年鉴》，2020年存栏量来自河北省统计局。

3.1.1.3 猪肉产量情况

2010～2018年猪肉产量呈现波浪发展态势，与生猪出栏量变化趋势保持一致，如图3-4所示。2010～2014年河北省猪肉产量一直保持递增态势，2015年小幅下挫后在2017年增至291.50万吨，2018年受非洲猪瘟疫情影响，猪肉产量为286.30万吨，同比下跌1.80%。2019年在非洲猪瘟损失和恐慌清栏情况下，河北省猪肉产量下滑至241.90万吨，降幅达15.50%。2020年进一步下降为226.90万吨，同比下降6.20%。2015～2017年，河北省猪肉产量占肉类（猪牛羊禽肉）产量比重呈现上行趋势，2016年突破60%，达到61.27%，2018年进一步升至61.94%。2019年下半年以来，由于猪肉价格暴涨对猪肉消费的抑制作用极其明显，伴随替代品需求增加，2019年和2020年猪肉产量占肉类产量的比重分别下降至56.31%和54.57%，降幅显著。

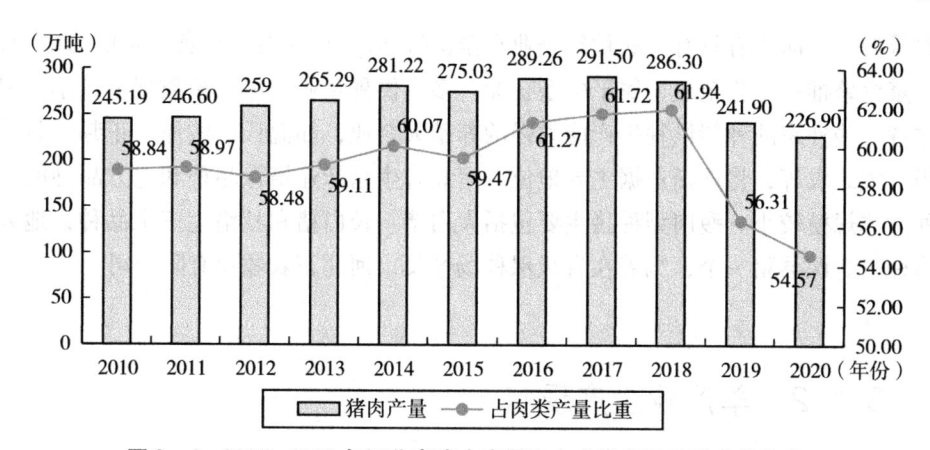

图 3 – 4　2010 ~ 2020 年河北省猪肉产量和占肉类产量比重变化趋势

资料来源：2010 ~ 2019 年数据来自《河北统计年鉴》，2020 年产量来自河北省统计局。

3.1.1.4　生猪养殖布局情况

近年来，河北省生猪养殖业在发展中逐步形成了以唐山、石家庄、邯郸、保定为核心的四大优势产区。特别是保定与唐山猪肉总产量占全省的 32.0%，[①] 说明其竞争力远高于其他市（区），由于保定临近京津的区位优势，高档消费市场前景广阔，且拥有易县、徐水、定兴等传统生猪养殖大县（区），导致保定市生猪产业发展水平较高。唐山作为河北第一大市，经济实力雄厚，玉田、滦南、遵化、迁安都是有名的生猪调出大县（市），人民生活消费水平较高等因素也为该市的生猪产业发展提供了有力支撑。承德市由于特殊的地理位置、自然环境等因素导致生猪产业发展缓慢；廊坊市所辖区域面积小，距离北京较近，在国家生猪环保政策的高压下，生猪产业发展受限，猪肉产量所占比重最小。

3.1.1.5　种猪产业发展情况

河北省种猪产业仍处于发展过程中。目前，河北省共建有种猪场 152 家，其中国家级核心场 4 家，在全国排名 14 名，在华北地区居第 2 位；省级种猪场 12 家，110 家市级发证种猪场，30 家县级发证种猪场。销售的种猪主要供给本省及周边省区；建设有省级种猪生产性能测定中心一座，年测定能力 1 000 头，影响力位于全国省级种猪测定站前茅；建有省级猪遗传评估平台，可以对省级种猪场开展遗传评估；目前场间遗传联系不够，场内性能测定工作还不够稳定，测定数

---

① 资料来源：河北省统计局。

据量偏少。河北省只有一家种猪企业在全国排名前20左右，具备一定的影响力；一家育繁推一体化企业，属于中型企业；多家供种企业，但大多数规模较小，河北省一些外来的种猪供种生产能力强的养殖大企业，如温氏、牧原、正邦、新希望、大北农等，将逐渐占据主导地位。河北省生猪产业培育品种和地方品种的原种群体规模较小。瘦肉型种猪主要包括大白猪、长白猪和杜洛克三个品种，地方猪种只有深县猪一个，饲养在省级保种场辛集市河北正农牧业有限公司。

3.1.2 羊产业生产现状

3.1.2.1 羊存栏出栏情况

河北省羊存栏量整体呈现下降趋势。2017年河北省羊存栏量1 228.09万只，2018年下降到1 179.56万只，下降3.95%。2019年羊存栏有所恢复，增长至1 194.9万只，主要原因是羊羔紧缺及饲料价格上涨导致养羊成本增加，一些大中型养殖公司进行"投母收羔"，羊存栏量增加。河北省羊存栏量最多的市依次是邯郸市、保定市、张家口市和沧州市，羊存栏量均在百万只以上。2017～2019年，河北省除保定市、秦皇岛市和承德市存栏量是正增长外，其他市或省直辖县均出现不同程度的下降。保定市2018年羊存栏量为189.47万只，2019年上涨到212.22万只，增长12.01%，在全省增长最快；其次是秦皇岛市，2017年羊存栏量为84.4万只，2018年增长到88.01万只，增长4.28%；承德市2017年羊存栏量为83.27万只，2018年增长到85.53万只，增长幅度为2.71%，增长幅度较小。

羊出栏量总体呈现上涨趋势，只在2017年有所波动。2016年由于羊出栏后养殖户收益增长不明显，甚至处于亏损状态，导致2017年养羊户和出栏量有所减少。2017年羊出栏量为2 168.91万只，2018年上涨到2 201.44万只，增长幅度为1.50%；2019年进一步增长到2 234.47万只，增幅为1.50%。2017～2019年，保定市、秦皇岛市、承德市、廊坊市羊出栏量呈现正增长态势，其余地市羊出栏量均为负增长。增长较大的是保定市和秦皇岛市，其中，保定市羊出栏量增长幅度最大，由2017年的312.33万只增长到2018年的404.91万只，增长幅度为29.68%；秦皇岛市羊出栏量由2017年的149.5万只增长到2018年的178.48万只，增长19.39%；承德市2017年羊出栏量147.5万只，2018年增长到151.59万只，增长2.78%；廊坊市羊出栏量由2017年的153.64万只增长到2018年的154.02万只，仅增长0.25%，增长幅度非常小。

3.1.2.2 羊肉产量情况

河北省羊肉产量呈现波动发展态势,2016 年达到 31.75 万吨的峰值后开始下降,2017 年降至 30.09 万吨。2018～2019 年,羊肉产量逐步恢复性上涨,2018 年为 30.54 万吨,增长约 1.5%,2019 年再上涨达到 31 万吨。产量上涨的主要原因是 2018 年非洲猪瘟疫情的暴发导致猪肉消费减少,而作为替代品的牛羊肉消费需求增加,市场供需不平衡直接推高市场价格,养羊户为获得短期高额收益纷纷育肥养羊。河北省羊肉产量增长幅度最大的是保定市和秦皇岛市。2017 年羊肉产量排在前五名的城市是邯郸市、保定市、张家口市、沧州市、廊坊市,羊肉产量依次为 5.16 万吨、4.33 万吨、3.74 万吨、2.58 万吨和 2.14 万吨;2018 年羊肉产量排在前三名的城市是保定市、邯郸市、张家口市,羊肉产量依次为 6.02 万吨、4.50 万吨和 3.35 万吨;沧州市和秦皇岛市以 2.53 万吨的羊肉产量并列第四名。保定市 2017 年羊肉产量为 4.33 万吨,2018 年增长到 6.02 万吨,上涨幅度达到 39.13%,羊肉总量超过了邯郸市,跃居第一位。秦皇岛市 2017 年羊肉产量为 2.08 万吨,2018 年增长到 2.53 万吨,上涨幅度达到 21.77%,羊肉生产数量与沧州市相差无几。承德市 2017 年羊肉产量为 2.05 万吨,2018 年增长到 2.08 万吨,增长 1.37%。[①]

3.1.3 牛产业生产现状

3.1.3.1 肉牛产业生产现状

(1) 肉牛存栏出栏情况。

河北省肉牛年出栏量呈现先下降后上升的变化趋势,2013 年达到最低值 153.1 万头。2014 年开始增加,2018 年后增长速度逐步放缓,至 2019 年增长至 203.1 万头,增长率为 32.66%,平均年增长 5.4%。

河北省肉牛存栏量居全国第 16 位。从全国范围来看,河北省肉牛存栏水平较低,存栏量占全国的份额仅有 2%～3%。河北省各市(区)肉牛养殖分布较为均衡,近几年,承德市和唐山市肉牛出栏量最多,2019 年河北省肉牛出栏量

---

① 资料来源:2016～2020 年《河北农村统计年鉴》。

前3位为承德市、唐山市和张家口市，而秦皇岛市和邢台市出栏量最少。

2008~2019年河北省肉牛出栏量总体趋势也是先下降后上升，但变化幅度相对较小，趋势较为稳定（见图3-5）。2014年受2013年存栏大幅减少的影响，出栏量跌至近几年最低值320.6万头，随后开始增加，但上涨速度逐渐放缓，2019年肉牛出栏量达到349.1万头，较上一年增长1%，占全国出栏总量的7.7%，居全国第二位，仅次于内蒙古。从全国范围来看，河北省肉牛出栏量与存栏量不同，自2018年以来一直名列前茅，始终排在全国第3~4位，出栏量保持在320万~370万头。

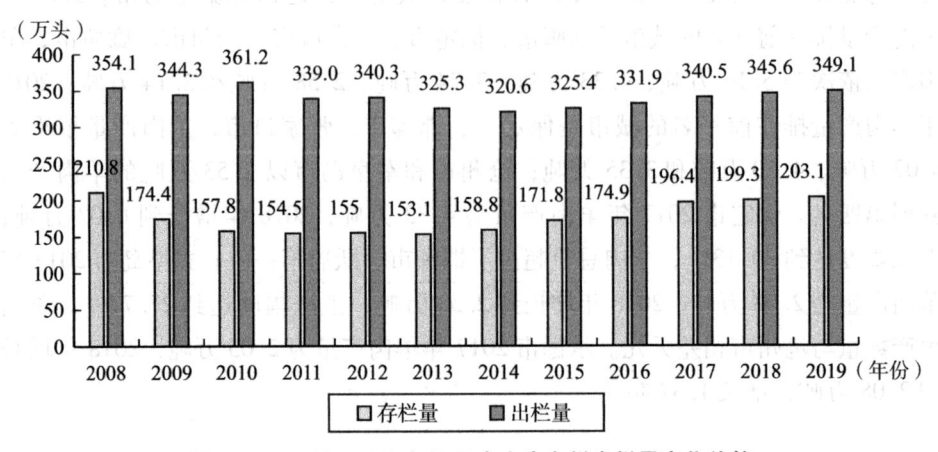

图3-5 2008~2019年河北省肉牛存栏出栏量变化趋势

资料来源：2008~2017年数据来自河北省畜牧兽医局，2018年数据来自河北省农调队，2019年数据来自《中国农村统计年鉴2020》。

(2) 牛肉产量情况。

河北省是肉牛养殖育肥和牛肉生产大省，牛肉主要来源有本地肉牛养殖屠宰和外省收购。近年河北省肉牛产量变化趋势大体与存栏量出栏量变化一致，也是先下降后上升，牛肉产量一直稳定在52万~59万吨（见图3-6）。2013年河北省牛肉产量跌至谷底为52.3万吨，随后开始逐年上升，2019年增至57.2万吨，增长率为9.37%。从全国排名来看，河北省牛肉产量长期排名第三，仅次于排名第一的河南省和第二的山东省，但2016年之后内蒙古自治区以微弱优势超越河北省。2019年河北省牛肉产量占全国牛肉产量的8.57%，又恢复到全国第三的位置，仅次于内蒙古自治区和山东省，这对于满足河北省这一人口大省的牛肉消费至关重要。

(3) 种肉牛和种公牛发展情况。

2008~2017年河北省种肉牛年末出栏量和种公牛出栏量总体波动较为剧烈，

如图3-7所示。与全国平均水平和其他省份相比,河北省种肉牛存栏量非常少,2016年只有1 485头,排在全国倒数第十二位,主要原因是河北省种肉牛养殖场数量较少,一般只有2个或3个,最多年份是2010年达到4个,而先进省份种肉牛场个数大约为河北省的10倍。2017年,河北省种肉牛场个数排在全国倒数第七位。另外,河北省能繁母牛数量也较少,2017年只有968头,在全国排到倒数第十三位,也在一定程度制约了河北省种肉牛出栏量的增长。相较于种肉牛出栏量,河北省种公牛出栏量在全国排名更为靠前。2017年种公牛出栏量有305头,位居全国第六位,但与其他先进省份相比差距较大。河北省种公牛站个数自2008年以来一直保持在2个或3个,在全国排名也基本保持在第二位或第三位,但河北省种公牛站饲养规模较小,这也导致了种公牛出栏量少。

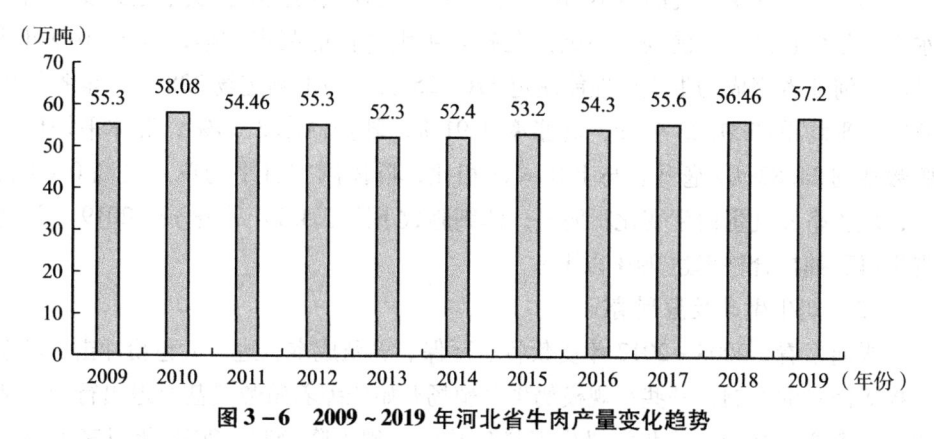

图3-6 2009~2019年河北省牛肉产量变化趋势

资料来源:国家统计局网站。

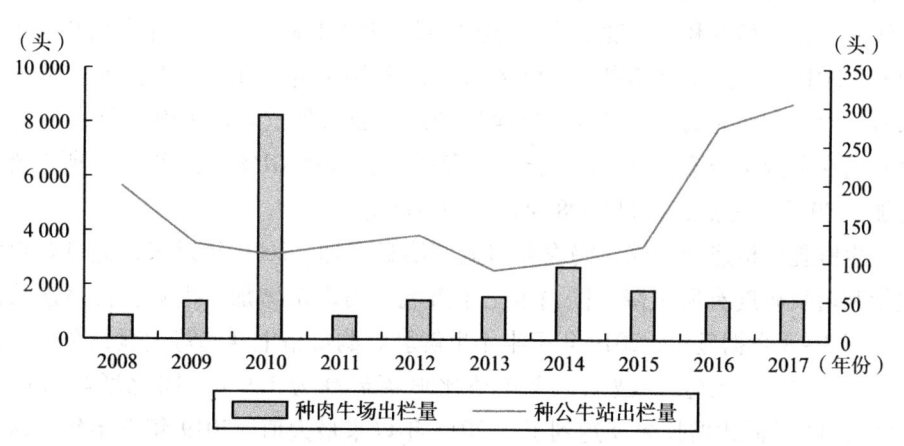

图3-7 2008~2017年河北省种肉牛和种公牛出栏量变化趋势

资料来源:2008~2017年《中国畜牧业统计》。

3.1.3.2 奶牛产业生产现状

（1）生鲜乳产量及品质情况。

河北省是全国重要的生鲜乳和乳制品生产基地，尽管近年来生鲜乳产量有所波动，但一直保持在全国前三位。河北省委省政府高度重视奶业发展，把振兴民族奶业作为实施乡村振兴战略、推进农业高质量发展的关键举措。2018年，河北省生鲜乳产量384.8万吨，同比下降了16%，居全国第三位，占全国生鲜乳产量的比重约为13%。由于奶牛存栏量平稳回升以及奶牛单产水平的提高，2019年生鲜乳产量428.7万吨，比2018年增加43.9万吨，同比增长11.4%。

奶牛单产和生鲜乳品质不断提升。近年来规模牧场生鲜乳质量达到发达国家水平，位居食品行业前列。根据河北省奶牛生产性能测定数据，截至2019年8月底，河北省完成奶牛生产性能测定176 825头，奶牛测定场328个，全省奶牛测定日平均单产31.23公斤，乳脂率3.91%，乳蛋白率3.34%，群体平均体细胞数达到24.82万/毫升。与上年同期相比，群体测定日平均单产提高0.68公斤，乳脂率和乳蛋白率变化不明显，体细胞数下降了4.77万/毫升。2019年河北省生鲜乳抽检合格率达99%以上。

（2）奶牛生产及盈利情况。

纵向来看，2008~2017年受禁牧、环保、养殖成本、进口大包粉冲击、乳企管控等因素的影响，一些小规模奶牛养殖场开始压缩养殖数量甚至退出行业，造成奶牛存栏量减少，河北省奶牛存栏量整体呈现下降趋势。2018年以来河北省积极落实奶业振兴政策"全力提高奶牛养殖规模"，效果显现，加之2019年奶价持续回升、牧场盈利大幅度改善，奶业振兴政策预期提高，养殖存栏数开始企稳回升。2019年全省奶牛存栏量114.8万头，比2018年增加了8.9万头。从横向来看，河北省作为奶牛养殖大省在全国的地位越来越重要，2019年河北省奶牛存栏量在全国位居第三位，占全国奶牛存栏总量的15.61%，比2017年所占比重增加5.79个百分点，是自2008年以来的最高值。

生鲜乳价格连续上涨，奶农养殖盈利明显增加。2019年以来，进口奶粉的数量和增长幅度有所下降，国内本土生鲜乳的需求量增加，生鲜乳价格连续回升。图3-8数据显示，2019年下半年生鲜乳收购价格上涨趋势明显，全年价格在3.53~3.83元/公斤波动，全年环比增幅最高为1.9%，同比增幅最高为8.0%，11月同比增长幅度达到了自2015年以来最大值。2019年下半年，河北省鲜乳平均销售价格较上半年上涨明显，反映了河北省生鲜乳生产成本、需求量的变化和奶业利好趋势。同时，2019年全年奶牛养殖主要饲料玉米和豆粕价格稳定，波动幅度小，奶牛养殖效益出现明显好转，乳企限收拒收，不再争抢优质奶源，奶牛养殖企业盈利大幅改善。根据调研，2018年以前奶业亏损面在50%~60%，而目前95%左右奶牛养殖场都能赚钱，养殖效益普遍在3 000~5 000元/头，是自2013年以来五年中形势最好的一年。

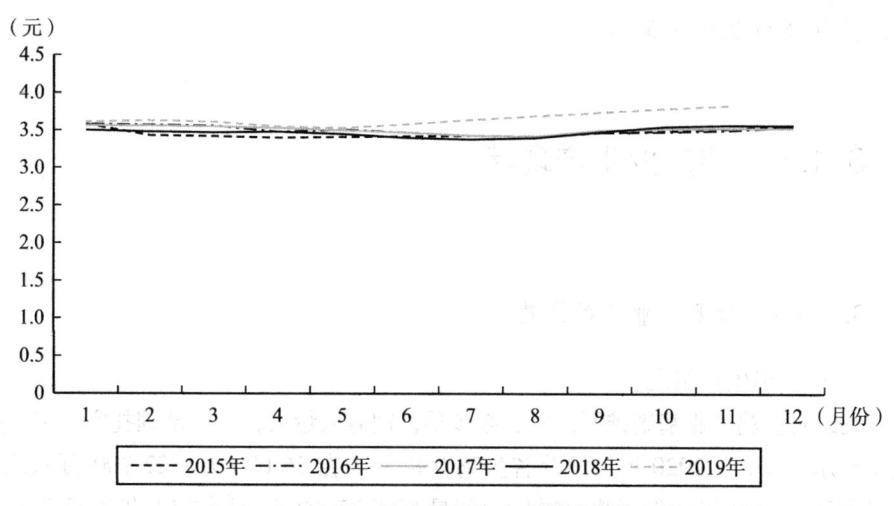

图 3-8　2015~2019年河北省生鲜乳价格走势

资料来源：河北省畜牧总站。

（3）奶牛养殖场发展情况。

奶牛养殖场规模化、信息化、智能化水平全国领先。目前，河北省规模养殖率达到100%，300头以上规模养殖比例达98%。依据《河北省人民政府关于加快推进奶业振兴的实施意见》，2022年全省规模养殖场全部实行智能化管理，实现与国际先进奶牛养殖方式并轨。在政策支持和强力推进下，河北省奶牛养殖场硬件设施以及智能化水平大幅提高，建设步伐加快。据河北省农业农村厅数据显示，2019年河北省奶牛养殖场（区）网络视频监控比例达到72%，高于全国平均水平40个百分点；采用全混合日粮饲喂、奶牛卧床比例均达到90%以上，养殖场全部实现了管道式机械化挤奶，使用信息化管理软件比例达到40%以上。以唐山市为例，为了实施"智慧牧场"建设，唐山市引导奶牛规模养殖场配备奶量自动计量、TMR混合自动化控制、环境监控等设施设备，实现对奶牛养殖的信息化管理。智能化饲喂方式使每公斤生鲜乳成本平均下降1元多，按唐山市奶牛存栏28万头、泌乳牛比例占50%计算，此一项每年可降低成本10亿元以上。

(4) 奶牛种业发展情况。

河北省拥有1家国家奶牛核心育种场。石家庄天泉良种奶牛有限公司是全国唯一一家取得胚胎、卵子生产经营许可证的育种企业，通过胚胎生产的种公牛和种母牛占全国核心育种场产量的80%，每年胚胎供应量达25 000~30 000枚。河北省奶牛种牛场年推广冻精200万支，培育优质奶牛20多万头，平均单产达8.1吨，较2018年提高6.6%。

3.1.4 鸡产业生产现状

3.1.4.1 蛋鸡产业生产现状

（1）蛋鸡生产情况。

河北省蛋鸡产业基础雄厚，发展起步早，饲养数量大，产业基础扎实。图3-9数据显示，2014~2020年，河北省蛋鸡存栏量约在26 000万~27 900万只之间平稳发展。2019年全省蛋鸡存栏量达到最高值27 940万只，较上年增长2.5%。2020年前三季度蛋鸡存栏量为27 050万只，较上一年略有下降。自2013年以来，随着河北省蛋鸡产业持续推进战略转型，散养户加速退出，规模化养殖比重

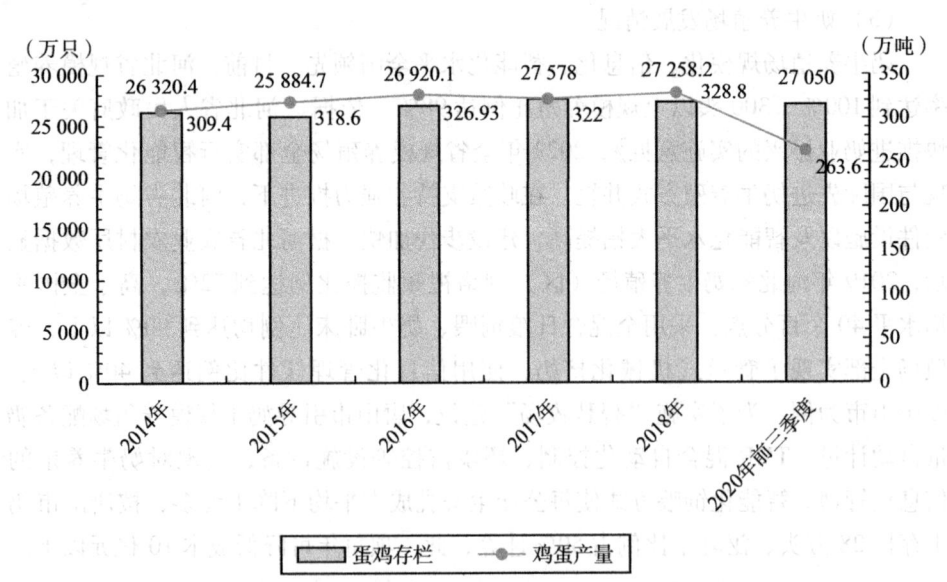

图3-9 2014年至2020年前三季度河北省蛋鸡存栏和鸡蛋产量变化趋势

资料来源：根据河北省畜牧统计数字整理所得。

增加，养殖规模化程度不断提高。截至2018年，蛋鸡养殖规模化比例已经达到68.21%，主要分布在邯郸、石家庄、唐山和邢台地区。消费驱动生产，产业模式推陈出新，蛋鸡养殖企业发展重点从生产端向需求端转化，实现生产满足客户和消费需求的终端产品。2019~2020年，由于非洲猪瘟疫情的持续、饲料成本的降低、替代猪肉消费需求的增加和肉鸡供应紧张的间接影响、从业者对持续高额盈利影响和对后期市场普遍的高预期等因素，市场形势平稳向好，规模企业的数量和规模化程度不断稳步上升，产业发展质量持续改善。

（2）鸡蛋产量情况。

河北省鸡蛋产量在260万~310万吨之间平稳波动发展，存在两个较小的峰期，分别是2016年的352.84万吨和2019年的328.8万吨。河北省2020年前三季度鸡蛋产量为263.6万吨，生产规模实现稳步增长。河北省鸡蛋产量位居全国前三位。从经营效益来看，2017年上半年受H7N9疫情的影响，蛋鸡养殖提前淘汰使得产蛋鸡存栏至低位，鸡蛋销售深度亏损，2017年下半年情况开始回暖，2017年8月至2019年12月，持续29个月连续盈利，盈利能力达到近10年最高。2020年初，河北省新冠肺炎疫情暴发，蛋鸡行业受到巨大冲击，2020年蛋鸡生产全年盈利状况不佳。

（3）蛋鸡种业发展情况。

河北省种鸡场建设较多，蛋鸡养殖品种丰富。2020年河北省有祖代蛋种鸡场8个，存栏量20余万套，约占全国存栏量的1/3；父母代蛋种鸡场约75个，存栏量390余万套。蛋鸡养殖品种主要包括引进品种、国内培育品种和地方品种，引进品种有：海兰、罗曼、尼克、伊莎、海赛等系列；国内培育品种有：京红、京粉、农大3号、农大5号和大午粉1号、大午金凤等系列；地方品种有：太行鸡、坝上长尾鸡、北京油鸡、绿壳蛋鸡等。河北省拥有3家蛋种鸡供种量排名全国前十的企业，分别是河北华裕、大午集团和天使家禽。其中，大午集团自主培育了大午粉1号、大午金凤、大午褐等配套系。大午金凤红羽产粉壳，属国际首创，是世界唯一红羽鸡产粉壳蛋品种，羽色自别雌雄，生产性能达到世界一流水平。

3.1.4.2 肉鸡产业生产现状

（1）肉鸡存栏出栏情况。

2013~2019年，肉鸡生产情况相对平稳，如图3-10所示，肉鸡存栏量在7 400万~8 500万只之间平缓波动，出栏量大致稳定在47 000万~55 000万只。2018~2019年肉鸡存栏量相对下降，但肉鸡出栏量大幅度上升，主要原因是受到

2018年非洲猪瘟疫情暴发和蔓延的持续影响，禽肉替代猪肉消费作用明显，鸡肉消费上升潜力巨大。2020年之后非洲猪瘟疫情得到缓解，猪肉消费上升，肉鸡需求量有所下降，同时，受新冠肺炎疫情的影响，冷链肉类产品消费受损。2020年前三季度河北省肉鸡存栏量达到6 550万只，出栏量达到37 564.1万只。

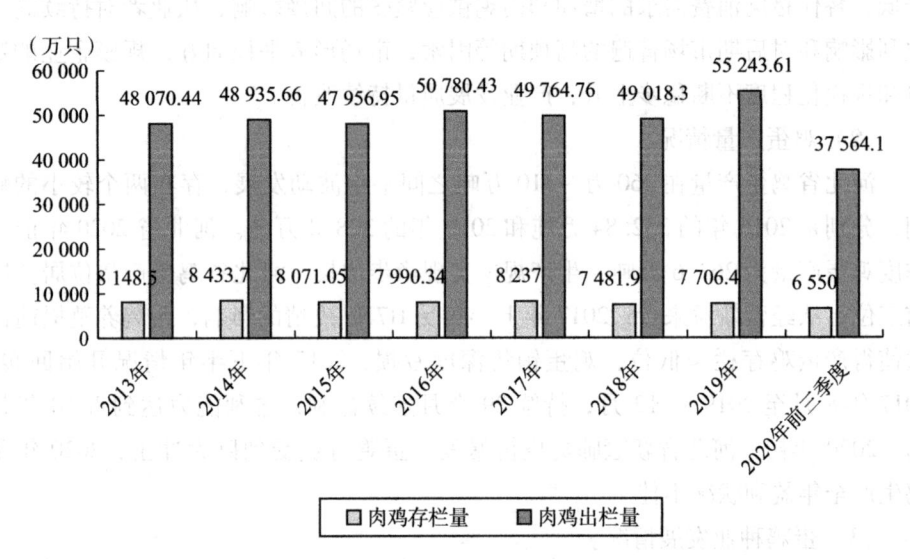

图3-10 2013年至2020年前三季度河北省肉鸡存栏出栏变化趋势
资料来源：根据河北省畜牧统计数字整理所得。

（2）肉鸡产业规模化发展情况。

河北省肉鸡产业规模化水平不断提升，产业链条基本形成。据统计，2020年河北省肉鸡存栏量5万只以上的规模养殖企业数量占比达到60%以上，年出栏10万只以上的占比达到50%，年出栏50万只以上的占比达到20%以上，年出栏超过100万只的占10%以上。从肉鸡养殖方式和养殖场发展情况来看，河北省已经从旧作坊养殖方式走向标准化、规模化、机械化养殖模式，饲养方式以三层肉鸡笼养为主，配置自动饮水、喂料、清粪以及环控设备等，生产技术水平和效率不断提升，已接近国际先进水平。同时，四层笼养方式也在不断发展应用，单位空间饲养数量逐渐加大。

（3）肉鸡种业发展情况。

河北省拥有河北飞龙、北京大风、三兴家禽3家白羽肉种鸡企业，共存栏祖代鸡30万余套，存栏量和供种量均占全国的1/6，其中，北京大风在河北建有4个养殖基地。然而，河北省肉种鸡场较国内先进企业发展较为落后，存在种鸡场规模小、存栏少、育种能力差和设施设备投入不足等问题，其中，白羽肉鸡祖代种鸡完全依赖进口，没有自主培育品种，属于国内空白。

3.2 主要畜牧产业的加工现状

作为食品产业的重要组成部分，畜产品加工业上接畜牧养殖业，下连物流与批发销售，是现代畜牧业产业化的关键环节，其产业链长、关联度高、涉及面广、吸纳就业能力强、劳动技术密集，在服务"三农"、壮大县域经济、促进就业、扩大内需等方面发挥着重要作用。由于各级政府在不断加大政策扶持力度、加强龙头企业和市场建设方面进行了卓有成效的工作，河北省畜禽产品加工业步入规模化、企业化的新阶段，实现了平稳较快发展。

3.2.1 生猪产业加工现状

非洲猪瘟疫情以来，猪肉供需不平衡加速流通市场由"调猪"变为"调肉"，调肉已逐渐成为主要的生猪产品流通模式，产销格局、流通方式和消费习惯均在进行被动调整，非洲猪瘟触发"生猪屠宰+冷链运输+冷鲜上市"模式快速发展。但目前河北省的定点屠宰企业中，落后产能仍占较高比重，仅10%屠宰场实现全机械化，70%屠宰场仍为手工屠宰，规模以上定点企业屠宰量占全省屠宰量的比重只有三成左右。

与现代化畜牧业屠宰模式相比，河北省生猪屠宰加工仍存在较大差距。具体表现如下：一是现有屠宰加工企业数量多，规模小，日平均屠宰量达不到生产设计能力，产业集中度偏低，缺乏领军型大企业，屠宰厂品牌建设未形成气候。二是各市县除了城区屠宰厂配备有机械屠宰设施以及规模屠宰厂配有肉品配送交通工具外，大多数乡镇小型屠宰点还保留手工屠宰方式。此外，很多小屠宰点受资金、土地、生产规模等因素影响，升级改造后劲不足，肉品检验仪器、设备落后，畜牧兽医主管部门无法核发《动物防疫条件合格证》，造成无证经营的局面。三是近年来国家对环境保护愈加重视，要求屠宰企业补办环评手续并要求其购置相应的排污处理设备。但大多数乡镇屠宰点利润很低，难以承担购买排污设备的费用。短期内开展环评，难度较大。四是全省除了少数规模屠宰厂有湿化处理设备并配备焚烧炉外，很多小型屠宰厂（点）只拥有简陋的高温灶做无害化处理，存在较大食品安全隐患。

目前，河北省生猪产品加工行业只有个别企业开始采用生物发酵技术、乳化技术、巴氏杀菌技术、保水技术等先进技术发展西式低温肉制品、调理肉制品和方便微波肉类制品。生猪产品中普通白条肉、冷冻肉多，而更能满足不同消费者需求和提高附加值的分割肉、冷却肉、小包装肉品种少；生肉制品多，而有利于消费者方便快捷需求的熟肉制品少。目前，河北省熟肉制品占肉类总产量不足10%，而发达国家已占到50%以上；以火腿肠等为主的高温制品多，需要冷藏的低温制品少；粗加工产品多，深加工（如腌腊、酱卤、熏烧烤制、油炸、罐头、干制）产品比较少。

3.2.2 羊产业加工现状

羊产业的加工产品有羊肉、羊绒、羊毛等，目前河北省羊产业的加工企业主要是小微企业，缺少规模化的大型加工企业。羊产业的加工产品占比分布不均，河北省羊产业加工以羊肉为主要产品，虽然羊肉产品产值有小幅波动，但是均维持在较高水平，其他产品产值较低（除 2007 年产值 20.7 元/只，其余均在 14 元/只以下）。2008～2018 年羊肉产值占总产值平均水平达到 98.32%，而其他加工产品仅占 1.68%，尤其在 2018 年，羊肉加工品的产值达到最高 1 248.44 元/只，占比为99.14%。河北省羊产业加工发展缺乏组织性和品牌意识，在羊肉加工环节只是将活羊加工成白条羊（胴体）或简单分割，没有精深加工，产品附加值低。河北唐县羊肉屠宰主要是通过规模化企业进行定点屠宰，有屠宰、分割、加工等多个环节，2008 年唐县被列为河北省政府肉羊定点屠宰试点县。肉羊产业部分加工企业规模效益明显，如河北国富唐尧肉食品有限公司是国家扶贫龙头企业，集肉羊繁殖、养殖、屠宰、肉类精加工、销售、配送于一体，企业拥有国内领先的现代化大型屠宰车间，引进国内外进口屠宰加工设备，建有肉羊屠宰、预冷排酸等多个车间。虽然河北省唐县羊产业羊肉加工占全国的 60%，占比较高，是北京市羊肉主要供应地，但是羊肉产品加工成本较高，而且缺少具有地理标志的羊肉品牌。唐县加工产品知名度低，品牌建设的维护成本较高，与锡林郭勒盟的苏尼特羊肉、乌珠穆沁羊肉、察哈尔羊肉以及呼伦贝尔的西旗羊肉等相比具有明显差距。

河北省的羊产业加工产品中羊绒、羊毛的产值非常低，这与河北省羊毛、羊绒的加工企业相对较少有主要关系，我国其他省份，如内蒙古自治区、新疆维吾尔自治区等，羊产品加工企业多达 50 家以上，但是河北省羊产品加工羊绒、羊毛的企业远低于这些省份，不仅如此，加工企业基础设施也相对薄弱。全国最大的清河羊绒产业集聚地在河北省，但是加工企业实力弱、规模小，全县以小加工户为主，生产力分散。而且加工企业自身品牌影响力弱，质量意识、新技术应用、经营理念、管理手段与江浙沪等地也有较大差距。

3.2.3 牛产业加工现状

3.2.3.1 肉牛产业加工现状

河北省肉牛屠宰加工企业以中小型企业为主，规模加工企业不多，总体上加工水平参差不齐，大部分屠宰加工企业以屠宰分割为主，普遍未使用牛肉品质分级标准，销售以四分体、冻品为主，高档牛肉相对较少，加工深度不高，无法实现对肉牛养殖产业的带动作用。屠宰加工企业的产品销售以批发商、农贸市场等低端市场为主，市场消费层级低。由于屠宰的肉牛来源复杂，加之淘汰奶牛成为牛肉生产的重要来源，牛肉品质差异比较大，没有形成具有河北省肉牛特征的稳定性状，因此难以产生有影响力的牛肉品牌。目前，河北省肉牛私屠乱宰泛滥，严重影响河北省牛肉产品信誉，阻碍了河北省牛肉打开全国（特别是京津）市场。因此，建立标准化规范化的肉牛屠宰加工体系，确保无菌、安全、规范化屠宰，对河北省肉牛产业健康发展至关重要。

河北省有廊坊市大厂县、三河市等屠宰加工企业，河北省定点屠宰场大部分集中在廊坊市，占比79%；张家口市、石家庄市、沧州市屠宰场占比6%；承德市屠宰场占比最少，只有3%。廊坊市在屠宰加工方面占有较高比重，但是缺少自身品牌，只有部分企业具备深加工能力。廊坊市大厂回族自治县的定点屠宰加工企业有22家，全市84.62%的加工企业都在大厂，占全省屠宰加工企业的66.67%。经过多年的屠宰加工产业发展，逐渐形成以廊坊市肉牛屠宰加工企业为核心的生产加销售一条龙的肉牛产业发展模式，如河北福成五丰食品股份有限公司。廊坊市屠宰加工产品主要运往北京市，有比较稳定的销售渠道。近年来由于牛肉市场需求增长，而肉牛养殖出栏数量增长缓慢，自新冠肺炎疫情以来，活牛市场价格升高，虽然推动肉牛养殖业发展，但是实际可屠宰数量并没有明显增加，造成许多屠宰设备闲置。

3.2.3.2 奶牛产业加工现状

奶牛产业加工主要有乳制品、液态奶、奶粉、干乳制品四种产品。君乐宝作为河北省地方大型乳业，其产品构成和营业收入大致反映了河北省乳品加工行业的发展现状。多类产品齐头并进，在保持常温奶等一般奶品收入的同时，在高附加值的乳制品方面表现优异，奶粉和酸奶销售情况乐观。君乐宝市场、口碑的双丰收体现了市场对乳制品的需求依旧很大，消费者对创新型乳制品的追求热情不减。芝士酸奶的异军突起更反映了君乐宝对创新产品的重视与研发力度的增加。

（1）加工乳制品现状。

近年来，河北省乳制品企业不断引进先进技术、工艺和生产线，扩大生产规模，调整产品结构，加大产品研发升级力度，加强品牌建设，取得了可喜的成绩，乳制品产量连续五年（2014~2018年）位居全国第一位。河北省是全国名副其实的奶业大省。2020年上半年由于新冠肺炎疫情的影响，河北省的乳制品产量下降，1~4月持续下降，5月同比增长4.2%，行业回暖，但是疫情对产业影响较深，需要一个长期的恢复过程。

（2）加工液态奶现状。

2014~2019年，河北省液态奶产量占乳制品产量的比重均在96%以上。2018年，即便受国际环境的不利影响，河北省液态奶产量占全国比重增至14.26%，河北省奶业仍能平稳发展。2019年占比略低于2018年，其主要原因在于随着国内经济的发展，人民消费水平提高，同时人民对国产品牌的信任感不断加强，使得产量能够继续维持稳定向上增长的趋势。2020年1~10月，河北液态奶产量289.68万吨，同比下降2.5%，占全国总产量的13.47%，位居全国第一位。

（3）加工奶粉现状。

河北省奶粉产量占乳制品产量较少，并呈现波动发展趋势。自2010年河北省奶粉产量恢复到4.80万吨后，进入下降及缓慢发展阶段。2015年，河北省奶粉产量达到历史新高，当年实现6万吨的产量突破，较上年增长36.90%，较2010年增长25.21%。2020年1~10月河北省奶粉产量为8.64万吨，同比增长6.33%，位居全国第三位。

（4）加工干乳制品现状。

河北省干乳制品产量在全省乳制品产量中所占不足3.5%，自2016年后更是低于3%，受消费者饮食习惯的影响，属于小众产品。在产量变化中，基本处于波动式下降趋势，这与全国市场走势基本一致。河北省2020年1~10月干乳制品产量为8.93吨，同比增长5.96%，位居全国第七位。

3.2.4 鸡产业加工现状

3.2.4.1 蛋鸡产业加工现状

目前，河北省蛋品的深加工技术水平较为落后，蛋品加工业仍需奋起直追。西方发达国家蛋鸡产业深加工蛋品种类繁多，广泛用于食品加工企业，如蛋粉液态蛋、冰蛋、特种蛋制品等。液态蛋中，有全蛋液、蛋白液、蛋黄液、加盐蛋黄液、加糖蛋黄液、酶改性蛋黄液等。美国一些大型加工企业利用技术优势生产的蛋加工品深受国际市场欢迎，不仅出口北美，还大量远销至东亚及其他国家或地区。据统计，美国鸡蛋深加工比例达到30%左右，而中国鸡蛋主要以国内鲜蛋消费为主，蛋品深加工量只有1%，蛋加工品在国际上没有竞争力，河北省鸡蛋加工业则处于尚待开发的初级阶段，根本原因在于中国鸡蛋加工品的市场潜在需求容量过小，全省通过深加工延长产业链条的效果尚不显著。受制于进口国严格的"门槛"限制壁垒，鸡蛋加工品的出口缺乏吸引力。因此，市场需求驱动力严重不足，成为影响中国鸡蛋加工业发展的"瓶颈"。而且中国的蛋品加工企业数量少、产品加工能力弱，在中国蛋鸡产业发展的关键阶段，缺乏观念、市场、技术以及运作模式的创新，制约了鸡蛋加工业的发展。

河北省蛋制品的产品比较单一，基本有四类：再制蛋类、干蛋类、冰蛋类和其他类。河北省蛋制品以再制蛋类为主，采用腌制或糟腌的制作方法。市场销售的鸡蛋加工产品主要是卤蛋、松花蛋等传统加工产品，缺乏产品创新性，缺少高档产品的加工制作，不能满足不同消费阶层的消费需求。这除了与大部分居民饮食习惯有关外，也与河北省鸡蛋加工企业少、技术落后有关。由于技术处在初级阶段，存在许多不足，政府对企业的扶持力度不大，多数的加工企业不愿意进行深加工。蛋品加工业的发展滞后于蛋鸡产业发展，河北省主要以销售新鲜鸡蛋为主，在新鲜鸡蛋销售过程中，由于缺少加工，许多蛋壳外面还有粪便就进行销售，这样特别容易造成感染，制约养禽业的发展，而且影响鸡蛋的出口。不仅如此，蛋壳等其他产品也没有得到充分的利用，大量的蛋壳只有少部分作为饲料被应用。

3.2.4.2 肉鸡产业加工现状

肉鸡加工前需要宰前管理和宰前击晕两个步骤。宰前管理主要有禁食、禁水、运输、静养等过程，优质的管理可以有效提升鸡肉的品质，禁食、禁水可以减少鸡肉加工过程中的污染，注意运输过程可以减少活鸡在运输途中的损失，静养可以保证肉鸡鸡肉的鲜嫩程度。宰前击晕能有效减少鸡的应激反应，提升鸡肉品质。肉鸡的初加工包括三个阶段：整鸡加工阶段、分割鸡加工阶段、深加工鸡阶段。受我国居民传统饮食习惯的影响，肉鸡产品主要销售初加工产品，如活鸡、冷冻鸡等生鲜产品。初加工产品由于保质期短，销售范围有限。深加工产品主要是熟食制品，如酱卤加工、熏制加工、烧烤加工等，通过高温杀菌使肉鸡可以在常温下运输，这样的加工产品有较长时间的保质期，市场较为广阔。

河北省肉鸡产业链条不完整，深加工企业数量少、规模小。肉鸡产业主要集中在养殖环节，屠宰加工环节发展不足。河北省只有少数企业具备肉鸡加工能力，如唐山中红三融集团、玖兴牧业、滦平华都食品、沧州大成食品等，这些企业主要开展白条鸡和分割鸡肉业务。少数企业，如玖兴牧业、河北大午、美客多食品等，可以加工熟食。部分企业开始采用非油炸、非烟熏等肉制品加工新技术和现代生产工艺、质量标准、包装技术及杀菌，加快了传统肉制品（如卤煮鸡、烧鸡）加工业现代化和标准化改造步伐。

3.3　主要畜牧产品的消费现状

3.3.1　猪肉消费现状

河北省猪肉进口量由 2005 年的 0 吨上升为 2018 年的 1 133.72 吨，增长幅度较大，但进口量占省内猪肉产量的比重不足 1%，而猪肉出口量由 2005 年的 1 131.93 吨下降为 2018 年的 0 吨，下降幅度较大。2011 年，河北省猪肉出口额降为 0 元，而进口大幅增加，猪肉贸易在 2011 年由之前的顺差变为逆差后，一直持续，且自 2011 年以来河北省猪肉出口额一直为 0 元。河北省猪肉进口额呈波动变化趋势，2017 年达到一个进口的小高峰，为 0.072 亿美元，2018 年进口猪肉 0.016 亿美元，达到自 2011 年以来进口额的最低点。

非洲猪瘟对猪肉消费有一定的影响，只有极小部分人因为猪瘟不再吃猪肉，大多数人对猪肉有需求，猪瘟对猪肉消费并没有造成很大的影响。多数人在家里就餐，根据平常人家生活习惯来分析，在家吃饭的大多数对于猪肉的消费是不可或缺的，即使发生猪瘟，人们也不可能停止猪肉的消费，有些人相对之前会减少购买。

随着近些年经济的快速发展，人们对于猪肉的消费趋势也在不断变化，由最初的吃饱，向吃得好、吃得健康发展，由追求价格向追求质量发展，无抗生素喂养、拥有质量追溯系统、检疫标识、有机认证这些都是当今社会猪肉消费的追求，也是未来发展的趋势。品牌猪肉具有较大潜在市场。顺应消费趋势，生产高质量、安全、好吃的猪肉，建立自己的品牌是猪肉市场发展的时代趋势。

3.3.2 羊产业消费现状

近年来，羊肉凭借其独特的营养价值和风味得到越来越多消费者的青睐，大众对于羊肉的消费呈现逐年增长的趋势。

在消费量方面，2019 年河北省羊肉人均需求量达 2.4 公斤/人。从消费特点来看，羊肉消费的季节性差异明显在减弱，由于火锅、烤肉等消费市场的发展让羊肉的消费从秋冬消费向全年消费发展。从消费主体来看，羊肉消费人群在逐渐扩大，从只有少数民族地区和边疆牧区居民消费为主向全体大众扩展。

受非洲猪瘟疫情的影响，羊肉对于猪肉的替代作用开始显现，人们越来越趋向于羊肉的消费，也开始逐渐认可羊肉的独特口味。随着 2019 年底新冠肺炎疫情的暴发，羊肉的营养价值更加得到人们的重视，随之而来羊肉的价格也在变化。2020 年 1 月羊肉价格为 75.89 元/公斤，环比增长 0.3%。之后受疫情影响，羊肉价格下跌，羊肉消费增加。

现在羊肉消费已成为我国居民丰富肉类消费食品、改善膳食结构、提高生活质量的重要选择，由此可知，随着人们生活观念的逐步转变和收入水平的不断提高，羊肉的消费量一定会增加。

3.3.3 牛产业消费现状

3.3.3.1 肉牛产业消费现状

2020 年牛肉价格变动可分为三个阶段，1~4 月价格变动较为平稳，维持在每公斤 71~72 元之间，5~7 月牛肉价格回落至 70 元左右，8~12 月牛肉价格持续上涨，并在12月底达到最高峰75元。与2019年相比，2020年牛肉价格变动平稳，均高于2019年，同比增长17%。2020年牛肉价格的变动趋势与活牛价格的走势基本趋于一致，活牛价格的变动是牛肉价格变动的直接影响因素。一方面，牛肉的消费群体正在逐步扩大，消费者对牛肉的需求量日益增加；另一方面，随着疫情对生产的影响，也导致了牛肉价格的变动。

河北省牛肉消费在全国处于中等偏下水平，城镇牛肉消费占肉类消费的13.38%，农村牛肉消费占肉类消费的4.04%，可见，河北城镇居民对牛肉的消费能力和消费水平远远大于农村居民。一方面原因是居民消费习惯的影响，居民更习惯消费其他肉类，如猪肉、鸡肉；另一方面原因是居民收入水平偏低，对价格相对较高的牛肉消费不强。这一状况说明目前河北省牛肉消费对肉牛养殖业发展拉动能力不强。但随着居民可支配收入的不断提升，河北居民，尤其是农村居民的牛肉消费潜力巨大。

3.3.3.2 奶牛产业消费现状

目前我国居民越来越认可乳制品，所以奶牛产业消费量逐年增长，对于乳制品的需求也在增加。

疫情期间，乳制品消费受疫情影响较大，乳制品的消费频率和消费金额均有变化。有很多营养专家呼吁人们合理饮食，膳食搭配，营养均衡。饮用乳制品可以增加身体蛋白质的摄入量，能够有效提高自身免疫力。与此同时，疫情期间消费者经历较长时间的闭门居家生活导致许多消费者的购买习惯开始从超市等线下门店变为线上购物。

在"后疫情时代"，网络直播购物等线上渠道购买乳制品也渐渐成为消费者的首选。不论是"618年中大促"，还是几乎要演变成囤货购物节的"双十一"和"双十二"，三四线城市对于乳制品的购买意愿都非常强烈。在乳制品的分类中，消费者对于具有明显保健功能的乳制品非常喜爱，所以具有明显保健功能的乳制品在乳制品细分市场中的消费量在逐渐提升。除此之外，有相当一大部分年轻消费者食用乳制品是希望能达到皮肤美容和保持身材的作用。青少年不仅饮用液态乳制品，对黄油、奶酪、冰淇淋等口感口味更丰富的产品需求也很大。根据调查研究表明：河北省乳制品消费者追求美容、瘦身、健身等功能的比例达到了26.38%。乳制品消费人群结构在逐渐变化，所以不能忽视年轻人的消费需求。

3.3.4 鸡产业消费现状

3.3.4.1 蛋鸡产业消费现状

2019 年蛋鸡市场价格差距巨大，究其原因是供需两端的阶段性失衡。春节后短期内以消耗库存为主，蛋商采购积极性不高，主销区走货相对缓慢；清明节左右，消费市场对蛋类的需求量增大，鸡蛋价格略有上涨，但幅度不大；进入八九月，持续高温天气，蛋鸡产蛋率降低，养殖户刻意降低蛋鸡存栏量，鸡蛋供应能力下降，而此时是学校开学阶段，加之临近中秋，各食品企业提高生产量，对鸡蛋需求量增加，鸡蛋价格因季节性原因顺势走高。最重要的原因是，由于非洲猪瘟的影响，猪肉价格保持高位运行，对猪肉消费需求有所减少，对于动物蛋白的需求导致鸡蛋对猪肉的替代作用开始显现，从而增加消费需求。当然，也有饲料原料价格下降、淘汰鸡价格上涨、鸡蛋期货对后期价格的预期拉动因素影响蛋价居高不下；第四季度价格稳中回落，上半年连续补栏蛋鸡相继进入开产期或产蛋高峰期，加之气温下降，环境适宜，鸡蛋供应量愈发充足，蛋价顺势季节性下滑至合理区间。总体来看，准确掌握供需两端的阶段性平衡是蛋鸡企业盈利的关键。

3.3.4.2 肉鸡产业消费现状

肉鸡产品消费市场不景气，仍然存在供给端与需求端不适应的问题，这是全国白羽肉鸡消费的共性。鸡肉消费受突发事件的影响较大，如 2017 年以来出现的"肉鸡激素""速生鸡""H7N9 流感"等事件，严重打击了消费者的积极性，这也是目前影响国内鸡肉消费的关键因素。但是受 2018 年非洲猪瘟影响，鸡肉消费的替代作用开始显现，鸡肉的消费量得到了明显提升。无论外部因素不利还是有利，对产业的影响是阶段性的，如何保障产品质量安全，打造优质产品满足国人消费喜好等才应该是目前产业亟待解决的问题。

3.4 主要畜牧产业发展面临的问题及对策建议

3.4.1 面临的主要问题

3.4.1.1 资源环境束缚，发展空间趋紧

畜牧产业的规模养殖同充足的土地资源联系十分紧密，但随着"禁养区"等区域面积的不断扩大，畜牧养殖产业的发展空间也受到一定限制。根据2020年统计数据，河北省共有禁养区1 228个，面积16 986平方公里。同时，随着雄安新区、张家口"两区"及廊坊市大兴机场建设规划深入开展，河北省内大片区域变更为社会建设用地，不再适合开展规模养殖。此外，山地丘陵平整土地费用高，开发存在一定困难。平原地区多为基本农田，养殖业发展受到空间限制。

3.4.1.2 种源问题依旧存在，自主开发程度低

虽然目前河北省的畜牧生产基本实现了自给自足，但是以生猪和肉鸡为代表的部分畜牧产业品种依然过度依赖国外品种。深州黑猪、太行鸡、坝上长尾鸡等地方品种的生产缺乏长远的开发利用规划，开发力度与市场需求不匹配，繁育与推广体系仍有待健全。整体养殖环节呈现出产能波动大、产业风险大等问题，自主育种亟待突破与推广。

3.4.1.3 养殖技术相对落后，养殖效率偏低

河北省的畜牧养殖业主要集中在广大农村地区。我国农村经济受传统生产方式的影响，其发展进程相对缓慢且发展速度处于中等偏下水平，在一定程度上阻碍了农村畜牧业长远发展，尤其是养殖技术和养殖效率。随着乡村振兴政策的深入实施，农村地区的经济社会得到快速发展，地方政府部门结合实际，为畜牧业集约化及规模化发展拟订了相应目标。但是，当前大多数个体或散户仍占据养殖

主体的较大比重，科学且规范的养殖流程仍未发展成熟，使得养殖环节普遍存在受限于良好养殖配套设备及专业技术手段的问题。此外，部分畜牧养殖散户受自身文化水平等禀赋因素的限制，其现代化养殖技术的接受程度同市场需求仍存在较大差距，导致行业发展难以达到预期标准。

3.4.1.4 饲料成本高，对外依赖程度高

当前，饲料行业发展制约着河北省畜牧业的发展。首先，饲料原料供应存在缺口。这主要受制于河北省的土地资源条件，难以提供足够的能量饲料与蛋白质饲料，短时期内，部分饲料原料仍需外调甚至进口。其次，饲料工业科技创新能力不强，自主研发产品和技术工艺少，使得饲料质量提升难度大。饲料产品中违规使用药物添加剂、假冒伪劣等现象时有发生，饲料产品质量也参差不齐，对养殖环节造成严重危害。最后，有关动物营养与饲料科学的基础性、前沿性的研究匮乏，严重制约饲料工业的可持续发展。

3.4.1.5 过度使用抗生素，疫病防控难度大

河北省紧邻北京市、天津市，畜牧生产不仅要满足省内的消费需求，相关的畜牧产品还需要满足北京和天津的消费需求。因此，长期以来，为提高畜牧养殖品种的成活率和产量，大量的抗生素和添加剂被应用于畜牧产业的诸多环节。畜牧产品的产量得以提高，但却产生了巨大的威胁。一方面，养殖品种的耐药性越来越强，产生的粪污等废弃物资源难以被消纳，残存于环境中并通过食物链的逐级传导，给人类带来了严重的危害；另一方面，养殖品种耐药性的不断增强使得其在面对其他疫病的侵害时需要投入更大的成本来降低损失。

3.4.1.6 养殖利润不稳定，主体"苦不堪言"

养殖业具有产业链长、投入高、风险高、效益低等特征，受国内外大环境影响的程度愈来愈深，在生产过程中也面临着诸多不确定性。尤其是在面对新冠肺炎疫情和非洲猪瘟等突发事件时，养殖主体的收益很难得到保障，尤其是小规模养殖主体和散户。此外，由于畜牧养殖的生产环节和消费环节存在一定的滞后性，如生猪养殖的"猪周期"现象比较明显，牛肉、羊肉、禽肉及禽蛋产品价格相应波动。当肉类产品价格过高，消费主体会认为利益受到损失；反之，养殖主体会认为其利益受损。

3.4.1.7 养殖业融资门槛高，限制多

随着现代畜牧养殖业的规模化、标准化、智能化水平日益提高，养殖场对于改造升级的资金需求巨大，尤其是环保设施、无害化处理、疫病防控等环节的改造升级面临的资金压力更为巨大。由于牧场缺乏标准抵押物，相关的担保机制也尚未健全，大多数养殖场难以获得银行信贷资本。畜禽养殖场大部分资产为活畜禽，抵押困难，再加上畜禽养殖风险较大，致使畜禽养殖业贷款困难，部分养殖场资金紧张时只好借助民间借贷。总体来说，融资难、融资贵问题还没有从根本上解决，一定程度上限制了畜禽养殖业的发展。政策性保险尽管覆盖率较高，但保险保障额度低，养殖主体的权益难以得到保障，保险的增信功能尚未充分发挥。

3.4.1.8 品牌战略滞后，知名品牌少

龙头企业品牌建设是整个产业链优化、附加值提升的关键。乡村振兴不断发展，畜牧行业也在不断振兴，河北省本土产业发展进入加速期，但与我国龙头企业相比，仍有一定差距。

省内蛋肉鸡品牌在消费者中认知度不高，缺乏有效的品牌策划、营销推广和宣传；在奶业领域，仅有君乐宝品牌被消费者熟知，其他众多本土乳企产品结构单一，缺乏差异化战略，缺少核心竞争力、缺乏品牌知名度。加之众多外省企业入驻河北，抢占资源，本土企业更是"雪上加霜"，被大品牌在广告资源、成本优势、开发渠道等方面碾压，发展空间进一步受限。依靠知名企业带动其他企业的战略虽然初见成效，但总体市场品牌影响力不强，整体竞争力仍然较弱。

3.4.1.9 废弃物资源化利用压力大，成果变现机制有待完善

随着规模化养殖活动的开展，畜禽粪污等废弃物资源化的需求也在不断增加。尽管在政府和相关部门的大力推动下，整体的资源化利用水平得到较大提升，但当前河北省畜禽产业粪污无害化处理和资源化利用仍存在部分问题。首先，小规模养殖场户治污意识不强，众多小规模养殖者仍采用传统的还田方式处理粪污，一定程度上对周边居民的正常生活造成了影响；其次，有机肥市场认可度和附加值低。大多数种植户更倾向于选择传统的化肥或农家肥，对于有机肥不熟悉甚至不愿采用；再其次，部分养殖场设施落后，缺少配套设施，一定程度上

阻碍了整体的资源化利用进程；最后，粪肥利用市场化运营机制不完善，粪肥在大田作物利用方面缺少政策引导。

3.4.2 对策建议

3.4.2.1 优化产业空间布局，提高养殖空间利用率

坚持畜牧产业区域定位，进一步优化产业布局、实施扶持政策，加快新扩建项目建设步伐。充分利用现有养殖场地，进行改建、扩建，如发展楼房养殖等，提高土地资源利用率和养殖空间利用率。

3.4.2.2 完善良种繁育体系，加大国内品种开发力度

建立自有知识产权的畜禽良种繁育体系。积极组织倡导各方机构形成合力，培育生产性能达到国际同期水平、适合我国饲养环境和养殖模式的特色繁育品种。加快优质地方品种培育进程，如深州猪、太行鸡等品种的配套研发工作，组建由企业、科研院所及高校"三位一体"的产业技术创新战略联盟，加快地方畜牧品种培育进程。同时，加大政策支持力度。出台对育种企业用地、手续审批等方面有利的政策；制订新品种培育专项支持计划，加大科研经费投入，持续支持企业培育具有市场竞争力的地方品种。

3.4.2.3 积极引进先进养殖技术，提升养殖效率

对于中小型养殖主体，根据养殖畜禽常见疾病，采取实地观摩或实际操作练习等技术培训，强化科技支撑；组织养殖主体外出考察学习，培育其懂技术、善经营的理念，加大对饲草料配方、圈舍设计及饲养管理、高效繁殖及改良技术、常见疫病预防和控制等技术的推广力度。有条件的地方，建立高标准养殖场或养殖小区，在厂址布局、栏舍建设、生产设施配备、良种选择、卫生防疫、粪污处理等方面建立地方标准。在标准化示范养殖场应用和普及人工授精、早期断奶、同期发情、配合饲料、免疫程序等技术，提升养殖水平。

3.4.2.4 培育本土优质饲料饲草业，降低养殖成本

普查河北省饲料饲草资源，如杂谷秸秆、马铃薯渣等资源，建立粗饲料资源营养成分数据库，在规模化场推广阶段饲养技术和全混合日粮（TMR）使用技术。积极配合国家推行的"粮改饲"等政策落实，将粮食作物改为饲料作物，推广全株玉米青贮的制作。加强优质饲草料种植与加工等核心技术与设施装备的联合攻关和研发，突破关键领域的技术"瓶颈"，提升产业竞争力。加强饲料、饲草本地化技术和饲料研发，充分开发利用当地资源，挖掘优质饲草种植，降低成本，建立循环经济。加强基层畜牧技术推广体系建设，提升基层技术推广骨干的服务能力，提高基层推广机构和人员的能力素质，加强科研攻关的力度，加快科研成果转化，解决生产中遇到的难题。

3.4.2.5 继续推进落实"减抗、限抗、降抗"政策，降低抗生素使用水平

首先，政府及相关部门要进一步加强对相关政策的宣传，让养猪主体及利益相关者充分了解减抗、限抗的利害关系，如召开相关工作会议，为养殖主体进行相关的培训讲座，帮助解决对《兽用抗菌药使用减量化行动试点工作方案（2018－2021年）》的疑惑。其次，鼓励企业开展联合发展战略。通过企业之间的联合，制订过渡时期的养殖方案，利用规模优势来抵御短期可能会面临的风险。同时，利用当下先进的技术手段，提高自身的信息储备量，逐步降低非必要抗生素的使用量。最后，鼓励制药企业发展中药、生物制剂等替代品，为无抗养殖奠定基础。

3.4.2.6 发展新型农业经营主体优势，创新利益联结机制

充分挖掘种养一体化家庭牧场等新型农业经营主体在生产组织、自动化养殖和低成本高效率等方面的优势，实现土地、水源、产品源、环境相互配套，促进河北省畜牧业的高质量发展。结合饲料饲草聚集区，集中打造家庭牧场。推动中小规模家庭牧场组建专业合作社，或养殖主体通过合作社入股畜牧产品加工企业，形成股份制联合体，从而保障养殖与加工互为依存、风险共担、利益共享。同时，为保证价格的稳定性，应该严密监控疫情等不确定因素的发展变化，建立完善相关市场预警机制，积极防范不确定事件对畜牧产品市场及价

格的冲击影响。

3.4.2.7 创新金融支持模式，加大政府补贴力度，破解资金制约"瓶颈"

首先，盘活社会资本，为畜牧业振兴提供资金保障。用足用好农业发展银行、国家开发银行等优惠信贷政策，鼓励金融机构开展畜牧活体抵押贷款等信贷产品创新。其次，以产业链为基础，建立畜牧业产业化联合体，由省级财政、地方财政共同出资成立贷款担保基金，鼓励产业龙头企业为养殖户提供贷款担保，或由龙头企业独立组建担保公司，与财政资金主导建立的担保公司一起，共同支撑养殖贷款担保任务。最后，争取农业农村部加大对河北省"粮改饲"和畜牧饲料饲草种植的财政补贴，统筹整合涉农、扶贫财政资金，建立畜牧业振兴的"资金池"。

3.4.2.8 加大营销力度，创建区域知名品牌

坚持龙头带动，品牌经营，组建销售团队，打造国家知名品牌。首先，畜牧龙头企业可以通过各式营销手段、社会慈善事业扩大知名度和美誉度，进一步塑造良好的社会形象，从而提高畜牧产品品牌的社会认可度。其次，企业可以在口味、营养保健成分、包装等环节积极开拓营销概念创新，以满足消费者的不同偏好、口味以及消费水平方面的差异。最后，中小企业可以选择线上线下相结合，积极探索"会员营销""社群营销""O2O到家"等新零售模式，同外卖平台等商家联合，以提高交易效率，降低交易成本。

3.4.2.9 完善废弃物资源化利用系统，推动成果转化进程

促进畜禽粪污资源化利用。引导养殖场通过土地流转、合同订单等形式配套种植用地，就地就近消纳养殖粪污；鼓励生产商品有机肥，扩大还田利用半径；开展畜禽粪污土地承载能力评估，保证粪污产生量与土地消纳能力相匹配；加强粪污处理关键技术研究，形成粪污污染有效治理方案。

对于中小规模的养殖场，因其粪污处理能力有限，政府可以建立粪污处理中心，帮助中小型养殖场收集和专业化处理。再将无害化、资源化处理后的有机肥卖给农户，用于农作物的种植，实现资源利用最大化。而对于较大规模的养殖场，可借鉴欧美大型养殖场的粪污处理模式，将粪污处理后还田或用作能源。将养殖场产生的粪污经过厌氧发酵处理，不仅可以杀死病原微生物和寄生虫，消除

环境污染，而且产生的沼气可作燃料和发电照明使用，直接为养殖场创造经济效益和生态效益。无论将粪污处理成肥料还是能源，都是变废为宝，不仅可以有效处理粪污造成的环境污染问题，还可以实现畜牧业的可持续发展。

建立健全粪污利用管理制度。完善标准和技术支撑体系，加快有机肥等相关标准制定，制定臭气减排技术指导意见；建立完善督导机制，加强设施配建、有机肥市场等监管。

第4章

河北省饲料及兽药产业发展研究

饲料产业是畜牧业发展的重要支撑产业，是决定畜牧业产品品质和数量的关键因素，对现代畜牧业的标准化、集约化、商品化发展与建设产生了直接影响。与此同时，饲料产业还为农民增收、农民就业做出重要贡献，为促进农业结构调整、繁荣农村经济发展起到重要的支撑作用。近年来，随着国家推动畜牧业可持续发展的各项顶层设计不断完善和市场产品需求的结构性变化，我国畜牧业生产正逐步由数量增长型向质量效益型转变。在科技进步成为世界各国畜牧业发展的主要增长动力的今天，提供优质安全的饲料产品，保持现代畜牧业的良性循环可持续发展，保证人民身体健康，是我国现代畜牧业发展的重要法宝之一。

4.1 中国饲料产业概况

4.1.1 中国饲料产业发展历程

相比于欧美国家，我国现代农业发展较晚，饲料产业同样起步较晚。改革开放以前畜牧业发展极为缓慢，停留在最原始的"小农"畜牧状态。当时的畜牧养殖绝大多数都是散养户养殖，受养殖经验和认知以及养殖成本的影响，畜牧饲养主要是喂食厨余泔水和野菜，畜牧养殖农民对商品饲料的认知极少，几乎不使用商品饲料。改革开放后，我国的饲料产业得益于改革的春风，开始起步发展。

1979年，正大集团进入中国市场，首先在市场上拉开了我国商品饲料发展的序幕。正大集团创业于粮食产业，从粮食到饲料、养殖、贸易逐渐发展为一个多元化的集团。正大饲料成为中国商品饲料市场上第一个"吃螃蟹的人"。但正大集团不属于我国本土企业（泰籍华人创办），在此期间我国的商品饲料从生产技术、经营管理到市场销售都一直被国外企业所垄断，其中正大饲料在当时的中国商品饲料行业就占据了绝对地位。

20 世纪 80 年代，我国本土饲料产业迎来了发展的机遇。在政策导向上，1983 年，邓小平同志高瞻远瞩地提出要把饲料作为一个工业来办，全国要开办几百个现代化的饲料加工厂。1984 年，国务院批转了原国家计划委员会《1984-2000 年全国饲料工业发展纲要（试行草案）》，将我国饲料工业正式纳入国民经济发展计划。在市场需求上，1980~1985 年，一些大型养鸡场的建立增加了对饲料的需求，本土饲料厂建设和商品饲料添加剂的生产，使本土商品饲料有了较大发展。

其中，1982 年，四川刘氏四兄弟创办了国内首家饲料企业——希望集团，这是个具有里程碑意义的时刻，标志着中国商品饲料打破了被国外垄断的局面，希望集团也成为国内第一个饲料品牌。经过十多年的经验积累和经营实践，中国饲料产业得到了迅猛发展。从比较单一的预混料（自配料）渐渐发展到浓缩饲料和商品全价饲料，饲料形式也从刚开始的畜禽饲料发展到水产饲料及其他饲料，摆脱了外国企业对中国饲料产业垄断的束缚。1989 年，国务院在《关于当前产业政策要点的决定》中，将饲料工业列为重点支持和优先发展的产业，饲料业得到了快速发展。自此之后，中国本土饲料企业开始像雨后春笋般多了起来，比较有名的有海大、通威、大北农等饲料企业。

进入 21 世纪以后，中国饲料产业迎来了蓬勃发展的黄金时期，在 2000~2013 年这段时间，中国饲料科技从生产过程监控到配方技术、原料质量控制等核心技术上真正完成了产业升级转变，生产技术日益精湛，配方技术精益求精。截至 2013 年底，全国备案在列的饲料企业多达 6 000 家。

随着国家对食品安全监管和生态环境保护等问题的日益重视，从 2013 年底开始，国家加大力度对农牧行业进行排查整改，大批饲料企业因为环保不达标和安全隐患问题被责令整改和关停。2014 年初至 2019 年底，全国饲料企业从最多时的 6 000 家减少到 3 000 多家，减少了近一半。虽然饲料企业逐渐减少，但是全国饲料总量每年都在缓慢增长，饲料质量也在稳步提升，优质饲料企业的市场竞争力在世界范围逐渐显现，2019 年全球饲料产业排名前 20 名的企业中有 10 家中国饲料企业。

如今中国饲料产业形成了外资、合资、国有、乡镇企业、民营等多种饲料企业共存，以大型饲料企业为主导，中型饲料企业在区域市场中占据优势，小型饲料企业为补充的市场竞争格局。

4.1.2 中国饲料产业生产总体情况

进入21世纪后，虽然我国饲料企业数量有较大的波动，但饲料产量整体上稳步上升，我国饲料总产量从2007年的12 331万吨上升为2020年的25 276万吨，涨幅达105%。随着畜牧业养殖规模的不断扩大，配合饲料、浓缩饲料、预混合饲料的比重也发生了重大变化，三类饲料的比例由2007年的75.6%：20.2%：4.2%转变为2020年的91.7%：6.0%：2.3%，配合饲料比重不断上升，浓缩饲料和预混合饲料比重不断下降。配合饲料产量由2007年的9 319万吨上涨到2020年的23 166万吨，涨幅超过148%。浓缩饲料产量在2009年达到高点2 686万吨后，2010年下降为2 648万吨，后一直呈现下降趋势，到2019年达到近10年最低点1 242万吨，2020年回升到1 515万吨。这主要归因于现代畜牧业养殖标准化程度提高，对配合饲料的需求增加；而浓缩饲料主要被中小规模养殖户用于和玉米搅拌后作为全价料使用，由于中小规模养殖户在产业竞争和准入机制的双重影响下逐步退出，养殖主体减少导致对浓缩饲料的需求也相应减少。预混合饲料从2007年的521万吨增加到2020年的595万吨，增长速度缓慢（见表4-1）。

表4-1　　　　　　　　　全国饲料产量一览（2007~2020年）　　　　　　单位：万吨

年份	配合饲料产量	浓缩饲料产量	预混合饲料产量	总产量
2007	9 319	2 491	521	12 331
2008	10 590	2 531	546	13 667
2009	11 535	2 686	592	14 813
2010	12 974	2 648	579	16 201
2011	14 915	2 543	605	18 063
2012	16 363	2 467	619	19 449
2013	16 308	2 300	630	19 238
2014	16 930	2 151	641	19 722
2015	17 396	1 954	668	20 018
2016	18 395	1 877	691	20 963
2017	19 619	1 854	689	22 162

续表

年份	配合饲料产量	浓缩饲料产量	预混合饲料产量	总产量
2018	20 529	1 606	653	22 788
2019	21 014	1 242	543	22 798
2020	23 166	1 515	595	25 276

资料来源：中国饲料工业协会。

4.2 河北省饲料产业发展基本情况

河北省是全国13个粮食主产省之一，大部分地区种植小麦、玉米，为饲料产业的发展提供了充足的原材料。河北省同时也是养殖业大省，肉类产量、禽蛋产量和奶类产量一直位居我国前列，近年来饲料产业的迅速发展为畜牧业规模化养殖提供了物质基础。2020年，河北省饲料年度总产量同比增长8.27%，反超四川省位居全国第三位（排在广东省、山东省之后），其中蛋禽饲料年度总产量稳居全国首位。然而，由于河北省很多养殖户处于中小规模分散养殖状态，饲料利用率不高。随着畜禽养殖标准化示范创建的全面展开，省级标准化示范场创建工作全面启动，养殖业规模化、标准化程度大幅提高，饲料利用率也逐步提高。

4.2.1 河北省饲料产业发展概况

4.2.1.1 快速发展阶段

河北省饲料产业是从20世纪70年代开始起步的，1990年后进入快速发展时期，1994年跨入全国饲料产业大省行列，1996年饲料产量达到476.70万吨，比1995年增长了79.62%，与1994年相比实现翻倍增长，增长速度达到了历史最高（见图4-1）。增长的主要原因是配合饲料的产量有了大幅增长，由1995年的241万吨增长到1996年的444.5万吨，年增长84.44%，增长贡献率占总产量的96.3%；浓缩饲料和添加剂预混合饲料也实现了不同程度的增长，但增幅较小。

（万吨）

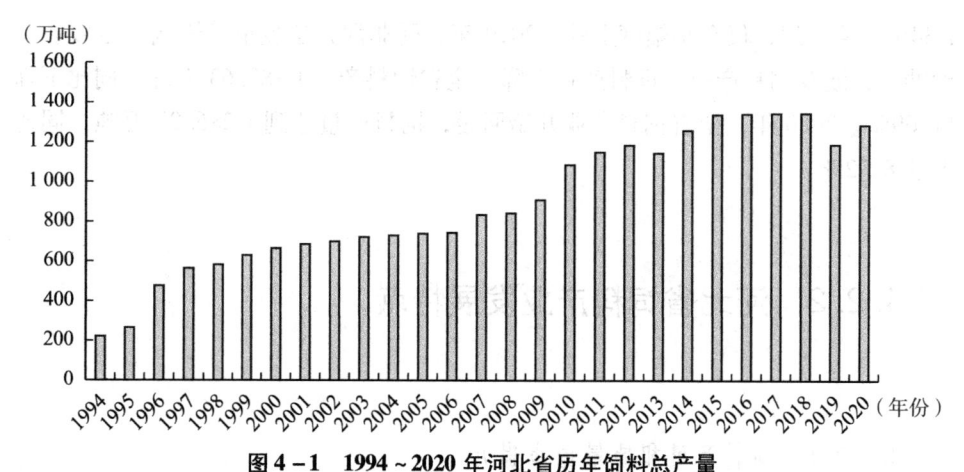

图 4-1 1994~2020 年河北省历年饲料总产量

资料来源：1995~2020 年《河北农村统计年鉴》、中国饲料工业协会。

4.2.1.2 平稳增长阶段

从 1997 年开始，河北省饲料产量进入平稳增长时期，到 2010 年，河北省饲料总产量达到 1 086.36 万吨，同比增长 19.36%，其中配合饲料 913.3 万吨，浓缩饲料 160 万吨，添加剂预混合饲料 13.06 万吨，饲料工业总产值 315.75 亿元，同比增长 33.68%。在这些年的发展中，经历了"苏丹红""三聚氰胺"等事件，河北省监管机制逐步完善，检测能力逐步增强，在"十一五"期间，苏丹红的检出率为零，三聚氰胺的检出率为 0.25%。中小型企业大幅减少，产业集中度进一步提高。

4.2.1.3 波动发展阶段

在"十二五"期间，河北省饲料产业增长速度放缓。增长速度由 2010 年的 19.32% 下降到 2011 年的 5.9%，后持续放缓，2013 年出现负增长。饲料总产量由 2012 年的 1 184.91 万吨下降到 2013 年的 1 145.32 万吨，降幅约 3.34%。2013 年饲料总产量下降的主要原因在于上半年我国出现的人患禽流感事件，鸡蛋和鸡肉价格持续低迷，很多养鸡户的鸡蛋和鸡肉价格不足以维持饲料价格，而将蛋鸡提前淘汰，还有一些需要补栏的养殖户持续观望。2013 年底，河北保定发生禽流感，蛋鸡养殖户损失比较严重，也影响了饲料产业的发展。2014 年，养殖业出现回暖，养殖户补栏积极性增加，对饲料需求较大，饲料生产增长幅度较大，增长约 9.9%。2015~2018 年，河北省畜牧业平稳发展，对饲料的市场需求也相对平稳，这四年时间全省饲料产量基本维持不变，年产量在 1 338 万~

1 346 万吨之间，仅有小幅度上涨。2019 年，受非洲猪瘟疫情等影响，畜牧业受到冲击，波及饲料产业，饲料产量下降，全省饲料产量 1 183.63 万吨，同比下降 11.69%。2020 年，全省饲料产业开始回暖，饲料产量达到 1 286.93 万吨，同比上涨 8.72%。

4.2.2 河北省饲料产业发展特点

4.2.2.1 饲料产量和质量稳步提升

河北省饲料总产量自 1992 年以来呈现跨越式增长，1995~1996 年涨幅较大，后持续增长，2018 年达到峰值 1 346 万吨。以 1992 年的 124.3 万吨为基数，从 1992 年到 2019 年，河北省饲料产量总体增长约 8.6 倍，其中最高的年份 2018 年增长约 9.8 倍。在饲料产业起步阶段，以配合饲料生产为主，浓缩饲料和预混合饲料只占很小的一部分；随着农民兼业经营的增加，中小畜牧业养殖户开始逐步兴起，很多地区的农民家家户户从事养殖业，增加了对浓缩饲料的需求。随着我国畜牧业的养殖环境和排放标准的不断提高和监管力度的不断加大，一些大型标准化、规模化养殖场逐步建立并发展，对配合饲料的需求也越来越多。以 2019 年为例，全省饲料总产量是 1 188.63 万吨，其中配合饲料 1 061.62 万吨，浓缩饲料 99.12 万吨，添加剂预混合饲料 27.89 万吨。现代畜牧业的发展对饲料产品的质量提出了更高的要求，使商品饲料实现从数量型向质量型的巨大转变。饲料产品平均合格率连续多年保持较高的水平，近年来饲料产品中苏丹红、三聚氰胺检出率为零，"瘦肉精"等违禁药品检出率一直处于非常低的水平。

4.2.2.2 饲料产品结构进一步优化

进入 21 世纪以来，河北省的饲料产品结构得到了进一步调整，逐步形成了适应养殖业需求的品种体系。配合饲料、浓缩饲料和预混合饲料的比重不断优化，特种饲料稳步发展，单一蛋白饲料及添加剂的比重也在逐步增加，同时，具有地方特点的饲料产品，如宠物饲料、玉米蛋白粉、维生素添加剂、豆粕、花生粕、棉粕等产量也有所提高。2019 年，全省配合饲料、浓缩饲料、预混合饲料比例为 0.89∶0.08∶0.03。如表 4-2 所示，配合饲料所占比例不断加大，保持持续增长；浓缩饲料保持持续增长，增长幅度较小；添加剂预混合饲料所占比例最小，增减幅度极小。在配合饲料中，除蛋禽料和水产料外，其他饲料呈总体增长态势；浓缩饲料中，除蛋禽料和肉禽料外，呈整体增长态势；添加剂预混合饲料中，各分类饲料呈小幅增长态势。可见，配合饲料依然是河北省主要饲料产品，饲料产品结构变化明显。

表 4-2　　　　　河北省 2000～2019 年饲料产品产量统计　　　　单位：万吨

年份	总产量	配合饲料	浓缩饲料	添加剂预混合饲料
2000	664.10	530.80	107.30	26.00
2001	684.90	538.10	120.80	26.00
2002	700.40	550.20	130.10	20.10
2003	723.10	561.90	140.60	20.60
2004	731.60	567.10	144.50	20.00
2005	740.30	574.20	150.10	16.00
2006	745.30	579.10	154.10	12.10
2007	835.10	664.40	158.80	11.90
2008	843.16	672.67	158.89	11.60
2009	910.13	735.72	162.42	11.99
2010	1 086.36	913.30	160.00	13.06
2011	1 150.11	967.46	169.01	13.64
2012	1 184.91	1 002.22	168.68	14.00
2013	1 145.32	932.35	198.18	14.79
2014	1 258.74	1 037.86	199.67	21.20
2015	1 338.29	1 133.38	192.79	12.13
2016	1 342.04	1 144.09	184.21	13.73
2017	1 345.00	1 131.19	195.60	18.21
2018	1 346.00	1 146.20	177.19	22.79
2019	1 188.63	1 061.62	99.12	27.89

资料来源：1993～2019 年《河北农村统计年鉴》。

从饲料类别来看，配合饲料中猪料、蛋禽料、肉禽料变化较大，水产料变动幅度较小。浓缩饲料中，猪料和牛羊等饲草动物的反刍料增长幅度较大，蛋禽料和肉禽料呈现减少趋势，肉禽料减少幅度较大。在添加剂预混合饲料中，猪料和肉禽料增长幅度较大，在 10% 以上，反刍料、水产料、蛋禽料增长幅度较小，均在10%以下，并依次递减。具体各种、各类饲料年产量如表4-3所示。

表4-3　　　　2011~2019年各种、各类饲料年产量统计　　　　单位：万吨

指标	2011年	2012年	2013年	2014年	2015年	2016年	2017年	2018年	2019年
总产量	1 150.11	1 184.91	1 145.32	1 258.74	1 338.29	1 342.04	1 345.00	1 346.00	1 188.63
1. 配合饲料小计	967.46	1 002.22	932.35	1 037.86	1 133.38	1 144.09	1 131.19	1 146.20	1 061.62
（1）猪料	165.81	174.15	207.95	221.73	283.08	304.27	292.79	339.50	153.03
（2）蛋禽料	581.41	586.00	475.52	402.62	466.44	441.38	453.27	540.30	369.27
（3）肉禽料	101.65	111.73	106.76	170.97	190.48	201.38	196.52	222.50	391.86
（4）水产料	55.23	60.33	62.63	61.22	60.85	58.51	59.37	75.50	37.86
（5）反刍料	54.82	60.42	69.24	104.02	89.04	94.82	84.95	120.00	82.42
（6）其他	8.55	9.56	10.25	77.30	43.49	43.73	44.29	48.10	27.18
2. 浓缩饲料小计	169.01	168.68	198.18	199.67	192.79	184.21	195.60	177.19	99.12
（1）猪料	55.52	53.81	69.20	107.19	105.93	95.10	104.82	71.00	48.92
（2）蛋禽料	81.78	82.06	90.45	54.15	52.86	53.09	51.74	87.00	15.30
（3）肉禽料	15.47	15.72	17.18	3.13	2.26	2.37	4.17	7.00	6.86
（4）水产料				0.20					
（5）反刍料	14.04	14.84	18.52	27.76	28.12	30.84	32.49	26.00	27.34
（6）其他	2.20	2.26	2.84	7.24	3.63	2.81	2.38	3.00	0.70
3. 添加剂预混合饲料小计	13.64	14.00	14.79	21.20	12.13	13.73	18.21	22.79	27.89
（1）猪料	4.87	5.03	5.61	7.47	3.76	4.49	5.14	8.00	6.43
（2）蛋禽料	6.11	6.15	6.16	7.67	3.17	4.13	5.14	9.00	9.91
（3）肉禽料	1.00	1.00	0.97	1.46	1.67	0.89	0.69	1.00	1.84
（4）水产料	0.15	0.16	0.17	0.20	0.22	0.22	0.25	0.01	0.28
（5）反刍料	0.94	1.08	1.27	1.26	1.42	2.06	5.76	6.00	7.66
（6）其他	0.56	0.59	0.60	3.14	1.88	1.94	2.53	1.00	1.77

资料来源：2012~2020年《河北农村统计年鉴》。

（1）在配合饲料中，猪料从2011年的165.81万吨上涨到2018年的339.50万吨，年均上涨约14.96%。2019年，受非洲猪瘟疫情影响，生猪存栏大幅度下降，对猪料的需求量也随之下降，导致猪配合饲料仅有153.03万吨。蛋禽料总体呈下降趋势，从2011年的581.41万吨减少到2019年的369.27万吨，整体减

少幅度约为 36.49%。肉禽料上涨趋势最为明显，2011 年肉禽料产量为 101.65 万吨，2012 年为 111.73 万吨；2013 年受禽流感影响，减少到 106.76 万吨；2014 年后进入快速增长阶段，到 2019 年产量达到了 391.86 万吨，年均增长幅度为 35.68%，是配合饲料中增长最快的饲料品种。快速增长的主要原因是禽流感疫情后，蛋鸡生产周期长、补栏慢，而肉鸡饲养由于生长周期短、补栏快，出现饲料产量迅速增长态势。此外，也与当前居民肉类消费结构改变有关。近年来，居民肉类消费种类中猪肉消费逐渐降低，对肉禽消费需求增大，继而也带动了对肉禽料需求量的增加。水产料整体上产量比较平稳，2011 年产量为 55.23 万吨，2012 年后基本维持在 60 万吨左右，2018 年出现产量峰值，达到了 75.50 万吨，但在 2019 年又迅速下落到低谷，为 37.86 万吨，近乎"腰斩"。反刍料同样在 2018 年达到了产量峰值 120.00 万吨，主要归因于近年来河北省在畜牧业发展中鼓励增加草食动物的饲养数量。

（2）在浓缩饲料中，猪料从 2011 年的 55.52 万吨增长到 2017 年的 104.82 万吨，2018 年后受非洲猪瘟疫情影响，产量开始下降，2018 年降至 71.00 万吨，到 2019 年则降至低谷 48.92 万吨。未来随着非洲猪瘟疫情得到有效控制，猪浓缩饲料产量将有望回升。蛋禽浓缩饲料从 2011 年的 81.78 万吨持续上涨至 2013 年的 90.45 万吨；随后受禽流感疫情影响，加快了蛋鸡养殖业的洗牌速度，一些中小型蛋鸡养殖场受到重创，退出蛋鸡养殖行业，而一些大型规模化蛋鸡养殖场的管理优势凸显，对浓缩饲料需求降低，2014～2017 年始终维持在 50 万吨以上；2018 年出现又一轮产量高潮，达到了 87.00 万吨；但 2019 年迅速下落到低谷 15.30 万吨。肉禽料从 2011 年的 15.47 万吨持续上涨到 2013 年的 17.18 万吨；之后同样受到禽流感疫情影响，肉禽料产量大幅度下降，加之随着一些肉禽养殖主体为了提高肉的品质，也开始增加配合饲料用量，减少了对浓缩饲料的需求，2014 年产量仅为 3.13 万吨，2015 年跌至低谷 2.26 万吨；2018 年之后开始有明显回升，2019 年达到 6.86 万吨。反刍浓缩饲料由 2011 年的 14.04 万吨增加到 2014 年的 27.76 万吨。2011～2012 年反刍浓缩饲料增长比较缓慢，2013 年消费群体减少了对禽类及产品的消费，转向增加草食类动物的消费，一些小型、有经验的牛羊养殖户开始小规模养殖肉牛、奶牛、肉羊等，参与市场竞争，增加了反刍浓缩饲料的需求，在 2014 年增幅最大，比 2013 年增加了 49.92%。

（3）在添加剂预混合饲料中，各畜牧种类的需求量均较小，因而产量也较低。猪料、蛋禽料产量较多，但未超过 10 万吨。2017 年以后反刍料产量快速上涨，这与近年来河北省鼓励发展草食动物有关。从 2011 年到 2019 年，各畜禽种类的添加剂预混合饲料产量均呈现上涨趋势，其中反刍料涨幅最大，约为 714.89%，水产料涨幅约为 86.67%，肉禽料涨幅为 84%，蛋禽料涨幅约为

62.19%，猪饲料涨幅约为32.03%。

从饲料品种来看，如图4-2所示，蛋禽饲料产量所占比重最大，但是占比有明显下降趋势；生猪饲料产量在2019年以前有上升趋势，尤其是2011~2015年上升趋势明显，但2018年非洲猪瘟疫情之后，2019年生猪饲料产量大幅下降，预计随着非洲猪瘟疫情得到有效控制甚至根除，未来生猪饲料产量仍有较大幅度上升的可能；肉禽饲料产量自2015年以后持续高位走势，在2019年反超蛋禽饲料，成为河北省第一饲料品种，其原因如前文所述，一方面是蛋禽与肉禽养殖结构比例改变，另一方面是居民肉类消费结构改变。

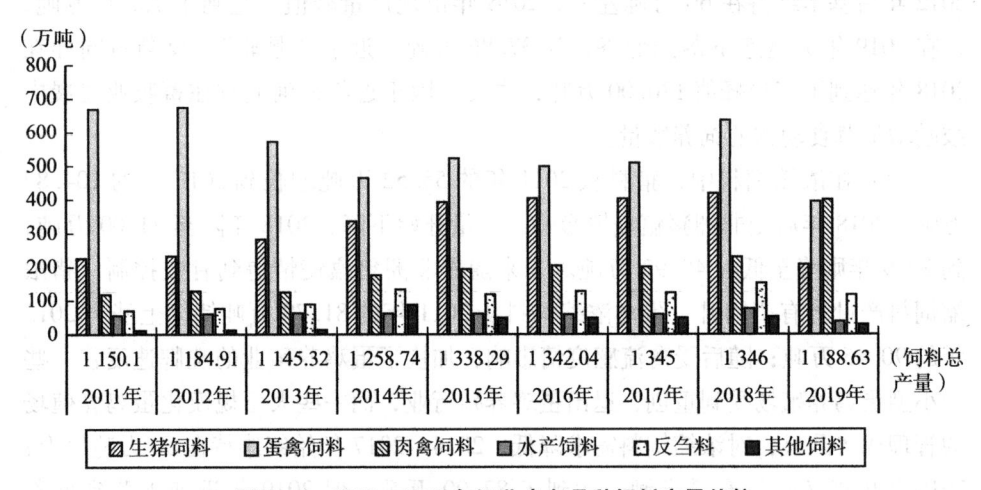

图4-2 2011~2019年河北省各品种饲料产量趋势

资料来源：2012~2020年《河北农村统计年鉴》。

4.2.2.3 宠物饲料产业优势显著

河北省是全国宠物饲料产量第一大省，近年来产业规模不断扩大，截至2019年底，全省宠物饲料生产厂家达到了66家，宠物饲料产量达到了62万吨，占全国市场份额50%左右。近年来，河北省把宠物饲料监管作为全省饲料监管的重点，严格规范行政许可，严把审批关，并增强审核的科学性与规范性，确保审核工作的独立性与公正性，进一步加大现场审核效能。积极推进各项法规的宣传工作，开展各个层次、各个类型的培训，在监管的同时扶植其发展，扶植其壮大，宠物饲料产业优势进一步显现。

但当前河北省在宠物饲料发展中也存在以下亟待解决的问题：一是宠物行业严重缺乏人才的问题，制约了企业的产品研发；二是行业内价格链不正常，宠物医院和宠物粮的经销商处于高毛利地位，产品生产企业的毛利不高，导致目前顾客到手的价格远远高于其出厂价格;三是消费者缺乏专业知识,不能很好地选择合适的宠物粮;四是存在对产品生产地的歧视问题,盲目地追求外国宠物粮。

4.2.3 河北省饲料企业发展概况

自 2009 年起,河北省饲料总产量连续 10 年超过千万吨,河北省作为饲料生产大省,为我国畜牧饲料行业的发展做出了巨大的贡献。随着河北省养殖业结构性调整,养殖规模化进程加快,河北省饲料工业已进入转型升级阶段,主要表现在大中型饲料加工企业、农业产业化龙头企业、专业化和特色化企业,它们获得了更多的发展机会。而小型饲料加工企业在激烈的竞争中,其数量将继续减少。

4.2.3.1 饲料企业总数量减少,企业类型结构改变

从河北省饲料企业数量上看,如表 4-4 所示,2011~2013 年这一时期饲料工业企业数量较高,最高达到 1 196 家(2012 年);2013 年之后随着政府提高饲料企业生产准入机制,加大对饲料产品的质量把关,以及市场需求变动等因素影响,企业数量大幅下降,主要是一些中小规模企业退出,2016 年之后企业数量有所回升,2019 年达到 993 家。从河北省饲料企业结构比例上看,2011~2013 年私营企业占比最高,超过 60%,其次是股份企业占比超过 20%;2014~2017 年私营企业数量大幅下降,但仍是最主要的企业类型,占比仍超过 40%;2018 年之后股份制企业快速增长,成为最主要的企业类型,占比接近 80%。造成股份制企业占比提高的主要原因:一方面,河北省政府提高了饲料行业的准入门槛,本着减少数量,提高质量的原则,加大对违法违规饲料企业的查处力度,鼓励和引导优秀饲料企业的发展,大量缺乏竞争力的私营小企业进行了重组、合并;另一方面,省外一些大型饲料企业借助河北省饲料生产基地优势,与省内中小型饲料企业合并重组,建立分公司等,使股份制饲料企业由于融资、政策倾斜等优势得到迅速发展。

表 4-4 2011~2019 年河北省饲料企业情况统计

指标	单位	2011 年	2012 年	2013 年	2014 年	2015 年	2016 年	2017 年	2018 年	2019 年
饲料企业数量	家	1 173	1 196	1 146	806	820	952	890	965	993

续表

指标	单位	2011年	2012年	2013年	2014年	2015年	2016年	2017年	2018年	2019年
国有	家	5	5	6	6	10	9	7	10	9
集体	家	9	8	3	1	4	6	6	3	3
私营	家	775	795	711	383	402	491	389	154	150
联营	家	10	10	6	6	1	2	5	2	—
股份	家	299	305	261	399	226	273	307	770	788
港澳台	家	3	3	6	2	3	2	1	3	5
外商	家	8	9	8	8	6	5	6	7	5
其他	家	15	10	7	1	2	2	4	16	33
企业职工人数	人	41 055	40 616	35 708	27 111	29 959	28 508	25 175	42 165	42 102
企业营业收入	亿元	316.98	333.50	342.79	389.10	363.88	333.83	391.00	438.00	348.07
企业总产值	亿元	331.72	349.20	376.13	410.58	407.07	353.07	391.00	442.00	344.28
企业加工产品产量	万吨	1 150.10	1 184.91	1 145.32	1 258.74	1 338.29	1 342.04	1 345.00	1 346.00	1 188.63

资料来源：2012~2020年《河北农村统计年鉴》。

4.2.3.2 企业产值和产量增加，职工人数波动较大

2011年之后虽然饲料企业的数量减少，但是饲料企业总产值却提高了，2011年饲料工业企业总产值是331.72亿元，到2018年达到了442亿元，年均增长约4.74%。此外，饲料企业加工产品产量也呈上升趋势，从2011年的1 150.1万吨增加到2018年的1 346万吨，年均增长约2.43%。虽然受非洲猪瘟疫情等影响，2019年相比2018年在总产值和总产量上都有较大幅度下降，但相较于2011年仍有所提高。与饲料企业数量相关，饲料企业职工人数同样存在相似的波动走势。2011~2013年这一时期企业职工人数较高，最高达到41 055人（2011年）；2014年之后企业数量大幅下降，企业用工人数也随之下降，最低降至25 175人（2017年）；2018年之后随着企业数量增加，企业职工人数也上升到42 000人以上。

4.2.4 河北省饲料企业排名及特点

4.2.4.1 河北省饲料企业呈现个数多、产量小的特点

如表4-5所示，2015年河北省饲料企业年产量在30万吨以上的只有两家：一个是河北旺族饲料有限公司，年产量为30.339万吨；另一个是河北大午农牧集团饲料有限公司，年产量约为30.17万吨，且经营性质都是私营企业，而同时期饲料大省山东省和广东省年产量在30万吨以上的企业则分别有8家和3家。年产量在20万~30万吨的饲料企业只有1家，是河北凯特饲料集团有限公司，年产量约为26.316万吨，同时期山东省和广东省年产量20万~30万吨的饲料企业则分别有11家和15家。年产量在10万~20万吨的饲料企业有11家，同时期的山东省和广东省则分别有64家和58家。2019年，河北省年产10万吨以上的饲料生产企业也仅达到20家，而年产量在5万~10万吨的饲料企业则只有23家。

4.2.4.2 生产规模较大的饲料企业大多数拥有现代化畜牧业全产业链

在生产规模较大的饲料企业中，排在河北省第一位的河北旺族集团有限公司不仅生产饲料，还是集种猪养殖、生猪屠宰、猪肉深加工于一体的全产业链企业。排在第二和第三名的河北大午农牧集团饲料有限公司和河北凯特饲料集团有限公司也均有自己的养殖业，如大午农牧集团同时拥有自己的种禽公司，出售父母代蛋种鸡和商品代蛋鸡的鸡苗，因此可以直接将饲料配套销售给蛋鸡养殖户。而凯特饲料集团于2011年在太行山区养殖蛋鸡，在生产饲料的过程中养殖蛋鸡还可以消耗一部分饲料。

4.2.4.3 省外大型饲料集团通过合营、控股等方式渗透河北省饲料市场

除本土饲料企业或家族式饲料企业在河北省经营饲料外，泰国的正大饲料集团、山东六和饲料、东方希望集团、希望饲料、温氏畜牧业等在世界排名靠前的大型饲料企业也通过入股、合作等方式，逐步渗透河北省饲料产业市场，试图与本土饲料企业共同竞争，分得一杯羹。

表4-5　　　　　　　　　　2015年河北省年产5万吨饲料企业情况一览

排序	企业名称	经营性质	产量（吨）
1	河北旺族饲料有限公司	私营	303 390
2	河北大午农牧集团饲料有限公司	私营	301 705
3	河北凯特饲料集团有限公司	私营	263 163
4	河北兴达饲料集团有限公司	私营	190 387
5	河北滦平华都食品有限公司	股份有限公司	177 752
6	农标普瑞纳（廊坊）饲料有限公司	外商	175 715
7	河北鲲鹏饲料集团有限公司	股份有限公司	174 574
8	河北兴柏生物科技有限公司	股份有限公司	169 000
9	秦皇岛正大有限公司	外商	136 050
10	廊坊市康达畜禽养殖有限公司	股份有限公司	117 547
11	邯郸六和华裕饲料有限公司	私营	109 332
12	临西县和兴饲料有限公司	股份有限责任公司	102 949
13	唐山禾丰反刍动物饲料有限公司	股份有限公司	102 854
14	石家庄广威农牧有限公司	私营	100 823
15	保定荣达饲料加工有限公司	国有	96 000
16	深州金豆饲料有限公司	私营	94 914
17	河北保健农牧股份有限公司	股份有限公司	94 293
18	河北万稚园农牧科技股份有限公司	股份有限公司	90 322
19	唐山中红三融畜禽有限公司饲料分公司	外商	87 147
20	河北京安饲料科技有限公司	股份有限责任公司	86 400
21	霸州东方希望动物营养食品有限公司	私营	85 275
22	石家庄正大有限公司	外商	83 051
23	石家庄希望饲料有限责任公司	私营	72 857
24	河北碧水蓝天饲料有限公司	私营	70 026
25	沧州温氏畜牧有限公司	股份有限公司	68 969
26	唐山中天勤饲料有限公司	股份有限责任公司	68 700
27	河北宏博牧业有限公司	私营	67 000
28	廊坊通威饲料有限公司	股份有限公司	66 975
29	廊坊九鼎牧业有限公司	股份有限公司	62 800
30	河北爱益农饲料有限公司	股份有限责任公司	59 000

续表

排序	企业名称	经营性质	产量（吨）
31	河北乐寿鸭业有限责任公司	私营	54 208
32	秦皇岛中红三融农牧有限公司	私营	53 183
33	玉田县玉发园饲料制造有限公司	私营	52 800
34	河北大午集团饲料有限公司定兴分公司	股份有限公司	52 666
35	沧州宏伟饲料有限公司	私营	51 550
36	遵化新和美客多饲料有限公司	股份有限公司	51 138
37	唐山六和饲料有限公司	股份有限公司	50 383

资料来源：笔者收集整理所得。

与河北省本土饲料企业相比，省外大型饲料企业具有先进的、现代化的管理经验和饲料生产设备，可以实现全过程机械化的饲料生产，饲料生产的技术含量更高，营销模式更为灵活，如泰国的正大集团，在河北省秦皇岛市、石家庄市等很多地区建立饲料分公司，山东六和饲料公司在邯郸市、唐山市建立分公司；东方希望集团在霸州市建立饲料分公司；希望集团在石家庄市建立饲料分公司。这些大型外来饲料企业在河北省的饲料年产量均在5万吨以上，挤占了河北省饲料市场，对河北省饲料企业的发展造成极大的威胁。

4.3 河北省饲料产业的发展环境分析

4.3.1 区位环境与自然环境

河北省东部濒临渤海，东南部和南部与山东、河南两省接壤，西部隔太行山与山西省为邻，西北部、北部和东北部同内蒙古自治区、辽宁省相接，区位优势独特，地域广阔，总面积187 693平方公里，占全国土地总面积的1.96%。河北省环绕京津，三地农业互补性强，市场匹配度高。特别是京津冀协同发展战略的实施，为河北省加强与京津农业企业、科研院所、大专院校的对接，积极推动农业方面非首都功能疏解和项目向河北转移，更加紧密地融入京津3 500万人中高端市场提供了重大机遇，京津冀三地在农产品产销衔接、产业链条延伸、市场信息共享、防控应急保障、生态建设等方面合作潜力巨大,河北省饲料工业依托京津,发展前景良好。

河北省地势西北高、东南低,由西北向东南倾斜,有坝上高原、燕山和太行山山地、河北平原三大地貌单元。全省耕地面积656.14万公顷,人均耕地0.09公顷,森林487.53万公顷,草原369.27万公顷。河北省大部分地区四季分明,年平均气温在4℃~13℃之间,各地的气温年较差、日较差都较大,全年无霜期110~220天,日照时数2 500~3 063小时。适宜的气候环境有利于饲料作物种植。

4.3.2 饲料产品市场需求量大

首先,河北省现代畜牧养殖业发展迅猛,需要饲料业的支撑,随着人们生活水平提高和膳食结构的改善,对畜禽产品和水产品的需求量日益加大,养殖业的发展带动了饲料业的发展转变。其次,河北省工业化饲料原料,如大豆、玉米等,缺口依旧很大,本省生产的饲料产品不能满足饲料工业的需求,目前河北省饲料工业还需要大量进口外省甚至外国的饲料原材料产品。

4.3.3 秸秆等非常规饲草料开发利用潜力大

河北省是粮食生产大省,近几年每年农作物秸秆产量在4 000吨左右,大部分秸秆都被闲置浪费,而焚烧秸秆带来的大气污染也造成了严重的后果。利用科学技术将秸秆转化为饲料产品,既解决了秸秆污染浪费的问题,又满足了畜牧业、饲料工业的需求,发展前景广阔。

4.3.4 河北省畜牧业升级转型带动饲料产业发展

近年来,有学者提出河北省畜牧业高速发展时期基本结束,转型升级刻不容缓。畜牧业出现的问题主要表现在五个方面:生产结构不适应消费升级需求,一些畜产品出现结构性相对过剩;畜产品价格偏高,市场竞争力不足;生产效率低,产品质量没有保障;产业链不完整;资源环境的限制。针对这些问题,河北省对畜牧业进行了大刀阔斧的改革,通过调整畜牧业生产结构,增加有效供给;

降低养殖成本，提高市场竞争力；推广标准化、规模化养殖，保障产品质量；大力发展电子商务，发展畜牧业旅游，完善产业链；合理利用资源，保护环境，实现绿色均衡发展。河北省畜牧业的转型升级，对饲料产业既是机遇，也是挑战，饲料产业需要主动配合，进行产业升级，以满足畜牧业的需求。

4.4 河北省饲料产业发展存在的问题及发展建议

4.4.1 存在的问题

4.4.1.1 河北省水资源缺乏

河北省年平均降水量分布很不均匀，年变率也很大，一般年平均降水量在400~800毫米之间。河北省是全国最严重的资源型缺水省份，也是全国唯一没有大江大河过境的省份。河北省年水资源平衡量约为160亿立方米，实际总用水量在200亿立方米以上，远远超出水资源的承受能力，全省年缺水40亿~50亿立方米。缺水已经成为制约河北省饲料行业发展的重要障碍。

4.4.1.2 小规模、大群体的饲料企业制约产业转型升级

河北省饲料总量大，但企业数量多，规模小。以2019年为例，河北省饲料总产量1188.63万吨，位居全国第四位，占全国总产量5.21%，是全国5个超千万吨省份之一，全省有饲料工业企业993家。近几年饲料企业个数在减少，而个体企业的产量仍然较小，全省最大的饲料企业年产量不过80万吨，只占全省总产量的7%，且大多企业是家族企业，小富即安，没有树立大企业的理念，缺少做大做强的理念和思路。小规模、大群体的格局削弱了省内饲料企业的整体市场竞争力。虽然河北省以饲料产业为主导的省级以上农业产业化龙头企业已发展到十多家，但由于对产业链的延伸和产业化的运作还不深入，还没有建立配套的养殖合作社、养殖基地，更缺乏产品加工、销售环节，对于市场的波动缺乏缓冲力，企业的抗风险能力比较弱。

4.4.1.3 饲料企业缺乏资金，融资困难

河北省饲料企业存在规模小、数量多的特点，大量生产水平不高的中小型饲料企业不利于进行大规模融资。我国近几年银行存款准备金率不断提高，银行减少了对企业的贷款，更加大了饲料企业融资的难度。同时，饲料企业抗风险能力差，有效担保物缺乏，难以获得金融机构借贷。此外，河北省大多数饲料企业只通过贷款来解决企业资金短缺的问题，债券、票据等融资手段运用不足。企业缺乏发展的资金，导致难以扩大生产，购买新型生产设备，极大地限制了河北省饲料企业的发展规模。

4.4.1.4 饲料企业管理水平低

大多数饲料企业组织结构不合理，机构臃肿，人均效率不高，缺乏有效的规章制度，员工工作职责不清，工作权限不明。饲料企业管理者管理能力不足，学历不高，工作效率低，对企业发展没有长期规划，导致企业人员流失高。此外，饲料企业对人力资本投入不足，培训机制不完善，员工能力得不到快速提升。同时，过分强调制度管理，薪酬激励机制不健全，对员工缺少有效激励。绩效考评随意性强，缺乏客观标准，考核流于形式。企业文化不和谐，价值观不分明，员工缺乏归属感。

4.4.1.5 科研技术落后

首先，由于河北省饲料企业缺乏进行技术研发的资金，与世界先进饲料科研技术的差距不断加大。其次，自主科研水平低，不得不高价采购国外饲料机械设备，但是采购的多是国外淘汰的设备，企业采用的技术设备陈旧老化问题严重，很多大型饲料企业使用的甚至是国外20年前淘汰的设备。再其次，饲料企业缺少与大学、科研机构的交互，饲料企业大多是闭门造车，对最新科研技术所知甚少，不能有效利用科研成果。最后，企业技术创新意识弱化，缺少竞争意识和创新动力，企业的技术创新观念尚未真正转到以市场为导向的轨道上来。

4.4.1.6 饲料产品创新能力不足，同质化现象严重

省内企业自己的研发体系仍然很薄弱。大多数中小企业规模小，科技意识

差，吸引重视专业人才不够，没有能力进行产品开发与创新，造成模仿现象严重，产品同质化现象严重，缺乏核心竞争力。还有一些小型饲料企业就是夫妻两人组成的饲料"小作坊"，缺少专业的检验人员，安全意识和自律意识不强，检化验设备长期闲置，没有真正开展检化验工作。

4.4.1.7 饲料企业缺乏专业人才

由于河北省饲料企业规模小，且多在农村地区，不在高层次人才的就业范围内。根据调查，河北省年产万吨规模以上的饲料企业中有66.67%的企业拥有本科学历人才，但是缺乏硕士、博士等更高层次学历的技术人才；88.89%的企业需要博士、硕士等高学历人才从事技术研发、管理工作。企业科研力量不足，自主研发能力弱，产品同质化现象严重，科技含量低，缺少高学历人才，阻碍了饲料企业的进一步发展。

4.4.2 发展建议

4.4.2.1 大力推进"粮改饲"试点工作，发展饲草产业

2015年中央提出"加快发展草牧业，支持青贮玉米和苜蓿等饲草料种植，开展粮改饲和种养结合模式试点，促进粮食、经济作物、饲草料三元种植结构协调发展"。河北省是我国33个粮改饲试点之一，2015年选择石家庄行唐县、承德市围场县、张家口市塞北管理区作为粮改饲试点地区，至2016年开展13个试点，落实240万亩种植青贮玉米、苜蓿、燕麦和饲用小黑麦等优质牧草。目前，河北省水资源短缺，推进粮改饲试点，发展饲草产业，不仅有利于涵养地下水源，也可以降低饲料产业成本，改善畜产品品质，促进草食畜牧业的健康发展。同时，还可以立足各地资源优势，调整农业生产结构，培育特色农业，促进粮食、经济作物、饲草料三元种植结构协调发展。2020年，河北省发布强农惠农政策，进一步推动实施粮改饲，支持对象为符合要求的适度规模草食家畜养殖场（户、企业、合作社）或专业青贮饲料收贮企业（合作社等）。按照收贮主体实际收贮量进行补助，按每立方贮量800公斤折算，优质饲草料每吨补贴不超过60元，青贮窖每立方米补贴不超过120元，地面堆贮场每平方米补贴不超过50元。项目实行事前申报、事后补助制度，根据饲草料实际收贮量进行补贴。优先向流

转土地自种、订单收购、托管种植等形式收贮的组织倾斜，加快推动种植结构调整和现代饲草产业发展。

4.4.2.2 提高饲料企业融资能力

首先，饲料企业要积极寻求政府有关部门的帮助，申请国家资金扶持。其次，扩宽融资渠道，除贷款外，利用债券、票据等方式进行融资。再其次，饲料企业要规范公司治理，增强自身素质，给金融机构树立良好的外部形象。保持优化企业信用，避免银行因信用问题拒绝提供贷款。最后，利用股权、专利技术、无形资产、票据及其他动产进行质押或抵押贷款，降低企业贷款风险。

4.4.2.3 加强饲料企业人才培养，提高产品质量和管理水平

饲料企业的管理者要把人才战略放在企业管理中的核心地位，努力提高企业员工的素质，充分发挥他们的潜能，激发他们的热情，不断增强企业的向心力和凝聚力。首先，建立健全企业员工职业教育培训体系，对员工进行在职培训和教育，使其尽快适应工作岗位的要求。其次，要完善人才激励机制，逐步建立人才绩效评估和约束机制。最后，要通过管理咨询，进行合理的企业形象设计，培育企业文化。通过各种媒体和广告的宣传对企业产品和形象的包装。良好的企业形象和企业文化不仅有利于提高企业在社会上的知名度，更有利于增强员工的忠诚度和企业内部的凝聚力。

企业要加强饲料产品质量管理，坚持质量第一、力拥用户至上，将产品质量视为企业生命，从设计、研发、批量生产、销售等过程严把质量关，要求生产部门员工严格按照生产标准生产产品，保证产品质量。

4.4.2.4 提高饲料企业科技创新和应用能力

饲料企业引进先进饲料技术时，应根据饲料的原材料资源禀赋情况，在突出自主创新的基础上，加快科技研发进度，提高饲料的科学技术含量，破解饲料原料困境，结合我国饲料产业发展情况，以实际应用为前提，注重专业研发，与高校和科研院所合作，推进饲料产业科技成果向企业优势转化。利用市场机制，加速饲料产业的资源融合和优胜劣汰；利用政府推动机制，实现饲料产业的并购重组，增加饲料企业在国际市场的竞争力。加大饲料新品种的研发力度，满足市场饲料需求多样化的格局。饲料企业应建立自己的技术研发中心，加大饲料科技推

广力度，提高技术创新能力和市场占有率，提高饲料产品的科技成果转化率。

4.4.2.5 依法强化政府部门对饲料行业的监管

各级饲料管理部门要强化依法监管，提高饲料行业准入门槛，抓好饲料企业的巡查和监督检查工作，坚决打击违法违规饲料企业。监督生产企业提高从业人员素质、配备必要的生产设备和检验仪器，督促、指导企业健全生产记录、检验记录和添加剂使用记录以及产品质量追溯制度，强力推行饲料质量安全管理规范，促使企业牢固树立质量安全意识。健全完善省、市、县饲料质量监测体系，完善饲料产品质量安全相关法律法规，加强生产和经营环节的监督抽查，对于不合格产品依法追根溯源。

4.4.2.6 建立完善饲料产业发展的相关政策

饲料产业关系畜牧业的兴衰和人们的食品安全，因此，应对饲料生产企业实行差别化政策。首先，对于科技含量高、饲料产品质量达标的饲料企业，应实行税收优惠政策。其次，应合理安排饲料生产用地，对种植饲草产品，能涵养水源、保护自然生态环境的饲草料基地给予支持和补贴。再其次，将饲料安全监管纳入财政预算范畴，支持饲料产业的基地建设，加大饲料产品的新技术开发和推广力度。最后，鼓励饲料企业的并购、合资、合作以及联合发展，提高饲料产业集中度，加强饲料产品技术和资金的联合，构建饲料企业管理科学、饲料产品质量安全、饲料企业监管服务到位的现代饲料产业体系。

4.4.2.7 延伸饲料产业链条，鼓励饲料加工企业进行产业化协作

鼓励、支持和引导饲料加工企业延伸产业链条，从饲料原料的选址、种植、深加工、储备到畜禽养殖、畜禽产品加工等各环节，进行产业链接和服务，力图达到对市场需求能够自我调控，在市场需求量大的时候，通过加大饲料生产获得利润；市场需求量小的时候，通过畜禽种养殖消耗饲料企业的产品，防止市场风险带来的财产损失。同时，饲料加工企业进行产业化协作，还可以与其他的畜禽养殖户建立利益联结机制，充分发挥资金、技术、管理方面的优势，帮助养殖户实现科学化、现代化生产畜禽产品，树立产品品牌，扩大饲料加工企业的规模和实力，发挥饲料行业的引领和示范带动作用。

4.4.2.8 促进"粮改饲"工作的开展

首先，政府管理部门应该主动协调，发挥组织、服务、监督等职能，使土地所有者、种子经销商、农资经销商、机械设备拥有者、种植户、养殖企业等各方利益分配均衡，实现利益合理分配。其次，通过农业技术推广部门加强对粮改饲工作的宣传，总结不同地域模式，通过试点进行试种、测产，并对营养成分含量进行测定，开展种植培训和技术指导，增强样板示范作用。再其次，创新土地流转方式，可采用春季由原农户种植粮食作物，把夏季全株玉米种植的土地流转到养殖企业，减少土地流转阻力和降低土地流转的费用，建立养殖企业自有饲用作物基地，实现种养一体。最后，稳步推进粮改饲工作，避免一窝蜂式跟进，试点区域要根据本地草食畜饲养量和全株玉米食用量来确定种植面积，合理确定"粮改饲"试点面积，实现就地就近转化，避免供大于求，造成全株玉米浪费，无法消纳。非试点区域充分发挥市场机制决定性作用，引导饲料作物种植、草食动物养殖主体面向市场组织生产，增强抵御风险能力。

4.5 河北省兽药产销现状分析

4.5.1 研发现状分析

4.5.1.1 研发主体

兽药产品的研发主体，分为企业自主研发、与其他企业共同研发、与教学或科研单位共同研发三类。河北省兽药研发主体多为与其他企业共同研发主体。以2021年为例，根据《兽药管理条例》和《兽药注册办法》规定，截至9月26日，全国共新增注册兽药63种，如表4-6所示。其中，由河北省企业或科研单位参与研发的注册兽药有泰地罗新等7种，占比约11.11%。河北省没有进行自主研发新兽药的企业或教学、科研单位；与其他企业或教学、科研单位联合研发的企业有保定冀中生物科技有限公司、河北远征禾木药业有限公司、河北远征药业有限公司、保定九孚生化有限公司、河北威远药业有限公司、瑞普（保定）生物药业有限公司、石家庄石牧药业有限公司、石家庄华骏动物药业有限公司；与企业联合研发的教学单位只有河北农业大学。

表4-6　　　　　2021年（截至9月26日）全国新增注册兽药

新增兽药名称	批准日期
泰地罗新	2021/1/21
泰地罗新注射液*	
牛病毒性腹泻/黏膜病、牛传染性鼻气管炎二联灭活疫苗（1型，NM01株+LN01/08株）	2021/3/3
水貂阿留申病毒抗体胶体金检测试纸条	
犬腺病毒2型胶体金检测试纸条	
高致病性猪繁殖与呼吸综合征、伪狂犬病二联活疫苗（TJM-F92株+Bartha-K61株）	
猪瘟病毒化学发光ELISA抗体检测试剂盒	
猪流感二价灭活疫苗（H1N1DBN-HB2株+H3N2DBN-HN3株）	2021/3/18
牛口蹄疫O型、A型二价合成肽疫苗（多肽0506+0708）	
猪圆环病毒2型合成肽疫苗（多肽0803+0806）	
猪流行性腹泻灭活疫苗（XJ-DB2株）	
猪乙型脑炎活疫苗（传代细胞源，SA14-14-2株）	
口蹄疫A型病毒抗体胶体金检测试纸条	
牛病毒性腹泻病毒1型荧光抗体	
利福昔明子宫注入剂	2021/4/2
益母草提取物散	
维他昔布注射液	
盐酸溴己新可溶性粉	
猪圆环病毒2型ELISA抗体检测试剂盒	2021/4/19
水貂出血性肺炎三价灭活疫苗（G型RH01株+B型PL03株+C型RH12株）	
鸡新城疫、多杀性巴氏杆菌病二联灭活疫苗（LaSota株+1502株）	
猪链球菌2、7、9型PCR检测试剂盒	
泰地罗新*	2021/4/23
泰地罗新注射液*	
党参可溶性粉	

续表

新增兽药名称	批准日期
柴桂口服液*	2021/6/16
葛根芩连片	
荆防败毒提取散	
猪链球菌病灭活疫苗（2型，HA9801株）	
功苋止痢散	2021/6/22
匹莫苯丹	
匹莫苯丹咀嚼片	
阿莫西林克拉维酸钾颗粒	
恩诺沙星子宫注入剂	
鸡新城疫、禽流感（H9亚型）、禽腺病毒病（Ⅰ群4型）三联灭活疫苗（LaSota株＋YBF13株＋YBAV－4株）	2021/6/29
鸡毒支原体ELISA抗体检测试剂盒	
鸭病毒性肝炎二价卵黄抗体（1型＋3型）	
重组禽流感病毒H5亚型二价灭活疫苗（R2346株＋R232V株）	
鸡马立克氏病活疫苗（rMDV－MS－Δmeq株）	
口蹄疫病毒非结构蛋白3ABC阻断ELISA抗体检测试剂盒*	2021/7/16
犬细小病毒胶体金检测试纸条	
猪圆环病毒2型、猪肺炎支原体二联灭活疫苗（重组杆状病毒DBN01株＋DJ－166株）	
仔猪水肿病三价蜂胶灭活疫苗（O138型SD04株＋O139型HN03株＋O141型JS01株）	
高致病性猪繁殖与呼吸综合征耐热保护剂活疫苗（JXA1－R株，悬浮培养）	
鸭传染性浆膜炎、大肠杆菌病二联灭活疫苗（1型CZ12株＋O78型SH株）	
猪链球菌病、传染性胸膜肺炎二联灭活疫苗（2型ZY－2株＋1型SC株）	
非洲猪瘟病毒荧光微球检测试纸条	2021/7/16
副猪嗜血杆菌病三价灭活疫苗（4型H4L1株＋5型H5L3株＋12型H12L3株）	
鸡新城疫、传染性支气管炎、禽流感（H9亚型）、传染性法氏囊病四联灭活疫苗（N7a株＋M41株＋SZ株＋rVP2蛋白）	
鸭坦布苏病毒ELISA抗体检测试剂盒*	

续表

新增兽药名称	批准日期
猪伪狂犬病 gE 基因缺失灭活疫苗（HNX-12 株）	2021/8/20
重组禽流感病毒（H5+H7）三价灭活疫苗（细胞源，H5N1Re-11 株+Re-12 株，H7N9H7-Re2 株）	
非洲猪瘟病毒 ELISA 抗体检测试剂盒	2021/8/29
鸡新城疫、禽流感（H9 亚型）、禽腺病毒病（I 群 4 型）三联灭活疫苗（LaSota 株+YT 株+QD 株）	
二氧化氯溶液	
布鲁氏菌荧光偏振抗体检测试剂盒	2021/9/9
牛口蹄疫 O 型病毒样颗粒疫苗	
猪口蹄疫 O 型病毒样颗粒疫苗	
合欢磁牡口服液*	
鸭坦布苏病毒病灭活疫苗（DF2 株）	2021/9/26
鸡马立克氏病活疫苗（CVTR 株）	
猪圆环病毒 2 型亚单位疫苗（重组杆状病毒 OKM 株）	
猪圆环病毒 2 型灭活疫苗（SD 株）	

注：加"*"兽药为河北省研发主体参与研发注册的兽药。
资料来源：中华人民共和国农业农村部公告。

4.5.1.2 研发投入

研发投入主要由资金和人才投入构成。根据调研得知，河北省大型兽药生产企业每年将利税的 3%~5% 投入研发中。河北省真正具备研发实力的兽药企业有 80 家左右，其余的兽药生产企业由于生产规模小、投资力度不足、研制出的兽药产品剂型过少等因素，不具备研发能力。以 2015 年为例，通过走访原河北省农业厅了解当年河北省兽药生产企业贷款需求意向，分析出兽药生产企业的研发投入力度，具体情况见表 4-7。

表 4-7　　　　2015 年河北省兽药生产企业贷款需求意向

年销售额	企业数量（个）	拟贷款额（万元）
1 000 万元以下	2	200
1 000 万~5 000 万元	21	7 500

续表

年销售额	企业数量（个）	拟贷款额（万元）
5 000万~10 000万元	2	2 500
10 000万元以上	3	3 000
合计	28	13 200

资料来源：笔者根据调研数据整理所得。

从表4-7可以看出，河北省有贷款需求的兽药生产企业主要由年销售额在1 000万~5 000万之间的企业构成，该区间贷款额度占全部贷款额度的56.81%，具有贷款需求意向的企业占比18.58%，分析得知预加大研发投入力度的企业数量并不多。

河北省具备研发能力的兽药生产企业研发人员占总从业人员数量的3%以下，缺乏具有创新精神的研发人员。国际上先进的兽药生产企业中研发人员数量所占比重一般不低于10%。虽然河北省有80家左右的兽药生产企业具备研发能力，但是真正进行研发并注册新兽药的兽药企业只有10家左右，且这些企业的研发人员整体能力水平较高。本章重点对河北远征药业有限公司、河北华邦生物科技有限公司和河北瑞晖动物药业有限公司的研发投入和人力资源等情况进行介绍。

河北远征药业有限公司将"科学技术是第一生产力"摆在首位，不断加大新产品研发的投资力度，不断提升创新能力，不仅将数百万元资金投入安全、高效的兽药产品研发中，还在一流的生产研发仪器设备上投入了大量的资金，投入研发中的资金年平均增长速度达到10%。河北华邦生物科技有限公司拥有先进的兽药生产线、饲料预混料及饲料添加剂生产线、水质改良剂生产线。员工专业素质较高，12名核心管理层人员中1名有博士学位，3名有硕士学位，6名有学士学位，生产及销售各岗位骨干也都具有大专以上学历，并在制药相关行业有丰富的实践经验，公司自成立以来注重科研投入，贯彻以"科技创新"做驱动，至今相继研发出8项实用新型专利技术，并获得国家知识产权局颁发的专利证书；2015年10月，获得河北省科技厅"河北省科技型中小企业"称号；"高新技术企业"认定工作已完成。河北瑞晖动物药业有限公司是一家集动物保健品与饲料添加剂于一体的现代化大型企业，融合研发、生产、销售为一体。公司拥有多条先进生产线，专业生产微生物水环境改良剂、消毒剂、粉剂和预混剂，并以中华千年中医药精粹为基础，研制出宠物的专科用药，针对不同的宠物量身打造专业高品质的中药宠物药品系列。公司拥有一流的研发机构团队，常年聘请高校科研专家担当公司顾问，现有研究人员16名，其中硕士3名，博士2名，研发团队大专以上学历占98%以上。

4.5.1.3 研发成果

2005年，原农业部将新兽药研发成果分为五大类，具体内容见表4-8。

表4-8　　　　　　　　　　　新兽药研发成果分类

研发成果类别	新兽药类别具体内容
第一类	我国开发的原料药及其成品制剂（包括从天然药物内提取的和经过加工合成的单一成分制剂）；我国研究开发的但国外未投入生产的药品；仅在文献中有记载的但并未进行研发的原料药及其成品制剂；新发现的中药材；中药材的新适用部位
第二类	我国研究开发的国外已批准并投入生产，但未被国家药典、兽药典或国家法定药品标准收录的原料药品及其成品制剂；天然药物内提取的有效成分及其制剂
第三类	我国研究开发的国外已批准并投入生产，且收录在国家药典、兽药典或国家法定药品标准中的原料药及其成品制剂；天然药品中已知有效单体用合成或半合成方法制取的原料药品及其成品制剂；西兽药复方制剂；中西兽药复方制剂
第四类	改变兽药产品剂型或改变给药途径的药物。新的中药制剂（包括古方、秘方、验方、改变传统处方的）；改变兽药产品剂型但不影响之前给药途径的中成药
第五类	将适应范围进行扩展的西兽药制剂和中兽药制剂

2018年，全国共注册新增兽药71种，河北省共注册新增兽药12种。其中，河北远征药业有限公司参与研发注册二类兽药4种、五类兽药1种；河北远征禾木药业有限公司参与研发注册二类兽药2种、五类兽药1种；河北科星药业有限公司参与研发注册二类兽药2种；河北精中生物科技有限公司、河北天象生物药业有限公司、保定阳光本草药业有限公司、保定冀中生物科技有限公司合作参与研发注册二类兽药1种；河北威远动物药业有限公司、保定市冀农动物药业有限公司、河北正合生物制药有限公司、河北农业大学、保定市金诺兽药研究所合作参与研发注册三类兽药1种。

2019年，全国共注册新增兽药71种，河北省共注册新增兽药8种。其中，河北农业大学参与研发注册三类兽药2种；河北远征药业有限公司参与研发注册三类、五类兽药各1种；保定冀中生物科技有限公司、河北普德动物药业有限公司共同参与研发注册三类、四类兽药各1种；河北远征禾木药业有限公司参与研发注册二类兽药1种；保定阳光本草药业有限公司、保定冀中药业有限公司、河北锦坤动物药业有限公司、石家庄石牧动物药业有限公司、河北好施德生物科技有限公司、瑞普（保定）生物药业有限公司共同参与研发注册三类兽药1种。

2020年，全国共注册新增兽药70种，河北省共注册新增兽药15种。其中，河北远征药业有限公司参与研发注册二类、三类、四类、五类兽药各1种；保定冀中生物科技有限公司参与研发注册二类兽药2种，四类、五类兽药各1种；保定冀中药业有限公司、保定九孚生化有限公司参与研发注册二类兽药2种；河北远征禾木药业有限公司参与研发注册三类兽药2种；河北天象生物药业有限公司参与研发注册二类兽药1种；河北农业大学、瑞普（保定）生物药业有限公司、石家庄市金元康牧药业有限公司合作参与研发注册三类兽药1种；河北科星药业有限公司参与研发注册四类兽药1种。

2021年（截至9月26日），全国共注册新增兽药63种，河北省共注册8种。其中，瑞普（保定）生物药业有限公司参与研发注册一类兽药1种，三类兽药1种；河北远征禾木药业有限公司参与研发注册二类兽药2种，三类兽药1种；河北远征药业有限公司、河北威远动物药业有限公司、保定九孚生化有限公司参与研发注册二类兽药2种；保定冀中生物科技有限公司参与研发注册二类兽药1种。2018~2021年河北省新兽药注册情况见表4-9。

表4-9　　　　　2018~2021年河北省新兽药注册情况

年份	研究成果类别				
	一类	二类	三类	四类	五类
2018		9	1		2
2019	1	5		1	1
2020		6	4	3	2
2021	1	5	2		

注：2021年统计截至9月26日。
资料来源：中国兽医协会网站。

4.5.2　生产现状分析

4.5.2.1　生产企业

（1）企业情况。

2005年是我国兽药GMP强制实施前过渡期的最后一年，对兽药生产企业而言是至关重要的一年。河北省兽药生产企业经历了一场大规模调整，综合实力较差的企业遭到淘汰或被合并。截至 2016 年 8 月，河北省兽药企业拥有中国驰名商标 2 个，河北省著名商标 16 个；有 8 家企业进入全国兽药行业 50 强，3 家企业先后在主板和创业板上市。根据国家兽药基础数据库，河北省 2017 年共有 141 家兽药企业；2018～2019 年，取消了 9 家（主要是由于兽药生产许可证过期或已注销），新增 13 家；2019 年河北省共有 145 家兽药企业。河北省兽药生产企业分布数量排名前三位的城市分别是石家庄、邢台和保定。石家庄市有 88 家兽药生产企业。有 6 个城市仅有 5 家或 5 家以下兽药生产企业，分别是承德、廊坊、唐山、邯郸、秦皇岛和张家口。

依据兽药产品类型的不同对兽药生产企业进行分类，分为生药企业和化药企业。调研得知，河北省仅有 2 家生药企业，分别是唐山怡安生物工程有限公司和瑞普（保定）生物药业有限公司，其余兽药生产企业均为化药企业。依照加工方式的不同可将兽药生产企业分为原料药企业和制剂企业，在原料药企业中，大型兽药生产企业有 5 个，在制剂企业中，大型兽药生产企业有 16 个。不同企业类型数量分布见表 4–10。

表 4–10 不同企业类型数量分布 单位：个

分类方法	企业类型	企业数量	大型企业数量
产品类型	生药企业	2	2
	化药企业	141	18
加工方式	原料药企业	5	5
	制剂企业	138	16

资料来源：笔者根据调研数据整理所得。

（2）从业人员情况。

通过调研得知，截至 2016 年底，河北兽药生产企业从业人员总人数约 17 000 人，其中大型兽药企业平均从业人员人数 300～500 人，小型兽药生产企业平均从业人数在 100 人左右，且最少不低于 30 人。通过对调研数据进行整理，得出兽药生产企业从业人员学历情况占比（见图 4–3）。

4.5.2.2 产品类型

根据兽药产品剂型的不同进行分类，兽药产品大致分为粉剂、散剂、预混剂等。依据兽药产品的成效进行分类，分为抗微生物类药品、慢性疫情用药、急性传染病疫情用药等。根据用药动物的不同进行分类，可将兽药产品分为普通畜禽

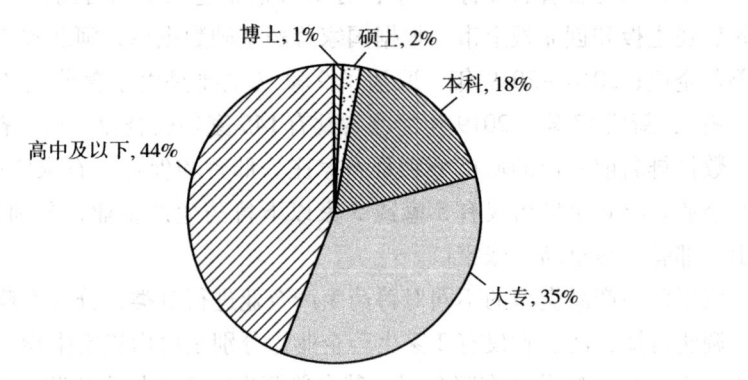

药品、大型养殖动物药品、观赏类动物药品和家庭宠物药品等。

图4-3 兽药从业人员学历情况

资料来源：笔者根据调研数据整理所得。

（饼图数据：博士 1%，硕士 2%，本科 18%，大专 35%，高中及以下 44%）

河北省兽药产品类型一直比较少。一方面，河北省兽药剂型比较单一，生物制药品主要由活疫苗和灭活疫苗构成，缺乏抗血清药品和诊断试剂。化学药品中最多的是制作工艺简单的散剂、粉剂、预混剂、口服剂溶液和消毒剂（液体）等（具体数据见表4-11），且大部分都是用来治疗的抗微生物类药物，慢性疫病和预防性疫病的兽药产品较少，缺乏富含技术含量的兽药剂型。另一方面，通过调研得知，由于河北省是畜牧养殖大省，所以大部分兽药产品都是针对畜牧业中诸如猪、牛、羊、鸡、鸭等动物，针对水产品和家庭宠物的兽药相对较少。

表4-11　　　　河北省兽药生产企业主要产品类型

类型	数量（个）	剂型比例（%）	企业比例（%）
预混剂	140	16.17	87.80
粉剂	138	15.84	86.50
散剂	135	15.58	84.41
消毒剂（液体）	83	8.58	58.04
口服溶液剂	82	8.47	57.34
最终灭菌小容量注射剂	44	5.08	30.77
颗粒剂	41	4.73	28.67
片剂	35	4.04	24.48
最终灭菌大容量注射剂	25	2.88	17.48
非无菌原料药	21	2.42	14.68

续表

类型	数量（个）	剂型比例（%）	企业比例（%）
消毒剂（固体）	15	1.73	10.48
粉针剂	14	1.62	8.78
子宫注入剂	6	0.68	4.20
乳房注入剂	6	0.68	4.20
非最终灭菌大容量注射剂	3	0.35	2.10
非最终灭菌小容量注射剂	2	0.23	1.40
细胞毒灭活疫苗	2	0.23	1.40
细菌活疫苗	1	0.12	0.70

资料来源：国家兽药基础数据查询系统。

4.5.2.3 兽药质量

兽药质量是对兽药产品性能的评定标准，兽药质量仅分为合格、不合格、假兽药等，并无等级之分。在我国，只有具备生产许可证并取得产品文号的兽药生产企业，在符合生产条件下生产出的达到质量标准的兽药才是合格兽药，其余均为不合格兽药或假兽药。为了打击生产假劣兽药的违法企业，农业农村部每年都会多次举办假劣兽药查处行动和定期开展兽药监督抽检工作。农业农村部对兽药的监督抽检主要包括化药监督抽检和生药监督抽检。化药监督抽检结论分为合格、不合格和假兽药三种，根据国家兽药基础数据查询系统，2016~2021年（截至9月26日）全国和河北省化药监督抽检结果中不合格兽药数量如表4-12所示，2020年以后河北省兽药质量把关成效显著。此外，2016年河北省出现42种假兽药，2017年出现11种假兽药，但国家兽药基础数据查询系统显示河北省所有假兽药均是"企业回函确认非该企业产品"，这说明河北省兽药企业存在被盗名生产的现象，河北省应加大对非法盗名生产的打击力度，兽药企业也要加大品牌保护力度。生药监督抽检结论分为合格和不合格，根据国家兽药基础数据查询系统统计结果显示，河北省2016年以来无不合格兽药。

表4-12　2016~2021年全国及河北省兽药化药监督抽检不合格兽药数量　单位：种

年份	全国	河北省
2016	497	20
2017	457	23

续表

年份	全国	河北省
2018	385	13
2019	252	18
2020	200	6
2021	110	5

注：2021 年数据截至 9 月 26 日。
资料来源：国家兽药基础数据查询系统。

4.5.3 销售现状分析

4.5.3.1 兽药生产企业销售情况

调研得知，2015 年河北省兽药生产企业销售总额达到 35 亿元，其中仅河北远征药业有限公司的销售额就超过 3 亿元。平均每个兽药生产企业的销售额为 2 500 万元，与 2005 年相比销售额提高了 1 倍左右。其中，年销售额 5 000 万元以上的企业达 30 多家，销售额达到亿元企业有 8 家。不同兽药生产企业规模的年销售额占比情况见表 4-13。

表 4-13　　　　　　2015 年河北省兽药企业销售额占比情况

兽药生产企业规模	年销售额	占比（%）
大中型	5 000 万元以上	20
中小型	1 000 万~5 000 万元	50
小型	1 000 万元以下	30

资料来源：笔者根据调研数据整理所得。

4.5.3.2 销售模式

截至 2015 年底，河北省兽药经营企业数量为 3 187 家，其中大多为非规模兽药企业，形成规模的兽药企业占比少。本章对规模兽药企业和非规模兽药企业的销售模式进行研究。规模兽药企业销售模式以瑞普（保定）生物药业有限公司和河北远征药业有限公司为例，非规模兽药企业以行唐县的兽药经营企业为例。

（1）规模兽药企业销售模式。

瑞普（保定）生物药业有限公司具备一个高水平销售团队，该团队拥有 30 名以上兼备高学历和高销售能力的人才。该公司销售模式主要有三类：第一类是政府招标采购模式，即将政府强制性免疫类兽用生物药品直接销售给省级兽医防疫站；第二类是大客户直销模式，是将兽药产品直接销售给规模养殖企业和大型养殖场等，不通过代理商等中间环节，能保障其产品质量；第三类是 B2C 模式（企业对终端消费者），是将兽药产品通过网络平台让消费者自主购买。该公司在全国 21 个省份的省级政府招标采购活动中中标，同 743 家大型养殖企业保持长期合作，一级经销客户数量达 2 200 家，二级客户数量有 6 400 多家，销售范围覆盖率高，在中国 500 多个畜牧养殖大县都有二级客户。

河北远征药业有限公司董事长表示，现在兽药销售渠道在不断减少，本企业主要的销售渠道是养殖企业和大型养殖场。公司以快捷高效的物流服务机制促进企业营销网络的建设，采取整合营销的理念，为客户带来更加优质的服务。远征药业的销售模式主要是 B2C 模式、终端营销模式和展销会模式，该公司还拥有一支由数百名优秀工作人员组成的专业技术服务队，销售和服务网点覆盖了全国约 1 000 个县。

（2）非规模兽药企业销售模式。

兽药经营企业准入门槛要求低，从业人员数量多，从业人员专业水平也不尽相同，夫妻店和三五人合伙开店等小微型兽药经营企业仍占据一定比例。在了解全省的情况下，重点调研了河北省石家庄市行唐县的小型兽药经营企业，共走访了 15 个小型兽药经营企业，如建东禽业、兴唐兽药门诊、王兰群中兽药门诊等。通过对调查结果整理，分析出这些小型兽药经营企业主要采取两种销售模式：一种是代理商模式，即经营者从上级厂家拿药，直接在门店进行售卖；另一种是推销模式，即有专门的经营人员到养殖场进行兽药推销，且不管采取哪种销售模式都必须经过兽药处方和非处方两种渠道进行销售。

4.5.3.3　品牌营销

近年来，河北省养殖业发展迅速，规模化、标准化养殖模式已逐渐成为行业发展趋势，兽药行业已进入品牌化时代，这就要求兽药企业为养殖者提供更加稳定、高效的兽药产品和优质的服务。

河北远征药业有限公司就是以服务来创品牌的成功案例。2008 年，"远征"商标成为兽药行业首个被国家工商总局认定的"中国驰名商标"，远征药业的知名度随之提高。该企业在发展的同时一直秉承"以服务促销售，以诚信树品牌"

的经营作风，逐渐形成以养殖集团和大规模养殖场为中心，建立现代化营销体系，以品牌优势带动产品销售，以创新体制和战略为出发点，打造出具有自身特色的营销之路。河北远征药业有限公司在产品的售后服务上投入了巨大的资金和人力，为拓宽兽药产品的销路，工作人员深入养殖场，在为消费者提供兽医技术服务的基础上，推销本企业兽药产品，还委托经营者在当地为客户提供问询服务。通过将专业的养殖技术送到养殖者家门口的经营理念，以诚信营销获取所有客户的支持与信赖的发展战略，成功打造了远征的品牌。依靠强大的品牌实力，远征公司在兽药行业的竞争中博了广大客户的目光，吸引养殖企业到远征公司进行实地考察和参观，并与大量养殖企业建立了长期稳定的合作伙伴关系。而大部分中小型兽药企业没有打造自身品牌的意识，仅对市场上已有的兽药产品和品种进行大量的仿制生产以获取利润，不去思考如何将企业推向行业领军队伍中去。

4.5.3.4 市场监管

调研得知，生药企业的监管由省级监管部门统一负责，化药企业的监管由市级和县级监管部门负责对摊点进行验收和监管。河北省农业厅畜牧兽医系统于2015年组织了兽用抗菌药专项整治行动、产品标签说明书规范专项执法检查行动和监督执法规范行动，取缔和注销动物诊疗机构74家。全省共查办案件387件，对河北省270个各类违法案件进行了通报。在全省范围内开展了对兽药产品进行监督检查的行动，本次行动共计调研了53个县（市、区）的727个单位，下发检查反馈表477份。河北省在落实兽药企业驻场监管员或定点联系制度中，不能做到纵向到底、横向到边。在发现、查处发生在监管各环节的违法案件上，存在有案不报、有案不查，甚至在暗中为违法者通风报信等现象。河北省各地方的兽药生产企业、兽药经营企业打着推销的旗号，直接向养殖者、乡村兽医销售兽药的情况日益增多，还有兽药销售人员利用互联网的便利性贩卖兽药，繁杂的兽药销售形式，给兽药监管部门查处增加了难度。

4.5.3.5 基层兽医服务情况

2016年12月，通过走访河北农业大学动物科学院的两名兽药专业方面的教授得知，目前河北省大部分小规模养殖场（户）缺乏专业兽药技术人员，部分养殖者以价格作为进购兽药的标准，不懂兽药购买和使用知识，加上乡镇兽医站没有执法权限，基层兽医服务工作落实不到位，造成市场上仍旧存在假劣兽药的现象。通过对河北省农业厅调研数据整理得知,截至 2015 年底,河北省已取得执业兽医师资格 2 611 人、执业助理兽医师资格 2 207 人、注册执业兽医师 1 250 人、备案人员 186 人。按照要求配置,河北省实际缺执业兽医师 20 000 人左右,河北省动物防疫队伍人员情况见表 4-14。

表 4-14　河北省 2015 年动物防疫队伍人员（县、乡镇级）情况统计　　单位：人

类别	机构名称	人员总数	学历情况				年龄结构			
			研究生	本科	大专	其他	30 岁以下	30~40 岁	40~50 岁	50 岁以上
县级	动物卫生监督所	1 871	15	636	828	382	180	784	768	228
	动物疫病预防控制中心	1 540	23	422	780	305	80	568	670	212
乡镇	基层动物防疫站	5 255	13	887	2 818	1 526	223	2 110	1 882	840

资料来源：笔者根据调研数据整理所得。

4.6　河北省养殖场（户）兽药购买行为分析

4.6.1　调查问卷的总体设计

4.6.1.1　调查问卷的对象

近年来,针对河北省养殖场（户）兽药购买及评价等情况进行了"河北省养殖业兽药及疫病防治问卷调查",根据河北省各市畜牧业发展情况,确定了河北省 7 个市的 20 个养殖大县中的 200 个养殖场（户）为调查对象,根据本项调研的研究目的和对调查对象的大致分析,设计了此次的调查问卷。

4.6.1.2 调查问卷的样本量及方法

根据前期对样本量的大致估计,共计发放了 200 份调查问卷。调查问卷的发放地区是通过随机抽样的方式来确定的,旨在保障调查问卷结果的真实客观、普遍可比。共收回 188 份问卷,去掉其中回答不完整、答案混乱等 16 份无效问卷,一共有 172 份具有研究意义的调查问卷,以此作为本研究中的数据资料。

4.6.1.3 调查问卷的内容结构

本调查问卷在内容上可分为四大部分。第一部分为对养殖者基本情况的统计,主要目的在于收集调查对象年龄、文化程度、主要养殖类型和被调查者所处县(乡)的畜牧业发展情况,共计 7 题;第二部分为养殖者的养殖基本情况,主要目的在于了解调查对象的养殖规模、经营模式和现阶段面临的最大的问题,共计 15 题;第三部分是对调查对象的兽药购买情况进行统计,主要目的在于了解影响养殖者兽药购买决策行为的因素、养殖者购买兽药产品时最注重的内容、年龄、文化程度和养殖经验丰富程度对注重内容的影响、年龄和文化程度对兽药信息获取途径的影响、养殖者购买兽药时是否注意经营企业符不符合经营要求及购买兽药时厂家是否提供售后服务等,共计 22 题;第四部分是对动物疫病的防治情况进行统计,重点是掌握调查对象对疫病防治的处理情况和调查对象对疫病防治问题的对策建议,共计 22 题。

4.6.2 统计分析

4.6.2.1 兽药购买的影响因素

(1)购买兽药时注重的内容。

通过对 172 份问卷进行研究,分析出养殖者在购买兽药产品时注重质量因素的有 88 人,占比 51%;注重价格因素的有 52 人,占比 30%;注重品牌的有 17 人,占比 10%;注重售后服务的有 15 人,占比 9%(见图 4-4)。81% 的养殖者在购买兽药时最注重产品的质量和价格,注重价格的人越多,违法经营者越会利用养殖者对低价格产品有好感的心理,贩卖假劣兽药给他们,使养殖者产生经济损失。

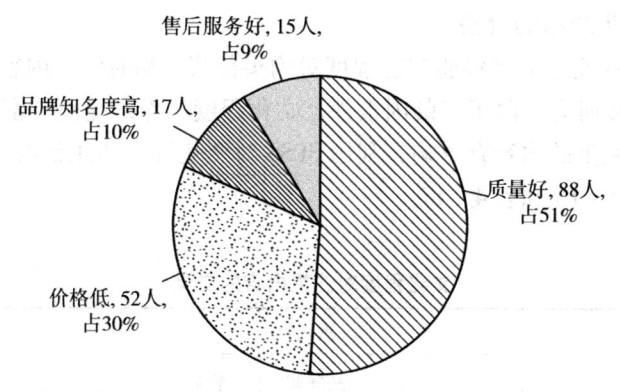

图 4-4　养殖户购买兽药注重内容

资料来源：笔者根据调研数据整理所得。

（2）年龄对购买兽药产品时注重内容的影响。

为了研究年龄是否会对购买兽药产品时注重的内容，如质量、价格、品牌、售后服务等因素造成影响，利用 SPSS 软件对此进行分析，并做出交叉表（见表 4-15）。

表 4-15　　　　　　　　　　年龄对注重内容的交叉

项目		注重内容					Pearson 卡方	
		质量好	价格低	品牌知名度高	售后服务好	合计	值	渐进 sig.（双侧）
年龄	20 岁及以下	5	1	1	2	9	35.322	0.002
	21~30 岁	5	0	1	1	7		
	31~40 岁	14	3	1	2	20		
	41~50 岁	56	24	8	8	96		
	51~60 岁	8	21	5	1	35		
	61 岁及以上	1	4	0	0	5		
	合计	89	53	16	14	172		

Pearson 卡方检验的值为 35.322，其对应伴随概率值为 0.002，小于 0.05，拒绝原假设，认为年龄对购买兽药产品注重因素有显著性影响。年龄在 20 岁以下、21~30 岁、31~40 岁、41~50 岁之间的养殖者在购买兽药时更注重产品的质量是否过关。年龄在 51~60 岁之间和 61 岁及以上的养殖者在购买兽药

时，更注重兽药产品的价格。

(3) 文化程度、养殖经验丰富程度对购买兽药产品时注重内容的影响。

为了进一步研究，除了年龄因素外，文化程度、养殖经验丰富程度是否对购买兽药产品时注重的内容有影响，利用 SPSS 对文化程度和注重内容做出交叉表，输出结果见表 4-16 和表 4-17。

表 4-16　　　　　　　　　　文化程度对注重内容的交叉

项目		注重内容					Pearson 卡方	
		质量好	价格低	品牌知名度高	售后服务好	合计	值	渐进 sig.（双侧）
文化程度	无学历	3	12	1	1	17	34.560	0.001
	小学	52	20	6	7	85		
	初中	20	20	10	6	56		
	高中或中专	11	0	0	1	12		
	大学或大专	2	0	0	0	2		
	研究生及以上	0	0	0	0	0		
	合计	88	52	17	15	172		

表 4-17　　　　　　　　养殖经验丰富程度对注重内容的交叉

项目		注重内容					Pearson 卡方	
		质量好	价格低	品牌知名度高	售后服务好	合计	值	渐进 sig.（双侧）
养殖经验丰富程度	经验丰富	49	8	6	5	68	22.654	0.000
	一般	39	44	11	10	104		
	无经验	0	0	0	0	0		
	合计	88	52	17	15	172		

Pearson 卡方检验的值为 34.560，其对应伴随概率值为 0.001，小于 0.05，拒绝原假设，认为文化程度对购买兽药产品注重因素有显著性影响。无学历的养殖者在购买兽药产品时更注重兽药产品的价格。购买兽药产品时更注重价格的养殖者还有文化程度是小学及以下和初中的养殖者。

Pearson 卡方检验的值为 22.654，其对应伴随概率值为 0.000，小于 0.05，拒绝原假设,认为养殖经验丰富程度对养殖者购买兽药产品注重因素有显著性影响。养殖经验丰富的养殖者,大多在购买兽药时最注重兽药产品的高质量。大多数养殖经验丰富程度一般的养殖者在购买兽药时,更侧重于购买价格低的兽药产品。

(4) 产品宣传力度对购买的影响。

在调查养殖者"您是否会购买宣传力度大的兽药"时,如表4-18所示,有104名养殖者表明会购买宣传力度大的兽药产品,占总体比例的60.47%;有68名养殖者回答不会,占总体比例的39.53%。所以越多的养殖者购买宣传力度大的兽药产品,越能督促兽药企业自身做好宣传服务工作和品牌建设工作。

表4-18   是否会购买宣传力度大的兽药

编号	是否会购买宣传力度大的兽药	人数(人)	占比(%)
1	会	104	60.47
2	不会	68	39.53

资料来源:笔者根据调研数据整理所得。

(5) 购买兽药时注意兽药经营企业规范情况。

由表4-19可知,绝大多数养殖者在购买兽药时不会注意经营企业是否符合经营规范,是否有兽药经营许可证,所以在偏远山区存在不符合经营规范的兽药经营企业依旧能经营的现象,而不符合经营规范,如环境不达标、存放不合理等问题,都会对兽药质量产生影响,从而损害养殖者切身利益。

表4-19   购买兽药时是否会注意经营企业是否符合经营规范

编号	是否会注意经营企业有无经营许可证等	人数(人)	占比(%)
1	会	39	22.67
2	不会	133	77.33

资料来源:笔者根据调研数据整理所得。

4.6.2.2 假劣兽药销售

(1) 购买假劣兽药情况。

通过172份调查问卷对是否购买过假劣兽药的情况进行调查,结果如表4-20所示,有7位养殖者买到过假劣兽药,占比4.07%;有165位养殖者在接受调查时表示没有买到过假劣兽药,占比95.93%。虽然仅4.07%的养殖者表示买到过假劣兽药，但说明市场上确实还存在小部分假劣兽药。

表4-21 是否买到过假劣兽药

编号	是否购买过假劣兽药	人数（人）	占比（%）
1	有	7	4.07
2	没有	165	95.93

资料来源：笔者根据调研数据整理所得。

（2）假劣兽药打击力度。

在调查"据您了解，本县对假劣兽药的打击力度大吗"这一问题时，如表4-21所示，有13位养殖者表示兽药监管部门对假劣兽药的打击力度不大，占比7.56%，有121位养殖者表示监管部门对假劣兽药的打击力度一般，占比70.35%，其余的38位被调查者表示打击力度很大，占比22.09%。因此，兽药监管部门对假劣兽药的监管力度和打击力度还有待提升。

表4-21 对假劣兽药打击力度

编号	对假劣兽药打击力度	人数（人）	占比（%）
1	不大	13	7.56
2	一般	121	70.35
3	很大	38	22.09

资料来源：笔者根据调研数据整理所得。

4.6.2.3 兽药购买过程中的信息服务

（1）兽药企业售后服务情况。

在对养殖者调查"您对兽药企业提供售后服务的满意度"时，如图4-5所示，有34名养殖者表示对企业提供的售后服务工作满意，占比20%；有138位养殖者表示不认可兽药企业提供售后服务，占比80%，可见兽药企业的后续服务工作不到位，绝大多数养殖者对售后服务并不满意。售后服务工作落实不到位可能导致养殖者错误使用兽药而导致经济利益受损。

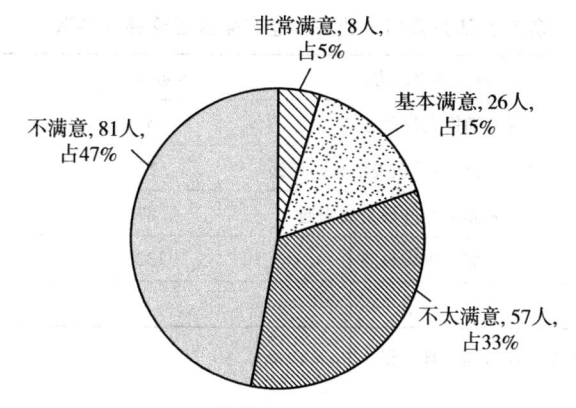

图 4-5 兽药企业售后服务满意度

资料来源：笔者根据调研数据整理所得。

（2）养殖者如何看待目前兽药广告的整体情况。

在调查养殖者如何看待目前兽药广告整体情况时，如表4-22所示，只有44位养殖者认为兽药广告真实可信，能够为兽药购买提供依据，占比25.58%，其余的128位养殖者均认为目前兽药广告整体情况不理想。因此，兽药企业要认真做好广告策划和宣传，不弄虚作假，从而取得消费者的信任。

表 4-22　　　　　养殖者如何看待目前兽药广告整体情况

编号	如何看待兽药广告	人数（人）	占比（%）
1	广告真实可信，为购买提供依据	44	25.58
2	广告鱼龙混杂，政府应加强监管	51	29.65
3	广告夸大其词，曾上当受骗	12	6.98
4	不关注兽药广告	38	22.09
5	说不清楚	27	15.70

资料来源：笔者根据调研数据整理所得。

（3）养殖者认为兽药企业应在哪些方面进行改善。

通过表4-23可知，132位养殖者认为兽药企业应在售后服务方面进行改善，占比76.74%，说明大部分养殖者希望兽药企业加强售后服务工作。希望企业加强兽药新产品等相关信息传递工作和多深入养殖场进行交流沟通的养殖者约占一半，说明兽药企业应选聘经验丰富的工作人员深入养殖场并提供优质的售后服务。

表4-23 养殖者认为兽药企业在哪些方面需要改善（多选）

编号	需要改善的方面	人数（人）	占比（%）
1	提升销售人员业务能力	57	33.14
2	加强兽药新产品等相关信息的传递	85	48.42
3	多深入养殖场进行交流沟通	87	56.40
4	加强售后服务	132	76.74
5	其他	7	4.07

资料来源：笔者根据调研数据整理所得。

（4）养殖者购买兽药之前的兽药信息获取途径。

通过对调查问卷中"当您打算购买兽药时，从哪里获取兽药的相关信息"分析，如表4-24所示，有80名养殖者是从其他养殖户处获得兽药信息，占比46.51%；有48位养殖者从养殖合作社处获得相关信息，占比27.91%；从基层兽医公共服务人员处、报纸和互联网上获取兽药信息的养殖者总人数为44人，占比25.58%。由此分析出，养殖者的兽药信息获得途径单一，大多通过其他养殖户和养殖合作社获取兽药市场信息，说明基层兽医公共服务人员的工作落实不到位，以致大多数养殖者不能及时掌握兽药信息；养殖者中利用网络等平台了解兽药知识的人过少，信息闭塞，不善于利用互联网平台。

表4-24 养殖者兽药信息的获取途径

编号	获取途径	人数（人）	占比（%）
1	养殖合作社	48	27.91
2	其他养殖户	80	46.51
3	基层兽医公共服务人员	19	11.05
4	报纸	11	6.39
5	互联网	14	8.14

资料来源：笔者根据调研数据整理所得。

（5）年龄对购买兽药前兽药信息获取途径的影响。

如表4-25所示，年龄对兽药信息获取途径影响的交叉分析，Pearson卡方检验的值为67.838，其对应伴随概率值为0.000，小于0.05，拒绝原假设，认为年龄对购买兽药前获取兽药信息的途径有显著性影响。总体情况是年龄在40岁以下的养殖者主要获取途径是互联网、基层兽医公共服务人员处，年龄在41岁以上的养殖者主要是从其他养殖户和养殖合作社处了解兽药相关信息。

表 4-25　　　　　年龄对兽药信息获取途径影响的交叉

项目		兽药信息获取途径						Pearson 卡方	
		养殖合作社	其他养殖户	基层兽医公共服务人员	报纸	互联网	合计	值	渐进 sig.（双侧）
年龄	20 岁及以下	1	2	1	0	5	9	67.838	0.000
	21~30 岁	1	0	2	2	2	7		
	31~40 岁	4	4	5	3	4	20		
	41~50 岁	32	52	7	3	2	96		
	51~60 岁	10	18	3	3	1	35		
	61 岁及以上	2	3	0	0	0	5		
	合计	50	79	18	11	14	172		

（6）文化程度对购买兽药前兽药信息获取途径的影响。

如表 4-26 所示，文化程度对兽药信息获取途径的交叉分析，Pearson 卡方检验的值为 48.508，其对应伴随概率值为 0.000，小于 0.05，拒绝原假设，认为文化程度对兽药购买前获取兽药的途径有显著性影响。受教育程度低的养殖者在

表 4-26　　　　　文化程度对兽药信息获取途径影响的交叉

项目		兽药信息获取途径						Pearson 卡方	
		养殖合作社	其他养殖户	基层兽医公共服务人员	报纸	互联网	合计	值	渐进 sig.（双侧）
文化程度	无学历	3	4	6	2	2	17	48.508	0.000
	小学	25	48	7	1	4	85		
	初中	19	25	4	5	3	56		
	高中或中专	2	2	2	2	4	12		
	大学或大专	0	0	0	1	1	2		
	研究生及以上	0	0	0	0	0	0		
	合计	49	79	19	11	14	172		

购买兽药之前主要通过其他养殖户和养殖合作社处获取兽药信息，而不是通过基层兽医公共服务人员、报纸和互联网来获取兽药信息。说明文化程度低的养殖者不善于利用互联网平台获取兽药信息，消息闭塞。

4.6.2.4 养殖者兽药购买决策过程影响因素的实证分析

为了了解养殖者购买兽药决策过程的影响因素，从而为兽药企业提出可行性对策建议，本章将养殖者年龄、养殖者文化程度、养殖经验丰富程度、兽药价格、产品质量、使用效果、宣传力度、产品口碑、售后服务、品牌知名度和兽药动态信息获取程度这 11 个指标选取为自变量，通过实证分析研究各类综合指标对兽药购买决策过程的影响程度。

本章利用 SPSS21.0 对数据进行因子分析。

（1）可行性检验。

相关矩阵如表 4-27 所示。

表 4-27　　　　　　　　　　　相关矩阵

	项目	养殖者年龄	养殖者文化程度	养殖经验丰富程度	产品价格	产品质量	使用效果	宣传力度	产品口碑	售后服务	品牌力量	兽药动态信息获取程度
相关	养殖者年龄	1.000	0.844	0.828	-0.031	0.021	0.388	0.067	0.312	0.304	0.343	0.821
	养殖者文化程度	0.844	1.000	0.886	0.020	0.024	0.400	0.120	0.347	0.310	0.332	0.845
	养殖经验丰富程度	0.828	0.886	1.000	0.038	0.023	0.421	0.110	0.344	0.313	0.330	0.830
	产品价格	-0.031	0.020	0.038	1.000	-0.025	0.037	0.850	-0.044	0.028	-0.011	0.068
	产品质量	0.021	0.024	0.023	-0.025	1.000	0.310	-0.037	0.388	0.442	0.432	0.002
	使用效果	0.388	0.400	0.421	0.037	0.310	1.000	0.047	0.748	0.781	0.768	0.357
	宣传力度	0.067	0.120	0.110	0.850	-0.037	0.047	1.000	-0.007	0.014	-0.003	0.167
	产品口碑	0.312	0.347	0.344	-0.044	0.388	0.748	-0.007	1.000	0.824	0.860	0.304
	售后服务	0.304	0.310	0.313	0.028	0.442	0.781	0.014	0.824	1.000	0.830	0.273
	品牌知名度	0.343	0.332	0.330	-0.011	0.432	0.768	-0.003	0.860	0.830	1.000	0.273
	兽药动态信息获取程度	0.821	0.845	0.830	0.068	0.002	0.357	0.167	0.304	0.273	0.273	1.000

KMO 和 Bartlett 检验如表 4-28 所示。

表 4-28　　　　　　　　　　KMO 和 Bartlett 的检验

KMO 度量		0.788
Bartlett 球形度检验	近似卡方	2 268.871
	df	55
	sig.	0.000

在实际分析中，当 KMO 统计量达到 0.7 以上时，表示因子分析的效果较好，在表 4-28 中，KMO 度量值为 0.788，大于 0.7，因此比较适合做因子分析。Bartlett 球形度检验的原假设相关系数矩阵为单位阵，在 1% 的显著水平下进行检验，若 P 值小于 0.05，则表示拒绝相关矩阵为单位矩阵的原假设，即变量之间存在相关关系。表 4-28 中 Bartlett 球形度检验的 P 值为 0.000，小于 0.05，拒绝原假设，表明适合做因子分析。

（2）提取公因子。

表 4-29 给出了每个变量共同度的结果。该表左侧表示每个变量可被所有因素解释的方差，右侧表示变量的共同度。从表 4-29 中能够分析出，因子分析的变量共同度都很高，说明变量中大部分信息均能够被因子所体现，即该因子分析的结果是有效的。

表 4-29　　　　　　　　　　公因子方差

项目	初始	提取
养殖者年龄	1.000	0.826
养殖者文化程度	1.000	0.866
养殖经验丰富程度	1.000	0.852
产品价格	1.000	0.828
产品质量	1.000	0.381
使用效果	1.000	0.754
宣传力度	1.000	0.825
产品口碑	1.000	0.834
售后服务	1.000	0.888
品牌知名度	1.000	0.807
兽药动态信息获取程度	1.000	0.828

注：提取方法为主成分分析。

通过采用主成分分析法提取公因子，所提取公因子的结果见表 4-30。以初始特征值大于 1 为提取原则，只有前三个因子的特征值大于 1，并且前三个因子的特征值解释了总方差的 84.565%，表示能够较充分地解释原始数据所代表的信息，因此，提取前三个因子作为解释影响养殖者购买兽药决策过程因素的主因子。

表 4-30　　　　　　　　　　解释的总方差

成分	初始特征值			提取平方和载入			旋转平方和载入		
	合计	方差的百分比（%）	累积（%）	合计	方差的百分比（%）	累积（%）	合计	方差的百分比（%）	累积（%）
1	5.002	45.477	45.477	5.002	45.477	45.477	3.818	34.707	34.707
2	2.481	22.558	68.035	2.481	22.558	68.035	3.624	32.846	67.654
3	1.818	16.530	84.565	1.818	16.530	84.565	1.860	16.811	84.565
4	0.722	6.564	81.128						
5	0.270	2.458	83.587						
6	0.236	2.148	85.735						
7	0.180	1.726	87.461						
8	0.132	1.200	88.661						
9	0.083	0.751	88.413						
10	0.054	0.483	88.806						
11	0.010	0.084	100.000						

注：提取方法为主成分分析。

从图 4-6 可以看出前三个因子都处于非常陡峭的斜率上，而从第四个因子开始斜率变平缓，因此选择前三个因子作为主因子。

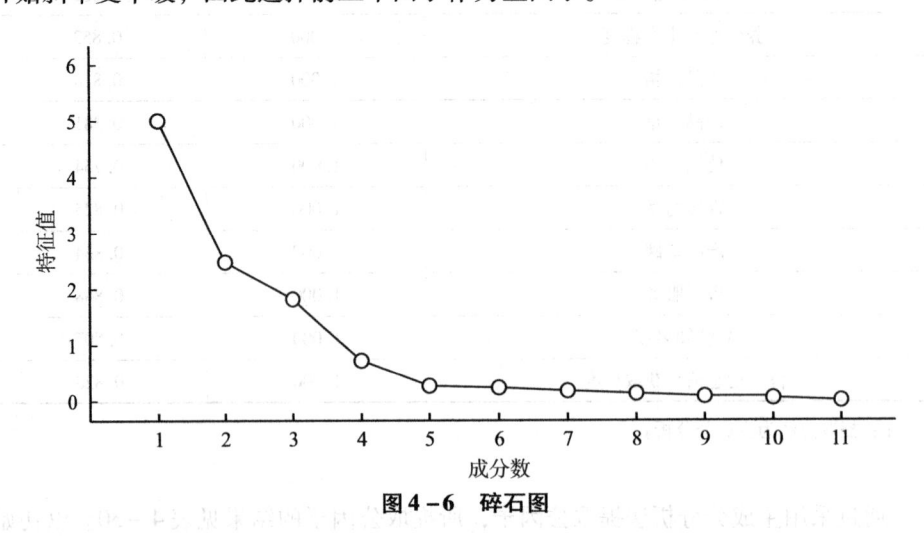

图 4-6　碎石图

(3) 因子旋转。

成分矩阵如表 4-31 所示。

表 4-31　　　　　　　　　　　成分矩阵

项目	成分		
	1	2	3
养殖者年龄	0.763	0.461	-0.173
养殖者文化程度	0.818	0.528	-0.132
养殖经验丰富程度	0.816	0.521	-0.124
产品价格	0.043	0.208	0.840
产品质量	0.317	-0.525	0.072
使用效果	0.777	-0.377	0.080
宣传力度	0.108	0.285	0.812
产品口碑	0.760	-0.505	0.043
售后服务	0.763	-0.552	0.111
品牌知名度	0.777	-0.545	0.074
兽药动态信息获取程度	0.777	0.564	-0.084

注：提取方法为主成分分析。

由于初步成分矩阵结构较为复杂，各个公因子中的显著变量代表性不突出，所以会导致对公共因子中命名、意义解释等造成阻碍，系数绝对值在 0.5 以下的系数大多数情况下可以忽略。为此，通过最大方差旋转法对因子载荷矩阵进行旋转，确保代表性强的变量能够在其公共因子上具有高额载荷。旋转成分矩阵见表 4-32。

表 4-32　　　　　　　　　　　旋转成分矩阵

项目	成分		
	1	2	3
养殖者年龄	0.884	0.158	-0.025
养殖者文化程度	0.870	0.153	0.033
养殖经验丰富程度	0.862	0.158	0.038
产品价格	-0.011	0.000	0.864
产品质量	-0.123	0.604	-0.030
使用效果	0.308	0.811	0.044

续表

项目	成分		
	1	2	3
宣传力度	0.083	-0.015	0.857
产品口碑	0.221	0.885	-0.031
售后服务	0.178	0.831	0.025
品牌知名度	0.202	0.831	-0.008
兽药动态信息获取程度	0.854	0.106	0.085

注：提取方法为主成分分析，旋转在4次迭代后收敛。

分析发现，养殖者年龄、养殖者文化程度、养殖经验丰富程度和兽药动态信息获取程度在第一个因子上载荷较大，可以将第一个因子命名为养殖者获取知识能力因子；产品质量、使用效果、产品口碑、售后服务和品牌知名度在第二个因子上载荷较大，可以将第二个因子命名为兽药企业自身水平因子；产品价格和宣传力度在第三个因子上载荷较大，可以将第三个因子命名为兽药促销力度因子。

（4）因子分析结论。

上述分析表明，通过因子分析将影响养殖者兽药购买决策的因素划分为：养殖者获取知识能力因子、兽药企业自身水平因子和兽药促销力度因子。

养殖者获取知识能力因子包括养殖者年龄、文化程度、养殖经验丰富程度和兽药动态信息获取程度，方差贡献率为45.477%，对养殖者兽药购买决策过程影响较大。

兽药企业自身水平因子包括产品质量、使用效果、产品口碑、售后服务和品牌知名度，方差贡献率为22.558%，对养殖者兽药购买决策过程有一定影响。

兽药促销力度因子包括产品价格和宣传力度，方差贡献率为16.530%，对养殖者兽药购买决策过程的影响较小。

4.7 河北省兽药产销中存在的问题及对策建议

4.7.1 存在的问题

通过查阅相关资料、对调查问卷结果进行统计分析和对调研数据进行总结梳理后，从企业、养殖者和政府三方面分析兽药产销过程中存在的问题。

4.7.1.1 企业方面的主要问题

（1）研发企业数量少。

新兽药研发是一项周期长、耗资大、技术要求高、风险大的系统工程，新兽药若要研发投产，没有合理投入和科学管理充足的资金、专门的研究结构、先进的技术设备以及从事专业研究的高素质人才等几乎是不可能的。河北省 143 家兽药生产企业中具备研发能力的兽药生产企业有 80 家左右，但只有几个大型兽药企业的研发能力较强，注册的新兽药数量较多，如瑞普（保定）生物药业有限公司、河北远征药业有限公司、保定冀中药业有限公司、河北安然动物药业有限公司、保定阳光本草药业有限公司、河北天象生物药业有限公司等 10 家企业。

造成这一现象有以下几方面原因：中小型兽药生产企业过多且思想观念保守、陈旧，只注重短期利益最大化，没有对长远的发展战略进行规划，太过注重兽药产品的销售数量，而忽略了长期的兽药市场产品占有率，所以未在新产品的研发上投入大量资金。虽然部分兽药生产企业能够意识到新产品的研发对促进企业发展具有重要意义，但新产品研发需要投入的成本高，投入回报慢，产品溢价能力差，投入 10% 的资金进行研发，产品的利润只能达到 5%，而且投资具有一定的风险，因此，放弃把研发新产品放在企业发展的重要地位。绝大多数中小型兽药生产企业由于对兽药研发的投资力度小、生产研发设施落后、不具备高学历研究人员、难以组建高水平的研发团队等原因，致使研发能力落后。因此，这些企业只能对市面上已有的兽药产品进行仿制生产，导致新产品在兽药市场上占比重较小，兽药产品同质化问题严重，兽药产品剂型单一。此外，由于兽药的生产制造过程较为简单、生产兽药不需要过多的技术含量，大部分的小型兽药生产企业很难取得突破性发展。河北省兽药研发企业的数量少，直接对兽药新产品研发、新剂型研发和兽药质量的提高产生了不良影响，并成为河北省兽药行业发展的制约因素。

（2）以服务创品牌意识薄弱。

通过对养殖场（户）调查问卷的统计结果分析得知，河北省大多数兽药企业的售后服务工作落实不到位，可能导致养殖者错误使用兽药而导致经济利益受损。大型兽药生产企业大多具备自己的营销队伍，并配备售后服务技术人员，对养殖者做好售后服务工作，以更好地促进兽药销售工作的进行，促进自身企业的发展壮大。中小型兽药企业往往存在售后服务工作落实不足等现实问题，加之规模化养殖企业对中小型兽药企业的产品认可程度不高，而规模化养殖企业比重又不断增加，以及兽用处方药监管日趋严格，兽药生产准入门槛增高等外部环境因素制约了中小型兽药企业发展。

品牌建设是兽药企业发展壮大的必经之路，从长远分析，假如中小型兽药生产企业不具备品牌意识，会为今后企业发展带来危机。兽药市场的竞争愈演愈烈，尽管中小型兽药生产企业都在提高自身竞争力，但因企业成立时间短，没有良好的生产经营经验可供借鉴，企业内部管理不到位，未充分掌握先进的企业管理技术和方法，不能以科学的眼光对资金投入进行分析，致使并未达到预期的效果。

造成企业以服务创品牌意识薄弱主要有以下几方面原因：一是技术服务人员业务能力参差不齐，缺乏主动学习的意识，对新知识和新制度的掌握程度不够，欠缺实际操作能力，无法妥善解决实际工作中遇到的问题；二是企业把技术服务人员与销售人员合并，在实际工作中把销售摆在首位而忽略技术服务，甚至夸大宣传，不仅未达到售后服务的预期效果，还会给企业带来负面影响；三是技术服务人员数量不足，不能覆盖全部的销售市场，无法及时对所有消费者提供售后服务；四是技术服务团队中缺乏执业兽医师、执业助理兽医师等专业人员，因此在提供服务的过程中无法开具处方药，不能充分发挥技术服务带动销售的作用。如今，兽药销售渠道正发生着深刻的变化，技术服务如何适应销售渠道变化的需求，如何提高技术服务人员的售后服务效率，为客户提供最大限度的增值服务，是兽药生产企业亟须解决的问题，这些因素也在兽药生产企业自身品牌的建设中占据重要地位。

4.7.1.2 养殖者方面的主要问题

（1）非规模养殖者思想落后。

河北省养殖业以非规模养殖为主。非规模养殖者由于养殖方式、免疫理念等相对落后，一直是养殖疾病防控与管理的难点。通过对调查问卷结果进行分析得知，河北省农村养殖者的兽药购买、使用依据大多来自其他养殖户，甚至还有养殖者凭借自身经验进行用药，所以部分养殖者在兽药购买、使用方面具有很大的盲目性。近一半的养殖者认为兽药企业应在加强兽药新产品等相关信息传递，说明许多养殖者对兽药信息了解不及时。此外，大部分养殖者消息闭塞，不善于利用互联网等平台获取兽药信息。

非规模养殖者思想落后主要是由于历史原因，大部分养殖场分布在偏远的农村地区，且河北省养殖者收入与整体素质水平普遍偏低，这就导致养殖者无力购买计算机、智能手机等新型电子产品。同时，非规模养殖者对信息化在农业发展中的重要意义尚无科学的认识，缺乏汲取科技的主动性，在很大程度上影响了河北省兽药信息的普及。文化水平低下直接限制了非规模养殖者对信息技术和网络知识的学习能力，还限制了其对信息的有效分析理解、加工运用能力的发挥，最终影响了养殖者对信息技术的应用。河北省农村经济发展迅速，农民生活有很大改善，但农民的综合素质仍然较低。农民主要通过电视、收音机等传统途径获取信息，对信息资源的利用缺乏积极性，造成兽药信息的传播效率低。

（2）对非规模养殖者专业指导服务不足。

通过对调查问卷统计结果分析可知，河北省基层兽医公共服务供给不能满足养殖者的需求。由于养殖场（户）数量众多，专业兽医人员或基层兽医公共服务人员无法兼顾各养殖场（户）的养殖过程。养殖者不能从基层兽医公共服务人员处获得兽药购买、兽药使用等专业的兽医指导服务，而养殖户一般不精通用药常识或兽医知识，在兽药的选择上缺乏理论认识和科学指导，在畜禽染病时往往购买便宜的兽药来进行治疗，但由于兽药产品市场存在系列问题，便宜的兽药多为假药或不合格药品，延误畜禽疾病的治疗。非规模养殖户除了缺乏执业兽医或专业技术人员的指导，也缺乏科学用药的必备知识与技术，仅凭养殖经验盲目用药、随意配药，而不注意药物的配伍禁忌，加大了用药风险和药残水平。此外，河北省缺少大量执业兽医师也是造成对非规模养殖者专业指导服务不足的原因之一。

通过调研得知，基层兽医公共服务人员（基层站工作人员、村级防疫员）面临经费少、工作量大、工作环境较差等问题，工作积极性有待提高。由于工作经费不足和人力资源短缺等实际困难，很多动物防疫工作不能高质高效地完成。此外，基层兽医社会化服务人员存在学历不高、年龄大和业务水平低等问题。基层兽医服务机构在管理中存在不规范的地方。由于基层从事动物诊疗活动的人员专业素质相对偏低，尤其乡村兽医，往往学历层次低，没有受过系统的专业教育，主要凭借经验和传统方式进行治疗，用药效果得不到保障，甚至还有的乡村兽医擅自扩大处方用药，致使养殖者产生经济损失。多数养殖龙头企业都具备兽医技术服务团队，但大多仅对本企业提供服务，不对外进行技术指导，导致社会效益不高。而动物诊疗机构等发展不成熟，不具备较高服务能力，缺乏主动为客户服务的意识。绝大部分中小型养殖场亟须养殖管理知识、疫病诊断、兽药购买和兽药使用等专业的兽医服务。

4.7.1.3 政府监管体系不健全

河北省 2016 年化药监督抽检合格率低于 2014 年和 2015 年，化药监督抽检合格率有所下降，兽药质量有待提高。在兽药产品质量方面，原国家农业部公布的抽检结果直观显示了各个种类兽药产品均存在不合格情况，从不合格产品单项来看，基本为鉴别不合格以及含量不合格两类，即常提及的假劣兽药产品，包括使用非注明有效成分的产品、主成分含量结果偏低的产品、假冒兽药 GMP 生产企业产品、兽药生产企业不按兽药生产管理规范生产的产品、蓄意造假产品、列入废止目录中的产品和套用批准文号的产品以及产品规格与标准不符等。这些问题产品在兽药市场流通全过程中常被追求个人利益的知情者隐匿，造成兽药市场混乱，破坏了兽药产业的整体市场秩序，严重影响养殖者与畜产品消费者的切身利益。通过调查问卷结果分析可知，市场上还存在小部分假劣兽药，假劣兽药不仅对畜禽造成危害，也对畜产品质量安全产生影响，从而直接危害居民的身体健康和生命安全。因此，河北省监管体系有待健全。

通过调研得知，河北省各个市、县基层监管队伍薄弱，在兽药监管方面存在监管水平达不到实际工作需求、缺乏监管经费、监管人员数量不足等问题，个别监管机构不能按规定做好执法记录工作，监管部门执法力度有待提升。部分地方乡镇动物防疫站无站址、人员编制落实工作不到位、制度有待完善，执法意识有待提高。县级监管机构设施不完善，兽药检测技术水平较低，导致省级兽药检测、监督机构工作量大，从业人员始终处于满负荷、超负荷的工作状态之下，无法再担任额外的兽药质量控制、残留检测等工作。整体来看，兽药监管机构基层能力有待进一步提高。虽然一些县级监督部门依据规定设岗并聘用监管人员，但大部分从业人员的业务水平和法律意识有待提升，且存在态度执法、关系执法等不良现象。对假冒伪劣兽药产品等违法行为要么查不到、要么打击不到，起不到震慑效果。

4.7.2 对策建议

4.7.2.1 实施集团化发展战略

（1）兽药生产企业。

政府部门应抓住兽药生产企业转型的机遇，积极引导小微企业和技术及设备落后的企业转型，限制新企业上马。按照"整合数量、提高产量、保证质量"原则，大力支持兼并重组企业提高技术水平和调整产品结构，政府部门要及时发放技术改造金并提供技术支持。以支持和指引小型企业兼并重组等方式，加强淘汰落后产能工作，在此项工作进程中要着力避免小型企业过于注重产品数量而进行低水平重复建设。优化产业布局，提高产业集约化发展水平。加快推进资源整合、优化资源配置，提高产业集中度，加快建立兽药行业标志性龙头企业，对名优品牌予以政策支持，提升河北省兽药行业自主研发水平和自主创新能力。

（2）兽药经营企业。

将规范、可复制的兽药连锁经营（B2C）作为兽药零售的主渠道之一。统一的认证体系、统一的质量管控、统一的诊疗平台、统一的供应链等都需要经营者实现企业化经营、降低兽药经营成本、实现规模效益。同时，这种资源整合的优势和超强的复制性会加速兽药经营行业的集中和规范。

4.7.2.2 供给侧结构性改革环境下利用"互联网＋"加强品牌建设

如今越来越多的养殖场（户）会选择方案产品和服务产品，因此兽药生产企业不仅要注重产品质量，还要加强售后服务工作，树立服务品牌，促进兽药产品销售工作的开展，而"互联网＋兽药"模式将推动兽药企业取得突破性发展。

因此，兽药企业应注重现代信息技术的应用，提升服务水平从而推动品牌建设。一是鼓励互联网营销，通过"互联网＋兽药"，推动"互联网＋"点对点营销，可以让养殖者在兽药企业官方网站上直接进行兽药预定和购买。二是进入"互联网＋"时代，兽药生产企业亟须变革和创新服务，企业应紧贴客户需求，创建"互联网＋技术＋沟通"的售后服务方式。通过企业QQ、微信、公众号、微博等网络交流平台，为客户提供最佳的技术服务和管理支持，并与客户进行充分的互动沟通，实时了解客户的内在需求，以便提供更优质的服务。三是要打造"服务＋物流配送"的综合性特色区域经销商，兽药营销竞争的本质是服务，此模式不仅减少了服务成本，还提升了服务效率，让企业更好地锁定忠实客户，更精确地培养潜在客户，从而为打造自身品牌奠定基础。

4.7.2.3 信息化背景下做好兽药信息传递工作

（1）政府方面。

可以建立全省统一的现代兽药信息服务平台，平台包括提供市场需求情况、兽药使用知识、兽药产品价格、兽药市场行情等功能，及时对市场供需信息进行收集、统计和公布。在信息闭塞的农村成立兽药互助小组或兽药协会，这些组织的负责人和善于利用网络的小组成员可以及时了解兽药市场动态，掌握兽药生产、经营企业是否通过资质审核，兽药质量是否符合国家标准等情况，并及时进行公示，与其他养殖者进行交流。尤其是加大对年龄较大、文化程度低、养殖经验丰富程度一般和兽药动态信息获取程度差的非规模养殖者的信息传递力度，与此同时，要找专人负责信息化的管理、推广和使用工作，做到统一协调、管理，共享现代兽药信息服务大数据平台资源。

（2）兽药企业方面。

兽药企业要运用现代信息技术，提高兽药生产和营销过程中的数据信息化程度，包括建立兽药商品信息、物流运输信息和市场交易信息等的录入和分析系统，有利于提高信息传递和利用的效率，从而促进兽药产品流通效率的提高和产销对接的建立。企业可将微信公众号当作服务工作的平台，用来完成兽药信息传递、服务沟通等工作，安排专人负责并对服务平台进行宣传。合理安排对非规模养殖者的培训时间和培训内容，尤其是加大对年龄较大、文化程度低、养殖经验丰富程度一般和兽药动态信息获取程度差的非规模养殖者的培训力度，且培训课程要有持续性和针对性，提高非规模养殖者通过互联网获取信息的积极性。

4.7.2.4 加强基层兽医服务体系建设

（1）资金投入方面。

应加大对基层兽医站和乡村兽医等工作的政策和资金支持。以"整合力量、专业互补、因地制宜、精简高效"为基本要求，依照各地人口规模、地理面积和本区域内畜牧业发展实际情况等信息，划定每个区域基层兽医服务站工作人员的数量。另外，县政府和乡政府需配合出资，加大人力、物力和财力的投入力度，提高基层兽医服务体系的建设水平，不断健全和完善基层兽医服务体系。乡（镇）兽医服务站也应依靠自身来不断优化服务设施，提升服务水平。对于已具备一些社会服务功能的基层兽医技术推广单位，应明确其开展有偿服务的合法性，既不造成资源浪费，也能给基层补贴一些工作经费。

（2）人员培养和制度方面。

应着力提升执业兽医师的综合服务能力，继续完善执业兽医考试制度，不断扩大基层兽医服务人员队伍。加大对执业兽医师和乡村兽医等的再教育和培训力度，从根源上提高基层兽医服务人员的整体水平。完善相关的法律法规和规章，增加政策法规的可操作性，严格行政执法，规范服务主体行为，提升兽医社会化服务质量，确保年龄较大、文化程度低、养殖经验丰富程度一般和兽药动态信息获取程度差的养殖者能在其指导下正确购买兽药，保障用药安全。

（3）京津冀协同加大监管力度。

打破行政区划壁垒，推动京津冀兽药产业发展，着力推动共享监察小组、互认检验报告、共同协调办案，共享京津冀三地兽药监管数据。建立联动机制，提高执法效能，加大对兽药产品的管理力度和协同办案能力，加大对违法犯罪行为的惩处力度。采取基础信息"大数据"化方式，建立包含三个地区兽药基础信息的京津冀畜牧兽医数据信息资料库，将兽药生产、经营企业数据，兽药市场流通、监管现状等信息均纳入此数据库中，针对养殖场（户）建立信息采集和反馈服务互动机制，找专人负责资料的定期更新和服务管理工作。实现执法监督信息化，行政执法行为全部实现数字化处理，增加执法工作透明度，从整体上提升京津冀兽药监管力度和水平。

另外，可以建立京津冀监督举报联合机制，畅通投诉监督渠道，做好投诉及时处理和反馈工作。做好兽药质量安全监管的检打联动机制，依据"双随机、一公开"原则，加强对兽药产品质量的检测和抽查力度，通过不同的形式和不同的平台对违法典型案例进行报道，对违法企业进行曝光，从而对企业的违法行为起到震慑作用。

第 5 章

河北省畜禽养殖粪污资源化利用问题研究

5.1 河北省畜禽养殖场（户）粪污资源化利用现状分析

5.1.1 河北省畜禽养殖发展概况

5.1.1.1 河北省畜禽养殖总体情况[①]

从自然条件上看，河北省地处华北平原地区，地形平坦，地势缓和，为畜禽养殖提供了天然场所；处于暖温带地区，季风性气候明显，利于畜禽养殖活动的开展。从社会条件上看，河北省下辖 11 个地级行政市，市下辖 172 个县（市、区），幅员辽阔。2018 年全省人口共 7 556 万人，农业产值达到 3 085.86 亿元，畜牧业产值占总产值 30% 以上。

河北省是畜牧业生产大省，肉、蛋、奶产量在全国范围均排名前列。2005~2018 年，河北省肉类总产量由 395.6 万吨提高到 466.7 万吨，涨幅为 18%，在畜牧业产品产量增长中最为明显；奶类产量由 348.64 万吨提高到 391.13 万吨，

---

① 资料来源：河北省畜牧业生产情况农业普查核定（修订）数据。

涨幅为 12.2%；禽蛋产量呈波浪式稳定发展。按市场可比价格算，畜牧业产值由 995.7 亿元增加到 1 809.2 亿元，涨幅为 81.7%，整体市场发展前景良好。

同时，畜牧业的生产方式逐渐向基地化和规模化方向发展。2005～2018 年，河北省畜禽养殖业的生产基地数量由 183 个增加到 282 个，养殖基地销售产值由 316.5 亿元攀升到 878.5 亿元，占比由 31.8% 增加到 48.6%。此外，根据农业农村部的统计资料显示，2007～2017 年，全国生猪年出栏在 500 头以上的规模养殖比例由 21.8% 增加到 46.9%；同期，存栏量为 100 头以上的规模奶牛场比例从 16.4% 上涨至 58.3%。规模养殖已成为当前畜牧业的主要发展趋势。

5.1.1.2 河北省生猪养殖总体情况

随着相关法规政策的出台，畜牧养殖业的环境约束也在不断增强。生猪养殖是畜牧业的重要组成部分。生猪作为河北省乃至全国消费量第一的畜产品，养殖规模最为庞大，其产生的粪污等废弃物进行资源化利用的需求也最为迫切。本节以生猪养殖业为例，对河北省畜禽养殖具体情况进行说明，为下文分析资源化利用奠定基础。

从 2014～2018 年存栏情况看，河北省年均存栏量为 1 965 万头。2014 年以来，河北省生猪存栏量总体呈下降趋势。2014～2017 年下降趋势较为平缓，降幅均在 1.5% 左右，但 2014～2016 年存栏量仍高于均值。2018 年河北省生猪存栏 1 820.80 万头，继 2017 年后再度低于均值水平，同比下降 7%，下降幅度较大（见图 5-1）。

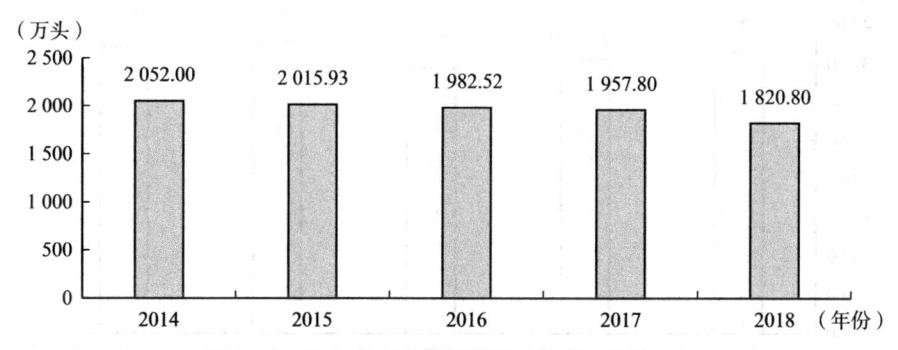

图 5-1 河北省生猪存栏情况（2014～2018 年）

资料来源：河北省畜牧业生产情况农业普查核定（修订）数据。

2014 年以来，河北省能繁母猪存栏量也在不断下滑。能繁母猪数量是猪场赖以生存和发展的重要保障。2017 年省内能繁母猪共计 187.00 万头，2018 年统计数据为173.90万头，同比下降7%，降幅明显（见图5-2）。

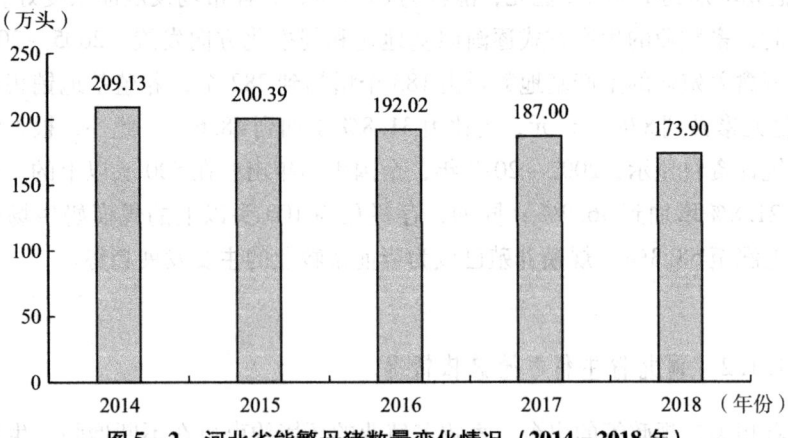

图5-2 河北省能繁母猪数量变化情况（2014~2018年）

资料来源：河北省畜牧业生产情况农业普查核定（修订）数据。

2014~2018年河北省生猪存栏量和能繁母猪数量都呈下降趋势，除生猪养殖周期长、对技术要求和应对市场风险能力要求高等固有因素外，受非洲猪瘟疫情影响明显。

2014~2018年，河北省每年生猪出栏量均在3 400万头以上。2017年，生猪出栏量增加，上升趋势明显。但非洲猪瘟对存栏造成影响的同时，必然会对出栏造成一定影响。2018年，河北省生猪出栏量为3 709.60万头，与2017年相比有所下滑，降幅为2%（见图5-3）。

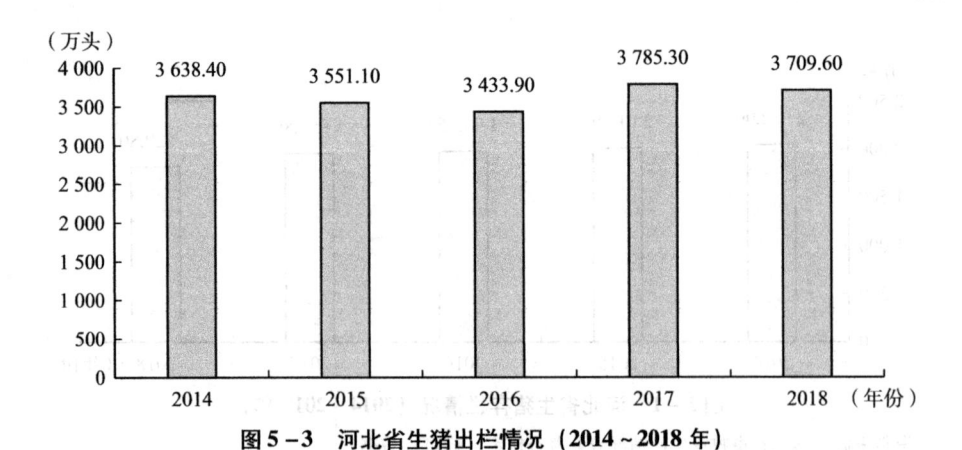

图5-3 河北省生猪出栏情况（2014~2018年）

资料来源：河北省畜牧业生产情况农业普查核定（修订）数据。

2018年河北省生猪存栏、出栏和能繁母猪数量都有所下降，但是河北省生猪产业在政府及相关部门扶持下不断完善和发展已顺利渡过难关。目前，省内生猪养殖体系已初具规模。以双鸽、保定远方农牧、宝山集团、大午集团以及衡水猪场为代表的生猪养殖企业已形成完整的生猪产业发展链条。从配种到养殖、防疫、销售、废弃物处理都已形成体系，大型生猪养殖企业在养殖规模化和标准化建设上，专业程度不断提升。此外，生猪品种也日趋多样化。目前，省内品种主要有大白、长白、杜洛克以及深县黑猪等，二元、三元猪繁殖技术也愈加成熟。一方面繁殖猪的生产能力和抵抗能力得到有效提高；另一方面肉类市场上猪肉种类也日益丰富，消费者有了更多选择。

自 2015 年以来，河北省政府在适应经济发展新常态情况下，积极调整畜牧业结构，转变畜牧业发展方式与当前实际相适应，不断推进畜牧业向规模化和标准化协同发展。据《中国畜牧兽医年鉴》统计，2015 年河北省备案的规模生猪养殖场数量为 15 402 家，占总备案率的 62%。2017 年河北省生猪年出栏在 50 头以上和 100 头以上的养殖场分别占全省出栏总量的 72.47%、64.55%。10 000 头以上年出栏总量占比为 10.61%，50 000 头以上年出栏总量占比为 2.69%。2018 年受非洲猪瘟影响，养殖规模在万头以下的占比都呈下降趋势。其中，养殖规模在 50~100 头范围内的下降趋势最为明显，降幅为 66.29%。其次是 100~500 头的降幅较为明显，为 42.85%。与此相反，2018 年，50 000 头以上的生猪饲养规模占比有所上升（见图 5-4）。综上所述，河北省生猪养殖规模化在缓慢发展。规模化进程受非洲猪瘟疫情影响明显。同时，在应对非洲猪瘟疫情过程中，大型规模化养殖场具备一定优势，中小型养殖场的应对能力和防护措施需要进一步提升。

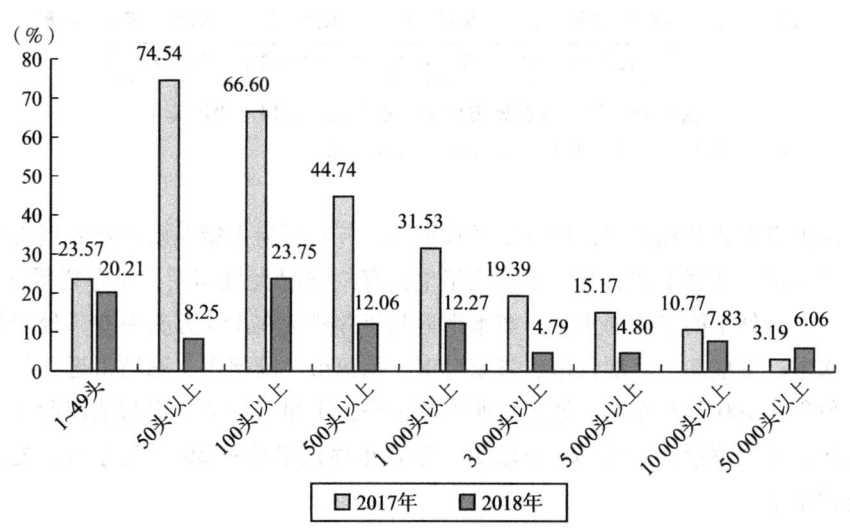

图 5-4 河北省生猪饲养规模占比情况（2017~2018 年）

资料来源：河北省畜牧业生产情况农业普查核定（修订）数据。

5.1.1.3 河北省各地市养殖情况概述

各地市存出栏等养殖情况地域差距明显，大抵呈"南多北少"分布。

（1）各地市存栏情况。

河北省生猪养殖主要集中在石家庄市、唐山市、保定市、邯郸市。2017年，上述四市猪肉产量占全省总量的54.32%。从河北省2014~2018年生猪存栏情况看（见图5-5），主要地市存栏情况大致可分为五个阶梯水平。唐山市近几年存栏量在350万头左右，位居第一。

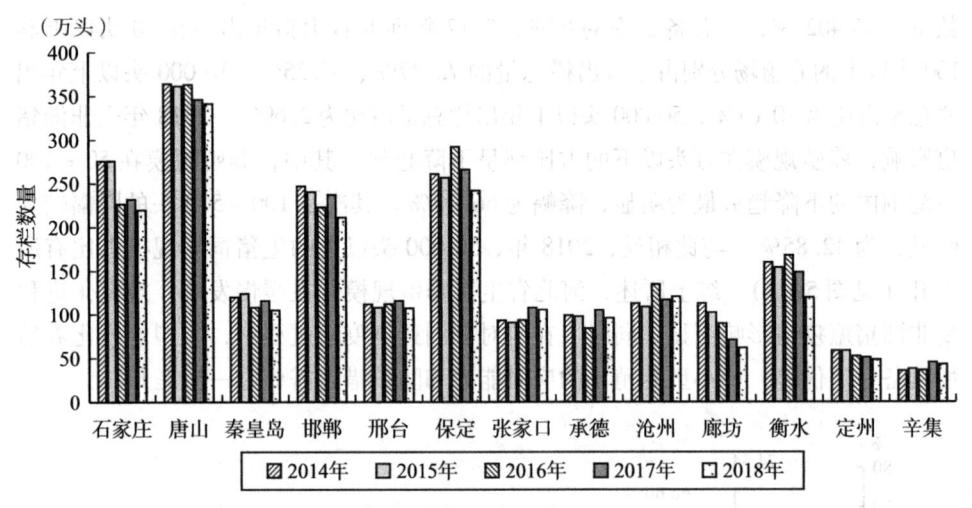

图5-5 河北省各地市生猪存栏情况（2014~2018年）

资料来源：河北省畜牧业生产情况农业普查核定（修订）数据。

唐山市工业基础雄厚，经济发展水平高，有利于为生猪养殖产业发展提供基础；保定市、邯郸市和石家庄市近几年生猪存栏情况大抵相同，年存栏量在250万头左右，处于第二阶梯水平；衡水市近几年存栏量在150万头左右，处于第三阶梯水平；秦皇岛市、邢台市、张家口市、承德市、沧州市、廊坊市近几年生猪存栏数量在100万头左右，处于第四阶梯水平；定州市和辛集市与前四阶梯各地市相比，人口数量和面积都相对较少，近几年存栏量都在50万头左右，处于第五阶梯水平。

(2) 各地市出栏情况。

从 2014~2018 年能繁母猪情况和生猪出栏情况来看（见图 5-6、图 5-7），各地市在二者数量上排名顺序基本相同。能繁母猪平均数量在 10 万头以上的有唐山市、保定市、石家庄市、邯郸市、衡水市、秦皇岛市、邢台市、沧州市 8 地；出栏平均数量在 200 万头以上的有唐山市、保定市、石家庄市、邯郸市、衡水市、沧州市、秦皇岛市、邢台市和张家口市 9 地。综合排名前五位的分别是：唐山市年均饲养能繁母猪[①]36.81 万头，年均出栏[②]629.24 万头，稳居第一；保定市年均饲养能繁母猪 26.47 万头，年均出栏 501.74 万头，排名第二；石家庄市年均饲养能繁母猪 24.27 万头，年均出栏 469.89 万头，排名第三；邯郸市年均饲养能繁母猪 20.97 万头，年均出栏 448.97 万头，排名第四；衡水市年均饲养能繁母猪 14.95 万头，年均出栏 283.86 万头，排名第五。

通过上述分析，可以初步了解省内各生猪养殖地市生猪产业发展情况。河北省生猪养殖总体呈现"南多北少"的现状，主要代表城市有北部的唐山市，以及南部的保定市、石家庄市。这种养殖现状的形成除了经济发展水平差异影响，还与当地人口、自然环境等综合性因素有很大关联。

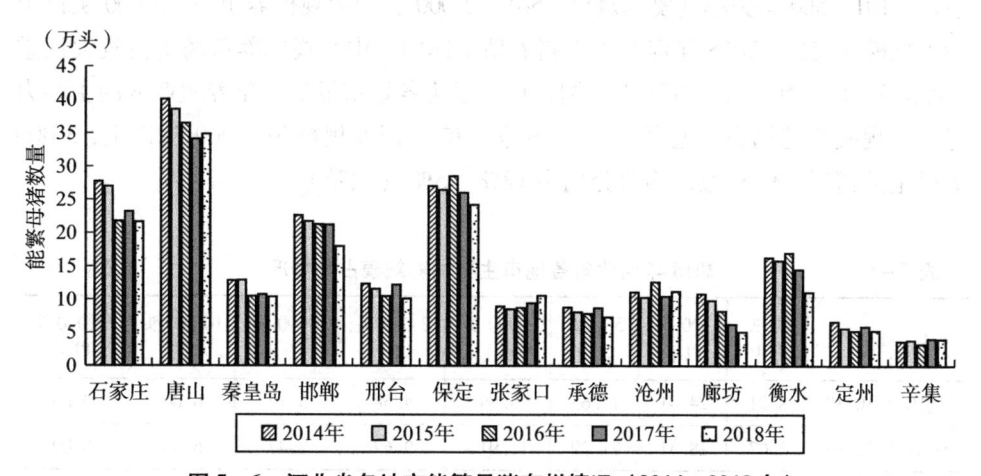

图 5-6　河北省各地市能繁母猪存栏情况（2014~2018 年）

资料来源：河北省畜牧业生产情况农业普查核定（修订）数据。

[①] 年均饲养能繁母猪数量：根据 2014~2017 年的统计数据，将各地近 4 年的能繁母猪数量先求和，再求算数平均数所得。

[②] 年均出栏：根据 2014~2017 年的统计数据，将各地近 4 年的生猪出栏数量先求和，再求算数平均数所得。

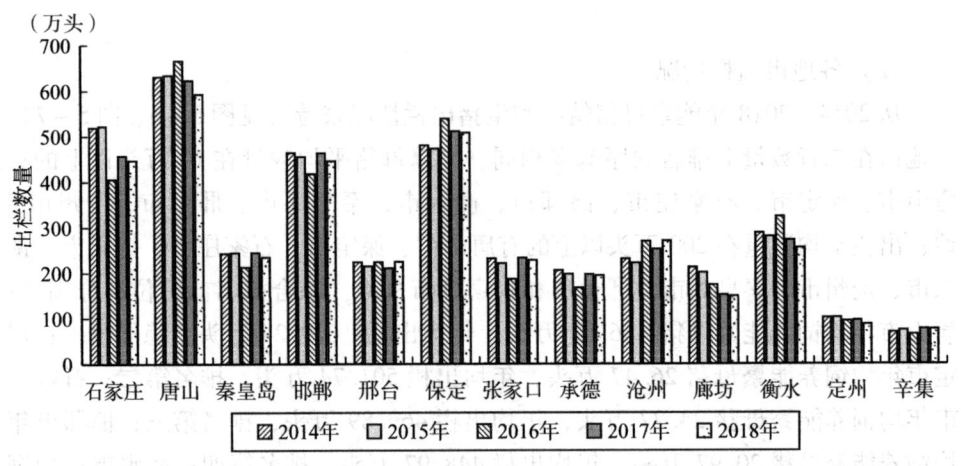

图 5-7　河北省各地市生猪出栏情况（2014~2018 年）

资料来源：河北省畜牧业生产情况农业普查核定（修订）数据。

(3) 各地市规模养殖情况。

按照《全国农产品成本收益资料汇编》中关于生猪养殖规模分类标准和部分学者的研究成果。以年出栏生猪数量为划分不同规模养殖场的标准：100 头以下为散户、101~500 头为小规模养殖户、501~2 000 头为中规模养殖户、2 000 头以上为大规模养殖户。2018 年河北省生猪养殖主体中，中小规模养殖场仍占较大比重（见表 5-1）。500 头及以下生猪饲养规模成为各地市发展生猪养殖产业的主要力量，大规模养殖场占比总体较小。各地（市）饲养规模为 1 000 头以上，3 000 头以上的情况大体相似，均值分别为 12%、5%（取整）。

表 5-1　2018 年河北省各地市生猪饲养规模占比情况　　单位：%

地区	1~49 头	50 头以上	100 头以上	500 头以上	1 000 头以上	3 000 头以上	5 000 头以上	10 000 头以上	50 000 头以上
石家庄	30.39	8.91	24.41	12.65	9.89	4.58	3.17	6.00	0.00
唐山	15.83	5.67	28.31	21.29	11.91	2.67	7.47	6.85	0.00
秦皇岛	17.84	9.60	26.32	13.13	16.66	3.74	6.50	6.22	0.00
邯郸	32.12	7.57	24.92	11.52	12.00	3.94	4.44	3.48	0.00
邢台	19.62	10.77	21.79	8.89	8.00	6.23	6.55	11.96	6.18
保定	19.45	5.52	18.77	15.98	10.39	5.29	6.05	8.93	9.62
张家口	24.09	6.38	19.74	10.01	13.07	4.75	4.01	8.99	8.97
承德	11.49	7.47	35.98	14.34	16.10	6.83	1.30	6.50	0.00

续表

地区	1~49 头	50 头以上	100 头以上	500 头以上	1 000 头以上	3 000 头以上	5 000 头以上	10 000 头以上	50 000 头以上
沧州	4.65	9.96	25.33	9.14	11.83	3.56	6.85	9.62	19.05
廊坊	57.82	8.31	7.93	3.48	6.00	5.08	1.91	9.30	0.00
衡水	7.72	6.34	32.15	20.82	19.38	3.79	3.44	3.63	2.73
定州	3.70	9.37	34.99	10.94	13.41	5.88	2.83	8.74	10.14
辛集	3.39	8.27	23.62	9.57	9.37	6.65	3.96	10.41	24.75

资料来源：河北省畜牧业生产情况农业普查核定（修订）数据。

分地区来看，承德市在 2018 年饲养规模数据统计中，生猪养殖散户比重较大，远高于省内其他地市，与石家庄市水平相当。这是由于承德市地处河北省东北部地区，东西地势差异大，南北气候差异明显，适宜开展小规模养殖活动。在 1 000 头以上饲养规模中，衡水市占比远高于其他地市。衡水市地处河北冲积平原，海拔低，地形平坦，耕地占全市总面积的 64.6%。境内河流交错，水源充足，为开展大规模养殖提供天然条件。同时，河北省内唯一保种地方猪———深州黑猪，就在衡水市境内。近年来，政府对于特色种猪的重视程度不断提升，市场上对于黑猪这一肉类消费需求也在不断增加。二者共同作用下使得衡水市的规模饲养呈现较高比重。

综上所述，河北省作为全国生猪养殖大省之一，地方养殖差异较为明显。但各地市总体存栏、出栏以及能繁母猪数量同往年相比处于稳定水平。进行上述分析有两个目的：其一，资源化利用主要对象是养殖过程中产生的废弃物，而废弃物产生与养殖规模等数值关联十分密切，上述分析为说明下文资源化利用情况奠定基础；其二，通过初步了解河北省内生猪总体养殖情况，能够进一步为问卷分析说明提供现实依据，从而提高本书的可信度和说服力。

5.1.2 河北省畜禽粪污资源化利用发展变化

5.1.2.1 畜禽粪污资源化利用内涵及威胁

在畜禽养殖过程中，废弃污染物主要有固态、液态、气态三种形式。畜禽粪污指在养殖过程中产生的粪便、尿液和污水的总称，是养殖环节废弃物的主要组成部分。未经处理的粪污会通过水源、空气、土壤对环境造成严重危害。

未经处理的畜禽粪污进入水体。畜禽粪污中含有大量化学元素，当进入水体时，其中的氮、磷元素会使水体中浮游生物和水生藻类大量繁殖，造成水体富养化，从而造成水中原有生物死亡，进一步使原有水体变黑、发臭。同时，排放的废水中会携带致病性细菌和病毒，给人类和其他生物生存发展造成危害。

未经处理的畜禽粪污进入土壤。在没有明确提出粪污资源化利用这个概念之前，畜禽养殖场（户）大多通过将其放置于农田之中来实现粪污处理这一目标。自然处理中，土地成为消纳畜禽粪污的主要载体。但由于缺乏对土地消纳能力的测算，畜禽粪污大量堆置，远远超过土壤对粪污的消纳能力，不仅影响种植作物生长，而且会严重影响土地生产和消纳能力恢复到正常水平。

未经处理的畜禽粪污进入空气。畜禽粪污污染空气主要是所含有机物的腐败、分解和挥发，产生甲烷、含硫化合物等刺激性气体，从而影响周边居民日常生活。其中的含硫物质与空气中水蒸气结合，还可能会形成酸雨，使得后果难以预测。

伴随着畜禽养殖规模进程不断推进，生猪养殖中环境和社会问题也日渐突显。以生猪养殖为例，根据河北省生猪产业创新技术团队废弃物资源化利用岗位的产业发展报告显示，2015年河北省生猪年产粪便1 387万吨，尿液2 289万吨，但无害化处理率不足60%。2017年河北省生猪年产粪便1 297万吨，尿液2 008万吨。2018年河北省生猪年产粪便1 206万吨，尿液1 867万吨，同比分别下降6.9%、7.02%。由于能繁母猪、公猪和仔猪粪、尿日产生量有所区别，国家未出台统一测算标准，为便于估计，本书依据畜禽污染物含量标准及相关学者研究成果，结合实际调研中获得数据，确定生猪排泄物中粪、尿日产生量分别为1.815公斤/头、2.81公斤/头。因此，河北省内各地区生猪粪尿产生量计算公式为：

各地区生猪年粪便产生量 = 各地区年存栏数量 × 生猪粪便日产生量 × 365

各地区生猪年尿产生量 = 各地区年存栏数量 × 生猪尿日产生量 × 365

各地区生猪年粪污产生量 = 各地区生猪年粪便产生量 + 各地区生猪年尿产生量

结合表5 - 1中数据及上述公式，河北省各地市2014～2018年粪污排放情况如表5 - 2所示。

表5 - 2　　　　　2014～2018年河北省各地市生猪养殖粪污年产量　　　　　单位：吨

地区	2014年	2015年	2016年	2017年	2018年
石家庄	465.92	465.97	382.24	225.26	370.75
唐山	614.68	610.22	613.01	350.14	576.30

续表

地区	2014年	2015年	2016年	2017年	2018年
秦皇岛	202.88	209.46	182.82	107.71	177.29
邯郸	416.78	405.57	375.95	216.47	356.29
邢台	188.93	182.40	189.22	110.09	181.20
保定	440.25	432.92	493.00	247.91	408.03
张家口	157.18	152.67	157.60	108.22	178.12
承德	166.94	164.81	141.43	98.23	161.68
沧州	190.49	183.90	227.73	123.86	203.85
廊坊	190.67	172.29	151.17	63.27	104.14
衡水	269.90	260.01	283.25	122.89	202.26
定州	98.97	98.96	88.22	49.44	81.37
辛集	60.27	63.95	61.09	43.98	72.39

对2014~2018年河北省各地市粪污年产量进行比较，可以发现各地市生猪粪污年产量总体呈下降趋势，尤其是在2017年、2018年两个统计时间点，粪污年产量都低于近几年平均水平。省内年均产粪污量最大的是唐山市，年均粪污产量为552.87吨/年；其次是保定市，年均粪污产量为404.42吨/年。

废弃物丢弃和无序堆置不仅是一种资源浪费，还会给生产、生活带来严重危害。当前河北省生猪粪污产量虽然下降趋势较为明显，但总体数量仍十分庞大，推进生猪粪污资源化利用进程是一项必然措施。

5.1.2.2 畜禽粪污资源化利用政策及现实情况

（1）政策支持情况。

畜禽养殖粪污堆置不合理，导致养殖相关的自然和社会问题日益严重，养殖主体和养殖场周边居民的正常生产生活受到的影响也越来越大。为此，国家对于粪污处理这一问题的解决方式也在适应形势，科学化发展趋势愈加明显。从粪污无害化处理，到粪污资源化利用，各项政策措施不断落实，旨在加快推进粪污资源化利用进程，为发展绿色养殖提供助力。河北省政府及相关部门也十分重视资源化利用问题，在立足河北省畜禽养殖现状（包含生猪养殖情况在内），出台相关促进与管理政策。畜牧养殖行业以《中华人民共和国畜牧法》《中华人民共和国环境保护法》《中华人民共和国水污染防治法》等法律法规为主要指导。通过整理2016年以来国家及河北省政府等出台的相关政策文件发现，在不同年度内，政策对于畜禽废弃物资源化利用的侧重点也有所不同。具体如下：

从2016年开始，截至2020年6月，国家和河北省政府共发布畜禽粪污资源化利用相关政策公告28则。其中，国家相关部门是政策出台的主体，共发布16则；河北省政府积极响应国家号召，共发布12则。从对相关工作的初始布置到养殖场界定划分，再到实施细则，说明和解释都十分详细。

2016年共发布6则。2016年是废弃物资源化利用行动的初始阶段，因此政策公告侧重于确定养殖场规模以及管理污染防治工作。《河北省大气污染防治条例》和《河北省乡村环境保护和治理条例》明确要求上级政府部门要加强对畜禽养殖场所和个人的监管力度，防治农业面源污染，保障周围居民生活环境。同时，鼓励养殖主体通过种养结合等方式，就近开展资源化利用活动，降低污染处理成本。

2017年共发布9则。在2016年工作刚刚起步的基础上，污染防治问题仍然是2017年政策公告的重要环节。有所不同的是，2017年更侧重对养殖场或养殖小区内粪污处理配套设施的建设。2017年5月，原农业部出台《关于加快推进畜禽养殖废弃物资源化利用的意见》后，原河北省农业厅立即结合实际，落实相关措施，并分别于同年6月和7月发布《关于上报全省设施农业、农户生活清洁取暖及畜禽规模养殖场新建废弃物处理设施半年工作进展情况的通知》和《关于对畜禽规模养殖场粪污处理设施建设任务进行分解及定期报送信息的通知》，以及时、充分了解省内各地市资源化利用设施情况。

2018年共发布5则。从政策发布内容来看，2018年是粪污资源化利用工作开展的主要年份。2018年发布政策的主要内容是指导粪污资源化利用行动顺利开展，不断落实各县资源化利用实施情况，推进机具、设施投入使用，并实行动态监督。2018年1月份，原农业部发布了《农业部办公厅关于印发〈畜禽规模养殖场粪污资源的利用设施建设规范（试行）〉的通知》《农业部关于畜禽养殖废弃物资源化利用联合督导情况的通报》，鼓励各省份规模养殖场采用科学的方法开展资源化利用行动。同年6月份，《农业农村部办公厅关于做好畜禽粪污资源化利用跟踪监测工作的通知》为进一步推进资源化利用实施及评估等相关工作的开展提供了政策支持。此外，推进资源化利用机具使用，推进畜牧大县开展资源化利用活动成为下半年政策关注的重点。

2019年共发布4则。对于已经开展的资源化利用行动，2019年政策公告目标更加明确、具体。在《关于印发畜禽养殖废弃物资源化利用2019年工作要点的通知》中，规模养殖场粪污处理设施装备配套率，省（市）畜禽粪污综合利用率都以量化指标形式得以确定，并且首次提出建立畜禽粪污资源化利用成果终端管理体系，这有助于增加粪污资源化利用成果的市场竞争力。同时，为进一步推动这一进程,加快实现2020全面建成小康社会伟大目标,国家成立了畜禽废弃物资源化利用技术指导委员会。一方面是为全国各地畜禽养殖行动提供所需技术指导和服务;另一方面是为评价模式提供参考。2019年末,针对非瘟暴发造成的生猪供给大量减少的问题,农业农村部发布《关于印发〈加快生猪生产恢复发展三年行动方案〉的通知》,旨在尽早恢复生猪生产,稳定市场供给。

2020年共发布4则(截至2020年6月)。2020年政策主要围绕"后非瘟时期"生猪等畜禽养殖行业防疫工作及产业恢复等相关内容展开。2020年2月,财政部和农业农村部就进一步加强病死畜禽无害化处理工作联合发文。同年3月,为进一步扩大资源化利用主体开展范围,国家发展改革委和农业农村部共同发布《关于支持民营企业发展生猪生产及相关产业的实施意见》,为相关企业开展资源化利用社会化服务提供政策保障。2020年是全面打赢脱贫攻坚战的决胜时期,为帮助贫困地区完成脱贫工作,农业农村部于3月发文,支持36个贫困县开展资源化利用行动,提升养殖场现代化水平,为脱贫工作提供经济保障。此外,还提到资源化利用行动的开展对于治理和保护生态环境的作用,加快绿色农业发展的步伐。

(2) 现实推进情况。

从畜禽废弃物资源化利用总体情况来看,自废弃物资源化利用行动开展以来,河北省唐山市滦南县、保定市定兴县、承德市围场满族蒙古族自治县被先后列为畜禽粪污资源化利用项目整县推进地区,石家庄市被列为2018年度畜禽粪污资源化利用项目整市推进地区。2017年4月,京津冀地区在石家庄市开展畜禽养殖废弃物利用科技联合行动,通过不断实践和总结,成功建立一套可操作的运行模式,这一模式成功推动含河北省在内的地方示范企业废弃物利用率的提升(75%以上),推动了资源化利用进程。

河北省的生猪粪污资源化利用进程也在有序推进当中。2017年,包含生猪产业在内的河北省现代农业园区逐渐被确定下来,分别为:石家庄行唐县现代农业园区、张家口宣化区现代农业园区、赤城县现代农业园区和秦皇岛抚宁区现代农业园区。现代农业园区建设为生猪粪污资源化利用行动开展进一步提供了条件。目前河北省大力发展循环农业,将生猪等畜禽养殖过程中产生的废弃物与当地种植业相结合,已经形成具有推广意义的循环发展模式,如"种养一体循环模式""肥料化区域循环模式""种养肥三产融合循环模式"等。

(3) 畜禽养殖粪污资源化利用案例。

辛集国家农业科技园区位于河北省辛集市马兰村。园区的主要任务是培育农作物新品种和开展节水高效栽培试验示范,占地面积约200.1公顷。园区周边是以小规模养殖为主的生猪养殖集中区,3公里范围内有养猪户近90户,年存栏在1万头左右，年产粪便约2.5万吨，同上文粪污产量计算公式结果基本相符。

在饲养过程中，养殖粪污对生产和生活带来较大负面影响，对农场及周边环境造成了巨大压力。2019年3月，河北省农科院专家团队赴该园区进行考察。专家团队依据当地现实情况，以农场为主体，通过收集周边生猪养殖户的粪污资源，将其转化为有机肥，用于改良农场土壤，建立"猪—肥—粮"循环产业链。此外，通过政府主导、农场运营、养殖户参与三者有机结合，共同参与，互相监督，有利于绿色农业的长远发展。

5.2 畜禽养殖场（户）粪污资源化利用调研——以生猪养殖场（户）为例

5.2.1 样本选择说明

生猪养殖主体是生猪粪污资源化利用活动的主要执行者。目前，生猪养殖主体主要有生猪养殖散户、专业户、生猪养殖企业、（规模）养殖场、家庭农场、合作社等。为进一步了解河北省生猪养殖场（户）参与粪污资源化利用实际情况，本书通过实地调研和问卷调查相结合这一方式，依托"河北省现代畜牧业发展研究"和"河北省生猪创新团队产业经济岗项目"课题，结合省内生猪养殖实际情况，对唐山市、石家庄市、保定市等地的生猪养殖主体进行调研。问卷采用分层随机抽样调查方法，根据各地市生猪养殖规模不同，发放问卷数量也有所差别，以保障样本选择的随机性和广泛性。问卷于2019年6月21日开始投放，于2019年7月21日终止问卷填写工作，共发放700份问卷。根据填写情况，除去漏填、错填信息情况问卷，共获得有效问卷676份，问卷有效率达96%。问卷调查内容包括养殖主体个人禀赋、养殖现状、粪污资源化利用情况以及政府的支持和管控情况（见表5-3）。

本次调研涉及河北省11个地级市和2个县级市，涉及省内主要行政地区，数据有一定代表性。为便于统计，将辛集市调研数据并入石家庄市统计数据当中，将定州市调研数据并入保定市统计数据当中。

表 5-3　　　　　　　　生猪养殖场（户）样本调查基本信息情况

指标		数量(个)	比例(%)	指标		数量(个)	比例(%)
性别	男	557	82.40	学历	小学及以下	10	1.48
	女	119	17.60		初中	216	31.95
年龄	29岁以下	111	16.42		高中	97	14.35
	30~49岁	446	65.98		中职专科	211	31.21
	50~69岁	119	17.60		本科及以上	142	21.01
政治面貌	中共党员	197	29.14	是否有任职经历	是	190	28.11
	共青团员	84	12.43				
	群众	390	57.69		否	486	71.89
	其他	5	0.74				
养殖企业性质	散户经营	280	41.42	养殖场年出栏量	100头及以下	120	17.75
	合作经营	43	6.36		101~500头	161	23.82
	企业经营	317	46.89		501~2 000头	246	36.39
	其他经营	36	5.33		2 001头及以上	149	22.04
养殖年限	7年及以下	189	27.96	经营年收入	100万元及以下	447	66.12
	7~10年（含10年）	172	25.44		100万~300万元	98	14.50
	10~13年（含13年）	150	22.19		300万~500万元	55	8.14
	13年以上	165	24.41		500万元以上	76	11.24
是否租地	是	463	68.49	是否从事种植业	是	521	77.07
	否	213	31.51		否	155	22.93
租地目的	种植作物	80	11.83	经营者风险意识	风险偏好	452	66.86
	消纳粪肥	73	10.80		风险中立	175	25.89
	二者都有	310	45.86		风险保守	49	7.25
环境监管力度	非常大	361	53.4	政府培训次数	非常多	31	4.59
	比较大	216	31.95		比较多	244	36.09
	一般	79	11.69		一般	243	35.95
	比较小	7	1.04		比较少	86	12.72
	非常小	13	1.92		非常少	72	10.65
财政补贴力度	非常大	40	5.92	对政府工作的满意程度	非常满意	93	13.76
	比较大	84	12.43		比较满意	151	22.34
	一般	179	26.48		一般	335	49.56
	比较小	146	21.60		比较不满意	80	11.83
	非常小	227	33.58		非常不满意	17	2.51

从养殖主体个人禀赋特征看,男性是从事生猪养殖行业的主要角色,占比82.40%,女性仅占17.60%左右。养殖主体年龄主要分布在30~49岁区间内,占比65.98%。养殖主体普遍具备一定的文化素养,初中及以上学历占98.52%,高中及以上学历占66.57%。养殖主体的风险意识可以在一定程度上反映其对于粪污资源化利用的信心(陈静,2019)。在调研过程中,66.86%的养殖主体为风险偏好型,风险中立型养殖主体占比25.89%,风险保守型养殖主体占比7.25%。这说明多数养殖主体可能倾向于增加在粪污资源化利用上的投资。

从养殖经营特征看,被调研养殖主体以散户经营、企业经营为主,分别占41.42%、46.89%。年出栏量在501~2 000头的养殖场占36.39%;年出栏量在101~500头的占23.82%;出栏2 001头及以上的占比22.04%,养殖规模以大中养殖场为主。养殖主体的养殖经验与养殖年限密切相关。本次调研中,养殖年限在7年及以下的,占比27.96%;在7~10年之间的,占25.44%;在10~13年之间的,占22.19%;13年以上的,占24.41%。总体来看,养殖主体的养殖经验较为丰富。养殖主体年经营收入在100万元及以下的,占66.12%;收入在100万元~300万元之间的,占14.50%;收入在300万~500万元之间的,占8.14%;收入在500万元以上的,占11.24%。由于非洲猪瘟暴发初期,生猪收购价格大幅波动,疫情防控成本增加等客观因素发生变化,导致养殖主体收入降低。

在政府政策特征方面,生猪养殖场(户)对政府的工作基本表示认可,85.66%的生猪养殖场(户)对政府工作表示满意。但是,对于环境监管力度和政策补贴力度,建议相关政府部门进行些许调整。85.35%的生猪养殖场(户)认为政府的环境监管力度比较大或非常大。55.18%的生猪养殖场(户)认为政府的财政补贴力度比较小或非常小。监管力度过大会增加生猪养殖场(户)的治理成本,而补贴力度过小则会挫伤生猪养殖场(户)的积极性,这一落差的存在不利于资源化利用行动的长效开展。

5.2.2 粪污资源化利用参与情况

5.2.2.1 样本参与意愿情况

认知行为理论认为,行为、主观态度和认知是决定意愿的主要影响因素。已有研究表明,养殖主体作为理性"经济人",具有趋利行为,主观规范会影响其参与废弃物资源化利用的意愿。因此，本书以问卷当中"您对粪污资源化利用这个概念""您认为粪污资源化利用行为会给您带来收益吗""您是否愿意开展或继续开展粪污资源化利用活动"等回答为依据，解释河北省生猪养殖主体参与情况。

关于"您对粪污资源化利用这个概念"这一回答，选项按照李克特量表进行设置，共分五级，分别是：非常熟悉、比较熟悉、一般熟悉、比较陌生和非常陌生。结果如表5-4所示。

表5-4　　　　　　调查样本对粪污资源化利用概念的了解程度

指标	概念了解程度					总计
	非常熟悉	比较熟悉	一般熟悉	比较陌生	非常陌生	
样本数量（个）	130	274	188	79	5	676
占比情况（%）	19.23	40.53	27.81	11.69	0.74	100.00

被调查养殖主体当中，有592人熟悉这一概念，占样本总量87%以上；仅有84人不熟悉这一概念，占样本总量比重不足13%。河北省各地市熟知粪污资源化这一概念的养殖主体人数较多，说明国家和省政府在政策宣传方面比较到位，养殖主体已经了解资源化利用这一行为。

当养殖主体对粪污资源化利用有初步认识后，作为经营者下一步会考虑的是该行为是否能为养殖带来收入。关于"您认为粪污资源化利用行为会给您带来收益吗"这一问题的回答，按照"是"或"否"进行统计分析，结果见表5-5。

表5-5　　　　　　被调查者粪污资源化利用行为收益回答情况

指标	是	否	总计
样本数量（个）	595	81	676
占比情况（%）	88.02	11.98	100.00

经济学中存在理性"经济人"假设。生猪养殖主体作为理性"经济人"，在面对粪污资源化利用时势必会考虑，这一行为能否为养殖带来收益。如果可以带来收益，那么应如何降低使用这一行为的成本。通过调研结果可知，有88.02%的生猪养殖主体认为开展粪污资源化利用活动会为自己带来收益。其中，认为只有经济收益的，占比6.95%；认为只有生态环境收益的，占比17.46%；说不清楚收益具体内容的，占比11.98%。这部分养殖主体对于粪污资源化利用行为的

理解还存在一些偏差。实际上,粪污资源化利用是一个既能产生经济效益,又能创造环境收益的双赢行为,这也是国家大力推行这一政策的原因之一,能认识到这一点的养殖主体占63.61%。总体来看,有将近90%的被调查养殖主体认识到资源化利用行为可以产生收益,为后续说明其参与意愿提供基础。

在上述基础上,针对被调查生猪养殖主体参与意愿,设置"您是否愿意开展或继续开展粪污资源化利用活动"这一问题,选项按照李克特量表进行设置,共分五级,分别是:非常愿意、比较愿意、一般愿意、比较不愿意和非常不愿意,结果如表5-6所示。

表5-6 被调查者参与粪污资源化利用意愿情况

指标	非常愿意	比较愿意	一般愿意	比较不愿意	非常不愿意	总计
样本数量(个)	280	240	144	10	2	676
占比情况(%)	41.42	35.50	21.30	1.48	0.30	100.00

在统计结果中,98.22%的养殖主体表示愿意参与粪污资源化利用活动。按意愿强弱来看,从非常愿意到一般愿意,占比分别为41.42%、35.50%、21.30%。不愿意参与该活动的养殖主体仅占1.78%,说明养殖主体参与粪污资源化利用意愿普遍强烈。

5.2.2.2 样本行为选择情况

2017年发布的《畜禽粪污资源化利用行动方案(2017—2020)》,对各地区废弃物资源化利用模式给予参考。参考废弃物资源化利用模式,各地也根据自身实际情况,采取相应的资源化利用行为。目前,河北省生猪养殖行业废弃物资源化利用行为主要有还田、制沼气、生产有机肥等。通过调研和问卷回答情况统计,河北省生猪养殖主体资源化利用行为选择结果如表5-7所示。

表5-7 被调查主体粪污资源化利用行为选择情况(多选)

行为选择	样本数量(个)	占比情况(%)
丢弃	41	6.07
直接还田	535	79.14

续表

行为选择	样本数量（个）	占比情况（%）
制沼气	150	22.19
销售	97	14.35
制有机肥	111	16.42
其他	3	0.44

本题设置问题"您如何对待猪场内的粪污资源？"考虑到养殖主体可能会采用不止一种资源化利用方式，本题设置为多选。因此总计数量与总样本数量存在差别。在选项设置上，将除"丢弃"以外的其他选项都理解为养殖主体参与粪污资源化利用行为选择。

从表5-7中可以看到，选择将粪污资源"直接还田"的生猪养殖主体，占比79.14%；制沼气和有机肥的养殖主体分别占22.19%、16.42%；选择将粪污资源直接进行出售的，占比14.35%；选择丢弃粪污资源的，仅占6.07%。

与其他资源化利用行为相比，"直接还田"行为对于粪污资源化利用而言成本最为低廉，占比最高。一方面，可以实现粪污资源化利用，提高种植收益；另一方面，在不考虑测土配方技术这一前提下，操作也较为简单。占比其次的是"制沼气"和"制有机肥"。这两种行为可以为利用主体带来较大收益，但是往往需要较大设备和技术投入，成本都远超"直接还田"行为，通常具备一定规模和实力的养猪场会选择这两种行为。

5.2.3 生猪粪污资源化利用过程存在的问题

废弃物资源化利用作为国家大力推进的一项政策措施，成为以生猪养殖为代表的畜禽养殖业的一项重要任务。本书通过总结已有研究成果和实地调研结果，发现河北省生猪粪污资源化利用过程中存在以下问题。

5.2.3.1 生猪粪污总量大，存在潜在环境污染威胁

虽然省政府相关部门一直在推动整县资源化利用进程，但是河北省生猪养殖总基数大，给资源化利用行动推进带来一定压力。2018年河北省生猪年产粪便1 206万吨，尿液1 867万吨。一些地区基础配套设施落后，资源化利用能力有限，不能及时处理的粪污资源容易造成水、土和空气的污染，进一步影响生产生活环境。

5.2.3.2 资源化利用行为较为传统，资源化利用效率有待提升

直接还田是当前生猪养殖场（户）资源化利用的主要方式。根据问卷调查结果，79.14%的生猪养殖场（户）选择将粪污资源直接还田。而制沼气和制有机肥作为利用效率较高的资源化利用行为，合计占比不足40%，一定程度上造成了资源的浪费。

5.2.3.3 政策"奖惩"不对等，措施针对性有待提高

2016年来，国家和河北省政府共出台28项政策措施，支持生猪养殖场（户）开展资源化利用行动。然而，生猪养殖场（户）对于政府部门的高监管力度和较低的财政补贴力度反应十分强烈。对粪污资源利用不当的监管力度过大，加重了生猪养殖场（户）的经济负担和心理压力。补贴力度不足容易挫伤生猪养殖场（户）选择行为的积极性，不利于行动的长久开展。

鉴于上述情况，本书运用描述统计法对生猪养殖场（户）行为选择与问卷所涉及的各方面因素进行分析。在此基础上，运用多变量Probit回归模型，对生猪养殖场（户）采纳不同资源化行为考虑的影响因素进行实证分析。

5.3 生猪养殖场（户）粪污资源化利用行为的影响因素分析

生猪养殖场（户）是粪污资源化利用行动的主要参与主体和决策主体。生猪养殖场（户）依据实际情况，有效选择粪污资源化利用行为，不仅可以降低废弃物环境污染水平，而且能增加养殖收益。从不同特征角度出发，研究资源化利用行为的影响因素，可以为开展资源化利用行动提供助力。已有研究对于养殖主体选择某一行为的影响因素分析内容较为丰富，但是对生猪养殖场（户）选择不同资源化利用行为的影响因素的研究有待完善。基于此，本节首先对生猪养殖场（户）采纳行为与养殖户个人禀赋特征、养殖特征等进行描述性统计分析。随后通过建立多变量Probit回归模型，运用经济学知识和StataSE15.0分析工具，对河北省生猪养殖场（户）粪污资源化利用行为进行实证分析，探究不同利用行为的影响因素。

5.3.1 研究假设

分析框架如图 5-8 所示。

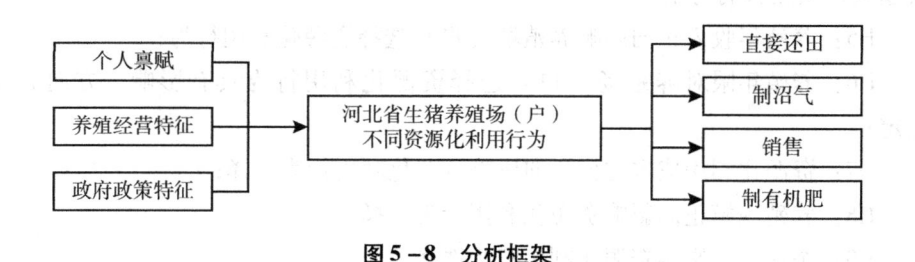

图 5-8 分析框架

5.3.1.1 生猪养殖场（户）个人禀赋特征方面

一般而言，养殖场（户）年龄越大，接受新鲜事物的能力会逐渐减弱，风险规避意识增强，在选择资源化利用行为时会更加谨慎，预测对直接还田行为影响为正，对其他行为影响为负；养殖场（户）学历不同，其风险认知和行为选择偏好存在一定差异，对于新鲜事物的接受和应用能力也会有所不同；任职经历是养殖场（户）社会资本及自身能力的重要体现。有过任职经历的养殖场（户），接触当前政策法规的意愿会更强，预测对资源化利用行为选择影响为正；风险意识是养殖场（户）面对挑战和机遇偏好程度的重要体现，风险偏好型养殖场（户）对于机遇和风险的把握会更加敏感，预测对行为选择影响为正。

H1：年龄正向影响养殖场（户）选择直接还田和销售行为，负向影响其他资源化利用行为；

H2：学历对资源化利用行为选择具有影响，但方向有待验证；

H3：任职经历对养殖场（户）选择资源化利用行为具有正向影响；

H4：风险意识正向影响养殖场（户）选择资源化利用行为。

5.3.1.2 养殖经营特征方面

一般来看，养殖年收入越高，养殖场（户）会愈加重视未来收益的变化，从而对于资源化利用行为选择的倾向会更强，预期影响为正；养殖年限越长，养殖场（户）对于生猪养殖的了解程度不断加深，风险规避意识也会不断提高，对于资源化利用行为的选择会更加谨慎，预测影响待定；资源化利用总成本占比越低，资源化利用带来的养殖负担会有所减少，养殖场（户）采用资源化利用行为的可能性就越大，预测为负向影响；养殖规模越大，养殖粪污造成的污染问题愈加明显，养殖场（户）选择资源化利用行为的可能性就越大，预测影响为正；企业性质是经营模式的一种细分，其集中程度越高，选择资源化利用行为的可能性就越大，预测影响为正。

H5：养殖年收入正向影响养殖场（户）选择资源化利用行为；

H6：养殖年限对养殖场（户）选择资源化利用行为具有影响，方向有待确定；

H7：资源化利用成本占比负向影响资源化利用行为选择；

H8：养殖规模正向影响资源化利用行为选择；

H9：企业正向影响资源化利用行为选择。

5.3.1.3 政府政策措施

政策特征中，选择政府开展的培训次数、政府补贴力度 2 个指标进行分析。政府开展的讲座和培训次数越多，养殖场（户）对资源化利用行为的理解越深刻，行为选择意愿会越强，预测影响为正；政府的财政补贴力度越大，养殖场（户）行为选择的积极性就越高，预测为正向影响。

H10：政府培训次数对养殖场（户）选择资源化利用行为影响为正；

H11：财政补贴力度对养殖场（户）选择资源化利用行为具有正向影响。

5.3.2 理论分析

本节旨在通过实证分析方法，了解河北省生猪养殖场（户）选择不同粪污资源化利用行为时的影响因素。根据生态经济协调发展理论和认知行为理论，河北省生猪养殖场（户）作为养殖经营主体的重要组成部分，符合理性"经济人"假设，即生猪养殖场（户）（以下简称养殖场（户））会在不违背市场既定规则这一前提下，寻求利益最大化。本书调查的养殖场（户）主要通过四种途径来利用粪污资源，可分为以下三类：一是直接还田。因节约成本，操作简单，成为大多数养殖场（户）的首要选择。但这一行为需要依靠大面积土地来消纳粪污资源。二是制沼气、制有机肥。这一消纳方式需要养殖场（户）具备一定养殖规模和经济实力，前者以养殖场（户）自产自用居多，后者多用于销售。三是销售。

销售指养殖场（户）直接将养殖过程中产生的粪污资源销售给第三方粪污资源加工企业，获得直接收益。综上所述，养殖场（户）在拥有足够土地或耕地时会优先考虑直接还田行为，可以同时实现"低成本＋利用"这一双重目标；反之，在相同条件下，为降低粪污处理和利用成本，销售行为将会成为养殖场（户）的主要选择。但当养殖场（户）具备一定经济基础，且养殖产生的粪污资源达到一定程度，受利益驱动、政策支持等因素的影响，制沼气和制有机肥行为会成为养殖场（户）资源化利用行为的选择内容。因此，养殖场（户）在选择粪污资源化利用时会受到主客观条件等多重因素的影响。为分析选择不同资源化利用行为时的影响因素，需要建立可以综合分析多变量影响的经济计量模型。

此外，在初步分析以及借鉴已有研究成果基础上，本书发现企业性质和养殖规模作为重要的养殖特征，会导致养殖场（户）在行为决策过程中产生差异。而在废弃物处理和资源化利用过程中，不同企业性质和养殖规模对养殖场（户）选择粪污资源化利用行为是否存在差异？针对这一问题，本书将在后文进行详细探讨。

5.3.3　模型构建及变量选择

养殖场（户）选择何种利用行为，会受到个人意愿、养殖经营情况、政府政策措施等综合因素的影响。为探究河北省生猪养殖场（户）选择直接还田，或销售，或制有机肥，或制沼气等不同资源化利用方式的影响因素，本书拟运用 Probit 回归模型进行分析。当运用简单二元 Probit 回归模型分析选择资源化利用行为时的影响因素时，由于养殖场（户）可能会同时选择多种资源化利用行为，部分潜在因素会使得模型的误差项产生相关关系，出现内生性问题，从而影响估计结果的准确性。因此，为解决误差项的相关性问题，在借鉴已有研究成果的基础上，本书选用多变量 Probit 模型分析选择不同资源化利用行为的影响因素。

模型表示如下：

$$Y_{i*} = \beta_i X + \mu_i \tag{5.1}$$

$$Y_i = \begin{cases} 1, & \text{若 } Y_{i*} > 0 \\ 0, & \text{其他} \end{cases} \tag{5.2}$$

式（5.1）和式（5.2）中，用 $i=1,2,3,4$ 分别表示是否直接还田，是否销售，是否制有机肥和是否制沼气 4 种资源化利用行为。Y_{i*} 表示无法观测的潜变量，Y_i 是结果变量，如果 $Y_{i*} > 0$，则 $Y_i = 1$，表示生猪养殖场（户）选择相应资源化利用行为；β_i 表示相关解释变量的回归系数，X 表示影响资源化利用行为的因素，是模型的解释变量；μ_i 为随机扰动项，服从均值为 0，协方差为 φ 的多元正态分布，即 $\mu_i \sim MVN(0, \varphi)$。协方差矩阵 φ 如下：

$$\varphi = \begin{cases} 1 & \rho_{12} & \rho_{13} & \rho_{14} \\ \rho_{12} & 1 & \rho_{23} & \rho_{24} \\ \rho_{13} & \rho_{23} & 1 & \rho_{34} \\ \rho_{14} & \rho_{24} & \rho_{34} & 1 \end{cases} \tag{5.3}$$

在式（5.3）中，非对角线上的元素代表 4 种资源化利用行为，4 个方程随机扰动项之间无法观测的联系。若对角线上元素不为 0，则表示四种资源化利用行为间存在一定关联效应，应采用多变量 Probit 模型进行估计。非对角线上的元素值大于 0 且显著，说明利用行为之间存在互补效应；反之，则说明利用行为间存在替代效应。

在总结既有研究成果基础上，结合此次调研数据与本节研究假设，本书研究设定的被解释变量为养殖场（户）不同资源化利用行为。本书涉及资源化利用行为主要有：直接还田（Y1）、制沼气（Y2）、销售（Y3）和制有机肥（Y4）。与粪污资源化利用行为相关的影响因素为解释变量，将解释变量具体分以下三方面进行讨论：

第一，养殖场（户）个人禀赋特征。个人禀赋特征方面，选择年龄（X1）、学历（X2）、任职经历（X3）和风险意识（X4）4 个指标进行衡量。

第二，养殖经营特征。养殖经营特征方面，选择年收入（X5）、养殖年限（X6）、资源化利用成本占比（X7）、养殖规模（X8）和企业性质（X9）5 个指标。

第三，政府政策措施。政府政策特征方面，选择政府培训次数（X10）、财政补贴力度（X11）2 个指标进行分析。

变量定义及选择说明如表 5-8 所示。

表 5-8　　变量定义及选择说明

指标	变量定义	变量取值	均值	标准差	最小值	最大值
粪污资源化利用行为	直接还田（Y1）	是 =1，否 =0	0.791	0.407	0	1
	制沼气（Y2）	是 =1，否 =0	0.222	0.416	0	1
	销售（Y3）	是 =1，否 =0	0.143	0.351	0	1
	制有机肥（Y4）	是 =1，否 =0	0.164	0.371	0	1

续表

指标	变量定义	变量取值	均值	标准差	最小值	最大值
个人禀赋特征	年龄（X1）	29岁以下=1，30~49岁=2，50~69岁=3	2.012	0.584	1	3
	学历（X2）	小学及以下=1，初中=2，高中=3，中职专科=4，本科及以上=5	3.383	1.177	1	5
	任职经历（X3）	是=1，否=0	1.411	0.742	0	1
	风险意识（X4）	风险偏好型=1，风险中立型=2，风险保守型=3	1.404	0.622	1	3
养殖经营特征	年收入（X5）	100万元以下=1，100万~300万元=2，300万~500万元=3，500万元以上=4	1.645	1.033	1	4
	养殖年限（X6）	7年以下=1，7~10年=2，10~15年=3，15年以上=4	2.351	1.057	1	4
	资源化利用成本占比（X7）	20%以下=1，20%~40%=2，40%~60%=3，60%以上=4	1.226	0.449	1	4
	养殖规模（X8）	7年及以下=1，7~10年（含10年）=2，10~15年（含15年）=3，15~30年（含30年）=4	2.351	1.057	1	4
	企业性质（X9）	个体经营=1，合作社经营=2，企业经营=3，其他=4	2.161	1.035	1	4
政府政策特征	政府培训次数（X10）	非常多=1，比较多=2，一般=3，比较少=4，非常少=5	2.888	1.042	1	5
	财政补贴力度（X11）	非常大=1，比较大=2，一般大=3，比较不大=4，非常不大=5	3.645	1.227	1	5

5.3.4 计量结果分析

在模型回归之前，需要对拟选择变量进行检测。由于模型所用数据为截面数据，所以需检测变量是否存在多重共线问题。本书运用 Stata15.1 计量工具进行检验，结果如表5-9所示，容差取值均在0.1以上，VIF<10。由此可知，研究所用变量不存在严重多重共线性。

表5-9 变量方差膨胀因子检验结果

变量名称	VIF	1/VIF	变量名称	VIF	1/VIF
年龄	1.490	0.673	资源化利用成本占比	1.110	0.902
学历	1.780	0.561	养殖规模	2.170	0.460
任职经历	1.290	0.777	企业性质	1.540	0.651
风险意识	1.160	0.863	政府培训次数	1.340	0.748
年收入	1.980	0.506	财政补贴力度	1.290	0.774
养殖年限	1.180	0.845			

在因变量相关性检验当中，LR chi2(3)=57.63，P值等于0，说明在1%的水平上，生猪养殖场（户）不同资源化利用行为选择间具有相关性。根据表5-10结果可知，行为1（直接还田）和行为2（制沼气）、行为4（制有机肥）在1%水平上显著，且均为负相关关系。这说明直接还田行为和制沼气、制有机肥行为存在明显替代关系。行为2（制沼气）和行为4（制有机肥）在1%水平上显著，呈正相关关系。这说明生猪养殖场（户）在选择将粪污资源制成沼气时，也会考虑制有机肥这一行为。在现实当中，制沼气过程中产生的沼渣通常是有机肥生产过程中的主要原料。两种行为具有互补性。上述结果表明，养殖场（户）在具体选择资源化利用行为时，会受到与之相关行为的影响。

表5-10 因变量自相关性检验结果

项目	行为1	行为2	行为3	行为4
行为1	1.000			
行为2	-0.252*** (0.000)	1.000		
行为3	-0.0287 (0.456)	-0.066 (0.0852)	1.000	
行为4	-0.205*** (0.000)	0.138*** (0.000)	0.024 (0.5401)	1.000

注：***、**、*分别表示在1%、5%、10%水平下显著，括号内数值为P值。

根据模型回归结果（见表5-11），模型整体拟合度较好。LR chi2依次为

103.97、78.20、70.86、68.39，Prob > chi2 值均小于 0.01，说明系数至少有一个不为 0，模型显著有效。回归结果表明：养殖场（户）选择不同的资源化利用行为会受到年龄、学历、任职经历、年收入、养殖年限、资源化利用成本占比、养殖规模、企业性质、政府培训次数以及财政补贴力度的影响。

表 5–11 模型回归结果

指标	直接还田（Y1）		制沼气（Y2）		销售（Y3）		制有机肥（Y4）	
	系数	标准误	系数	标准误	系数	标准误	系数	标准误
年龄（X1）	0.196	0.114	-0.167	0.162	0.496***	0.000	-0.404***	0.003
学历（X2）	0.140**	0.038	0.126*	0.055	0.364***	0.000	0.252***	0.000
任职经历（X3）	-0.029	0.734	0.479***	0.000	-0.158	0.125	0.125	0.178
风险意识（X4）	0.143	0.184	-0.178*	0.080	0.051	0.649	0.051	0.619
年收入（X5）	-0.231***	0.003	0.202***	0.007	-0.145	0.109	-0.320***	0.000
养殖年限（X6）	-0.145**	0.025	0.272***	0.000	0.081	0.213	0.181***	0.004
资源化利用成本占比（X7）	-0.408***	0.002	-0.311**	0.031	0.583***	0.000	0.392***	0.003
养殖规模（X8）	0.080	0.356	-0.073	0.387	0.062	0.513	0.235***	0.008
企业性质（X9）	-0.218***	0.002	0.035	0.621	0.004	0.963	0.164**	0.023
培训次数（X10）	-0.425***	0.000	-0.176***	0.006	0.050	0.460	0.155**	0.019
财政补贴力度（X11）	0.135**	0.025	0.102*	0.058	0.241***	0.000	0.165***	0.004

注：***、**、* 分别表示在 1%、5%、10% 水平下显著，括号内数值为 P 值。

结合不同行为选择内容及实际情况，分析如下：

不同的资源化利用行为会受到个人禀赋、养殖经营和政府政策特征的综合影响。直接还田对于养殖场（户）而言是操作最为便捷的方式。养殖场（户）学历水平越高，受到的政策补贴力度越大，对直接还田的正向影响越明显；而随着养殖场（户）养殖年收入、养殖年限和资源化利用成本占比等因素的增加，其获得的经济效益会有所减少，对直接还田的负向影响更为明显；制沼气行为前期投入较大，但长期实施能带来较为可观的经济效益。养殖场（户）的养殖实力越强、养殖经验越丰富，学历水平越高以及具备任职经历会正向影响其选择制沼气行为；而风险意识对制沼气行为的负向影响更为明显，说明决策比较谨慎的养殖场（户）不倾向于选择制沼气行为；养殖场（户）年龄、学历水平、资源化利用成本占比以及财政补贴力度越大，则越倾向于选择销售这一实施较为简便的行为；制有机肥作为一种新兴的资源化利用行为，受到相关政府部门的大力宣传和推广，并且随着养殖场（户）养殖规模的扩大，养殖专业性的提升，对该行为的正向影响愈加明显；而随着养殖场（户）年龄增大、身体素质下降，补贴力度不足则不利于制有机肥行为的开展。

5.4 不同情境下生猪养殖场（户）资源化利用行为差异分析

由于养殖场（户）本身行为比较复杂，为进一步了解养殖场（户）资源化利用行为参与情况，需要考虑调节变量，分析不同情境模式下行为是否存在差异。本节在借鉴既有研究成果及上节实证分析基础上，将是否采用现代企业经营制度和养殖规模分别作为调节变量，对这一问题进行探讨。调节变量通常用来衡量因变量和自变量关系的强弱或正负，被广泛应用于各学科领域的实证研究当中。已有研究对于引入调节变量分析参与者行为及其影响因素方面做了较为深入的探讨。

企业经营制度和养殖规模是分析养殖经营特征的重要指标。当养殖场（户）企业经营集中度处于较低水平，或养殖场（户）本身养殖规模较小但可以充分利用土地或自身也在从事种植业时，其更倾向于将粪污资源直接还田。一方面可以为土壤提供肥料，另一方面可以最便捷地实现粪污资源利用这一目标。当养殖场（户）企业经营集中程度处于较高水平，或为较大规模养殖场（户）时，还田行为不足以消纳所有粪污资源，那么将粪污资源销售给第三方或制成沼气、有机肥便成为可参考的选择。同后两者相比，销售对于土地较少或没有土地的养殖场（户）来说，能够为其带来直接收益，还能降低处理成本，但是这一行为无法使其享受粪污资源的深层价值。制沼气或制有机肥可以更加充分地利用粪污资源，但是对设备、资金、技术等投入都有较高要求。

5.4.1 假设及理论分析

在上述实证分析的基础上，引入调节变量，一方面，分析采用现代企业经营制度和不同养殖规模情境下养殖场（户）行为选择是否存在差异，以及差异产生的影响因素；另一方面，实证结果可以为第一部分的实证分析提供佐证。本节沿用认知行为理论，基于已有研究成果结论，认为是否采用现代企业经营制度和不同养殖规模下,养殖场(户)行为选择存在差异,差异影响因素与上一节实证结果相符。

Ha:是否采用现代企业经营制度,养殖场(户)行为选择存在差异;

Hb:不同养殖规模下,养殖场(户)行为选择存在差异。

5.4.2 变量选择

为更加直观、准确了解养殖场(户)资源化利用行为的差异,本书对因变量和调节变量设定进行了调整,如表 5-12 所示。自变量选择沿用上一节实证分析所用变量。

由于直接还田行为和销售行为在实施过程中难以实现粪污资源的深层价值,故将调查样本中的直接还田行为和销售行为进行合并,将以上两种行为定义为"低效率资源化利用行为";同理,由于制沼气和制有机肥行为可以实现粪污资源的深化利用,将二者定义为"高效率资源化利用行为"。

对于企业经营制度,由于样本中合作经营和其他经营模式填写结果较少,直接进行回归,模型未实现有效收敛,不能说明问题。为考察企业经营制度的作用,将合作经营结果纳入企业经营结果中,定义为"采取现代化企业经营制度";将其他经营结果纳入个体经营结果中,定义为"未采取现代化企业经营制度"。

原养殖规模分类下,出现模型不收敛问题。考虑到当前资源化利用行动实际,规模养殖场(户)在资源化利用过程中更易受到政府等相关部门的关注,行为选择更具代表性。故将养殖模式中的散户结果纳入小规模结果中,中规模和大规模结果保持不变。

表 5-12　　　　　　　　因变量和调节变量调整说明

指标	变量定义	变量取值	均值	标准差	最小值	最大值
因变量	低效	是 = 1,否 = 0	0.825	0.380	0	1
	高效	是 = 1,否 = 0	0.324	0.468	0	1
调节变量	企业经营制度(TJ)	未采用现代化经营方式 = 0,采取现代化经营方式 = 1	0.537	0.499	0	1
	养殖规模(TJ)	小规模 = 1,中规模 = 2,大规模 = 3	1.805	0.774	1	3

5.4.3 模型设定

本节研究的因变量为重新进行分组的资源化利用行为,即"低效率资源化利用行为"和"高效率资源化利用行为"。将企业经营制度和养殖规模分别引入二元 Logistic 回归模型中,模型设定如下:

$$\text{Ln}\left[\frac{p_1}{1-p_1}\right] = \alpha_1 + \beta_{11}X_1 + \cdots + \beta_{1n}X_n \tag{5.4}$$

$$\text{Ln}\left[\frac{p_2}{1-p_2}\right] = \alpha_2 + \beta_{21}X_1 + \cdots + \beta_{2n}X_n \tag{5.5}$$

式(5.4)和式(5.5)中,p_1 代表低效率资源化利用行为的取值概论水平,p_2 代表高效率资源化利用行为的取值概论水平,β 为代估参数,X 为养殖场(户)资源化利用行为选择的影响因素,n 为影响因素个数。

5.4.4 不同企业经营制度条件下生猪养殖场(户)资源化利用行为差异分析

通过对是否采用现代企业经营制度与养殖场(户)资源化利用行为进行交叉列表分析,如表 5-13 所示,卡方值为 30.422,通过 1% 显著性水平检验。上述结果表明,采取现代化企业经营制度与未采取现代化企业经营制度的养殖场(户)资源化利用行为存在显著差异。以高效率资源化利用行为为例,采取现代化企业经营制度和未采取现代化企业经营制度的比例分别为 76.27%、23.73%,说明采取现代化企业经营制度的养殖场(户)是制沼气和制有机肥类高效率资源化利用行为的主要参与者。接受 Ha 假设。

为进一步了解是否采取现代化企业经营制度不同情况下,资源化利用行为差异的影响因素,本节将养殖场(户)资源化利用行为影响因素按照是否采取现代化企业经营制度进行多元无序 Logistic 回归分析,LR chi2 依次为 26.99、72.96、55.37、64.74,Prob>chi2 均小于 0.01,说明系数至少有一个不为 0,模型显著有效。结果如表 5-14 所示。

表 5-13　是否采用现代企业经营制度不同情况下养殖场（户）资源化利用行为差异

指标	企业经营制度				合计	
	未采取现代化企业经营制度		采取现代化企业经营制度			
	频数	占比（%）	频数	占比（%）	频数	占比（%）
低效率资源化利用行为	288	51.61	270	48.39	558	100.00
高效率资源化利用行为	28	23.73	90	76.27	118	100.00
合计	316	46.75	360	53.25	676	100.00
	chi2 = 30.422					
	P = 0.000					

表 5-14　是否采用现代企业经营制度不同情况下生猪养殖场（户）资源化利用行为多元回归系数结果

指标	未采取现代化经营方式				采取现代化经营方式			
	模型1		模型2		模型1		模型2	
	系数	标准误	系数	标准误	系数	标准误	系数	标准误
年龄	-0.294	0.622	-0.663*	0.076	0.541**	0.038	-0.466**	0.049
学历	-0.141	0.642	-0.318*	0.089	0.614***	0.000	0.474***	0.000
任职经历	0.258	0.479	-0.725***	0.002	0.486***	0.027	0.981***	0.000
风险意识	0.000	0.999	-0.023	0.924	-0.026	0.924	-0.448*	0.077
年收入	0.060	0.899	-0.633	0.143	-0.573***	0.001	-0.020	0.887
养殖年限	-0.636**	0.016	1.072***	0.000	-0.120	0.394	0.329**	0.010
资源化利用成本占比	-0.810*	0.065	0.237	0.448	-0.582*	0.093	0.370	0.231
养殖规模	0.229	0.511	0.003	0.989	-0.067	0.762	0.393**	0.037
政府培训次数	-0.013	0.964	-0.371**	0.048	-0.735***	0.000	0.199	0.148
财政补贴力度	0.669***	0.002	0.280**	0.049	-0.007	0.962	0.391***	0.002

注：***、**、*分别表示在1%、5%、10%水平下显著。

是否采用现代企业经营制度不同情况下，养殖场（户）行为选择存在差异。未采取现代企业经营制度的养殖场（户）在选择资源化利用行为时，由于企业经营制度较为松散，行为选择受养殖场（户）个人能力的影响更为明显。因此，行为选择受养殖场（户）年龄、学历、任职经历、养殖年限、资源化利用成本占比、政府培训次数以及财政补贴力度的影响较为明显，养殖规模对该企业经营制度下的行为选择无影响；而采取现代企业经营制度的养殖场（户）在选择行为时，对行为的长远收益以及风险程度认识较高。因此，与未采取现代企业经营制度的养殖场（户）相比，年收入和风险意识对采取现代企业经营制度的养殖场（户）在行为选择时具有显著影响。

5.4.5 不同养殖规模下生猪养殖场（户）资源化利用行为差异分析

通过对不同养殖规模与生猪养殖场（户）资源化利用行为进行交叉列表分析，如表 5-15 所示，卡方值为 53.742，通过 1% 显著性水平检验。上述结果表明，不同养殖规模下，生猪养殖场（户）资源化利用行为存在显著差异。接受 Hb 假设。

表 5-15　不同养殖规模下生猪养殖场（户）资源化利用行为差异

变量	养殖规模						合计	
	小规模		中规模		大规模			
	频数	占比（%）	频数	占比（%）	频数	占比（%）	频数	占比（%）
低效率资源化利用行为	248	44.44	217	38.89	93	16.67	558	82.54
高效率资源化利用行为	33	27.97	29	24.58	56	47.46	118	17.46
合计	281	41.57	246	36.39	149	22.04	676	100.00
chi2 = 53.742								
P = 0.000								

为进一步了解不同养殖规模下资源化利用行为差异的影响因素，本节沿用多元无序 Logistic 分析方法将生猪养殖场（户）资源化利用行为影响因素按照养殖规模分组进行分析，LR chi2 依次为 34.37、83.37、106.80、47.14、70.20、114.39，Prob > chi2 均小于 0.01，说明系数至少有一个不为 0，模型显著有效。结果如表 5-16 所示。

表 5-16 不同养殖规模下生猪养殖场（户）资源化利用行为多元回归系数结果

指标	小规模 模型1 系数	小规模 模型1 标准误	小规模 模型2 系数	小规模 模型2 标准误	中规模 模型1 系数	中规模 模型1 标准误	中规模 模型2 系数	中规模 模型2 标准误	大规模 模型1 系数	大规模 模型1 标准误	大规模 模型2 系数	大规模 模型2 标准误
年龄	1.055*	0.068	-0.779*	0.067	-2.346**	0.019	0.942*	0.059	1.048**	0.024	-3.472***	0.000
学历	-0.190	0.563	0.481**	0.022	0.600	0.110	0.432**	0.019	1.812***	0.000	1.947***	0.000
任职经历	0.235	0.477	1.134***	0.000	3.564***	0.002	-0.217	0.595	2.013***	0.000	4.159***	0.000
风险意识	-0.289	0.439	-0.012	0.960	-0.946	0.118	0.124	0.734	-0.613	0.590	-1.155	0.458
年收入	-0.549	0.462	-2.122**	0.004	-3.372***	0.000	0.446	0.174	-0.150	0.500	-0.064	0.845
养殖年限	-0.678**	0.015	1.059***	0.000	0.752**	0.032	0.674***	0.001	0.522*	0.086	-0.846**	0.032
资源化利用成本占比	-2.242***	0.001	-0.134	0.778	-0.583	0.379	0.492	0.259	-0.279	0.644	1.233*	0.082
企业性质	-0.212	0.369	0.026	0.888	-0.688*	0.068	0.642***	0.003	0.095	0.935	0.501	0.769
政府培训次数	-0.538**	0.046	-0.687***	0.001	-0.532	0.147	0.061	0.777	-1.345***	0.000	1.814***	0.000
财政补贴力度	0.564**	0.012	0.734***	0.000	0.607*	0.074	0.445**	0.018	1.203***	0.001	1.410***	0.000

注：***、**、*分别表示在1%、5%、10%水平下显著。

不同养殖规模下,养殖场(户)行为选择存在差异。小规模养殖情况下,影响养殖场(户)选择低效行为或高效行为的影响因素主要有学历、任职经历、年收入和资源化利用成本占比。由于养殖规模较小,养殖场(户)整体养殖水平有限,资源化利用行为大多处于初级水平,行为决策受养殖经验影响明显。财政补贴力度能够促进不同规模养殖场(户)选择高效率资源化利用行为;中规模养殖情况下,企业性质和粪污数量的规模效应逐渐显现,养殖场(户)选择低效率资源化利用行为的意愿不断降低。与之相对应的是,养殖场(户)的养殖年限越长,选择高效率资源化利用行为的信心会越强;大规模养殖情况下,随着养殖场(户)年龄不断增加,学历水平不断提高,养殖经验愈加丰富,其选择高效率资源化利用行为的意愿不断增强。

5.5 对策建议

5.5.1 提升养殖主体综合素质

当前部分养殖场(户)对生猪养殖粪污造成的污染问题不够重视,导致污染扩大化,环境污染程度加深。粪污资源化利用行动是发展现代畜牧业,建设美丽乡村的重要途径,养殖场(户)必须提高自身素质,提高对资源化利用和无害化处理等环节的重视。

一方面,鼓励养殖场(户)通过各种渠道,学习和了解当前与废弃物资源化利用活动相关的政策和开展情况,努力提高自身的业务水平和相关知识储备。通过学习相关内容,养殖场(户)能够进一步了解资源化利用活动,在此基础上结合养殖实际有利于帮助主体选择更加适合的粪污资源化利用方式。

另一方面,养殖场(户)之间就资源化利用活动进行及时交流和沟通,能够解决当前资源化利用活动开展过程中存在的问题,进一步推进相关活动的深入开展,提高养殖主体的经济收益和环境收益,从而巩固资源化利用活动在养殖场(户)心中的地位。

5.5.2 发挥专业群体带动作用

专业人才主要包括具备专业技能的养殖技术者和具备丰富管理经验的管理者。在资源化利用层面，引进具备相关经验的高素质专业人才，能够为生猪养殖场（户）开展粪污资源化利用提供技术和管理支撑。

一方面，通过设立阶段性资源化利用目标，逐步提升养殖粪污资源化利用能力和水平。针对当前养殖场（户）粪污资源化利用现实状况，具备专业技能的养殖技术人员可以根据当前养殖实际，找到养殖过程中的科学问题，从而制定可实施利用的规划，不断提升粪污资源化水平。

另一方面，推进养殖模式优化升级，向现代化企业经营管理模式靠拢。在非洲猪瘟疫情发生后，大中规模养殖逐渐成为生猪养殖的主要形式。在此形势下，小规模生猪养殖场（户）需要对原有粪污资源化利用活动做出相应调整。聘请具备丰富管理经验的管理者可以有效帮助小规模养殖场（户）完成这一特殊时期的过渡，促进养殖模式的优化升级。同时，还可以帮助养殖主体发现当前养殖经营中的问题，为发展现代化养殖提供助力。

5.5.3 强化主体合作资源互补

通过与同等养殖规模或具有相似养殖情况的养殖场（户）在粪污资源化利用方面进行合作，可以充分发挥双方优势，取长补短。例如，具有较多农田或耕地的散养户与就近的小规模养殖场（户）进行合作，消纳小规模养殖场的多余粪污资源，既能保证土地种植所需的肥料，又能实现利用粪污资源这一目标；大中型规模养殖场可以通过"以大带小"、提供技术支持等措施来带动小规模养殖场（户）和散养户协同发展。一方面可以提高行业整体资源化利用能力；另一方面可以提升帮扶企业的行业影响力，建立良好的行业口碑。

5.5.4 拓宽资源化利用宣传渠道

一方面，宣传措施要"对症下药"。由于受 2018 年暴发的非洲猪瘟疫情、2020 年暴发的新冠肺炎疫情影响，生猪乃至整个畜牧业的养殖环境日益复杂。

面对养殖场（户）身份复杂多样且数量又在不断增加这一现实情况，既要完成宣传生猪安全养殖、推进资源化利用的任务，又要考虑不同类型生猪养殖场（户）对所宣传内容的客观需求。主要选择传统资源化利用行为（如直接还田）的养殖场（户）对新型资源化利用行为（如制有机肥）的相关内容较为感兴趣。正在采用制有机肥或制沼气行为的养殖场（户），对如何降低成本、提高粪污资源利用效率等相关内容较为感兴趣。"对症下药"才能使宣传起到应有效果。

另一方面，对于处在不同阶段的生猪养殖场（户），也要考虑选择不同的宣传方式，区别对待。对于年龄较大、文化程度相对较低的养殖场（户），深入养殖场所、面对面的宣传方式会更加有效；而对于中青年或文化程度相对较高的群体，微信推文、视频会议等形式都能发挥应有作用。

5.5.5 对接养殖主体政策需求

政府要进一步增加对制沼气和制有机肥等高效率资源化利用行为的补贴力度，因势利导，创造条件。目前，养殖场（户）对于参与资源化利用活动积极性较高，但是碍于资源化利用核心技术和实施成本的限制，使得制沼气和制有机肥等高效率利用活动难以大范围开展。因此，政府部门要搭建起技术供给方与养殖场（户）间的桥梁，推动资源化利用技术向下游移动。

当前，制沼气和制有机肥行为实施阻力较大，除了养殖场（户）自身养殖规模和养殖能力的限制外，政策与养殖场（户）的实际需求也有待平衡。目前河北省生猪养殖场（户）诉求较多的政策包括：恢复生猪生产的启动资金支持、生物安全建设资金、能繁母猪补贴土地支持、自然灾害补贴等。针对不同规模、不同类型的养殖场（户），制定不同的行为选择参考意见。充分发挥养殖场（户）能动性，让政策真正"走到"养殖环节当中。同时，在政策开展过程中，要注重公平，做到一视同仁。

此外，对于积极申请开展资源化利用活动的主体，政府相关部门可以根据实际情况，不同程度地简化相关审批手续，充分利用网络理政等快捷方式为养殖场（户）提供便利条件，提高效率。对于位置偏远、条件不便的养殖地区，可根据实际情况开展定期定点服务项目，切实推进资源化利用技术全面开展。

5.5.6 完善多方监督管理机制

在粪污资源化利用行为开展过程中，对于养殖场（户）随意堆置粪污、环境污染超标不治理等行为，要本着"劝导为主、惩戒为辅"的原则，对不符合粪污处理规定的行为进行处罚，并告知其资源化利用行为的长远意义；对积极参与利用活动的养殖场（户），政府部门应给予肯定，并在土地征用、粪污处理设备升级改造、提供环保设备等方面给予优先支持；对资源化利用成效良好的养殖场（户），可以做成典型案例进行推广。

第 6 章

河北省市场畜产品品牌现状调查及问题分析

河北省区位因素优越，有极其便利的交通，多样化的地理、植被环境，平原面积有 81 459 平方公里，占河北省总面积的 43.4%，是条件优良的畜产品生产大省。为深入了解河北省畜产品品牌，本书课题组于 2017~2019 年在河北省范围内开展了相关的调研活动。调研范围涉及唐山市、保定市、石家庄市、邢台市、邯郸市的 50 家超市、农贸市场、生鲜店铺，采集品牌 397 个，1 205 个次，参加京津冀畜产品会议 5 次。通过实地调研和对文献记载进行梳理，分析河北省市场畜产品品牌的现状及问题。

6.1 河北省市场畜产品品牌调查

河北省根据《河北省消费品标准和质量提升规划（2016—2020 年）》打造知名品牌。2020 年，河北省知名品牌达 800 个以上。虽然河北省 2016 年开始打造知名品牌，但是在申请方式和申请时间上对现阶段河北省品牌发展缺乏借鉴作用；在品牌调研中缺乏真实客观的比对，因此，仍以著名品牌与采集品牌做比对，以便切实发现畜产品品牌市场中的问题。河北省畜产品市场可以根据品牌分为驰名品牌、著名品牌、地理标志三大类。据河北省商标协会统计，截至 2016 年，河北省有效注册商标突破 25 万件，中国驰名商标 270 件，河北省著名品牌 1 900 个，地理标志产品 47 件。截至 2020 年，河北省有效注册商标达 74.8 万件，与 2016 年相比，增长了约 200%，说明企业提高了对商标的重视程度。截至 2008 年，河北省的畜产品驰名商标仅有三鹿一件，属于第 29 类商标。1999~

2016 年，河北省本地畜产品驰名商标共有 10 件，著名商标有 24 件，地理标志品牌有 1 件，可以看出，2016 年以前河北省的畜产品品牌发展较为缓慢；2017 年由于政策、市场等的需要，品牌数量快速增长，但是知名品牌仍然以老品牌为主，新品牌发展缓慢。品牌发展既要兼顾品牌的知名度，又要通过品牌体现质量，这样才能在未来畜产品市场中提供更多的商誉保障，使畜产品品牌发展稳中求进。

6.1.1 河北省市场畜产品品牌调查

对河北省畜产品品牌进行调研，共采集品牌 397 个，1 205 个次。畜产品品牌大致可分为三类：肉类品牌、蛋类品牌、奶类品牌，所以本章主要对肉、蛋、奶三类品牌进行研究。

6.1.1.1 肉类品牌

在肉类品牌调查中共统计出肉类品牌 154 个，477 个次，按照销售因素可以将肉类品牌分为三类：猪肉、牛羊肉和预包装熟食类产品。这三类肉类在销售区域、销售形式、消费者方面都有自身特点。因此，从这个角度分类，有助于对肉类品牌发展进行分析。

通过市场调查和品牌检索，能够找到以下肉类品牌（见表 6-1）。在市场调查中发现，超市和农贸市场中肉类品牌较为单一，虽然经营者拥有防疫、食品等合格证，拥有自己稳定的客源，但是品牌观念较淡薄，以口碑效应发展为主，很难在市场中形成品牌。

表 6-1　　　　　　　　　　　　部分肉类品牌

类别	品牌名称
肉类品牌	双汇、众品、千喜鹤、金锣、雨润、大红门、双鸽、五肉联、超市自营冷鲜肉（19 家）、美好、金忠、志元、家佳康、唐人神、得利斯、鹏程、龙大、喜旺、皇上皇、广弘、江泉、宝迪、资源、高金、U 鲜、恒都牛肉、中润鲜鸡、湘佳生鲜、石家庄信念、中达食品、馆陶有机食品、有盼头、玖兴鸡肉、五花头、明眷土猪、蒙容牛肉、伊佳、伊知源、莲池、直隶土、福德一品鲜、正大食品、天玛生态、本家牛肉、雏鹰农牧集团、民品冷鲜肉、中润长江、伊盛金牛、福顺、伊塞牛肉、科尔沁牛肉、利源牛肉、六泉牛肉

肉类驰名品牌（见表 6-2）在河北省驰名品牌总数中仅占 2.59%，可见河

北省肉类驰名品牌数量在省驰名品牌中占比较少。肉类驰名品牌占河北省畜产品驰名品牌的一半以上，但市场出现率都不高。山东省驰名商标达到351件，且肉类驰名品牌达到12件，其中金锣、得利斯在河北省超市的占有率较高。金锣在50个调研地点中出现率为58%，得利斯的出现率较少，约为14%，而双鸽（SHG）出现率仅32%，低于外地肉类品牌，其他6个品牌均没有在50个调研地点中出现，从而可知市场占有率也是影响品牌发展的一个重要因素。

表6-2　　　　　　　　　　河北省驰名肉类品牌情况

序号	品牌	公司名称	产品	商标号	年份	区域
1	鑫安	三河市鑫兴肉类有限公司	肉、肉片	29	2015	廊坊
2	吴氏润安	河北吴氏润康牧业股份有限公司	活动物	31	2015	邯郸
3	美客多	河北美客多食品集团有限公司	猪肉食品、鱼制食品、牛奶制品	29	2014	唐山
4	SHG	石家庄双鸽食品有限责任公司	熟肉制品、烧鸡	29	2011	石家庄
5	又一家	河北又一家饮食服务有限责任公司	非活家禽	29	2011	廊坊
6	华裕	河北华裕家禽育种有限公司	种家禽、活家禽	31	2013	邯郸
7	福成	河北福成五丰食品股份有限公司	肉、加工过的肉	29	2006	廊坊

由于现阶段河北省知名品牌总量较少，缺乏品牌的客观比较，所以使用2016年河北商标协会统计的河北省著名品牌1 900件进行比对。河北省著名品牌中肉类著名品牌有13件（见表6-3），占全省著名品牌的0.6%，在调研中玖兴出现过3次，出现率仅为6%。可见著名品牌虽然数量较多，但是在市场竞争中占有率较低，因此品牌发展应该注重区域影响和市场的不对称发展，只有这样才能够提高市场占有率，促进品牌的发展。

表6-3　　　　　　　　　　河北省著名肉类品牌

序号	品牌	公司	产品	年份	区域
1	福泽Fuze（及图）	隆化县子泽畜牧繁育有限公司	肉、肉干、腌腊肉	2015	承德
2	搴加惠	邯郸市天盈畜牧养殖有限公司	猪肉食品、肉、猪肉	2015	邯郸
3	第10364443号图形	河北吴氏润康牧业股份有限公司	活动物种猪	2015	邯郸
4	吉翠源拼JICUIYUAN图	河北连生农业开发有限公司	肉、肉片	2015	保定

续表

序号	品牌	公司	产品	年份	区域
5	御赐奇美 YuCiQiMe	沧州御赐奇美食品有限公司	火腿、香肠、风肠	2015	沧州
6	千隆 QIANLONG（及图）	河北千隆食品有限公司	猪肉食品	2014	沧州
7	绩丰	青县同兴养猪专业合作社	肉、猪肉食品	2014	沧州
8	8128093 号图形	行唐县鸿鑫食品有限公司	肉	2014	石家庄
9	凯隆达	河北凯隆达食品有限公司	肉	2014	石家庄
10	新洁 XINJIE（及图）	张家口市新正食品有限公司	猪肉食品、火腿、死家禽	2014	张家口
11	三融 SANRONG（及图）	承德三融畜牧发展有限公司	肉、死家禽	2014	承德
12	第 6912241 号图形	承德牧原生态食品开发有限公司	肉、冻肉	2014	衡水
13	玖兴	河北玖兴农牧发展有限公司	肉、家禽	2007	保定

通过对牛羊肉市场调研发现，牛羊肉市场以清真为主，为方便了解牛羊肉品牌市场对产品的影响，在分类中未区分非清真类与清真类食品。相对来说，清真品牌较少，牛羊肉品牌比较单一。在未来的品牌发展中，可以针对这一情况，增强清真产品的品牌化。

通过对预包装肉类品牌的分析，可以对肉类产品品牌进行综合比较，预包装肉类与其他肉类相比具有携带方便、保存时间长等特点。市场中预包装肉类产品品牌数量较多，品种丰富。在市场调研中对预包装肉类品牌进行采集（见表 6-4），发现预包装肉类品牌中熟食为畅销产品，因此对预包装熟食进行分析，可以清晰了解品牌在市场竞争中的情况。

表 6-4　　　　　　　河北省部分预包装肉类产品品牌情况

地区	品牌名称
河北省	万里香、香宇、向妈妈、施尔得、金锣、雨润、旺润、林道斯、双汇、五贤斋、远客行、利贞、辰润、德州、恒慧、每日好、家顺康、安康、雨润、日胜斋、万威客、惠宜、月盛斋、法立得羔羊肉、玉田烧鸡、向妈妈、天瑞祥、馨香、晟月斋、泰森、圣农、恒都牛肉、科尔沁、双汇、新元、荷美尔

6.1.1.2　蛋类品牌

因现阶段河北省知名品牌总量较少，缺乏品牌的客观比较，所以使用 2016

年河北省商标协会统计的1900件河北省著名品牌进行比对。在蛋类品牌市场调查中，共发现品牌115个，201个次，无蛋类驰名品牌。河北省47个地理标志产品中，仅有1件产品属于蛋类（见表6-5），其建立时间距今已10余年。调研中未发现该品牌。

表6-5　　　　　　　　　　河北省蛋产品地理标志品牌

品牌	公司	产品	商标号	时间	区域
白洋淀鸭蛋	安新县白洋淀鸭蛋制品行业协会	鸭蛋	29	2008	保定

河北省蛋品牌中有9件著名品牌（见表6-6），占河北省著名畜产品品牌的33.33%，占河北省著名品牌总数的0.5%，占调研总数的5.0%。虽然河北省蛋产量在全国排名稳居第三位，但因生产、保存、运输等问题，导致蛋类品牌发展比较缓慢，调研中发现有包装的蛋产品有不同品牌，而散鸡蛋大多无品牌，所以根据这一特点，蛋类品牌发展可从宣传蛋产业文化、推动产品升级入手。

表6-6　　　　　　　　　　河北省著名蛋品牌

序号	品牌	公司	产品	时间	区域
1	邯成	邯郸市爱臣生态养殖园	孵化蛋（已受精）	2015	邯郸
2	喜丹	成安县金喜丹食品厂	蛋、咸蛋、皮蛋（松花蛋）	2015	邯郸
3	丹珠	河北蹦蹦跳牧业有限公司	蛋	2015	邯郸
4	吉翠源	肃宁县恒鑫养殖专业合作社	蛋、咸蛋、腌制蔬菜	2015	沧州
5	羽顺	青县鸿运禽业养殖专业服务合作社	蛋、咸蛋	2015	沧州
6	鑫唐	唐山市曹妃甸区鑫诚养殖场	蛋	2014	唐山
7	土妞	昌黎县北农大爱鸡养殖专业合作社	蛋	2014	秦皇岛
8	臻蛋阁	廊坊美好畜牧养殖股份有限公司	蛋	2014	廊坊
9	凤儀园	枣强县健婷土鸡养殖专业合作社	蛋	2014	衡水

6.1.1.3　奶类品牌

调研中采集奶类品牌104个，527个次。奶类品牌呈现出蒙牛、伊利为主，光明、三元、君乐宝为辅，进口品牌环绕，地方品牌通常在本市销售的情况。河北君乐宝在奶产品行业中排名第 4 名，虽然不及蒙牛、伊利，但在河北奶产品行业中成为支柱企业，品牌在销售与知名度上拥有较高影响力，为河北省畜产品品牌发展带来指导意义。河北省奶产品品牌中有 3 件驰名品牌（见表 6 – 7），占河北省驰名畜产品品牌的 25%，占河北省驰名品牌总数的 1.6%。

表 6 – 7　　　　　　　　　　　河北省驰名奶产品品牌

序号	品牌	公司名称	产品	商标号	年份	区域
1	君乐宝	石家庄君乐宝乳业有限公司	酸奶、牛奶、牛奶饮料（以牛奶为主）	29	2011	石家庄
2	三鹿	河北三鹿集团股份有限公司	乳制品	29	1999	石家庄
3	妙恋	小洋人生物乳业集团有限公司	牛奶饮料（以牛奶为主）	29	2011	沧州

注：三鹿品牌因续展未成功，导致商标已取消，但在驰名品牌统计中仍暂时保留，以保证数据的全面、完整。

河北省著名奶产品品牌有 2 个（见表 6 – 8）。在调研中发现，河北省除邢台外均有地域产品；保定天香虽然被中国 500 强企业收购，但仍保留地方产品特色，有少量跨区域销售情况。通过调研，对奶产品品牌有了直观的认识，也为奶产品品牌的发展提供了参考。

表 6 – 8　　　　　　　　　　　河北省著名奶产品品牌

序号	品牌	公司	产品	时间	区域
1	琳霄泉（及图）	承德市畜牧场	牛奶、酸奶	2015	承德
2	阖谐 HEXIE	河北和谐农业科技股份有限公司（原名称：河北和谐奶牛养殖有限公司）	牛奶、酸奶	2015	衡水

6.1.2　河北省市场肉类品牌调研分析

调研采集的肉类品牌主要分为三大类：冷鲜肉（包括自营冷鲜肉）、牛羊肉和预包装熟食。

调研中发现，冷鲜肉品牌出现 58 次，其中自营冷鲜肉共出现 19 次；双汇冷鲜肉出现 18 次，出现率高达 31.03%；千喜鹤冷鲜肉出现 12 次，出现率为 20.69%；其他品牌出现率极低。牛羊肉品牌出现 48 次，其中出现最多的是恒都牛肉，出现7次，出现率为14.58%；其他品牌出现率极低。预包装熟食品牌出现351次，双汇出现次数最多（35次），出现率为9.97%；金锣出现29次，出现率8.24%；雨润出现21次，出现率5.97%；双鸽出现16次，出现率4.55%。

作为河北省自有品牌，河北双鸽的出现率与双汇相比还有一定的差距，说明本土品牌的宣传力度有待加强。另外，调研发现城市内通常有较为熟悉的当地品牌。以保定为例，大午、王成兰等品牌出现率较高，在被调研肉类品牌中达到3%左右，说明地产品牌在与外来品牌的竞争中具有竞争优势，为品牌发展提供了借鉴。

6.1.3　河北省市场蛋类品牌调研分析

调研采集蛋类品牌114个，201个次，占重复统计的56.72%。相对其他产品来说，蛋类产品品牌种类单一，品牌重复率较低。在连锁超市较为热销的蛋类品牌产品多为自营品牌，除了天凯品牌外，其他品牌产品都以超市为依托，作为超市自有商品销售。在著名蛋类品牌的10件产品中，未发现跨区域销售，这也说明了蛋产品在本地达到自给自足。品牌应当从这一状况中获得提示，在生产和销售环节都应该有所重视。

6.1.4　河北省市场奶类品牌调研分析

调研采集奶类产品品牌128个，527个次，占重复统计的24.29%。奶类品牌中，蒙牛、伊利在市场中拥有较高占有量，调研出现次数达到50次，占被调研奶类产品总数的9.49%。消费者对蒙牛、伊利有较高认可度，但其价位略高于地产品牌。君乐宝在所有调研点均有出现，与蒙牛、伊利的出现频率相同，说明君乐宝在河北省的销售范围比较全面。光明、三元虽然是国内消费者熟知的奶类品牌，但在调研点出现率不高（见图6-1）。

在调研中发现，唐山地产奶骑士深受本地消费者喜爱。在某连锁超市采集时，仅发现价签，却无产品，通过询问理货员得知，由于骑士产品价格调整，超市对其进行了下架处理。可以看出，销售渠道对于产品的销售有一定的影响，消费者的消费习惯也有被销售渠道引导的现象。

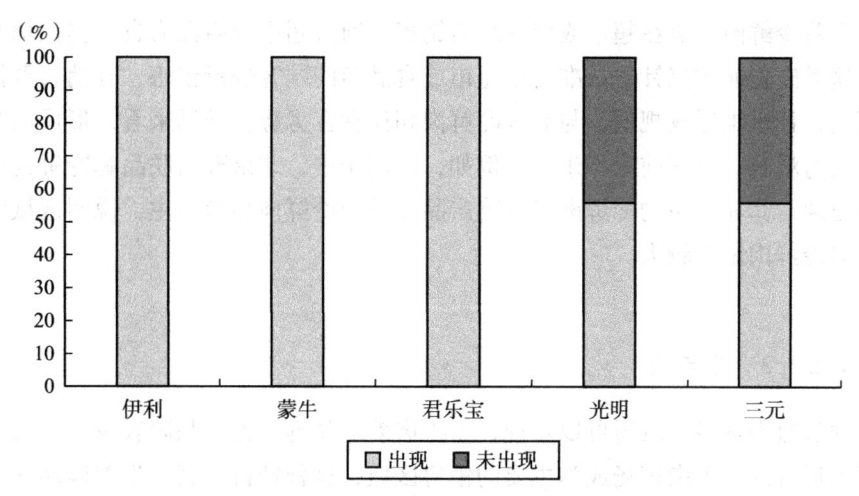

图6-1 调研点主要奶类品牌产品出现频率

6.2 河北省市场畜产品品牌问题分析

河北作为农业、人口大省，有着数量庞大的消费群体和丰富的资源储备，通过对河北省畜产品、畜产品企业、畜产品品牌调研，在获取一定数量畜产品品牌样本后发现，畜产品销售数量虽然多，但著名品牌、驰名品牌较少，尤其在广州、深圳、珠海、香港等地超市中未发现河北省畜产品品牌，而山东省畜产品品牌较多，可见河北省畜产品品牌销售区域较小，国内竞争力较弱，应当通过培养孵化畜产品优势品牌，逐渐形成著名品牌、驰名品牌，才能在竞争中取得优势。

6.2.1 河北省市场肉类产品品牌分析

肉类产品一般分为三类：冷鲜肉、牛羊肉、预包装熟食。根据这三类肉食产品的特点，消费者购买形成相应的消费习惯。根据饮食习惯，冷鲜肉一般和牛羊肉在销售区域、销售人员上有区分，因此根据实际销售情况将冷鲜肉与牛羊肉单独划分。

6.2.1.1 冷鲜肉

通过对冷鲜肉品牌调研发现，自营冷鲜肉和品牌冷鲜肉都拥有广大消费群体。自营冷鲜肉一般在超市或肉食品店销售，通过超市或店面为自己提供信誉担保，这类肉食通常仅针对认准自己超市或食品店的顾客进行销售，其消费群体相对固定，且很难形成规模，与品牌冷鲜肉相比存在劣势，长远来看，形成品牌的过程较为艰难，发展前景不乐观。例如，在调研中，北京五肉联品牌冷鲜肉仅在唐山出现，其他区域的冷鲜肉以自营产品和其他冷鲜肉品牌为主，说明区域消费习惯对冷鲜肉影响较大。

6.2.1.2 牛羊肉

通过梳理资料和调研可以发现，牛羊肉著名品牌、驰名品牌较少，本地区消费习惯形成的牛羊肉市场成为主要的销售区域，这种销售不利于牛羊肉品牌的发展。农贸市场中，由于经营场所的特殊性，采购牛羊肉的人员通常会在早上5点以前去农贸市场采购，且往往是大宗采购，用途为经营销售或小吃店使用。批发门店虽然拥有营业执照，但是不愿提及肉类品牌，而某些牛羊肉销售门店存在无营业执照现象。可以看出，牛羊肉品牌发展过程中还存在品牌不完善、消费环境差、经营不正规等问题。

6.2.1.3 预包装熟食

通过市场调研可以发现，双汇、金锣、雨润、双鸽等品牌的预包装熟食在市场中占有一定的比例。作为这些品牌中唯一的河北省自有品牌，双鸽在超市的占有率较低，在50个调研点中，出现次数仅有16次，占比32%。双鸽的预包装熟食与其他品牌相比差异化明显，虽然适应消费者需求，但占有率仍低于其他同类产品。双汇、金锣、雨润在调研点中交替出现，由于其产品具有同质性，每个品牌都可以替代其他同类产品，所以在调研点的出现率呈现相近的情况。东北红肠、山东鸡肉等预包装熟食属于差异化产品，具有不可替代性。因此，预包装熟食品牌发展过程中，主要存在消费者需求多样化、产品同质化竞争等问题。

6.2.2 河北省市场蛋类产品品牌分析

因为蛋类产品有保质期短、易损坏的特点，所以蛋类品牌发展问题主要集中在运输、保存上。蛋类产品在跨地域销售上显得较为弱势，本地市场成为蛋类销售的主要区域。调研中发现蛋类产品销售量巨大，消费者对外地品牌存在一定顾虑，因此在蛋类产品运输、保质期上进行品牌宣传、包装，有利于蛋类产品打造规模化的知名品牌，在激烈的市场竞争中获得优势。

6.2.3 河北省市场奶类产品品牌分析

奶类产品品牌众多，产品类别比较丰富。调研中发现，君乐宝是河北省奶业品牌的龙头企业，与同类奶产品品牌对比而言，主要存在区域品牌销售形式单一、品牌口味重叠度高、个性化较弱、品牌维护较少等问题。

6.3 河北省市场畜产品品牌影响因素调查分析

本部分对河北省市场畜产品品牌问卷和采集的品牌数据进行梳理，对畜产品品牌情况进行多角度分析，根据影响因素分析找到河北省市场畜产品品牌发展的方向。发放问卷 500 份，回收 487 份，回收率达到 97.4%，超过设定回收率；畜产品品牌调研采集数量均在 100 个以上，可通过 SPSS 应用进行分析。

6.3.1 消费者对河北省市场畜产品品牌认识和食用情况的描述分析

使用描述分析法，主要对受访者的性别、年龄、文化程度进行分析，通过了解消费者对品牌的认识情况、消费者畜产品年食用量与畜产品消费价格观念并进行对比，从而捕获消费者与产品之间的关系。

通过问卷数据分析发现，受访者中不认识任何畜产品品牌的仅有 18 人，占总人数的 3.7%；认识 1~3 个畜产品品牌的有 157 人，占总人数的 32.2%；认识 4~6 个畜产品品牌的有 180 人，占总人数的 37.0%；认识 7 个以上畜产品品牌的有 132 人，占总人数的 27.1%。可以看出，人们对品牌有一定的关注度，并能够对少量畜产品品牌进行区分。

6.3.2 消费者在畜产品食用方面的描述分析

本部分主要使用 SPSS20.0 对消费者的畜产品食用情况进行描述分析。通过了解网购畜产品情况,为畜产品网络市场发展提供借鉴价值(见表 6-9)。

表 6-9　　　　　　　　　　消费者网购畜产品年消费额

金额(元)	频率(人)	百分比(%)	有效百分比(%)	累计百分比(%)
0~200	229	47.0	47.0	47.0
201~400	113	23.2	23.2	70.2
401~600	62	12.7	12.7	83.0
601~800	30	6.2	6.2	89.1
800 以上	53	10.9	10.9	100.0
合计	487	100.0	100.0	

从表 6-9 中可以发现,400 元以内的畜产品消费人数达到 342 人,占受访者的 70.2%,因此可以看出畜产品在网络销售份额不高,可以着重将预包装熟食作为未来发展的方向。

通过对消费者全年食用肉食量的问卷进行分析可以发现,食用肉食量 20 公斤以上的在问卷中占比 31.0%,食用肉食量 5 公斤以下的仅占问卷总数的 8.6%(见表 6-10),消费者对自身食用肉食量存在模糊的认识。国务院发布的《中国食物与营养发展纲要(2014-2020 年)》中提到的食物消费量目标为:到 2020 年,全国人均全年消费肉类 29 公斤,如今已经基本完成。

表 6-10　　　　　　　　　　消费者全年食用肉食量

数量(公斤)	频率(人)	百分比(%)	有效百分比(%)	累计百分比(%)
0~5	42	8.6	8.6	8.6
6~10	103	21.1	21.1	29.8
11~15	110	22.6	22.6	52.4
16~20	81	16.6	16.6	69.0
20 公斤以上	151	31.0	31.0	100.0
合计	487	100.0	100.0	

将消费者接触畜产品渠道和购买畜产品地点的问卷设计为多选题，统计响应次数对受访者的选择并进行分析（见表6-11、表6-12），通过对消费者接触渠道和购买地点进行对比，可以帮助品牌找到发展的定位，加强宣传、推广，提升品牌影响力和知名度。

表6-11　　消费者接触畜产品渠道多重响应比例

问题	响应	选择人次百分比（%）	选择人数百分比（%）
19. 您接触到的肉蛋奶是在什么地方？（　）可多选（A. 超市）	365	51.8	74.9
19. 您接触到的肉蛋奶是在什么地方？（　）可多选（B. 农贸市场）	195	27.7	40.0
19. 您接触到的肉蛋奶是在什么地方？（　）可多选（C. 大型农贸批发市场）	87	12.4	17.9
19. 您接触到的肉蛋奶是在什么地方？（　）可多选（D. 网络）	43	6.1	8.8
19. 您接触到的肉蛋奶是在什么地方？（　）可多选（E. 其他）	14	2.0	2.9
20. 您购买肉蛋奶会去哪里？（　）可多选（A. 超市）	373	52.9	76.6
20. 您购买肉蛋奶会去哪里？（　）可多选（B. 农贸市场）	191	27.1	39.2
20. 您购买肉蛋奶会去哪里？（　）可多选（C. 大型农贸批发市场）	87	12.3	17.9
20. 您购买肉蛋奶会去哪里？（　）可多选（D. 网络）	37	5.2	7.6
20. 您购买肉蛋奶会去哪里？（　）可多选（E. 其他）	17	2.4	3.5

表6-12　　消费者购买畜产品地点多重响应结果

购买畜产品地点	购买畜产品地点				
	(A. 超市)	(B. 农贸市场)	(C. 大型农贸批发市场)	(D. 网络)	(E. 其他)
	响应	响应	响应	响应	响应
(A. 超市)	326	150	55	27	11
(B. 农贸市场)	154	137	47	19	6
(C. 大型农贸批发市场)	56	41	55	18	3
(D. 网络)	35	25	14	23	4
(E. 其他)	10	5	5	5	9

经过对消费者畜产品接触渠道和购买地点的多重响应分析发现，消费者接触

产品渠道和购买地点基本吻合,相差没有超过1%,可以看出消费者在购买畜产品和了解畜产品方面的情况是一致的。因此,在品牌广告投放时可以从购买地点着手,通过在超市和农贸市场的定向投放,实现精准推广。通过问卷分析可以看出,畜产品的网络广告不如实体消费中广告的影响大,虽然需要多渠道品牌宣传,但是更加精准的推广是畜产品品牌发展的重要方式。

6.3.3 消费者畜产品购买地与价位预期的频率分析

通过消费者畜产品购买地和价位预期的频率分析,为聚类分析做好预测。从表6-13中可以看出,在所有被调查消费者当中,选择本地畜产品的有379人,占总调查者的77.8%;选择外地的有108人,占总调查者的22.2%。

表6-13　　　　　　　　消费者畜产品购买地选择统计

项目	频率（人）	百分比（%）	有效百分比（%）	累计百分比（%）
本地	379	77.8	77.8	77.8
外地	108	22.2	22.2	100.0
合计	487	100.0	100.0	

如表6-14所示,受访者中认为品牌畜产品贵的有313人,占总数的64.3%;认为品牌畜产品不贵的有100人,占总数的20.5%;认为品牌畜产品与非品牌畜产品价格相当的有74人,占总数的15.2%。

表6-14　　　消费者对畜产品品牌产品与非品牌产品价格倾向选择统计

项目	频率（人）	百分比（%）	有效百分比（%）	累计百分比（%）
贵	313	64.3	64.3	64.3
不贵	100	20.5	20.5	84.8
相当	74	15.2	15.2	100.0
合计	487	100.0	100.0	

合并产品价格与区域分类,得到6种组合如下:
本地+贵、本地+不贵、本地+相当;
外地+贵、外地+不贵、外地+相当。

对 487 份问卷的交叉表结果分析可以看出，消费者大多愿意购买本地品牌，但觉得本地品牌贵于外地品牌（见表 6-15）。

表 6-15　　　　　肉蛋奶产品选择与价格倾向的交叉表结果统计

项目			18. 您觉得具有品牌的肉蛋奶会比其他的同类产品贵吗？			
			贵	不贵	相当	合计
17. 同样是肉蛋奶，您会选择本地的还是外地的，简要原因	本地	计数	249	75	55	379
		18. 您觉得具有品牌的肉蛋奶会比其他的同类产品贵吗？	79.6%	75.0%	74.3%	77.8%
	外地	计数	64	25	19	108
		18. 您觉得具有品牌的肉蛋奶会比其他的同类产品贵吗？	20.4%	25.0%	25.7%	22.2%
合计		计数	313	100	74	487
		18. 您觉得具有品牌的肉蛋奶会比其他的同类产品贵吗？	100.0%	100.0%	100.0%	100.0%

通过聚类分析使消费者分层，划分消费者消费结构层次，能够较为全面地展示河北省畜产品品牌发展，帮助企业和政府获得精确分类，明确品牌发展方向。

预测聚类组合为 6 种，分别为：

第 1 类：本地 + 贵（选择人数 249 人，占选择贵总人数的 79.6%）
第 2 类：外地 + 贵（选择人数 64 人，占选择不贵总人数的 20.4%）
第 3 类：本地 + 不贵（选择人数 75 人，占选择不贵总人数的 75.0%）
第 4 类：外地 + 相当（选择人数 19 人，占选择不贵总人数的 25.7%）
第 5 类：本地 + 相当（选择人数 55 人，占选择相当总人数的 74.3%）
第 6 类：外地 + 不贵（选择人数 25 人，占选择不贵总人数的 25.0%）

6.3.4　消费者与品牌价格的聚类分析

根据上文中的预测聚类，本部分使用二阶聚类分析，聚类准则使用施瓦兹贝叶斯准则（BIC）(B) 通过二阶聚类分析发现如图 6-2 所示。

聚类数据效果好，聚类质量接近 1.0，与预测聚类吻合，形成 6 种组合，如图 6-3、图 6-4 所示。

模型概要

算法	两步
输入	2
聚类	6

聚类质量

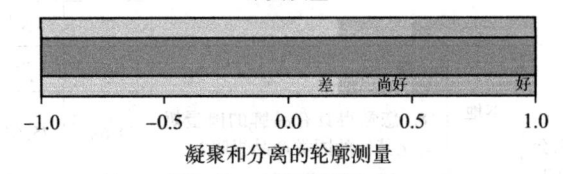

差　尚好　好

-1.0　-0.5　0.0　0.5　1.0

凝聚和分离的轮廓测量

图 6-2　价格倾向与地点的聚类分析

聚类

输入（预约变量）重要性

■ 1.0　■ 0.8　■ 0.6　□ 0.4　□ 0.2　□ 0.0

聚类	1	2	3	4	5	6
大小	51.1%	13.1%	15.4%	3.9%	11.3%	5.1%
输入	Q18	Q18	Q18	Q18	Q18	Q18
	Q17	Q17	Q17	Q17	Q17	Q17

图 6-3　聚类分析

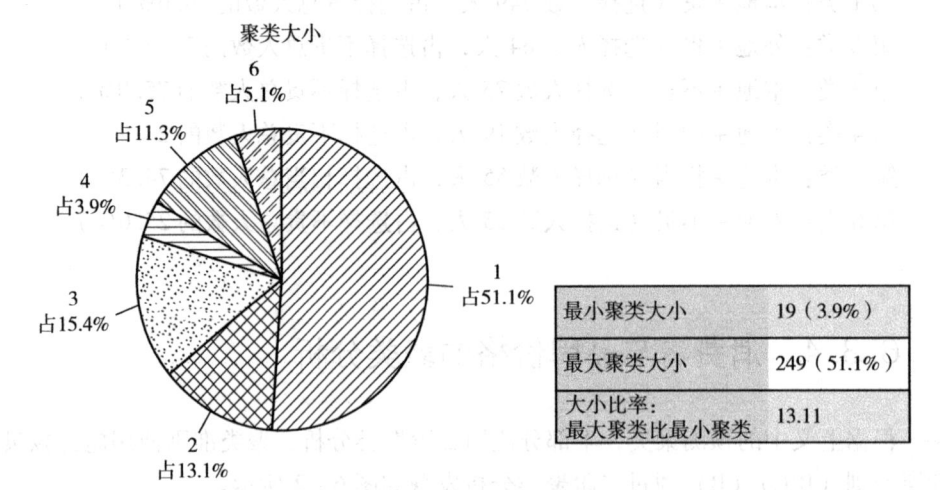

聚类大小

6 占 5.1%
5 占 11.3%
4 占 3.9%
3 占 15.4%
2 占 13.1%
1 占 51.1%

最小聚类大小	19（3.9%）
最大聚类大小	249（51.1%）
大小比率：最大聚类比最小聚类	13.11

图 6-4　聚类分布结果统计

第 6 章 河北省市场畜产品品牌现状调查及问题分析

从图 6-4 可以看出，最小聚类 19，占总人数的 3.9%，为第 4 类；最大聚类 249，占总人数的 51.1%，为第 1 类。聚类分析和预测聚类组合相同，数据分析如图 6-5 所示。

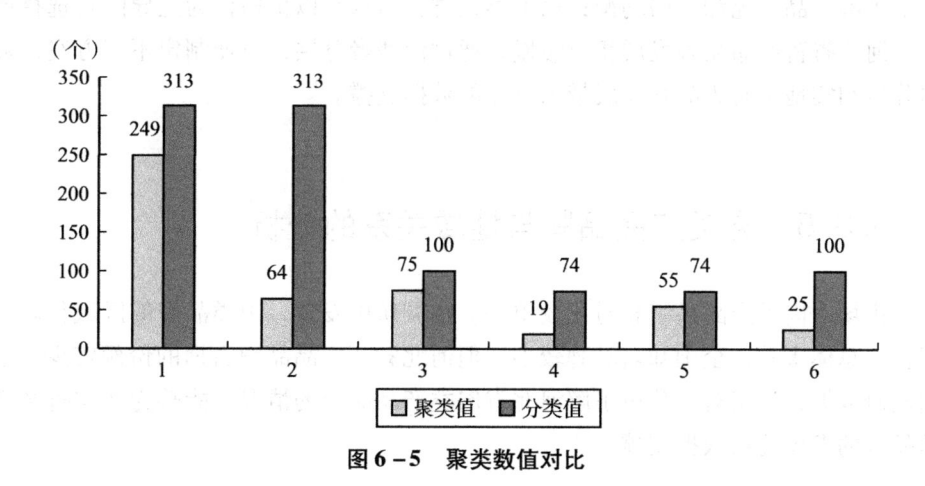

图 6-5　聚类数值对比

在得到聚类结果后，可知认为外地畜产品贵且选择本地畜产品的人最多，有 249 人；认为外地畜产品贵，仍选择外地畜产品的有 64 人；认为本地畜产品价格不贵，而选择本地畜产品的有 75 人；认为畜产品价格相当，选择外地畜产品的人最少，只有 19 人；认为畜产品价格相当，选择本地畜产品的有 55 人；认为本地畜产品价格不贵，选择外地畜产品的人数有 25 人。因此，将消费者需求分层如下，并形成图 6-6。

（1）外地畜产品价格贵，购买本地产品，满足个人需求。
（2）外地畜产品价格贵，担心本地产品质量不好，愿意多花钱购买外地产品。
（3）本地畜产品价格便宜，选择本地畜产品是对本地产品放心。
（4）畜产品价格相当，选择外地畜产品是对本地产品不放心。
（5）畜产品价格相当，选择本地畜产品是对本地产品放心。
（6）本地畜产品价格便宜，选择外地畜产品是对本地产品不放心及其他因素。

图 6-6　统计需求金字塔

根据聚类分析结果结合调研情况发现，河北省畜产品知名品牌较少，大多城市都有地产品牌，第2类人群忠于品牌影响力，需求是品牌和质量，价格不作为影响因素；第3、第4、第5、第6类人群，价格不作为需求的主要影响因素，需求是了解产品情况和价格均衡；第1类人群，需求是以价格作为主导因素选择产品。河北省畜产品品牌发展相对缓慢，通过消费者分层，方便制定不同方案，数据分析和实地调研为品牌发展带来可靠的数据支撑。

6.3.5 肉类产品品牌与地域关系的分析

市场中肉类产品品牌相对比较单一，在调研中发现，肉类品牌的区域化较为明显，总体来看，全国知名品牌较多，但河北省畜产品品牌占据的份额较少。根据调研数据，运用对应分析了解河北省肉类产品品牌的情况，能够为河北省畜产品品牌的发展提供数据支撑。

6.3.6 蛋类产品品牌与地域关系的分析

蛋类产品品牌较少，通过品牌散布情况了解蛋类品牌与地域之间的关系，对数据进行多重合并计算，在蛋类产品品牌中筛选出95个研究对象[①]（首先，根据汽车牌照简称顺序对调研城市进行排序，顺序为石家庄、唐山、邯郸、邢台、保定，对应顺序依次为1、2、3、4、5；其次，对95个品牌进行排序。最后，进行对应分析）。

地域是5个调研城市，范围在1~5；调研品牌共95个，品牌范围在1~95之间。对应分析主要关注的指标是：品牌、地域、出现次数、惯量比例。一般惯量比例前两项累积比例达到80%以上，由于使用降维方法，存在信息缺失，所以界定在80%以上为正常，通过分析说明数据在对应分析后效果非常好，具有可读性，本次分析累积惯量比例达0.976（见表6-16），说明对应分析图的效果非常好，具有很好的解释能力。

---

① 由于数据较多，不在此单独列举。

表 6-16　　　　　　　　　调研品牌与地域的对应分析摘要

维数	奇异值	惯量	卡方	Sig.	惯量比例		置信奇异值	
					解释	累积	标准差	相关 2
1	.700	.491			.599	.599	.043	.122
2	.556	.309			.377	.976	.064	
3	.114	.013			.016	.992		
4	.080	.006			.008	1.000		
总计		.819	151.461	1.000a	1.000	1.000		
a. 376 自由度								

在横纵矩阵图 6-7 中，以 (0,0) 为焦点的坐标周围是空白，没有较好的聚集效果，可以看出调研城市中并非每个城市都有相同的蛋类产品品牌。图 6-7 中，邢台、保定、石家庄三个城市具有少量聚集，说明这三个城市有少量多次的品牌出现。在蛋类产品品牌中没有出现明显的品牌聚集情况，说明河北省蛋类产品品牌缺少涉及地域广、覆盖面大的优秀品牌。

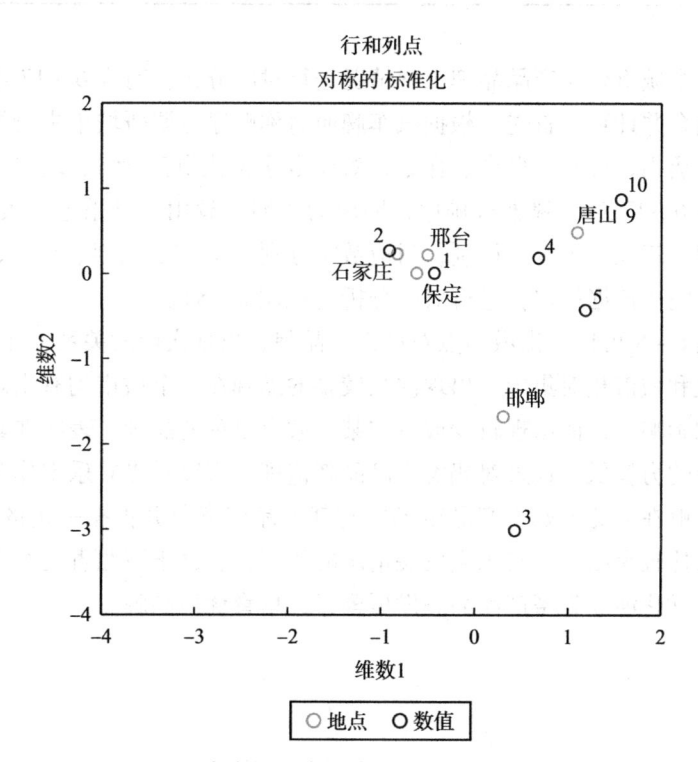

图 6-7　蛋类产品品牌数量与出现地点的对应分析

6.3.7 奶类产品品牌与地域关系的分析

在奶类产品调研中发现，河北省市场中奶类产品品牌众多，因此选取出现最多的10个产品品牌（包括本地品牌和外地品牌）进行研究，列举出10个品牌在5个城市的出现次数对比（见表6-17），为对应分析提供更加清晰的参考。

表6-17　　　　　　奶类产品品牌在不同城市出现次数统计　　　　　　单位：次

城市	光明	辉山	君乐宝	康诺	蒙牛	骑士	琴牌	三元	天香	伊利
石家庄	5	1	9	0	9	0	0	5	3	9
唐山	5	2	9	0	9	3	3	5	1	9
邯郸	11	6	13	10	13	0	0	6	3	13
邢台	2	4	6	0	6	0	0	3	0	6
保定	5	0	13	0	13	0	0	9	12	13

根据5个城市奶类产品品牌出现情况进行对应分析，对表6-17中的对应数据进行多重合并计算。首先，根据汽车牌照简称顺序对调研城市进行排序，顺序为石家庄、唐山、邯郸、邢台、保定，对应数字依次顺序为1、2、3、4、5。其次，依照表6-17对品牌进行排序，顺序为光明、辉山、君乐宝、康诺、蒙牛、骑士、琴牌、三元、天香、伊利，对应数字分别为1、2、3、4、5、6、7、8、9、10。最后，完成数据提取，进行对应分析（见图6-8）。

通过图6-8可以看出散布点对城市、品牌、出现次数的关系，在（0,0）点上出现次数和城市相对集中，出现次数较多的品牌在5个城市均有出现，表明具有知名度和影响力，而出现较少或者在某一城市出现的品牌，表明在其他城市的知名度和影响力较低。通过对奶类产品品牌梳理，可以看出君乐宝作为河北省地产品牌，能够在河北省奶类产品市场中与其他品牌竞争并占据一定的市场份额，品牌影响力比较突出。对君乐宝发展情况的研究，有助于河北省奶类产品品牌发展，有助于优化河北省畜产品品牌发展模式，培育优质品牌。

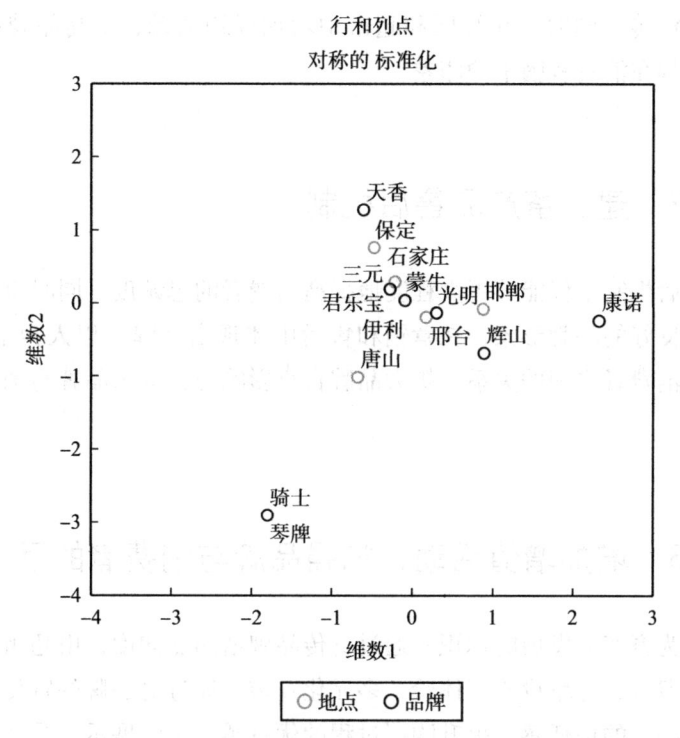

图 6-8　奶类产品品牌数量与出现地点的对应分析

6.4　河北省市场畜产品品牌发展的建议及对策

6.4.1　针对不同消费者进行有针对性的宣传

消费者是品牌产品和服务的终端受众。受其年龄、文化程度、性别等因素的影响，消费者对品牌的认知和接受程度不同，间接影响品牌的发展。因此，应当对消费者年龄、文化程度、性别等数据进行分析，进行有针对性的宣传。

加大在青少年活动频繁地区的广告投入，既能够实现面向青少年群体的品牌宣传，将其发展成潜在的消费人群，实现品牌发展的"二次飞跃"，又能够将品牌需要延伸到其家人之中。

此外，可以借助图片、视频等无文字广告形式，给不同文化程度的消费者带来最直观的品牌宣传广告，并且在不同消费者的生活圈中找到共性，由点及面实现更广泛的宣传。同时，在社区和超市中增加促销活动，提高品牌产品的曝光率，强化品牌在消费者脑中的印象。

6.4.2 建立畜产品售后机制

建立售后机制不仅能够更大程度地提高消费者的忠诚度，同时也能向潜在消费群体宣传良好的品牌形象，在营销和售后中体现出品牌"以人为本"的宗旨，拉近品牌与消费者之间的关系，扩大品牌自身影响力，巩固品牌与消费者之间的联系。

6.4.3 增加增值活动，加强品牌与消费者的互动

品牌作为畜产品发展的标识，通过宣传品牌增加熟知度，由超市和农贸市场共同引导消费者，并增设购买体验，多元化宣传。通过对品牌的宣传，增加消费者对畜产品品牌的信任感，提升购买过程的优越感，不仅展示了品牌形象，而且增加了品牌宣传特色，可以吸引更多忠实客户。

在超市和农贸市场中增加畜产品品牌的宣传活动和形象展示，让消费者体验增值活动，如参观企业、体验新品、提供定制服务等，增加消费者与品牌的互动，增进品牌与消费者之间的联系，为畜产品品牌带来更好的发展契机。

在超市与农贸市场以外的销售地点，进行网络、电视、社区广告的定向宣传，可以采取增加积分、兑换礼品、折扣促销等形式，在集中客户中形成对品牌的有利氛围，从而增强品牌宣传。

对给品牌提出优秀建议的消费者给予实际的奖励，增加品牌与消费者的互动，从而提升品牌的亲和力，增加消费者对品牌的好感，提高抵御竞争风险的能力。

6.4.4 实现品牌分层，减少恶性竞争

"现代营销学之父"菲利普·科特勒（Philip Kotler）认为，优秀的企业满足需求，杰出的企业创造市场。这揭示了定位的重要性。

因此，畜产品品牌发展要找准定位，根据不同消费者的需求，合理规划品牌

产品。实现品牌产品的合理分层：一是有利于品牌产品满足不同消费者多样化的需求；二是有助于品牌产品形成特色，避免恶性竞争。

6.4.5 增强品牌建设，培育优质品牌

地方品牌与驰名品牌的竞争较为激烈。调研中发现，地方品牌虽然销售范围小，但生产、物流、仓储成本较低，能够与驰名品牌在某一城市的竞争中占有一席之地，但是从长远发展来看略有不足，只有加强地方品牌的规模化发展，才能为品牌发展注入动力。

地方品牌增加科技投入是提升产品竞争力，保障品牌特色的重要途径。由于市场规模小、竞争激烈，导致地方品牌研发投入力度小。通过建立研发合作，加强产学研一体，引入科研团队，加大科技投入，可以增加竞争优势，利用剩余劳动力开展代加工、原料供应等方式进行效能升级，提高效益，完善企业发展中的不足，为地方品牌发展凝聚力量。

驰名品牌的再发展应该是走出竞争，增强自身品牌建设。单纯通过广告提升品牌形象，维护费用高，不利于驰名品牌的发展，而通过承担社会责任，有助于维护品牌形象，增加客户忠实度，为驰名品牌的再发展带来更多好处，成为经久不衰的传承品牌。

6.4.6 打造品牌文化，开发旗舰产品

品牌文化是品牌发展的灵魂。如果品牌缺少文化底蕴，其发展是不完整的。文化注入品牌，需要政府的支持，建立产品集群，用区域文化带动品牌发展，提升品牌竞争力，形成品牌内部互补，搭建出文化竞争框架；在国际市场的竞争中，通过品牌带动产品集群，确保文化助力品牌发展更加长久。品牌注入文化后，在满足市场需求的同时，既能增强品牌特色，又有助于品牌的传承。

在调研中发现，某品牌纯奶售价近 300 元一箱，在所有采集样本中价格最高。由于该品牌分层定位，划定旗舰产品，为旗下其他产品带来信誉保障。在销售中保障企业利润的同时，还形成产品"制高点"，为产品集群发展带来优势。

第7章

河北省宠物食品市场调研分析

7.1 河北省宠物食品市场供给现状

7.1.1 宠物食品市场供给主体集中化

河北省宠物食品市场销售的宠物食品主要由宠物食品生产企业加工制造。河北省宠物食品市场有数百家国内外宠物食品生产企业。河北省 11 个城市的调研数据显示，河北省宠物食品市场中 40% 以上的市场份额由河北省的宠物食品生产企业所占据，企业高度集中化便于宠物食品生产企业相互竞争学习，有利于企业的快速成长。河北省宠物食品加工企业在河北省乃至全国都极具代表性，因此，本章以河北省宠物食品加工企业为例，通过分析企业的生产能力，为河北省畜牧业现代化发展提供案例借鉴。

河北省有 130 多家宠物食品生产企业，在全省 11 个地级市分布差异明显。目前，邢台市共有 40 多家宠物食品生产企业，并且多家企业在全国知名度高、市场口碑好，处于宠物食品行业的领军地位。年产量超过 1 万吨的有 11 家，产值过亿的有 4 家，是"宠物食品行业的摇篮"。其中，华兴宠物食品有限公司和荣喜宠物食品有限公司曾被评为全国十强宠物食品企业。石家庄市有宠物食品企业 30 多家，位列全省第二，代表公司有石家庄旺兴宠物食品有限公司、河北牧赞宠物食品有限公司、石家庄古岩宠物用品销售有限公司等。保定市、唐山市和廊坊市有宠物食品生产企业各 8 家，如保定市灵宠宠物用品销售有限公司、唐山市万德宠物用品有限公司、廊坊海清宠物食品有限公司等。秦皇岛市和邯郸市各有7家宠物食品生产企业。衡水市有6家宠物食品生产企业。沧州市和张家口市有宠物食品生产企业各3家。承德市仅有1家宠物食品企业。由此可见,河北省的宠物食品生产企业主要集中在邢台市。

由表7-1可知,河北省拥有多家年产量在万吨以上的宠物食品生产企业,在河北省宠物食品市场中具有较强的竞争力。全国约60%的宠物食品产自河北省,河北省96%的宠物食品产自邢台市,邢台市98%的宠物食品产自南和县。河北省宠物食品生产企业在河北省宠物食品市场中占有重要地位。

表7-1　　　　　　　　河北省部分宠物食品生产企业生产情况

企业名称	产品类别	年产量（万吨）	产地
华兴宠物食品有限公司	宠物主食、宠物零食、宠物营养品、功能粮、处方粮等	18	邢台
荣喜宠物食品有限公司	宠物主食、宠物营养品、功能粮、处方粮等	3	邢台
伊萨宠物食品有限公司	宠物主食（主要生产鲜肉型食品、天然性食品）、功能粮等	1	邢台
牧赞宠物食品有限公司	宠物主食、宠物处方粮等	2	石家庄
美神宠物食品有限公司	宠物主食、宠物零食、功能粮等	6	邢台
皇仕饲料有限公司	宠物主食、功能粮、处方粮等	1	邢台
伟鼎宠物食品有限公司	宠物主食、宠物零食、处方粮等	6	邢台
博美宠物食品有限公司	宠物主食、宠物零食等	2	邢台
源鑫亿宠物食品科技有限公司	宠物主食、宠物零食等	1	衡水
派得宠物食品有限公司	宠物主食、宠物营养品等	7	邢台
瑞诺饲料有限公司	宠物主食、宠物零食、处方粮等	4	邢台
荣兴宠物食品有限公司	宠物主食、功能粮等	5	邢台
金丰宠物蛋白饲料有限公司	宠物主食、功能粮、处方粮等	2.5	石家庄
欧宠宠物食品有限公司	宠物主食、宠物零食、宠物营养品、处方粮等	5	邢台

资料来源：笔者根据调研数据整理所得。

7.1.2 宠物食品市场产品类别多样化

河北省宠物食品市场中宠物干粮是最重要的产品。近几年，随着宠物食品市场快速发展，市场被进一步细化，客观环境变化对丰富宠物食品种类的需求不断增加。河北省宠物食品由单纯的宠物干粮逐步转变为以干湿粮为主、宠物零食为辅的生产营销模式。如表7-2所示，宠物食品按其产品类别可分为宠物主食、宠物零食、宠物保健品、宠物处方粮，也有专门供赛级宠物以及特殊体质宠物食用的宠物食品。其中，主食占比49.4%，零食占比21.8%，保健品、处方粮共占比28.8%。宠物主食是刚性需求，一直占据主导地位；宠物零食为休闲用食，主要用于吸引宠物注意力或者调节宠物口味；宠物保健品具有训练诱导、磨牙洁齿、体内驱虫等作用；宠物处方粮则是依据宠物的身体状况量身定制适合宠物的食品，帮助患病宠物调养身体、恢复健康。宠物主食按其原料可分为无谷型食品、鲜肉型食品、天然型食品、处方型食品、功能型食品、普通型食品。虽然目前普通型的宠物食品是大多数购买者的选择，但天然型的宠物食品正日趋受到购买者的欢迎。购买者对宠物食品的选择趋于天然健康，对宠物食品的保健作用的关注度逐渐提升。

表7-2　　　　　　　　　宠物食品分类和特征

序号	宠物食品分类	特征
1	宠物主食	维持宠物日常体能和能量，可分为干粮、半干粮和湿粮三种
2	宠物零食	满足于宠物增加食欲、靓丽毛发等多样性需求，可分为肉干类、咬胶类和饼干类等类别，并以肉干类为主
3	宠物保健品	有助于宠物的健康发育和成长，例如补充钙、维生素、蛋白质等营养品
4	宠物处方粮	专门针对患病宠物治疗过程特制的符合营养搭配的宠物食品，能够帮助宠物恢复健康

资料来源：《中国宠物行业发展报告》（2019）。

7.1.3 宠物食品市场知名品牌的建设

品牌是商品经济发展到一定阶段的产物。最初品牌的使用是为了便于识别产品，在现代市场经济条件下，成功的品牌可以为所有者带来巨大的效益和影响，即品牌效应。河北省宠物食品市场销售的宠物食品品牌主要有比瑞吉、伊萨、巴西套淘淘、开饭乐、伯纳天纯、狼道、珍宝、伟嘉、银虎、力狼、诗瑞、欧帝亿、METZ、邦德士、雀巢、皇家、馋馋宠、MEOWS TARD、耐吉斯、ZEAL，共计20个品牌，其中国外品牌5个，国内品牌15个。河北省宠物食品品牌的市场覆盖率为41%，国内其他品牌的市场覆盖率为6%，国外品牌覆盖率为53%。河北省宠物食品品牌的市场覆盖率虽达到40%以上，但市场的大半仍由国外品牌占据。高垄断性是宠物食品市场的主要特点。欧美国家的宠物食品生产企业在河北省宠物食品市场长期占据主导地位，其中玛氏、雀巢、高露洁等国际宠物食品大公司的产品占据了主要的市场份额。调查数据显示，购买者最熟悉的宠物食品品牌是国外品牌皇家宠物食品，对国内品牌熟悉度较低。加强品牌建设有助于提高企业知名度，提升品牌价值。

通过走访全国14个城市进行实地调研，结果显示，河北省宠物食品品牌在各个城市的出现率排名前五，河北省宠物食品企业在国内市场地位较高。如表7-3所示，北京、天津、上海、广州、深圳、福州、厦门、杭州、沈阳、哈尔滨、成都、重庆、青岛和济南14个城市中，国外宠物食品品牌的市场竞争力较强。国外品牌皇家宠物食品（以下简称皇家）的出现率和市场占有率明显高于其他品牌，在这14个城市出现率平均为23.68%，市场占有率平均为25.67%。[①] 皇家的定价较高，是河北省宠物品牌力狼、艾尔和奥丁价格的2~3倍。由此可知，宠物饲养者相对于产品价格更注重产品品质。奥丁价位最低，约15元/公斤，平均出现率约为6.47%，平均市场占有率约为8.7%，拥有部分宠物食品市场，但与皇家的出现率和市场占比仍有较大差距。国外宠物食品品牌占据了大部分国内宠物食品市场，此外，通过宠物食品的价格调查发现，国外品牌主要集中在高端市场，而国内品牌主要集中在低端市场，仅依靠价格优势的低质产品不能吸引宠物食品购买者，不利于企业长久发展。通过加强宠物食品品牌建设、注重产品品质提升、加大宣传力度、调整产品价格等诸多方面进行改善，总结发展经验才能在激烈的市场竞争中抢占市场份额。

表7-3　　　　　　　　　　国内部分宠物食品品牌调查

城市	品牌	出现率（%）	市场份额（%）	销售价格（元/公斤）
北京	皇家	50.00	20.00	53
	比瑞吉	5.95	7.10	60
	力狼	3.57	4.29	20

---

① 品牌出现率=（该品牌数量/所有品牌数量）*100%

续表

城市	品牌	出现率（%）	市场份额（%）	销售价格（元/公斤）
北京	艾尔	7.14	12.86	25
	奥丁	1.75	2.86	15
	伯纳天纯	4.76	7.14	45
天津	皇家	35.42	41.94	50
	比瑞吉	20.69	9.09	55
	力狼	14.57	9.68	20
	艾尔	8.33	6.45	25
	奥丁	4.17	6.35	15
	伯纳天纯	2.08	1.96	43
上海	皇家	34.48	54.55	55
	比瑞吉	4.48	5.92	62
	力狼	2.35	3.16	25
	艾尔	1.75	3.03	25
	奥丁	0.07	0.01	16
	伯纳天纯	2.94	1.36	43
广州	皇家	21.52	27.53	50
	比瑞吉	14.58	12.90	59
	力狼	1.35	0.56	15
	艾尔	3.14	1.69	28
	奥丁	35.43	35.96	18
	伯纳天纯	0.52	0.45	45
深圳	皇家	12.90	19.34	50
	比瑞吉	13.73	16.39	55
	力狼	3.92	1.96	16
	艾尔	3.51	1.32	28
	奥丁	35.29	30.00	18
	伯纳天纯	4.84	3.92	47
福州	皇家	5.26	8.33	53
	比瑞吉	2.06	2.33	52
	力狼	3.09	4.65	18

续表

城市	品牌	出现率（%）	市场份额（%）	销售价格（元/公斤）
福州	艾尔	0.05	0.01	23
	奥丁	3.51	5.00	15
	伯纳天纯	1.37	1.90	43
厦门	皇家	33.33	33.57	50
	比瑞吉	28.89	32.14	53
	力狼	2.22	2.56	17
	艾尔	2.27	2.70	24
	奥丁	4.43	5.00	13
	伯纳天纯	1.10	0.90	40
杭州	皇家	15.00	10.00	55
	比瑞吉	1.59	1.35	60
	力狼	3.17	4.76	23
	艾尔	1.59	1.13	25
	奥丁	16.18	15.36	18
	伯纳天纯	13.24	9.70	45
沈阳	皇家	27.03	35.00	55
	比瑞吉	7.69	5.39	58
	力狼	10.71	10.00	15
	艾尔	11.54	7.14	28
	奥丁	1.67	1.92	20
	伯纳天纯	1.67	1.87	45
哈尔滨	皇家	30.43	22.58	55
	比瑞吉	8.70	9.68	58
	力狼	11.36	12.77	16
	艾尔	4.35	3.41	28
	奥丁	2.27	1.56	18
	伯纳天纯	4.35	3.23	47
成都	皇家	22.22	32.20	55
	比瑞吉	11.12	20.34	60
	力狼	2.78	1.79	15

续表

城市	品牌	出现率（%）	市场份额（%）	销售价格（元/公斤）
成都	艾尔	3.17	2.63	25
	奥丁	1.59	1.32	18
	伯纳天纯	4.76	2.50	45
重庆	皇家	9.38	10.34	55
	比瑞吉	15.63	12.07	58
	力狼	3.13	3.05	18
	艾尔	3.17	2.63	25
	奥丁	1.59	1.32	20
	伯纳天纯	4.66	4.92	47
青岛	皇家	16.67	24.39	56
	比瑞吉	16.69	14.83	58
	力狼	6.67	4.88	15
	艾尔	6.35	5.91	26
	奥丁	10.00	9.52	22
	伯纳天纯	1.02	0.73	46
济南	皇家	17.86	19.55	55
	比瑞吉	7.14	7.50	58
	力狼	3.57	2.50	17
	艾尔	3.66	3.14	26
	奥丁	7.85	5.57	20
	伯纳天纯	1.17	1.08	45

资料来源：2017年宠物食品市场行情调研数据。

河北省宠物食品生产企业积极学习并借鉴国外生产系统管理方式，了解国外企业从原料到生产全过程，掌握最新生产技术，对宠物食品质量进行严格把控，宠物食品品质得到明显提升。以全国十强宠物食品企业中的河北省华兴宠物食品有限公司和荣喜宠物食品有限公司为例，华兴宠物食品公司从瑞士引进国际顶尖生产设备，拥有最新设备和技术体系，为企业创造更多的利润。荣喜宠物食品公司引进法国先进的生产技术和设备，实现高效生产流水线模式。

7.1.4 宠物食品市场相关法制建设不完善

为推进《饲料质量安全管理规范》的实施，河北省 2016 年对省内饲料加工企业进行抽检，抽检合格率为 98% 以上。同年，原农业部发布的《全国饲料工业"十三五"发展规划》指出，在河北省等地区会重点引导饲料企业整合融合，培育大型饲料企业集团，推广精细加工工艺，加强对饲料产业的政策支持，充分发挥行业协会的作用。河北省政府按照国内有关宠物食品法律法规及管理办法，严把质量关，保障河北省宠物食品品质。2018 年 2 月 12 日，原农业部畜牧业司发布《农业部关于征求〈宠物饲料管理办法〉等规范性文件意见的通知》，完善宠物饲料相关法律法规。2020 年，《宠物（犬、猫）挤压膨化饲料生产质量控制与评价技术规范》农业行业标准项目正式立项。目前，我国有关宠物食品监管法规包含法律法规、部门规章、规范性文件和技术标准等部分，具体情况如下：

（1）法律法规。《饲料和饲料添加剂管理条例》（2011 年修订）和《中华人民共和国动物防疫法》（2021 年修订）。

（2）部门规章。《饲料质量安全管理规范》《饲料和饲料添加剂生产许可管理办法》《进口饲料和饲料添加剂登记管理办法》《进出口饲料和饲料添加剂检验检疫监督管理办法》。

（3）规范性文件。《饲料添加剂品种目录》《饲料原料目录》《质检总局关于修订进出口饲料和饲料添加剂风险级别及检验检疫监管方式的公告》《饲料添加剂安全使用规范》《饲料原料和饲料产品中三聚氰胺限量值的规定》《饲料生产企业许可条件》《关于〈进出口饲料和饲料添加剂检验检疫监督管理办法〉有关问题的通知》。

（4）技术标准。《饲料卫生标准》《饲料标签标准》《宠物食品狗咬胶》《全价宠物食品犬粮》《全价宠物食品猫粮》。

（5）其他标准。《出口宠物饲料检验规程》《进境宠物食品检验检疫监管规程》《宠物干粮食品辐照杀菌技术规范》《出口宠物食品检验检疫监管规程第 1 部分：饼干类》《出口宠物食品检验检疫监管规程第 2 部分：烘干禽肉类》。

7.2 河北省宠物食品市场需求现状

7.2.1 宠物食品需求群体年轻化

根据图7-1所示,河北省宠物饲养者占全国的4.7%,消费群体数量庞大。通过对河北省11个城市的连锁超市和宠物店进行走访调查发现,宠物食品购买人群集中在26~35岁,这也说明了年轻人对新鲜食物的接受程度较高,更愿意为宠物花钱,购买群体趋于年轻化。

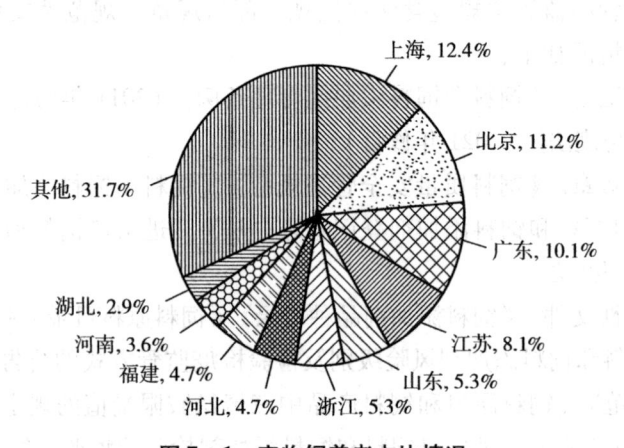

图7-1 宠物饲养者占比情况

上海,12.4%
北京,11.2%
广东,10.1%
江苏,8.1%
山东,5.3%
浙江,5.3%
河北,4.7%
福建,4.7%
河南,3.6%
湖北,2.9%
其他,31.7%

资料来源:中商产业研究院《2017年宠物行业白皮书》。

根据国家第六次人口普查数据,河北省农村"空巢老人"家庭("单身老人户"和"只有一对老夫妇"家庭)占河北省农村总户数的34.28%,河北省城市"空巢老人"家庭占城市老年家庭的41.1%,"独居青年"和"丁克家庭"暂无调查数据,但河北省目前"空巢老人"家庭的高比率,已经为宠物饲养提供了巨大市场。随着河北省"独居青年""丁克家庭"数量的增多,以及人口老龄化趋势的加重,需要"精神寄托"的人越来越多,饲养宠物是满足"精神寄托"的一种重要方式,符合马斯洛需求层次理论人们在衣食住行得到满足后对精神的追求。这部分人群是未被充分挖掘的潜在购买者,并且拥有足够的购买能力,具备宠物食品购买行为的基本条件。

7.2.2 宠物食品市场需求偏好明显

河北省目前有 346 万人饲养宠物。2017 年河北省宠物食品市场需求量为 53 万吨。笔者于 2018 年 1 月至 2019 年 1 月对河北省 11 个城市的 8 家大型连锁超市和当地宠物店进行调查。如图 7-2 所示，河北省宠物食品生产企业的宠物食品品牌在河北省宠物食品市场的出现率和市场占有率均在 40% 左右甚至更高。河北省企业生产的宠物食品价位普遍不高，宠物饲养者购买的宠物食品多以中低档宠物食品为主，购买高档宠物食品的宠物饲养者较少。

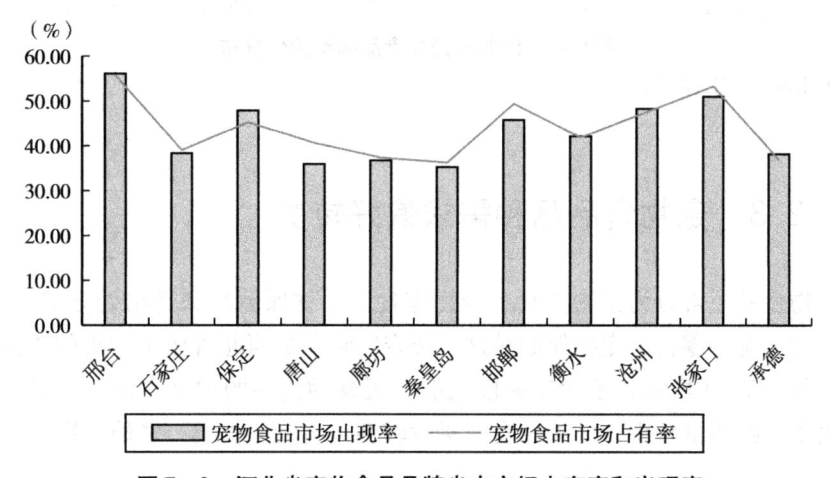

图 7-2 河北省宠物食品品牌省内市场占有率和出现率

资料来源：笔者调研数据。

通过京东大数据平台调查数据可知，2015~2019 年宠物食品购买量始终保持着 100% 以上的高增长率，河北省居民宠物食品购买量的增长率也保持在 50% 以上。如图 7-3 所示，河北省宠物食品购买者中，40% 的购买者选择价位在 40 元左右的宠物食品，22% 的购买者选择价位 20 元左右的宠物食品，18% 的购买者选择 15 元以下的宠物食品，14% 的购买者选择 68~209 元的宠物食品，选择 209 元以上宠物食品的购买者占比 6%。

通过线上线下调查可知，河北省居民购买河北省宠物食品企业生产的宠物食品较多，不同于一二线城市对国外大品牌的依赖，河北省居民购买水平集中在中低档宠物食品，河北省三四线城市较多，收入水平限制了河北省居民对宠物食品的购买需求，因此，河北省生产的宠物食品因其价格优势更受河北省居民青睐。

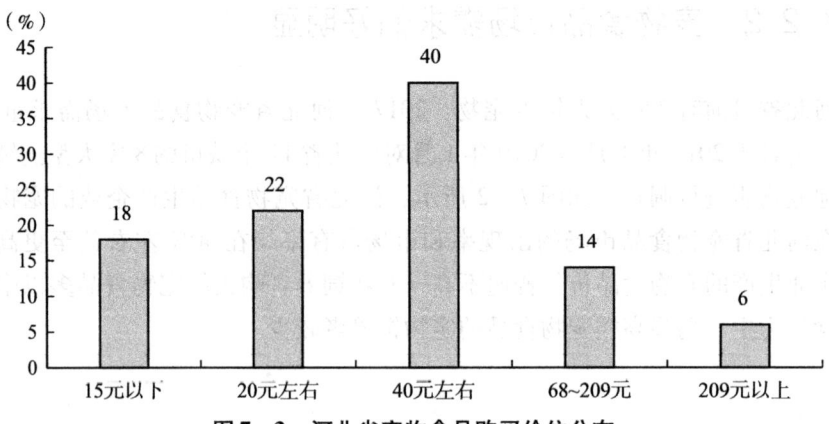

图 7-3 河北省宠物食品购买价位分布

资料来源：京东数据平台。

7.2.3 宠物食品品种需求偏好转变

宠物食品通常分为宠物主食、宠物零食、宠物保健品和宠物处方粮。目前，宠物主食、宠物零食、宠物保健品这三类宠物食品是河北省居民购买的主流宠物食品。如图 7-4 所示，不同年龄段人群购买宠物食品的种类不同，年轻的购买者宠物主食购买量较少，宠物零食购买量较多。宠物零食类型多种多样，可以满

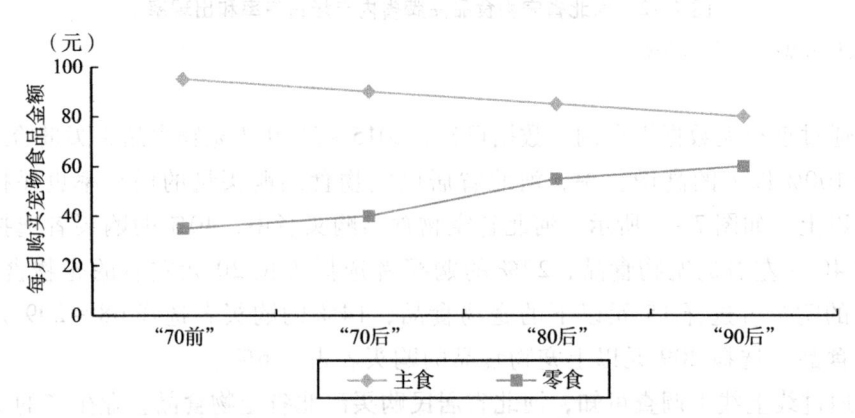

图 7-4 河北省不同年龄段人群宠物食品购买情况

资料来源：中商产业研究院《2018 年宠物行业白皮书》。

足饲养宠物人群各种购买需求。宠物主食类型单一，为宠物提供最基本的功能，已无法满足宠物饲养人群对宠物食品的更高的要求。随着河北省居民收入水平的不断提高，居民的需求不仅仅是追求吃饱穿暖，而是更多地追求心理上的依靠。现代职场、生存压力的剧增，人们心里缺乏慰藉，宠物饲养能满足人们不断上涨的精神需求。由于宠物饲养的趣味性和个性化符合年轻群体的差异化需求，饲养人群不断增加，相应地刺激了宠物食品的购买。

《前瞻产业研究院宠物饲料行业分析报告》显示：从产品结构来看，未来宠物保健品、宠物零食比重将进一步扩大，而宠物主食比重将会下降。报告结果预测未来宠物食品购买趋势具体表现在宠物食品需求结构的变化。

7.2.4 城乡差异扩大宠物食品购买差距

居民日常购买水平和消费结构受其购买力的影响，而购买力又直接取决于收入水平的高低。河北省经济发展两极分化明显，限制了河北省宠物食品整体购买水平的提升和消费结构的升级。据中商产业研究院整理的《2018年宠物消费趋势报告》指出，国内普遍呈现城市居民比农村居民宠物食品购买力强。河北省宠物食品市场需求主要集中在城市。城市居民饲养宠物多为情感的需求，而农村居民饲养宠物多为宠物的功能性。在河北省的农村，宠物狗需要看家护院，宠物猫需要捕鼠捉虫，宠物食品多为饲养者的残羹剩饭，为宠物购买宠物食品的农村居民数量有限。城乡居民对于宠物食品购买意识存在明显差距。河北省农村地区宠物食品市场以小卖部、小超市、集市等小规模销售形式为主，宠物食品种类单一，流通性差，由于宠物食品需求数量小，农村宠物食品市场不被重视，市场建设缓慢，农村宠物食品市场发展受到制约。河北省城市居民由于购买渠道多，宠物食品品种齐全，购买能力强，以及对宠物的喜爱，为宠物选择宠物食品时，不仅仅考虑价格方面，更注重宠物食品品质；农村居民对宠物食品品质要求低，价格为主要影响因素，购买宠物食品更倾向于购买价格低廉的宠物食品。河北省人均收入和消费水平的提高，宠物食品电商发展迅速，社会对宠物的关怀氛围愈加浓厚，有助于增加河北省城乡宠物食品市场需求。

7.3 河北省居民宠物食品购买行为分析

7.3.1 方案设计及调查方法

7.3.1.1 方案设计

为了解河北省宠物食品市场需求现状,调查问卷设计了两个部分:第一部分为购买者基本特征,包括购买者的年龄、婚姻状况、文化程度、家庭月收入等;第二部分为宠物食品购买特征,包括未来购买预期、养宠时间、宠物类型、养宠数量、宠物家庭地位、宠物食品了解程度、购买渠道和促销手段等。

7.3.1.2 调查方法

本次调查采取实地调研与网络问卷相结合的方式,共发放网络问卷和实地调研问卷255份,去除其中回答缺失、不完全等无效问卷,最终得到有效问卷230份,问卷有效率90.19%。

7.3.2 调查结果分析

7.3.2.1 养宠目的

如图7-5所示,把接受调查者分为城镇(城市、乡镇)和农村,城乡居民饲养宠物大部分出于对宠物的喜爱和陪伴作用,农村居民饲养宠物的目的偏重宠物的功能性。

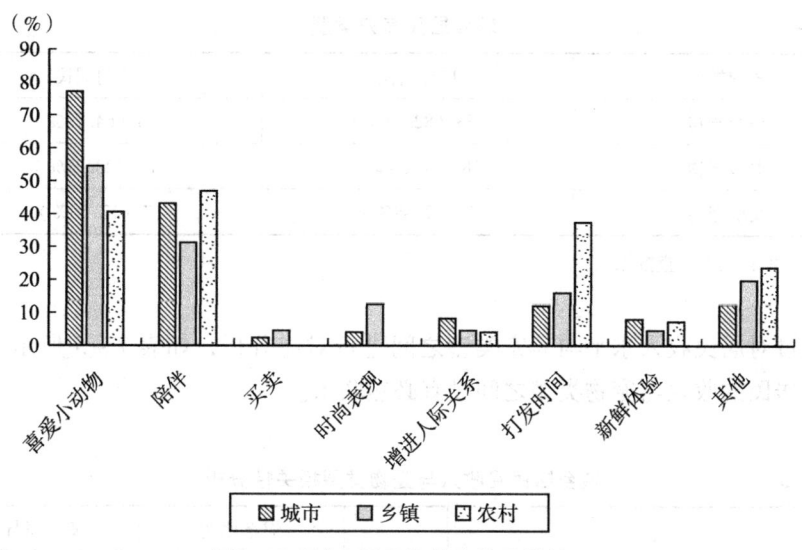

图 7-5 城乡居民饲养宠物目的情况

资料来源：问卷调查数据。

通过图 7-5 对饲养宠物目的与城乡居民进行交叉对比，结果表明：77% 的城市居民和 54% 的乡镇居民饲养宠物是出于对小动物的喜爱，23% 的农村居民饲养宠物是出于对小动物的喜爱；农村居民饲养宠物更多是出于陪伴和打发时间的目的，占比分别为 40%、23%；城市和乡镇居民出于陪伴目的饲养宠物的分别占比 43% 和 31%，出于其他目的的相对较少；农村居民出于其他目的的占比 23%。城镇居民与农村居民由于收入和消费观念等多方面差异，对于宠物的饲养理念不同，因此出于喜爱小动物的原因而饲养宠物的城镇居民比重明显高于农村居民。

7.3.2.2 养宠类型情况

如表 7-4 所示，将城乡居民对不同宠物类型的选择情况进行对比：城镇居民饲养小型宠物占比 82.18%，中型宠物和大型宠物占比较少，分别为 10.34% 和 7.48%。农村居民饲养小型宠物占比 64.29%，中型宠物占比 23.21%，大型宠物占比 12.50%。由此可见，城镇居民与农村居民饲养小型宠物人数较多，大、中型宠物较少。由于农村居民的宠物具有看家护院的功能，而且生活环境能够为大、中型宠物提供活动空间，因此农村居民饲养大、中型宠物的比例高于城市居民，但饲养小型宠物的占比仍大于大、中型宠物。在河北省，无论是城镇还是农村居民均更多地饲养小型宠物。

表7-4　　　　　　　　　　　城乡居民养宠类型

宠物类型	城镇居民	农村居民
小型宠物	143（82.18%）	36（64.29%）
中型宠物	18（10.34%）	13（23.21%）
大型宠物	13（7.48%）	7（12.50%）

资料来源：问卷调查数据。

通过对居民收入水平与养宠类型之间进行对应分析，如表7-5所示，河北省城乡居民的收入与宠物类型之间没有必然联系。

表7-5　　　　　　　城乡居民月收入与宠物类型相关性分析

维数	奇异值	惯量	卡方	Sig.	惯量比例		置信奇异值	
					解释	累积	标准差	相关 2
1	0.204	0.042			0.974	0.974	0.083	-0.060
2	0.034	0.001			0.026	1.000	0.063	
总计		0.043	9.878	0.130^a	1.000	1.000		

资料来源：问卷调查数据。

如图7-6所示，河北省城乡居民收入在4 000~6 000元的群体更趋向于饲养小型宠物，总体来看，城乡居民的收入水平与饲养宠物类型的相关性不突出。

7.3.2.3　养宠时间

通过养宠时间可初步判断宠物的家庭地位以及城乡居民对宠物的依赖性。如表7-6所示，河北省城乡居民的养宠时间大多为1年，其中城镇居民占比35.65%，农村居民占比13.04%；饲养宠物2~3年的城镇居民占比18.70%，农村居民占比3.91%；饲养宠物4~5年的城镇居民占比9.57%，农村居民占比2.61%；饲养宠物5年以上的城镇居民占比11.74%，农村居民占比4.78%。城镇居民饲养宠物一般将其视为家庭成员，多半居民饲养宠物超过1年，宠物与饲养者感情维系较好；农村居民饲养宠物有看家护院、捕鼠护粮等功能，更侧重饲养宠物的功能性，因此对宠物情感依赖较弱，饲养宠物时间短，存在更换宠物或饲养新宠物的现象。

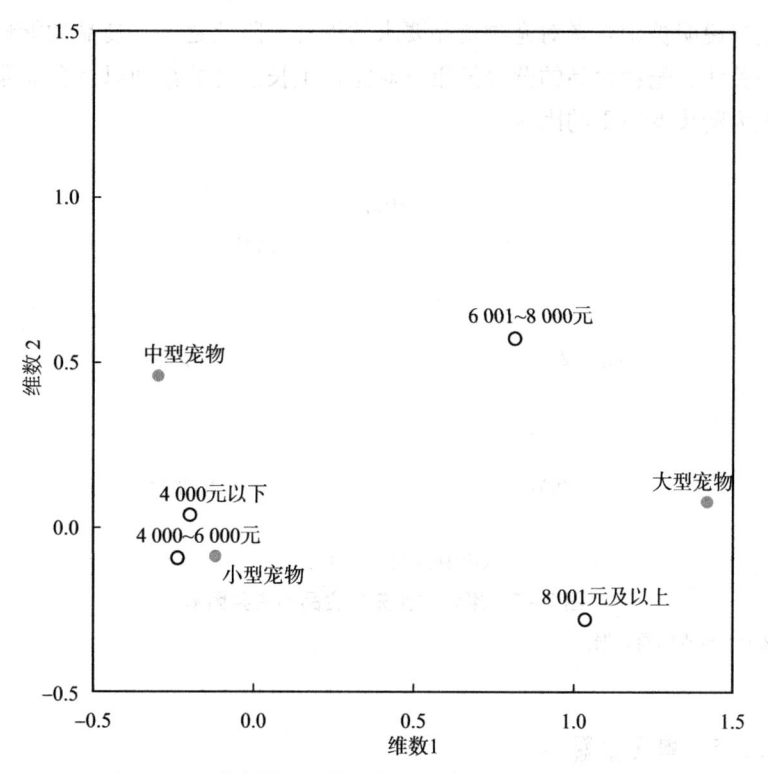

图 7-6　城乡居民月收入与宠物类型相关性分析结果

资料来源：调查问卷数据。

表 7-6　　　　　　　　　　城乡居民养宠时间情况

养宠时间	城镇居民	农村居民
1 年	82（35.65%）	30（13.04%）
2~3 年	43（18.70%）	9（3.91%）
4~5 年	22（9.57%）	6（2.61%）
5 年以上	27（11.74%）	11（4.78%）

资料来源：问卷调查数据。

7.3.2.4　购买宠物食品的影响因素

如图 7-7 所示，影响河北省居民购买宠物食品的主要因素是宠物食品的价格和产品质量，其次是宠物食品品牌与宠物食品的功能性，包装、购买渠道便捷度、营销方式等也略有影响。价格是购买宠物食品的传统影响因素。对产品质量的高度重视说明被调查者对宠物食品要求的提升。除此之外,食品功能性也受到购买者的关注,宠物食品的营养健康、对宠物生长发育的帮助以及食品是否绿色环保都成为购买者注重的因素。

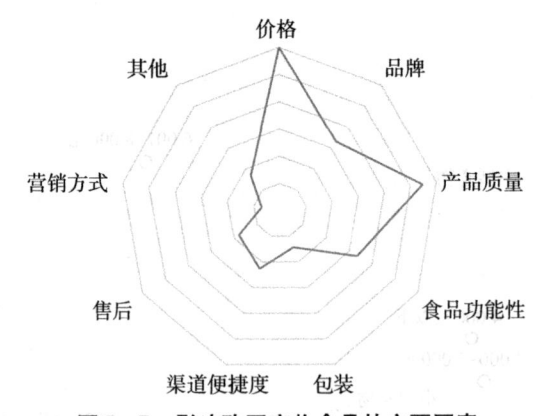

图 7-7 影响购买宠物食品的主要因素

资料来源:调查问卷数据。

7.3.2.5 购买金额

居民的收入水平在很大程度上影响居民的宠物食品购买行为。对被调查者的月收入与月购买金额进行对应分析,如表 7-7 所示,卡方值 = 6.379,显著性 Sig. = 0.042 < 0.05,两个名义变量数据服从正态分布,差异显著在 5% 置信区内显著,两个名义变量之间不完全独立,因此,月收入与月购买金额有一定相关性。

表 7-7　　购买者月收入与每月宠物食品购买金额对应分析

奇异值	惯量	卡方	Sig.	惯量比例		置信奇异值	
				解释	累积	标准差	相关 2
0.120	0.014			0.835	0.835	0.084	0.205
0.053	0.003			0.165	1.000	0.087	
	0.017	6.379	0.042ª	1.000	1.000		

资料来源:调查问卷数据。

如图 7-8 所示，月收入 4 000 元以下和月收入 8 001 元及以上的购买者更倾向于每月花费 200 元以下购买宠物食品；月收入 4 000~6 000 元的购买者更倾向于每月花费 200~300 元购买宠物食品；月收入 6 001~8 000 元的购买者更倾向每月花费 300 元以上购买宠物食品。中高端宠物食品购买群体为月收入 6 001~8 000 元的购买者，此群体购买宠物食品的意愿更高。

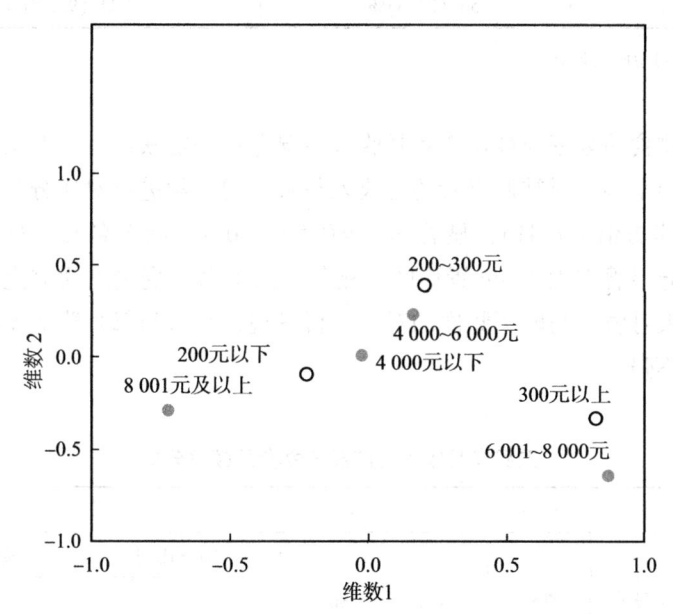

图 7-8　购买者月收入与每月宠物食品购买金额对应分析结果

资料来源：调查问卷数据。

7.3.2.6　购买频率

城乡居民收入存在差距，城镇居民比农村居民消费水平高，因此城镇居民的购买频率明显高于农村居民。如表 7-8 所示，城镇居民购买频率高，农村居民购买频率大多在 31 天以上，购买频率非常低。购买宠物食品频率为 3~5 天的有 12.17% 的城镇居民和 6.09% 的农村居民；购买频率为 6~15 天的农村居民占比 5.65%，城镇居民占比 18.26%；购买频率为 7~30 天的城镇居民占比为 20.87%，农村居民占比 3.04%；购买频率为 31 天以上的城镇居民和农村居民分别占比 24.35% 和 9.57%，差距较大。城镇居民购买频率明显高于农村居民，农村居民购买宠物食品相对不积极。

表7-8　　　　　　　　　　城乡居民购买宠物食品频率

购买频次	城镇居民	农村居民
3~5天	28（12.17%）	14（6.09%）
6~15天	42（18.26%）	13（5.65%）
7~30天	48（20.87%）	7（3.04%）
31天以上	56（24.35%）	22（9.57%）

资料来源：问卷调查数据。

购买宠物食品频率与被调查者月收入情况存在一定联系，一般情况下收入高购买频率也会增多。对被调查者的月收入与月消费金额进行对比分析得出，如表7-9所示，卡方值=7.415，显著Sig. =0.594>0.1，两个名义变量数据服从正态分布，差异显著在大于5%置信区不显著，两个名义变量之间完全独立，通过对购买者个人月收入与购买频次的对应分析发现，收入与每月购买宠物食品频率之间相关性不强。

表7-9　　　　　　　购买者月收入与购买宠物食品频率分析

维数	奇异值	惯量	卡方	Sig.	惯量比例		置信奇异值	
					解释	累积	标准差	相关
								2
1	0.137	0.019			0.585	0.585	0.063	0.035
2	0.112	0.012			0.387	0.972	0.066	
3	0.030	0.001			0.028	1.000		
总计		0.032	7.415	0.594ª	1.000	1.000		

资料来源：问卷调查数据。

从图7-9可看出，收入在4 000~6 000元的购买群体更趋向于每30天以上购买一次宠物食品。

7.3.2.7　宠物食品购买渠道

如图7-10所示，通过对购买者的年龄与购买渠道进行交叉分析表明，60岁以下购买者主要是在网上购买宠物食品，60岁以上的购买者普遍对网络熟悉度低，倾向于线下购买宠物食品。网上购买宠物食品是大多数河北省居民的首选，互联网的便捷服务促进了宠物食品的交易量，提高了宠物食品的消费额。购买者年龄与购买渠道相关。

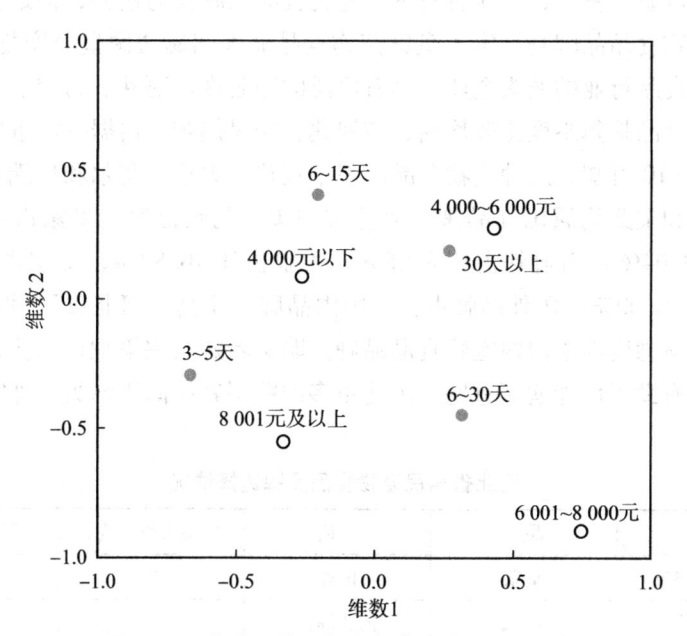

图 7-9　个人月收入与宠物食品购买频率分析

资料来源：调查问卷数据。

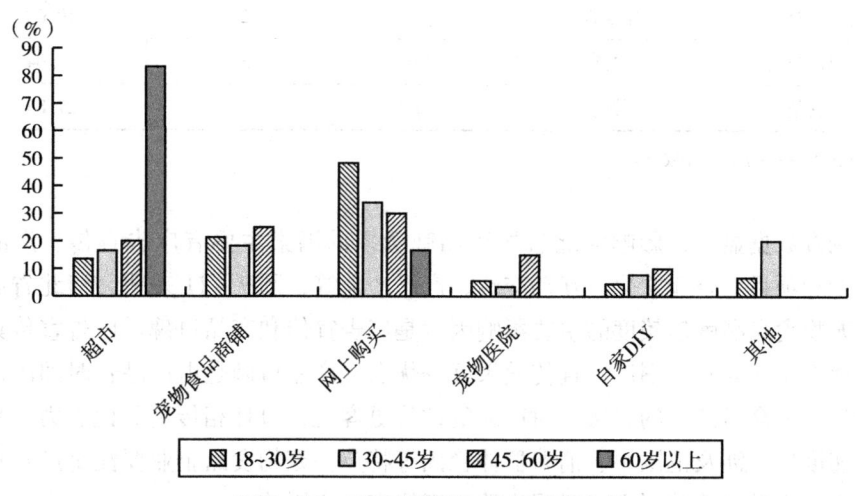

图 7-10　购买者年龄与购买渠道分析

资料来源：调查问卷数据。

7.3.2.8 宠物食品品牌选择

在具体调研中发现，河北省对本地宠物食品品牌较为信赖，但最受河北省居民青睐的宠物食品品牌是皇家。皇家宠物食品品牌归属法国皇家宠物食品公司，是全球宠物食品行业的龙头企业，具有广泛的知名度。冠邦、力狼、艾尔、比瑞吉、宝路五个品牌熟悉度比较均衡，被河北省居民熟知，占据一定市场份额。

由表 7-10 可知，六种宠物食品品牌中冠邦、力狼、艾尔和比瑞吉都是国内品牌，皇家和宝路均属国外品牌。河北省购买宠物食品时，皇家占比 21.30%，宝路占比 13.04%，而冠邦占比 8.26%、力狼占比 10.87%、艾尔占比 8.70%、比瑞吉占比 10.00%，国外品牌占比比国内品牌占比高。河北省居民对于国外宠物食品品牌熟悉度高于国内宠物食品品牌。购买者购买决策理论认为，购买者的品牌熟悉度有助于增加购买意愿，因此更多的购买者倾向于购买国外宠物食品。

表 7-10　　　　　　　　河北省居民宠物食品品牌选择情况

公司	品牌	产地	购买人数（人）	百分比（%）
法国皇家（玛氏）	皇家	国外	49	21.30
华兴公司	冠邦	河北邢台	19	8.26
华兴公司	力狼	河北邢台	25	10.87
河北荣喜	艾尔	河北邢台	20	8.70
比瑞吉公司	比瑞吉	上海	23	10.00
玛氏公司	宝路	国外	30	13.04
其他	其他	国内外	64	27.83

资料来源：问卷调查数据。

调查数据显示，影响河北省居民品牌选择的因素主要有广告宣传、产品口碑、专利项目、企业文化、互动交流、产品产地等，图 7-11 表明，河北省居民建立宠物食品品牌信赖度的主要影响因素是广告宣传和产品口碑。广告宣传具有传播速度快、涉及范围广、宣传效果好等优点。产品口碑是由产品长时间的使用而产生的公众对产品的看法，对产品的评价更客观，口耳相传更具说服力，具有传播速度慢、涉及范围小、消费群体稳固等特点。宠物食品企业要注重广告宣传的投入和产品口碑的树立，对促进购买意愿有一定影响。

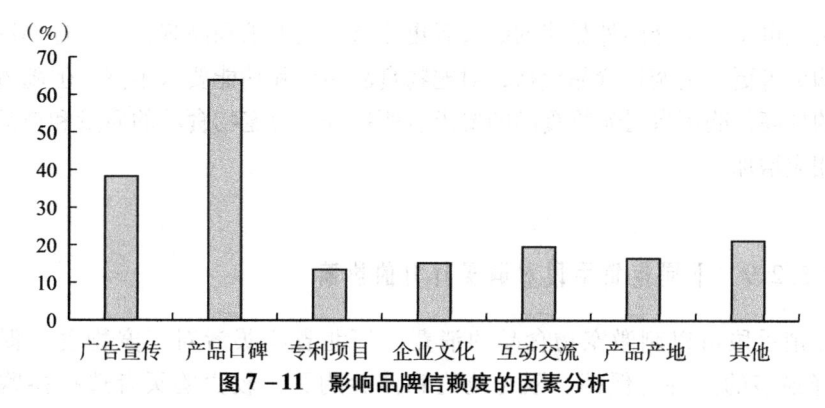

图 7-11 影响品牌信赖度的因素分析

资料来源：问卷调查数据。

如图 7-12、图 7-13 所示，河北省居民选择国外宠物食品的主要原因是品牌优势和产品质量，选择国内宠物食品的主要原因是价格优势。

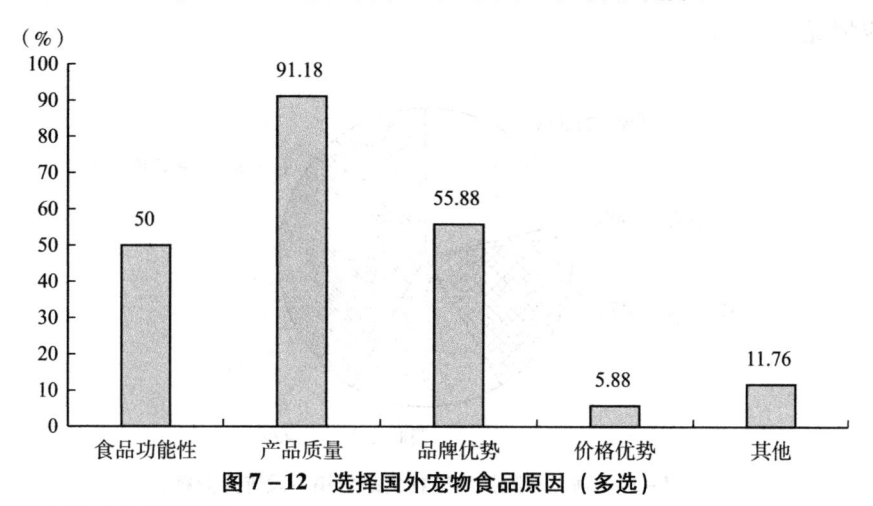

图 7-12 选择国外宠物食品原因（多选）

资料来源：调查问卷数据。

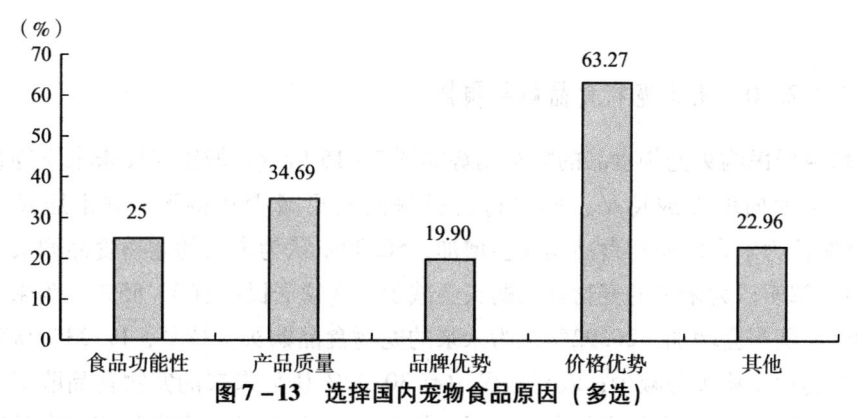

图 7-13 选择国内宠物食品原因（多选）

资料来源：调查问卷数据。

由此可见，选择国外品牌的购买者更注重品质追求和品牌营销，选择国内品牌的购买者更注重宠物食品价格，对宠物食品品质和功能要求不高。但随着生活水平的提高，购买者对宠物食品的要求有所提升，对宠物食品的质量和产品品牌要求相应增加。

7.3.2.9 不同促销手段对购买行为的影响

促销手段可以刺激宠物食品的消费，河北省购买者对于宠物食品促销手段选择最多的是特价促销、限时抢购和体验购买，较少购买者选择换购的促销方式。如图7-14所示，41.74%的购买者喜欢直接特价促销的方式，符合购买行为理论中购买者受宠物食品价格因素的影响。体验购买与上文注重产品质量相符合，购买者通过宠物体验宠物食品，观察产品适口性和宠物的反应情况。

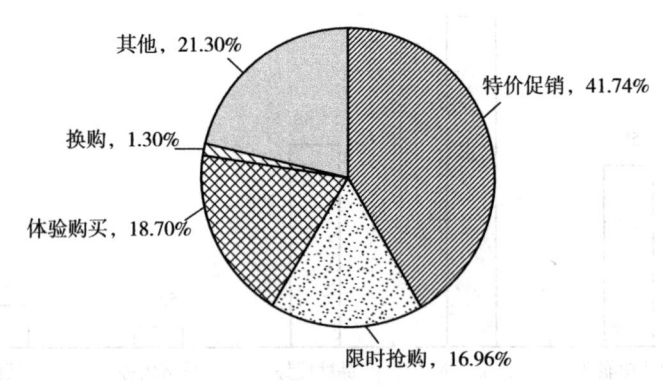

图7-14 河北省购买者宠物食品促销手段选择分析

资料来源：调查问卷数据。

7.3.2.10 未来宠物食品购买预期

城乡居民购买宠物食品的购买趋势如图7-15所示。城镇居民未来宠物食品购买趋势偏向增加或持平，而农村居民偏向购买减少和持平。城市居民中有36.78%认为未来的宠物食品购买会增加，50.00%认为未来的宠物食品购买会持平，13.22%认为未来的宠物食品购买会减少；乡镇居民中有53.85%认为未来的宠物食品购买会增加，26.92%认为未来的宠物食品购买会持平，19.23%认为未来的宠物食品购买会减少；农村居民中有30.00%认为未来的宠物食品购买会增加，36.67%认为未来的宠物食品购买会持平，33.33%认为未来的宠物食品购买会减少。城镇居民与农村居民的未来购买趋势观点不同,城乡差异明显。

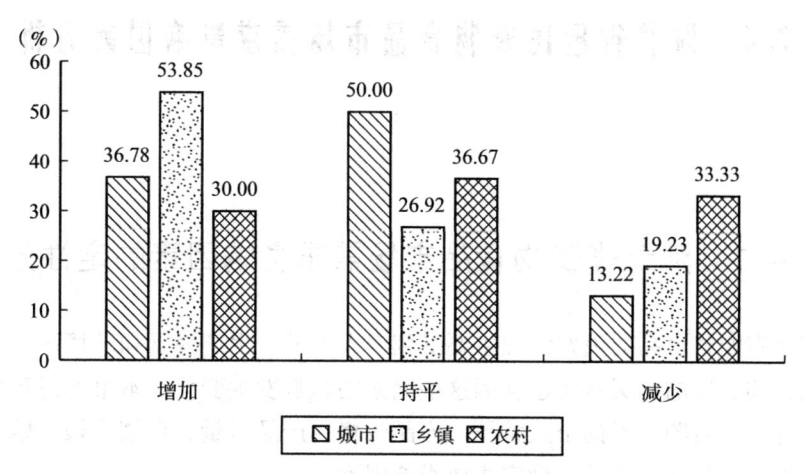

图 7-15 城乡居民购买宠物食品趋势

资料来源:调查问卷数据。

通过对河北省居民宠物食品购买行为特征分析结论如下:(1)养宠目的主要是出于宠物饲养者对宠物的喜爱,宠物饲养者购买宠物食品意愿更强烈;(2)河北省城乡居民喜爱小型宠物,城乡居民收入与宠物类型之间没有必然联系,因此宠物类型未对购买宠物食品的金额产生影响;(3)宠物饲养者饲养宠物时间长短对购买宠物食品行为有影响,养宠时间越长月购买金额越高;(4)影响河北省居民购买宠物食品的主要因素是宠物食品的价格和产品质量,其次是宠物食品品牌与宠物食品的功能性,包装、购买渠道便捷度、营销方式影响较小;(5)河北省居民月收入与月购买金额有一定相关性,月收入越高每月购买宠物食品金额越多,月收入越低每月购买宠物食品金额越少;(6)购买宠物食品频率与购买者月收入存在一定关联,一般情况下收入越高购买频率越高;(7)购买者年龄与购买渠道存在关联,中青年宠物饲养者大多选择网上购买,老年宠物饲养者大多选择线下购买,比如超市、门店等;(8)河北省居民认为国外宠物食品品质优良,河北省宠物食品的价格优势使居民以河北省宠物食品品牌为主要选择;(9)宠物饲养者喜欢通过特价促销的方式购买宠物食品,对新型的促销方式不容易接受;(10)城镇与农村的购买理念不同,造成城乡居民购买宠物食品存在明显差异,城镇居民未来宠物食品购买趋势偏向增加或持平,农村居民偏向减少和持平。

7.4 河北省居民宠物食品市场需求影响因素分析

7.4.1 河北省宠物食品市场需求影响因素的定性分析

河北省宠物食品的消费情况主要受到个人因素、生产因素和环境因素三大方面影响，购买者的购买行为也会因这些因素的影响发生变化，本书通过定性分析和定量分析，对购买者的个人特征、产品价格、产品质量、促销手段、购买习惯等影响因素进行逐一检验，确定主要影响因素。

7.4.1.1 收入水平影响宠物食品购买

收入是影响宠物食品购买的主要因素，宠物饲养者的收入越高，购买力就会越强。大部分的产品适用此消费规律。宠物饲养者收入提高，则宠物食品选择范围扩大，宠物食品挑选更理性。

7.4.1.2 宠物食品品质影响宠物食品购买

随着居民生活水平的不断提高，人们对于生活质量的要求也逐渐提高，不仅注重自身食品安全，也关注宠物食品安全问题。近年来，我国宠物食品总体产量不断提升，但宠物市场中的产品质量参差不齐，宠物食品添加剂使用混乱，宠物食品质量安全成为困扰购买者的主要问题。

7.4.1.3 宠物食品价格影响购买者购买

一般价格规律是产品价格升高，购买者购买数量下降；产品价格降低，购买者购买数量增加，部分产品替代品的价格对购买者购买情况产生影响。宠物产业经济的快速发展，产品生产技术的不断提升，替代品的多样性，使购买者选择增多，对于宠物食品的定价更挑剔。

7.4.1.4 购买渠道影响宠物食品的购买

宠物食品购买渠道主要是超市、宠物食品店铺、电商、宠物医院等。产品进入超市费用较高,因此产品售价较高,但仍是宠物食品的重要销售渠道之一。宠物食品店铺和宠物医院拥有固定消费群体,是附近居民购买的主要渠道。电商是近几年新兴的购买渠道,费用低且购物方便,是人们选择最多的购物方式,也是最重要的购买渠道之一。

7.4.1.5 城市化进程拉动宠物食品需求量增长

城乡居民收入水平存在差距,导致对宠物食品需求的差距。城市居民生活环境便利,关注宠物食品安全,注重营养及功能性,对宠物食品有一定的要求,因此大部分居民会购买宠物食品。农村居民收入水平较低且缺乏宠物食品购买习惯,因此对宠物食品的购买远远落后于城市居民。伴随着我国城市化进程的不断推进,我国城镇人口增长加快,宠物食品成为新增长点。城镇居民比农村居民拥有更好的购买环境,并且与农村居民相比,城市居民通常具有文化水平较高、收入水平较高、接受新鲜事物较快等特点,对于生活质量的注重程度也明显高于农村居民。城市化快速发展促进了宠物数量的增加,人们对精神生活水平要求不断提升,带动了宠物食品需求量逐年递增。

7.4.1.6 家庭结构及规模对宠物食品购买的影响

宠物食品消费一般以家庭为单位,2017 年中国养宠家庭约 5 912 万户,较上一年年增长了 2%,达到 17.1%。① 不同的家庭中,由于家庭成员的年龄、性别、文化程度、收入水平、职业等人口结构的差异,对宠物食品的购买也会呈现不同的市场需求。

7.4.1.7 消费观念与购买习惯影响宠物食品的购买

经济的繁荣发展促进宠物食品消费理念的快速转变,饲养宠物是人们美好生

---

① 资料来源:《2016 年国家统计局人口统计年鉴》。结合宠物市场调研数据,根据中国 2016 年的人口总数比例加权,得到全国养宠比例,再乘以城镇化率 57.4%,根据国家统计局 2016 年数据统计,最终得到总体城镇人口养宠比例 17.1%。养宠家庭数 = 全国城镇总人口 * 养宠比例。

活的一种休闲方式，宠物食品消费观念的转变是经济发展的结果。消费观念与购买习惯的转变会影响宠物食品购买的需求和选择。

7.4.2 河北省宠物食品市场需求影响因素的定量分析

前文对影响城乡居民购买宠物食品的影响因素进行总体判断和定性分析，在此基础上，对调研数据进行定量分析，探究影响居民宠物食品消费的微观层面的影响因子。本书以调研所得的 230 份有效问卷数据为基础，利用 SPSS21.0 软件，对统计的截面数据进行二元 Logistic 回归，Logistic 模型对于处理这一类离散模型具有专业化针对优势，是离散化基础上专门针对二元回归的模型。以往针对消费者需求影响因素的研究主要集中在消费者的收入和喜好上，本书把调研所得的数据分成了购买个人特征、养宠特征、宠物食品购买特征三部分，并认为宠物食品购买特征和养宠特征对居民宠物食品购买需求的影响还需进一步讨论，基于以上观点，本部分对影响河北省居民宠物食品购买需求的各因素展开分析。

7.4.2.1 研究方法说明

本章利用 SPSS 将购买者购买宠物食品的意愿作为被解释变量 $Demand$，将影响其购买行为的因素分为三个维度：购买者个人特征、养宠特征、宠物食品购买特征。本章采用 $Logistic$ 回归模型，令 y 服从二项分布，将购买者的肯定答案用"1"表示，否定答案用"0"表示，设 $y=1$ 的概率为 $Demand$，则 y 的概率具体形式为：

$$Demand_j = F(\alpha + \textstyle\sum \beta_j \chi_j + v) = 1/\{1 + \exp[-(\alpha + \textstyle\sum \beta_i \chi_j + v)]\} \quad (7.1)$$

其中，$Demand_j$ 表示居民是否购买宠物食品，χ_j 表示第 j 个影响消费因素，β_j 为影响因素的回归系数，α 为截距项，v 为误差项。

7.4.2.2 变量的选择与赋值

（1）购买者基本情况。

河北省宠物食品购买者个人特征如表 7-11 所示。

表7-11　　　　　　　　　河北省宠物食品购买者个人特征

特征	内容	所占比例（%）	累计比例（%）
A1 年龄	18~30 岁 =1	38.70	38.70
	31~45 岁 =2	50.00	88.70
	46~60 岁 =3	8.70	97.40
	60 岁以上 =4	2.60	100.00
A2 文化程度	初中及以下 =1	6.09	6.09
	高中（含中专、技校）=2	14.78	20.87
	大专及以上 =3	79.13	100.00
A3 家庭月收入	6 000 元以下 =1	26.09	26.09
	6 000~9 000 元 =2	33.91	60.00
	9 001~12 000 元 =3	19.57	79.57
	12 000 元以上 =4	20.43	100.00

资料来源：问卷调查数据。

（2）养宠特征。

河北省饲养宠物特征如表7-12 所示。

表7-12　　　　　　　　　河北省饲养宠物特征

特征	内容	所占比例（%）	累计比例（%）
B1 养宠时间	1=1 年	48.70	48.70
	2=2~3 年	22.61	71.31
	3=4~5 年	12.17	83.48
	4=5 年以上	16.52	100.00
B2 宠物类型	1=小型宠物	77.83	77.83
	2=中型宠物	13.04	90.87
	3=大型宠物	9.13	100.00
B3 宠物家庭地位	1=非常不重要	8.26	8.26
	2=比较不重要	9.13	17.39
	3=一般重要	35.65	53.04
	4=比较重要	33.48	86.52
	5=非常重要	13.48	100.00

续表

特征	内容	所占比例（%）	累计比例（%）
B4 养宠数量	1 = 1 只	80.87	80.87
	2 = 2~3 只	14.78	95.65
	3 = 3 只以上	4.35	100.00

资料来源：问卷调查数据。

（3）宠物食品购买特征。

河北省宠物食品购买特征如表7-13所示。

表7-13　　　　　河北省宠物食品购买特征

特征	内容	所占比例（%）	累计比例（%）
C1 购买品牌	1 = 国内	85.22	85.22
	2 = 国外	14.78	100.00
C2 购买预期	1 = 增加	37.83	37.83
	2 = 持平	45.65	83.48
	3 = 减少	16.52	100.00
C3 购买渠道	1 = 超市	17.39	17.39
	2 = 宠物食品商铺	19.57	36.96
	3 = 网上购买	38.70	75.66
	4 = 宠物医院	5.22	80.88
	5 = 自家DIY	6.52	87.40
	6 = 其他	12.60	100.00
C4 宠物食品了解程度	1 = 非常不了解	26.09	26.09
	2 = 比较不了解	18.70	44.79
	3 = 一般了解	47.82	92.61
	4 = 比较了解	5.65	98.26
	5 = 非常了解	1.74	100.00
C5 促销手段	1 = 特价促销	41.74	41.74
	2 = 限时抢购	16.96	58.70
	3 = 体验购买	18.70	77.40
	4 = 换购	1.30	78.70
	5 = 其他	21.30	100.00

资料来源：问卷调查数据。

7.4.2.3 分析结果

表 7-14 结果表明，12 个影响因子经过共线性检验分析，得出自变量均小于 10，通过检验。

表 7-14　　　　河北省宠物食品购买意愿共线性分析情况

指标	模型	非标准化系数 B	标准误差	标准系数 试用版	t	Sig.	共线性统计量 容差	VIF
个人特征	（常量）	0.842	0.245		3.433	0.001		
	年龄	0.051	0.050	0.081	1.015	0.311	0.512	1.951
	文化程度	-0.155	0.051	-0.194	-3.052	0.003	0.802	1.247
	家庭月收入	0.018	0.026	0.042	0.680	0.497	0.837	1.195
养宠特征	宠物类型	-0.065	0.074	-0.069	-0.875	0.383	0.526	1.902
	养宠时间	0.078	0.029	0.196	2.703	0.007	0.615	1.627
	养宠数量	0.034	0.059	0.039	0.566	0.572	0.699	1.430
	宠物家庭地位	0.043	0.029	0.103	1.461	0.145	0.649	1.541
购买特征	购买预期	-0.121	0.04	-0.19	-3.026	0.003	0.82	1.219
	宠物食品的了解程度	0.066	0.033	0.144	2.014	0.045	0.631	1.585
	购买品牌	0.114	0.079	0.090	1.444	0.150	0.829	1.207
	购买渠道	0.006	0.020	0.020	0.292	0.771	0.701	1.427
	促销手段	-0.063	0.020	-0.217	-3.148	0.002	0.679	1.473

表 7-15 结果表明，12 个因子均符合条件，作为模型的自变量，模型显示购买者的个人特征、养宠特征、宠物食品购买特征对河北省居民的宠物食品购买需求均有影响。

表 7-15　　　　宠物食品购买需求情况分析

变量名称	B	S.E.	Wals	df	Sig.	Exp(B)
年龄	0.220	0.308	0.511	1	0.475	1.246
文化程度	-1.049	0.392	7.142	1	0.008	0.350
家庭月收入	0.218	0.251	4.750	1	0.046	1.243

续表

变量名称	B	S. E.	Wals	df	Sig.	Exp(B)
购买预期	-0.813	0.273	8.871	1	0.003	0.443
养宠时间	0.587	0.240	5.982	1	0.014	1.799
宠物类型	0.400	0.373	1.152	1	0.283	1.492
养宠数量	0.298	0.471	0.400	1	0.527	1.347
宠物家庭地位	0.298	0.201	2.198	1	0.138	1.347
宠物食品了解程度	0.555	0.227	6.002	1	0.014	1.742
购买品牌	1.160	0.704	2.710	1	0.100	3.189
购买渠道	0.111	0.132	0.700	1	0.403	1.117
促销手段	-0.466	0.142	10.814	1	0.001	0.627

（1）购买者个人特征方面。

根据表7-15的计算结果，在购买者的基本特征中，年龄没有通过显著性检验，可能的原因是年龄较小的购买者可能受个人偏好影响产生购买行为，抑或是年龄较大的购买者为满足自身心理需求而产生购买行为。从计算结果中还可以看出，文化程度在5%以下为显著性影响，说明文化程度对宠物食品购买具有影响。家庭月收入在5%以下为显著性影响，与定性分析中收入可增加宠物食品购买需求的结果一致。由结果可知以上系数均为正，分别为0.008和0.046。收入水平对宠物食品购买行为作用方向为正向，文化程度系数为正，这说明收入越高、文化程度越高的人群有更多的宠物食品购买需求。

（2）养宠特征方面。

从养宠特征回归结果来看，养宠类型、养宠数量和家宠地位没有通过显著性检验。养宠时间系数为0.014，作用方向为正，说明河北省居民购买宠物食品的需求与养宠时间具有显著的正向影响。饲养宠物时间越长，饲养者与宠物感情越浓厚，宠物饲养者越会购买更多宠物食品满足宠物需求，同时，宠物饲养者得到精神满足符合马斯洛需求层次理论。

（3）宠物食品购买特征方面。

如表7-15所示，宠物食品购买品牌和购买渠道系数分别为0.1和0.403，均超过10%未达到显著性水平，对河北省居民宠物食品购买需求影响不明显。购买宠物食品预期系数为0.003，作用方向为正，说明购买宠物食品预期越高宠物食品购买需求越大。购买预期高反映出河北省居民对于宠物食品未来的购买意愿强烈，有助于提高居民对宠物食品的关注度。宠物食品促销手段系数为0.001，对宠物食品购买需求影响非常显著，作用方向为正，说明宠物食品促销手段对刺激购买宠物食品有效。对宠物食品了解程度系数为 0.014，作用为正，具有显著的正向影响，说明对宠物食品了解程度越深，对宠物食品的购买意愿就会越强。然而，根据前文，被调查者中对宠物食品了解程度为一般了解和不了解的人数占到了 92.61%，说明大部分居民可能认为购买宠物食品只是解决宠物的基本食物，对其健康营养功效尚未有足够认识，河北省宠物食品市场的宣传力度不够。

7.5 推动河北省宠物食品产业发展的相关建议

7.5.1 多举措降低成本，扩大宠物食品需求

在微观经济学中，居民收入代表了购买者支付能力的强弱。通过以上分析得出河北省居民的收入水平与购买宠物食品意愿之间呈正相关，且农村居民收入需求弹性大于城镇居民，并表现出购买者收入水平越高对宠物食品的购买意愿就越强的特点。政府应该多举措促进居民收入水平，如降低税收等财政手段，正向促进居民增加收入。作为供给方的宠物食品制造者或者企业应该积极引进新技术，提高生产效率，提升产品质量，降低生产成本，一方面可以提升市场中宠物食品质量的整体水平，另一方面可以增加产品的竞争力。从需求方角度来看，城乡居民的收入水平差距不利于宠物食品市场的均衡发展。统筹城乡协调发展有利于宠物食品市场的均衡发展。农村多数家庭饲养宠物，因此，农村宠物食品市场存在较大需求空间。针对此类问题，首先，由政府着力保障和改善农村居民的基本民生问题，保障农村居民收入的稳定性，确保农村居民对宠物食品的购买能力；其次，政府还应积极改善农村居民的购买环境，在中心村镇建立方便快捷的农贸市场、连锁超市等基础设施，并加强市场的监管力度，促使农村居民宠物食品购买方式的改变，引导农民消费观念提升；最后，农村居民宠物食品购买水平还有很大增长空间，农村宠物食品市场需求前景广阔，需要不断提高农村居民收入，增强农村居民实际购买力，保证农民对宠物食品购买需求的持续增长。

7.5.2 细分宠物食品需求市场，锁定目标市场

企业营销计划的制定者应该针对消费者个性化需求，制定相应的营销策略和产品特质与之相匹配。随着经济水平的不断提高，居民需求层次也不断提升，居民需求呈多样化发展。作为经济的主体市场不再是卖方市场，早已变成了买方市场。市场已经从千篇一律的同质化生产向小批量差异化产品生产转变。只有抓住宠物食品产业的发展趋势，企业才能增加产品竞争力，占领市场，达到盈利的目的。对于河北省居民宠物食品购买需求中高学历人群是购买主力的分析结果，企业应该针对这一类消费主体的消费个性特征，生产符合其消费品位的宠物食品，如针对这一类人的小资情调开发精美包装，还可以针对这类消费者对品质的严格要求，推出高品质产品，也可以针对这类人时间紧迫制定快销计划等。细分产品类别，细分消费群体，使产品更具针对性，可以促进宠物食品消费。

7.5.3 深入解析市场需求，制定企业营销策略

宠物食品购买预期是衡量宠物食品未来发展的重要指标。经模型检验，购买预期越高未来宠物食品市场越大，购买预期越低则未来宠物食品市场越小。河北省居民中"80后""90后"是饲养宠物主要群体，明确市场目标，针对"80后"讲究产品品质、"90后"追求产品新颖的特点，开发研制高品质、设计独特的宠物食品将会受到宠物饲养者的欢迎。宠物食品企业面对宠物食品市场需求呈现多元化趋势，针对宠物食品的质量、营养以及安全性的要求对企业生产做出相应调整。具备绿色、营养、健康和功能性的优质宠物食品将成为宠物食品市场的购买趋势，企业的经营方式应随购买者的购买趋势不断完善和优化。具体做法为：第一，政府出台鼓励措施，调动宠物食品企业转变生产方式的积极性。改进宠物食品加工技术，以具有功能性、绿色、营养、健康的宠物食品为生产准则，生产让宠物饲养者信赖的宠物食品，将市场目标扩展为中、低、高档宠物食品，加大市场竞争力。第二，树立品牌意识，加强宠物食品宣传，创建良好口碑和信誉度，争取宠物食品市场需求最大化，扭转国内外宠物食品品牌市场不均衡现状。对于线上线下的宣传和服务统一规划，为购买者提供快捷、便利、实惠的服务和产品。第三，推行O2O营销模式，鉴于河北省宠物食品的需求空间未被满足，需要新颖的营销模式促进宠物产业发展，O2O营销模式是将宠物产业中的宠

物美容、宠物医疗、宠物寄养等服务共同协作发展，挖掘更多潜在购买群体，扩大市场需求，有利于宠物产业链的构建。第四，保持传统促销手段，购买者通过对宠物适口性的观察决定是否购买该品牌产品，将选择权最大限度地赋予购买者，这种促销手段更适合广大购买群体的消费观念，使购买者对宠物食品和生产企业产生好感，购买倾向和对企业的黏度会增加。

7.5.4　政府加大扶持力度，推进宠物食品市场发展

河北省政府依据原农业部提出的"粮改饲"政策建立了 13 个试验点，突破 200 万亩，有益于宠物食品原料的供应。河北省政府发挥引导作用，继续支持对河北省南和县宠物饲料产销基地的政策帮扶，制定《2016 年全国饲料产品质量安全监测计划》《饲料行业安全生产工作指南》《饲料质量安全管理规范》严控宠物食品市场，鼓励本省宠物食品企业改革创新，自主研发高品质产品，拉动内需，带动宠物食品经济发展。政府部门建立监督小组，加强对宠物食品市场的监管力度，规范宠物食品市场购买渠道，使宠物食品市场平稳运行，促进河北省宠物食品市场健康可持续发展。

7.5.5　注重宠物食品企业环保意识

河北省贯彻执行"十四五"规划提出的绿色发展模式，要求宠物食品企业在快速发展的同时更应增强环保意识。宠物食品产业发达国家，如美国、欧盟、日本都已实施绿色发展道路，说明了国际宠物食品经济的发展趋势。河北省乃至全国宠物食品企业应积极响应绿色发展模式，建设配套去污设备，将绿色生产理念贯穿企业文化中，不仅有利于宠物食品企业的市场宣传和口碑效应，更有利于企业的可持续性发展。

第 8 章

河北省畜牧业疫病防治服务研究

河北省是我国畜牧养殖大省，各类畜禽生产指标长期位列全国前列。2020年，河北省生猪出栏量2 907.62万头，牛出栏量335.22万头，羊出栏量2 265.83万只，活家禽出栏量68 730.42万只，分别位列全国第七、第二、第四和第十位；肉、蛋、奶产量分别为415.8万吨、389.7万吨和483.4万吨，产量均位列全国前列。[①] 河北省环绕北京市和天津市，地理位置十分优越。在京津冀协同发展背景下，河北省肩负着向北京、天津市场输送优质农牧产品的重要任务。然而，近年来非洲猪瘟等动物疫病频发，给生猪生产带来了诸多不确定性，同时造成了畜产品市场价格的频繁波动。尽管目前河北省生猪产能已全面恢复，各种畜产品市场也逐渐趋稳，但动物疫病的频发一方面使经营者面临自然和市场双重风险，另一方面也不利于消费市场的稳定。因此，研究河北省畜禽养殖业疫病防治现状，分析影响服务效果的主、客观因素，探索构建现代化疫病防疫服务体系，对提高河北省畜禽产品质量和出产率，推进畜牧业高质量发展具有重要的现实意义。

本章以河北省畜牧养殖业疫病防治服务体系的构建为研究对象，重点对河北省畜牧养殖业疫病防治服务相关政策、措施、畜牧养殖业疫病防治服务的模式进行了梳理，从提供疫病防控服务的机构、人员设置、基础设施等方面对相关数据进行了搜集、整理和分析，并以河北省生猪养殖为例，对典型养殖区域的13个生猪养殖企业和110多名养殖户进行问卷调查和实地调研，分析了养殖场（户）接受疫病防治影响因素及服务效果，提出了河北省构建现代化疫病防治服务体系的对策建议。

---

① 资料来源：《中国农村统计年鉴》。

8.1 河北省畜牧业疫病防治服务现状

河北省畜牧业疫病防治服务机构由官方兽医机构和承担兽医社会化服务的相关机构组成,其中官方兽医机构有基层防疫站、畜牧兽医管理机构等,承担兽医社会化服务的机构主要有动物诊所、私人兽医、执业兽医师等。影响畜牧业疫病防治服务的因素主要是作为防治服务主体的机构、人员、基础设施和检验检测设备。

8.1.1 河北省畜牧业疫病防治相关政策措施

为了进一步做好疫病防治服务工作,近年来,河北省根据国家相关政策、规划及自身发展情况出台了一系列政策和措施(见表8-1、表8-2)。2012年11月,为加强动物疫病防治工作,依据《国家中长期动物疫病防治规划(2012—2020年)》,结合河北省实际,制定了《河北省中长期动物疫病防治规划(2012—2020年)》。其中提出到2020年河北省综合疫病防治达到的具体目标:15种优先防治的动物疫病达到规划设定的考核标准。生猪、家禽、牛、羊疫病发病率分别下降到5%、6%、4%、3%以下,公共卫生风险显著降低。兽医基础设施、机构队伍、科技保障、法规体系更加完善,财政投入机制更加稳定有效,动物疫病综合防治能力明显提高。2015年9月,河北省人民政府办公厅印发的《关于进一步加强动物防疫工作的通知》提出,通过强化基础免疫、完善监测网络、严格执法监督和加强应急管理等措施,突出做好河北省动物防疫重点工作。2017年11月,原农业部印发的《全国兽医卫生事业发展规划(2016—2020年)》提出,通过实施种畜禽场疫病净化策略、严格养殖场所动物疫病风险管理、深化无规定动物疫病区建设、提升动物疫病监测预警处置能力等措施,强化动物疫病综合防治能力。2017年12月,原农业部颁布的《关于推进兽医社会化服务发展的指导意见》提出了通过5年发展,兽医社会化服务业态趋于完善,服务质量明显提升,全社会对兽医服务需求得到较好满足的总体目标。2018年2月,河北省人民政府根据《国家突发重大动物疫情应急预案》印发了《河北省突发重大动物疫情应急预案》,对应急组织体系和职责、突发重大动物疫情的监测、预警与报告制度等进行了详细的规范。2018年3月,河北省农业农村厅制定了

《河北省重大动物疫情应急物资储备指导意见》，并同时制定《河北省重大动物疫情应急物资储备库建设指导标准》。2020年8月，河北省人民政府办公厅印发的《河北省入冀动物及动物产品检疫指定通道建设方案的通知》指出，为加强外省入冀动物及动物产品检疫监管，控制重大动物疫病传播，全省共建设19个入冀动物及动物产品检疫通道。2021年2月，根据农业农村部《2021年国家动物疫病强制免疫计划》，河北省农业农村厅印发了《2021年河北省主要动物疫病免疫工作方案》，对动物主要免疫病种、免疫要求、免疫动物种类和区域等做了具体要求。2021年4月，农业农村部印发了《国家动物疫病监测与流行病学调查计划（2021—2025年）》，按照国家修订的优先防治病种和重点外来动物疫病监测和流行病学调查方案，开展主要病种调查工作，持续加强监测和流行病学调查工作。

表8-1　　　　　2012~2021年国家出台的动物疫病防治相关政策

政策出台年份	出台部门	政策名称	主要内容
2012	国务院办公厅	《国家中长期动物疫病防治规划（2012—2020年）》	从面临的形式、指导思想、基本原则和防治目标、总体策略、发展布局、重点任务、能力建设、保障措施等方面提出国家对动物疫病防治规划
2017	原农业部	《全国兽医卫生事业发展规划（2016—2020年）》	通过实施种畜禽场疫病净化策略、严格养殖场所动物疫病风险管理、深化无规定动物疫病区建设、提升动物疫病监测预警处置能力等措施强化动物疫病综合防治能力
2017	原农业部	《关于推进兽医社会化服务发展的指导意见》	通过5年发展，兽医社会化服务业态趋于完善，服务质量明显提升，全社会对兽医服务需求得到较好满足的总体目标
2018	国务院办公厅	《国家突发重大动物疫情应急预案》	对应急组织体系和职责、突发重大动物疫情的监测、预警与报告制度、突发重大动物疫情应急响应和终止、应急处理和保障等进行规范
2021	农业农村部	《2021年国家动物疫病强制免疫计划》	对2021年养殖疫病免疫病种及要求、疫苗种类、免疫主体、职责分工和组织实施、监督管理和经费等制订计划
2021	农业农村部	《国家动物疫病监测与流行病学调查计划（2021—2025年）》	按照国家修订的优先防治病种和重点外来动物疫病监测和流行病学调查方案，开展对主要病种调查工作，持续加强监测和流行病学调查工作

表 8-2　　　　2012~2021 年河北省出台的动物疫病防治相关政策

政策出台年份	出台部门	政策名称	主要内容
2012	河北省人民政府办公厅	《河北省中长期动物疫病防治规划（2012—2020年）》	从防治现状、指导思想和基本原则、防治目标、总体策略、发展布局、重点任务、能力建设、保障措施等方面提出河北省对动物疫病防治规划
2015	河北省人民政府办公厅	《关于进一步加强动物防疫工作的通知》	通过强化基础免疫、完善监测网络、严格执法监督和加强应急管理等，突出做好河北省动物防疫重点工作
2018	河北省人民政府办公厅	《河北省突发重大动物疫情应急预案》	对河北省应急组织体系和职责、突发重大动物疫情的监测、预警与报告、突发重大动物疫情应急响应和终止、善后处理和应急保障等进行了规范
2018	河北省农业农村厅	《河北省重大动物疫情应急物资储备指导意见》	对河北省突发重大动物疫情的应急储备制度、储备数量、物资采购和管理等进行了规范
2018	河北省农业农村厅	《河北省重大动物疫情应急物资储备库建设指导标准》	应对河北省突发重大动物疫情应急物资储备库的建筑要求以及储备库内基础设施标准进行了规范
2020	河北省人民政府办公厅	《河北省入冀动物及动物产品检疫指定通道建设方案的通知》	为加强外省入冀动物及动物产品检疫监管，控制重大动物疫病传播，全省共建设19个入冀动物及动物产品检疫通道
2021	河北省农业农村厅	《2021年河北省主要动物疫病免疫工作方案》	对河北省动物主要免疫病种、免疫要求、免疫动物种类和区域等制定了具体方案

其他有关动物防疫政策落实及资金使用、财政补贴等相关的政策有：2011年，财政部、原农业部联合印发的《关于转发农业部、财政部做好生猪规模化养殖场无害化处理补助相关工作的通知》；2011年和2012年，原农业部办公厅和财政部办公厅先后联合下发了《关于做好生猪规模化养殖场无害化处理补助相关工作的通知》和《关于做好2012年生猪规模化养殖场无害化处理补助相关工作的通知》，对标准化规模养殖场（小区）养殖环节病死猪无害化处理费用给予补助；2017年4月，财政部、原农业部印发的《关于动物防疫政策和防疫资金使用管理的通知》，对动物疫病防疫政策及相关资金使用进行了规范。

8.1.2　河北省畜牧业疫病防治服务的主要模式

河北省畜牧业疫病防治服务的模式主要包括：政府主导模式、企业外包模式、兽药商指导模式和合作社互助模式四大类，此外还有一些地区的成功模式。

8.1.2.1 政府主导模式

"政府+农户"为核心的模式，由政府的兽医机构与队伍进行疫病防治，也是目前河北省畜牧业疫病防治服务的主要模式。各级政府下达政策和指令，各地基层防疫机构负责执行。这种政府强制性的防疫模式在河北省疫病防治服务中起到了中流砥柱的作用，使防疫工作能够有效、顺利进行。国家承认的执业兽医师也由政府主导，这类国家认可的高水平兽医工作人员和官方兽医为防疫工作提供了坚强的技术保障后盾。河北省的各级防疫机构积极开展工作，严格落实防疫要求，强制免疫接种的工作具有较高完成度，降低了主要流行疫病暴发的风险，减少了养殖户的损失。

8.1.2.2 企业外包模式

在实地调研中发现，部分企业将养殖场外包给专门的托管公司。在此种模式中，销售养殖公司只负责提供养殖资金、养殖场地，将养殖技术及销售上的环节全部委托给专业养殖公司，自身只进行资金的回笼与发放。此种模式的代表有新希望公司、河北汉唐牧业有限公司、河北裕丰京安养殖有限公司、河北东奥牧业有限公司等，这些公司将养殖场外包给北京和谐阳光农牧技术服务有限公司等企业。一般而言，外包公司经营模式又分为药费承包模式、生产指标包干模式、技术合作模式、外包服务模式等。此种模式对于企业来说省心省力，只需定期结算钱款事项，更有利于大型养殖企业提高管理效率。

8.1.2.3 兽药厂商指导模式

兽药厂商指导模式是兽药厂商给养殖户提供药物技术指导和防范措施指导。目前，河北省兽药生产企业都投入了相当大的力量培训产品售后服务。兽药生产企业或者兽药经营企业的售后服务团队为拓宽兽药产品的销路深入养殖场（户），在为其提供兽医技术服务的基础上，推销本企业兽药产品，有的企业还委托兽药经营者作为代理商在当地提供兽医服务。

8.1.2.4 合作社互助模式

"专业养殖合作社+养殖户"的合作社互助模式主要是通过专业养殖合作社

的带动来提高养殖户的养殖效率及防疫技术。实地调研发现，河北省生猪、肉羊、肉牛等养殖散户中有一部分加入了当地的养殖合作社，合作社通过开展互帮互助，主动吸收养殖户入社，在防疫物资提供、防疫资金支持、防疫服务等方面，为社员开展集中动物疫病防治提供帮助和互助服务。

8.1.2.5 专人专管模式

在一些地区还有较为成功的疫病防治服务模式，如专人专管模式。此种模式下，养殖场（户）专门成立负责疫病防治的部门，聘请相关防疫人员保证疫病防治服务的专业化，避免疫病的发生。专人专管模式的代表是秦皇岛正大有限公司。正大公司通过成立家庭农场事业部技术服务部提供疫病防治服务来保障养殖健康有序开展。该部门在岗技术人员有20人，其中15人获得了执业兽医师资格，主要负责合同养鸡场现场技术服务及疫病控制，主要任务包括：一是引进养殖新理念、新技术、新方法，培训好技术人员、养鸡户，普及科学养鸡方法，提高养殖整体水平。二是做好规模化鸡场的整体规划和管理工作。规模化鸡场实行专员驻场制，培训规模化鸡场的场长及饲养员。三是做好疫病的防治和用药等工作。先从源头抓起，做好防病工作，然后做好鸡病的诊治工作。具体到每个技术人员在一个饲养周期内最少4次到鸡场开展常规技术服务，如遇鸡群发病等特殊情况更需要及时到场。此种模式适用于大型养殖企业，也可以应用到其他畜牧业养殖中，能更好地完善畜牧业疫病防治服务。

8.1.3 河北省畜牧业疫病防治的服务主体

8.1.3.1 河北省畜牧业疫病防治工作管理部门

河北省动物防疫工作的负责部门是河北省农业农村厅下属兽医处（河北省动物检疫管理办公室）。该部门主要承担省重大动物疫病防治的指挥工作和全省兽医、动物卫生技术支撑体系建设；负责起草全省兽医事业、动物卫生发展政策和规划、计划并组织实施；组织指导动物疫病预防控制扑灭、动物和动物产品检疫工作；指导病死畜禽无害化处理。河北省动物疫病预防控制中心分管疫病防治服务的各个环节。除此之外，省、市、县三级均设有兽医技术支持机构（动物疫病预防控制中心），基本以本市（区）农业农村局为主管单位。各县再设立乡镇、村级动物防疫检疫站。河北省已经形成了省、市、县、乡、村五级动物疫病防治体制，承担兽医公共服务职能。

8.1.3.2 河北省畜牧业疫病防治服务基层机构

河北省畜牧养殖疫病防治服务的防疫机构主要包括：省级、地市级、县级、乡镇级官方防疫机构。地市级单位（雄安新区正在建设，疫控机构不够健全不做统计）共13个；县（市、区）级单位共156个。此外，动物诊疗机构、畜禽养殖、经营、加工单位及养殖专业合作组织、兽药生产经营企业、乡村兽医和大专院校、科研院所等机构也承担重要的兽医社会化服务工作。

（1）基层防疫机构发展现状。

河北省执行动物卫生监督管理职责的基层防疫机构主要是乡镇动物防疫站。河北省乡镇动物防疫站的建设，是依据《河北省人民政府办公厅转发省机构编制委员会办公室、省财政厅、省人事厅、省劳动和社会保障厅、省畜牧局关于建立健全乡镇动物防疫体系意见的通知》组建的，该通知要求乡镇动物防疫站的性质为公益性事业单位，所需工作经费列入县级财政预算，每站的人员编制为4~6名，其工作职能是承担动物防疫、检疫和疫病监测工作，并由县级畜牧兽医行政主管部门统一管理。原农业部于2011年在全国推行官方兽医制度，并且明确提出官方兽医必须是公益性事业编制，但由于河北省现有相关工作人员大多非公益性事业编制，若严格按照原农业部规定的条件确认官方兽医，部分县将没有具备条件的官方兽医，势必会给动物卫生监督工作秩序带来严重影响，所以河北省官方兽医的制度仍有待完善。

河北省大部分的乡镇级动物防疫站建于2005年以前，但是随着河北省畜牧业发展形势的变化，乡镇级防疫站的工作在人员数量、工作职能、工作量和基本设施建设等方面也都发生很大变化，现有资源与快速增长的畜牧养殖业防疫需求形成了一定的供需矛盾。另外，目前河北省一千多个乡镇动物防疫站中，80%以上的防疫站除了承担动物防疫、检疫和疫病监测的本职工作外，还承担着畜牧技术推广、饲料监管、兽药监管、畜产品安全等县级畜牧兽医主管部门下达的任务，这些防疫站中还有小部分承担着农业技术推广、农机技术推广等工作任务，增加的任务量削弱了乡镇动物防疫站原本的实力，更加剧了防疫需求与服务供给之间的矛盾。具体情况如图8-1所示。

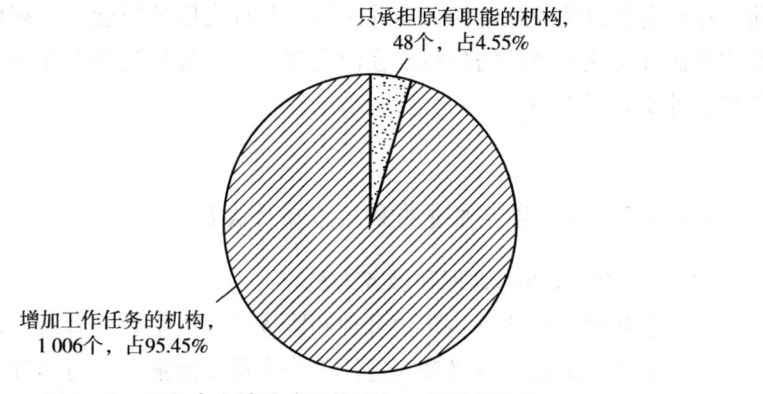

只承担原有职能的机构，
48个，占4.55%

增加工作任务的机构，
1 006个，占95.45%

图 8-1　河北省乡镇防疫机构增加工作职能情况
资料来源：根据调研数据整理所得。

由图 8-1 可知，未承担其他职能的防疫机构占比很小，绝大部分的防疫机构不只进行疫病防治服务，还额外承担了其他服务工作，这种情况妨碍了疫病防治服务工作的高效高质完成。

（2）其他防疫机构发展现状。

河北省养殖业疫病防治除了官方兽医管理和服务机构外，还有一些企业、高等院校、合作组织、个体户等参与其中，他们共同组成了防疫服务体系，承担着基层动物诊疗、技术传播、疫病防控的重要职责。

近年来，随着养殖业快速发展，河北省合格的动物诊疗机构数量逐年递增，包含宠物医院、宠物诊所等。各级各类动物诊疗机构在选址布局、诊疗设备、管理制度等均符合《动物诊疗机构管理办法》的规定，并正常开展营业。截至 2020 年末，河北省动物诊疗机构中，有宠物医院 141 家，宠物诊所 353 家，其中具有执业资格的人员共计 1 800 人，与快速发展的养殖业相比，承担兽医社会化服务的动物诊疗机构数量仍较少，不能满足河北省养殖业疫病防治服务的需求。截至 2020 年末，河北省畜禽养殖、经营、加工单位及养殖专业合作组织中有备案的规模养殖场共 60 670 个，养殖场和专业合作组织（河北省的专业合作组织主要是依托养殖企业）的兽医人员主要由乡村兽医和有多年养殖经验的业主组成，规模较大的养殖企业则聘用高等院校毕业的具备专业学历和执业资格的兽医人员，这部分兽医工作者主要在养殖场或专业合作组织内部工作，基本不对外提供服务。

根据统计数据，截至 2018 年，河北省有兽药生产企业 142 家，兽药经营企业超过 3 000 家，为更好地销售本企业药物及提供售后服务，许多兽药生产和经营企业也参与指导养殖户如何防疫和接种疫苗。

目前，河北省有 6 所畜牧兽医专业大专院校、1 个省级畜牧兽医研究所，其下设的动物医学院具有相应的研究、诊断、化验能力，成立的社会服务性质的公司在市级畜牧兽医管理部门备案并承担一些社会服务职能，但规模均较小。此类承担兽医社会化服务的防疫机构在河北省养殖业疫病防治服务中扮演极其重要的角色，并贡献很大力量。

8.1.3.3 河北省养殖业疫病防治服务人员

（1）官方疫病防治管理和服务人员。

河北省从事养殖业疫病防治管理和服务的人员主要由省级、地市级、县级和乡镇级服务人员组成。省级疫病防控工作人员主要隶属于河北省农业农村厅下属兽医处的河北省动物检疫管理办公室；市级和县级从事动物疫病防控工作的人员主要隶属于各市县农业农村局，总数超过两千人，其中超过60%人员属于全额财政保障人员，其他均为差额保障或自收自支工作人员，这部分人员工资待遇亟待提高，薪酬、社会地位等待遇与工作职能和工作任务量不符；河北省乡镇动物防疫站人员承担着基层动物疫病防控和管理工作，其中，约50%为全员财政保障人员，其余为差额财政人员和自收自支人员，河北省各乡镇动物防疫站都不同程度存在非财政保障人员，工作经费的不足和较低的工资水平严重打击了防疫站工作人员的工作积极性。

从各县级和乡镇动物防疫站中工作人员的学历结构分析，县级工作人员中防疫人员的学历达到大中专及以上（包括电大、党校等非全日制学校）的有 2 000多名，占比超过80%，其余为大中专学历以下及无学历工作人员；乡镇工作人员中大中专及以上学历的人员超过 4 000名，占比约为80%，其余为大中专学历以下及无学历的防疫人员。

（2）其他从事疫病防治的服务人员。

除了在官方管理机构从事动物疫病防控和管理的工作人员之外，广大村镇动物防疫人员承担着基层动物防疫工作任务，是基层动物防疫工作的主体和中坚力量。尽管承担兽医社会化服务的人员有逐年递增的趋势，但随着河北省畜牧养殖业的快速发展，各类型养殖场对基层兽医的需求量仍很大，这里的承担社会化服务的兽医是指按照我国法律法规及规章要求，结合兽医处方药管理、动物诊疗活动管理，针对动物诊所、动物医院、动物饲养场、兽药生产经营企业等进行兽医服务的机构岗位。据统计，截至2020年末，河北省兽医人员数量为 6 558人，有职业兽医师资格的为 3 690人，职业助理兽医师 3 942人，注册职业兽医师 3 294人，取得职业兽医资格的人员分布在各地动物诊疗机构、动物饲养场（区）和兽药生产企业，各地动物诊疗机构、兽药企业等大多分布在城区，以诊疗宠物和生产经营为主，真正在乡村从事疫病防治服务的职业兽医不超过 1 000人，因此，广大乡村兽医成为基层疫病防控的主力军。根据 2020 年统计数据，村镇动物防疫人员总数超过 5 万人，乡村兽医约两万多人，其中，经过登记注册的乡村兽医约 1 万人，他们大部分也兼任村级动物防疫协助员，同时为小规模养殖户提供服务，有的还受聘担任驻场兽医，有的在提供免费兽医服务的基础上，充当活禽牲畜交易的经纪人，这些乡村兽医在增加自己收入的同时，也非常受养殖户的欢迎。

从各基层村镇动物防疫人员学历层次分析，截至目前，河北省承担兽医社会化服务职能的人员超过 5 万人，但整体学历层次并不高，以高中及以下学历为主，大专以上学历人员只占一小部分，整体学历层次偏低，影响了乡村村镇兽医人员的知识层次和技术水平。

（3）疫病防治实验室人员配备情况。

近年来，河北省疫病防控管理部门不断加强疫病防治实验室的建设，从实验室硬件设施、检测设备、人员配备方面不断完善。目前全省疫病防控实验室人员配备共计 571 人，其中，编内人员共 459 人，有编借入人员 58 人，编外人员 54 人。有编借入人员和编外人员占实验室人员总数的 19.61%。随着专业人员的不断充实和发展，实验室非专业人员比重逐渐下降，目前，非专业人员占实验室人员总数的 6.83%，专业人员占比为 93.17%，总体来看，专业技术人员的总体占比符合实验室考核标准（标准要求为 80%）。按照实验室考核标准，实验室人员不少于 3 人的要求，地市级实验室人员全部在 3 人以上，均满足人员配备要求。县级实验室人员不足 3 人的有 44 个，占比为 28.21%。

从实验室人员学历结构来看，目前以本科学历为主，专科及以下学历占比为 27.76%，本科学历占比为 64.06%，硕士研究生占比为 8.00%，博士研究生学历占比为 0.18%。

从实验室人员职称结构及年龄分布情况来看，初级职称人员占比 17.90%，中级职称人员占比 46.50%，副高级职称人员占比 29.22%，正高级职称人员占比 6.38%。从年龄分布看，以 30~50 岁人员为主，其中，30 岁以下人员占比 4.03%，30~40 岁占比 33.45%，40~50 岁人员占比 44.66%，50 岁以上人员占比 17.86%。

8.1.4 养殖场（户）接受防疫服务的现状分析

本书课题组于 2018 年 8 月对河北省不同地区不同规模的生猪养殖场（户）进行了关于疫病防治服务效果的问卷调查。调查地区涵盖了承德市、邢台市、唐山市、保定市、邯郸市、廊坊市和石家庄市的养殖业较发达的典型县（区），具有较强的代表性。

8.1.4.1 问卷设计

本章研究根据问卷调查的基本流程制定了具体的实施方案，以确保调研工作顺利有序开展。方案主要包括确定调查范围、组织部分师生协助发放、回收调查问卷，最终完成问卷信息的整理和分析工作。

问卷主体内容包含：养殖主体的养殖现状和对疫病防治的意识、暴发疫病的情况、兽药的使用情况、卫生环境的控制情况四部分，共49道客观题、13道主观题。

8.1.4.2 样本选择

对于畜牧业疫病防治服务问题的研究，既需要官方机构数据也需要不同类型养殖场（户）的调研数据，课题组选择了生猪养殖场作为调查对象，分别对大、中、小型的养殖场（户）进行调研。先后发出150份调查问卷，收回139份，其中有效问卷为128份。

8.1.4.3 调查结果分析

（1）养殖主体的基本情况。

通过对被调查养殖主体的年龄数据信息进行整理，得到表8-3。其中，养殖户中年龄在20岁以下的有2家，占总数的1.56%；年龄在20~30岁的养殖户有4家，占总数的3.12%；年龄在30~40岁的养殖户有11家，占总数的8.59%；年龄在40~50岁的养殖户有85家，占总数的66.41%；年龄在50~60岁的养殖户有21家，占养殖总数的16.41%；另外有5家60岁以上的老年人，占调查总数的3.91%。由表8-3可以看出，中年人是生猪养殖的主要人群，这与目前农村的整体劳动力年龄结构也很相似，青年人外出务工，中老年人在家务农或者从事一些畜禽养殖。

表8-3　　　　　　　　　受调查养殖户年龄数据

年龄	问卷数量（份）	比例（%）
20岁以下	2	1.56
21~30岁	4	3.12
31~40岁	11	8.59

续表

年龄	问卷数量（份）	比例（%）
41~50岁	85	66.41
51~60岁	21	16.41
61岁以上	5	3.91

资料来源：笔者实地调研所得。

图8-2是根据养殖户文化程度调查结果整理所得。有35份问卷的养殖户只接受过小学教育，占调查总数的27.34%；62份问卷的养殖户有初中学历，占总数的48.44%；12份问卷的养殖户有高中或中专学历，占比为9.38%；2份问卷的养殖户有大学或大专学历，占比为1.56%；17份问卷的养殖户没有受过教育，占总数的13.28%；收回的问卷中没有研究生学历的养殖户。

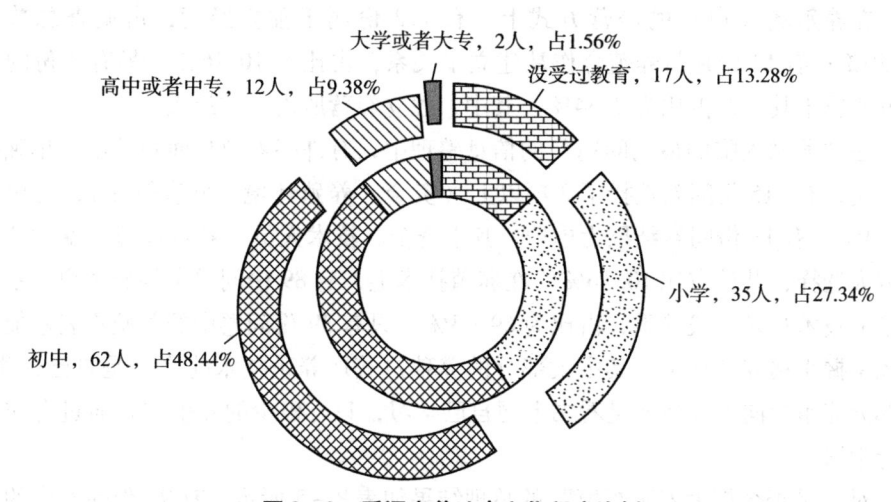

图8-2 受调查养殖户文化程度比例

资料来源：根据调研数据整理所得。

由图8-2能够清晰地看出，养殖户中初中学历者占大部分，几乎达到一半比例，而受过高等教育的养殖户则很少。受教育程度的高低影响着养殖户养殖的态度和技术，对防疫水平也有一定影响。这些养殖户的职业构成中农民有101人，占调研总数的78.91%，从事其他职业的有27人，占比为21.09%。

（2）生猪养殖的基本情况。

生猪养殖规模的调查结果如表8-4所示，有93份出栏量在20头以下，占调查总数的72.66%；有22份出栏量在20~500头，占比为17.19%；有13份问卷出栏量在 500~3 000 头，占比为 10.16%。

表 8-4　　　　　　　　　　受调查养猪户年生猪出栏量

编号	出栏量	问卷数量（份）	占总体比例（%）
1	20 头以下	93	72.66
2	20~500 头	22	17.19
3	500~3 000 头	13	10.15

资料来源：笔者实地调研所得。

由表 8-4 可以看出，出栏量在 20 头以下的养殖户在养殖总体中占据较大比例。养殖规模大的养殖户比例较小，规模小的养殖户数量比例大，养殖区域又较为分散，这给疫病防治服务机构的工作带来了一定挑战。

在养殖场（户）的经营方式上，有 112 份属于独立经营，占调查总数的 87.50%；有 13 份是与养殖合作社建立了关系，占比为 10.16%；另有 3 份的经营方式属于其他，占比为 2.34%。其中，独立经营所占比重最大。

在"养殖面临的最大问题"的信息整理中，有许多养殖户面临的不是单独一个问题，有 115 份问卷选择了 2 项以上（资金、养殖环境、疫病较多），占比为 89.84%，有 13 份问卷结果为单选，其中资金、技术人员、养殖环境、疫病选项均有人选择，共计占比 10.16%。在养殖技术上，有 89 份问卷中的养殖户表示对养殖的技术只是一般熟悉，占比为 69.53%，只有 39 份问卷中的养殖户表示能够熟练掌握生猪养殖技术，其中大部分的养殖户获取养殖技术的途径是自己探索，少部分养殖户向人请教或是看书上网自己学习，只有极少的养殖户是通过合作社进行学习。

对"是否会扩大养殖规模"的整理结果如表 8-5 所示，有 97 份问卷中的养殖户表示不会扩大养殖规模，占调查总数的 75.78%；有 23 份问卷中的养殖户表示将来有扩大养殖规模的计划，占比为 17.97%；有 8 份问卷中的养殖户表示不确定是否会扩大养殖规模，占比为 6.25%。不会扩大和不确定是否扩大养殖规模的养殖户中，很大一部分原因是资金、养殖场地等，另一部分是因为养殖中经济效益不高；而会扩大养殖规模的养殖户中大部分是因为取得了良好的经济效益。

表 8-5　　　　　　　　被调查者是否扩大养殖规模的调查结果

编号	是否扩大养殖规模	问卷数量（份）	占总体比例（%）
1	不会	97	75.78
2	会	23	17.97
3	不确定	8	6.25

资料来源：笔者实地调研所得。

（3）兽药使用情况。

在"是否设有专职兽医"的问题上，如表 8-6 所示，有 113 份问卷的养殖户表示未设立专职兽医，占调查总数的 88.28%。

表 8-6　　　　　　　　养殖场（户）是否设有专职兽医的调查结果

编号	是否专职兽医	问卷数量（份）	占总体比例（%）
1	没有	113	88.28
2	有	15	11.72

资料来源：笔者实地调研所得。

由表 8-6 可知，只有极少数的养殖场设立了专职兽医，没有设立专职兽医的养殖户占绝大多数，这种情况不利于疫病防治服务的完善。

在兽药使用方面，有 33 份问卷的养殖户表示购买兽药是为了预防疫病或者对养殖的动物进行保健，占调查总数的 25.78%；更多的养殖户表示购买兽药就是为了治疗疫病，占比为 74.22%。对于兽药及疫病相关知识的获得途径，只有 26.54% 的养殖户表示是从防疫站或者兽医那里学习的，更多的养殖户是通过其他养殖户或者自学得来。

（4）疫病防治情况。

在对养殖疫病的防治问题上，有 81 份问卷的养殖户是通过免疫接种来预防疫病的发生，占调查总数的 63.28%；有 33 份问卷的养殖户是进行药物预防，占比为 25.78%；只有 14 份问卷的养殖户是通过环境控制（同时也选择了免疫接种）来预防疫病，占比为 10.94%。由图 8-3 可以看出，大部分养殖户还是依赖免疫接种来防范疫病的发生，环境控制和药物预防只占较小比例。

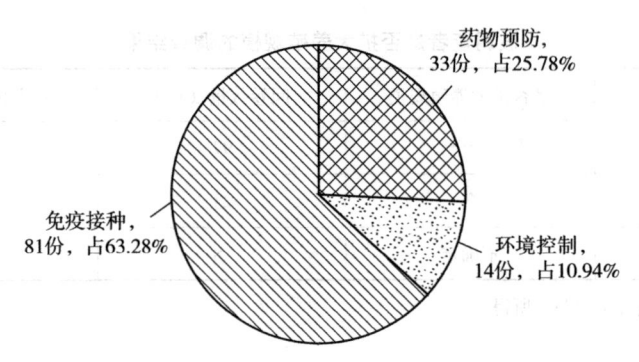

图8-3 受调查养殖户预防措施比例

资料来源：笔者实地调研所得。

在防疫站是否会进行疫病知识培训讲座的问题上，有97份问卷的养殖户表示当地防疫站有组织开展讲座，占调查总数的75.78%。对于发生疫病后如何处理的问题，有104份问卷的养殖户进行了多选，选择隔离、消毒加用药的，占比为81.25%；全部养殖户都表示会用药物来治疗疫病。

在养殖过程问题上，有98份问卷的养殖户选择了自身养殖场养殖环境差，占76.56%；有30份问卷的养殖户面临的问题不止一种，还有鼠害虫灾、传染性疫病、暴发性疫病等因素，占比为23.44%。

只有29.65%的被调查养殖户认为自己养殖场疫病防治现状较好或较满意，大部分养殖户表示自己的防治现状只是一般。这也在一定程度上反映了在养殖环境控制问题上，大部分养殖户没有做到应有的工作，这对疫病防治服务也是较大的挑战。

在对防疫站工作的调查中，有108份问卷的养殖户表示当地防疫站一年中帮助自己的次数在1~2次，占调查总数的84.38%；有些地方的防疫站会每过2~3个月对养殖户进行帮助。一年帮助1~2次的基层防疫机构占很大的比重，且通过上文基层防疫机构的相关数据也可以看出，由于工作人员、检验检疫设备和工作经费等问题的困扰，基层防疫机构并不能很好地对养殖户进行频繁的防疫服务和技术指导。

对养殖生猪的排泄物和污染物的处理方式上，有119份问卷的养殖户选择进行废渣还田，占比为85.16%；其余养殖户有选择生产沼气的，也有选择制造有机肥料的。问卷的调查结果表明，大部分养殖户对生猪的排泄物都进行了最简单的处理，不会放任不管，这对防疫来说具有积极的意义。在对养殖环境、动物排泄物、污水问题的认识上，养殖户基本全部认同这些是影响疫病发生的重要因素。

在对畜禽疫病暴发的主要影响因素的选择上，有102家被调查养殖户表示，其基础设施建设不够健全（其中有养殖户进行了多项选择），占调查总数的79.69%；有32份问卷的养殖户还选择了预防疫病的资金投入不足，占比为25.00%；剩下的养殖户还选择了饲养技术不足、管理水平不足和气候等因素。

在如何获得疫病防治知识的途径上，有63.82%的养殖户是通过向其他养殖户学习而掌握的，也有部分养殖户是通过合作社的宣讲和自己上网、看书来学习。

8.1.4.4 接受疫病防治服务效果的影响因素分析

根据对调查问卷信息的整理，利用主成分分析法，找到养殖场（户）接受疫病防治服务效果的影响因素。选取的因素有年龄、文化程度、养殖规模、养殖技术熟悉程度、是否有专职兽医、养殖场工人数量、如何预防疫病、知识培训、防疫站帮助等。

表8-7表示的是公因子方差结果，显示的是每个变量共同度的结果。该表左侧代表每个变量可以被所有因素解释的方差名称，右侧数值代表的是变量的共同度。

表8-7　　　　　　　　　　　公因子方差结果

指标	初始	提取
年龄	1.00	0.95
文化程度	1.00	0.83
养殖规模	1.00	0.93
养殖技术熟悉程度	1.00	0.74
是否有专职兽医	1.00	0.86
养殖场工人数	1.00	0.92
如何预防疫病	1.00	0.86
知识培训	1.00	0.78
防疫站帮助	1.00	0.86

注：提取方法为主成分分析。

表8-8是按照主成分分析提取方法所提取的公因子结果，该表说明了因子贡献率的结果。表8-8左侧部分代表的是初始特征值，中间表示的是提取主因子的结果，右侧表示的是旋转后的主因子结果。其中前3个因子的特征值都大于1，前3个因子的特征值之和占总特征值的88.82%。

表8-8 解释的总方差

成分	初始特征值			提取平方和载入			旋转平方和载入		
	合计	方差的%	累积%	合计	方差的%	累积%	合计	方差的%	累积%
1	4.55	50.57	50.57	4.55	50.57	50.57	4.24	49.30	49.30
2	2.03	22.56	73.13	2.03	22.56	73.13	2.34	26.04	75.34
3	1.41	15.69	88.82	1.41	15.69	88.82	1.21	13.48	88.82
4	0.47	5.17	93.99						
5	0.25	2.75	96.74						
6	0.15	1.36	98.10						
7	0.09	0.97	99.07						
8	0.07	0.76	99.83						
9	0.03	0.17	100.00						

注：提取方法为主成分分析。

表8-9表示的是旋转后的因子，可以看到，各因子的载荷值结果，是按照Kaiser标准化的正交旋转法得出的。因为第一个因子的比例占比为50.57%，所以第一个因子上的因素对养殖场（户）接受疫病防治服务效果的影响较大。通过因子旋转可以看到，在第一个因子中绝对值较大的因素有：养殖规模、是否有专职兽医、养殖场工人数、如何预防疫病。

表8-9 旋转成分矩阵a

指标	成分		
	1	2	3
年龄	-0.05	0.15	0.96
文化程度	-0.05	0.89	0.14
养殖规模	0.92	0.12	-0.09
养殖技术熟悉程度	-0.49	-0.61	-0.02
是否有专职兽医	-0.92	0.02	-0.10
养殖场工人数	0.94	0.03	0.04
如何预防疫病	0.67	0.12	-0.29
知识培训	-0.04	0.06	0.03
防疫站帮助	0.01	0.01	0.01

注：提取方法为主成分分析；旋转法：具有Kaiser标准化的正交旋转法；旋转在4次迭代后收敛。

根据以上分析得出，对于接受生猪疫病防治服务的养殖场（户），养殖规模大、有专职兽医、养殖场工人数较少、利用药物进行预防疫病的防疫效果更好。原因是养殖规模大的养殖场具有良好的养殖环境和严格的消毒措施；有专职兽医的能够把疫病的暴发控制在大规模传播之前，能够有效遏制疫病的传染；大型养殖场多数采用机械化和自动化的养殖管理，工人数较少，减少了人畜共患病的传染概率；利用药物进行预防比单纯物理预防要更加保险和有效，能够有效提升动物的机体抵抗力。

8.1.4.5 调研结论

根据对调查问卷的整理分析，接受生猪疫病防治服务效果的影响因素可以分为主观因素和客观因素。

（1）主观因素影响防疫措施的实施效果。

主观因素主要包括养殖主体的养殖能力和养殖条件。养殖散户和中小型养殖场等由于其自身发展规模和资金技术的限制，大部分进行免疫接种的养殖户只有政府提供的春、秋两季强制性防疫提供的疫苗，分析其主要原因，一是未认真对待疫病防治的事情；二是由于大部分养殖户缺少资金，防疫站提供的强制免疫的疫苗价格比较低廉，虽然效果并非最好，但从经济效益出发，仍然作为这部分养殖主体疫病防控的主要渠道。在整理问卷中还发现，很多养殖户有防疫意识，但是仅仅只是知道猪生病了需要打针吃药，对于如何防范疫病的发生并不清楚，更有养殖户对养殖的知识都不够了解，这类养殖户的防疫效果自然也不理想。在问卷整理中，一些调查问题涉及当地防疫机构的防疫水平和效果，很多养殖户表示希望当地的防疫站能够经常开展有关防疫的专业知识讲座和宣传。受到养殖规模和资金投入的限制，养殖户对于养殖场（棚、舍）及防疫基础设施及设备的建设投入不足，导致养殖环境较差，养殖效果不佳，排泄物和污染物的处理不及时、不得当，增加了疫病暴发和传播的风险。

目前，河北省生猪养殖以散户及中小型养殖场为主，养殖的参与主体大多是农民，由于种地收益较少，所以养一些动物来补贴家用，养殖户的年龄普遍较高，大多在40岁以上，并且学历层次偏低，高中以上学历所占比例较少。养殖主体的年龄、知识结构等限制了其获取先进的疫病防疫知识和养殖技术的能力，不利于生猪疫病防疫服务工作的开展。

（2）客观因素影响养殖疫病防治技术的推广和应用。

大部分被调研的养殖户表示，目前社会投入相关防疫设施和物资不足，一旦发生类似非洲猪瘟、鸡瘟等传染性强的疫病，单靠养殖场（户）以大规模扑杀形式控制疫情，会造成直接的经济损失，引起畜禽出栏量大幅减少，进而影响市场的稳定。另外，目前河北省动物诊疗机构和乡村兽医、执业兽医师的数量与实际需求还有较大差距。官方疫病防治服务机构和基层技术人员数量相对短缺，基层财政资金投入不足，社会化疫病防控服务体系发展不成熟，影响了其防疫知识和技术的推广、普及和应用。此外，金融和保险等社会资源的参与度不足，也间接影响了养殖疫病防治技术的推广和应用。

8.2 河北省养殖业疫病防治服务存在的问题

近年来，河北省疫病防治支撑服务体系与快速成长的养殖业长期不匹配的矛盾日益显著，新的病种和变异病毒在复杂的养殖环境中不断出现。通过走访相关部门、查阅资料、分析调查问卷，本部分主要从提供疫病防治服务的主体、养殖场（户）防疫水平两个角度分析目前河北省养殖业疫病防治服务存在的问题。

8.2.1 提供疫病防治服务的主体层面存在的问题

8.2.1.1 疫病防疫专业人员短缺

目前，河北省畜牧养殖业仍以散养户为主，尤其是生猪、肉羊、肉牛散养户在各地还占据很高的比例。散养户的养殖环境较差，养殖的基础设施和防疫设施不足，整体的防疫水平较低。近年来，随着畜牧业养殖数量的不断扩大，河北省对执业兽医师的需求量巨大，但是承担兽医社会化服务的执业兽医又相对短缺。基层疫病防疫服务机构的技术人员在承担疫病防疫技术服务的同时还承担着兽药执法、饲料执法、畜产品安全、畜牧执法等职能，极大地分散了技术人员工作精力。因此，执业兽医师和基层防疫专业人员的缺乏与数量庞大的散养户疫病防治服务需求之间，存在较明显的供需失衡。

8.2.1.2　基层防疫工作人员技术水平较低

河北省官方基层防疫机构的工作人员和承担兽医社会化服务的人员在专业学历层次、受教育程度上整体水平偏低。70%左右的乡镇动物防疫站人员为非全日制大中专（包括电大、党校等）以上专业人员，受教育程度较低；没有学历的防疫人员还占有一定比例。部分村级防疫人员年龄偏大，文化程度较低。整体较低的学历层次和技术水平一定程度上阻碍了新防疫知识和技术的掌握，不能与时俱进，当出现疫病的变异时就不能及时高效地处理，会给疫病的大范围传播留下隐患，尤其是非专业人员出现防疫上的错误，会对整个防疫工作造成不可估量的影响。因此，为了保障疫病防治服务能够顺利地进行，基层防疫工作人员自身的职业技术能力和疫病防治服务水平亟待提高。

8.2.1.3　基层防疫机构工作经费投入不足

目前，河北省基层防疫站工作人员、村级防疫员等面临的普遍问题是经费少，甚至有一些地方存在没有经费、没有编制，但是工作量大、工作环境差、工资待遇低、社会地位低、工作积极性低的问题。由于经费投入、人力资源、工作基础设施和环境等实际问题，部分动物疫病防治服务工作不能高效高质地完成。河北省基层动物防疫站工作人员中，差额财政人员和自收自支人员占近50%，缺乏工作经费和工资保障，基层疫病防治服务的工作人员开展工作的难度很大，积极性也不是很高，从长远角度看不利于河北省畜牧养殖业现代化疫病防治服务体系的建设。

8.2.1.4　疫病防控检测技术有待提高

先进的疫病防控检测技术是开展动物疫病防治工作的基础和保障。防疫人员文化层次和专业技术水平限制了现代化仪器检测技术的推广和应用，基层防疫机构和人员依靠眼观、手摸等进行检验，难以发现真实疫情，对工作人员也产生了极大的安全隐患，增加了人畜共患病的风险。同时，基层防疫机构经费的投入不足也限制了先进的检验检疫设备的购置和应用，设备的缺少和落后，使疫病防治服务工作人员无法高效率地完成工作。

8.2.2 养殖场（户）层面存在的问题

8.2.2.1 散养户及中小规模养殖场的基础设施不够健全

调研中发现，在河北省生猪养殖中，大型养殖场防疫的基础设施比较到位，对污染物的处理也比较科学。但是养殖散户和中小规模的养殖场，其防疫的基础设施建设明显不足。通过对问卷调查结果的整理发现，很多散养户对养殖场（棚、舍）的建设资金投入不足，导致养殖环境差，养殖效果不佳，养殖区域缺少基本的消毒设施，对排泄物的处理也不达标，很少定期进行清扫。例如，没有高压喷雾清洗消毒机、屋顶无动力风机、污水调节池、发酵搅拌设备、贮气柜、消毒喷雾器、消毒机等设备。

8.2.2.2 养殖场（户）防疫意识淡薄，防疫水平较低

调研中发现，大部分进行免疫接种的养殖户，只使用政府提供的春、秋两季强制性防疫的疫苗。防疫站所提供的强制性免疫疫苗价格较低，但防疫效果欠佳，更重要的是，养殖户并未把疫病防治当成重要的事情对待，虽然一些养殖户表示应该具有防疫意识，但仅仅停留在牲畜生病需要治疗的层面，对于如何有效预防疫病的发生并不清楚，更有一些养殖户对养殖的基本专业知识不够了解，对疫病防控的效果更不理想，增加了疫病发生的风险。

8.2.2.3 养殖户缺乏资金、技术等方面的支持

在实地调研中发现，养殖主体最迫切的需求就是政府加大对防疫资金的投入力度，使养殖和经营没有后顾之忧。在问卷的调查结果中，85.16%的被调查者希望政府加大对防疫投入的力度。因为目前河北省生猪养殖户具有年龄偏大、学历层次和专业素质较低的特点，有67.97%的养殖户希望当地防疫站或相关专业技术部门能经常开展防疫知识和养殖知识的培训和讲座。在调查中，大部分养殖户对疫病的防治缺乏全面了解，养殖技术和防疫措施主要依靠慢慢摸索、向他人请教等渠道获得，对疫病的防治还只是停留在出现问题再解决问题的阶段，发现生猪得了疫病再进行治疗，有的养殖户受养殖环境的限制，不能对患病的

生猪进行隔离，导致疫病传染的可能性极大提高。因此，91.41%的养殖户希望政府能够加大对养殖资金的补贴、改善养殖环境、放宽贷款准入条件、多举办防疫知识培训。

8.2.2.4 龙头企业和规模化养殖场防疫技术的示范带动作用不强

一方面，目前大部分养殖龙头企业组建的兽医技术服务部一般只服务于自身企业，示范带动效应和社会效益均不高。动物诊疗机构、兽药企业、研究院所等其他社会力量发展还不充分，无法满足养殖行业的发展需求。另一方面，大量的中小养殖场（户）却急需具备养殖管理知识、防疫技术、疫病检测诊断和治疗等知识的专业兽医人员的服务，对执业兽医师的需求量也很大。没有专业技术人员指导，养殖散户和小规模养殖场在兽药、饲料添加剂、动物激素的使用上也存在问题，增加了养殖隐患和肉制品质量安全风险。

8.3 提高河北省养殖业疫病防治服务水平的对策建议

8.3.1 加强防疫工作监管，推进现代化疫病防治服务主体建设

8.3.1.1 加强监管，建立健全养殖防疫监控体系责任主体制度

政府主管机构应该发挥积极作用，从源头进行防疫工作的监管，严格落实动物防疫的各项制度，做到政府监管部门保证防疫的密度，防疫机构保证防疫的质量，解决好动物疫病防疫所需的各项经费。尤其加强对养殖散户和中小规模养殖主体的关注，加强对简陋养殖环境的监管力度，加大疫病防治相关知识的宣传力度，定期举办防疫知识讲座等活动，提高养殖户的疫病防治意识。严格落实动物和动物产品指定通道出入制度，落实检疫申报、动物隔离、无害化处理措施及相关主体责任制。加强对兽药质量的监管力度，使养殖场（户）能够买到质量可靠、药效好的兽药产品，逐步完善河北省养殖业疫病防治服务。

8.3.1.2 应用先进检疫技术，增加高效的防疫检测设备

疫病检测技术和设备是保障防疫检疫工作顺利有效开展的必要手段，因此更新防疫检疫工作设备，提高防疫检疫的技术效率是完善河北省养殖业疫病防治服务的有效措施。根据现有的基础和条件，更新和增加防疫检测设备是一个巨大的工程，最直接的途径就是加大基层政府对防疫检疫工作的资金投入，增加工作经费，增加财政预算，通过合理的资金投入来进行防疫检测设备的采购，进行相关防疫检测技术的开发和引入，用先进、完善的防疫检测技术和设备来解决基层动物疫病防治服务工作中存在的问题。也可以通过对企业或者养殖场（户）实行相关优惠政策，使企业和养殖主体对社会进行反哺，具体做法是：运用财政补贴、金融政策支持、保险服务、税收等手段对基层防疫设备购置进行支持，例如，解决和改善防疫检测人员在防疫检测、监督执法中所必需的交通工具和日常工作防疫检测设备，配备先进快速的检测设备，节省工作时间，提高工作效率。

8.3.1.3 加强兽医人员行业管理

充分发挥河北省畜牧兽医综合信息平台优势，做好执业兽医师、执业助理兽医师和乡村兽医的注册、备案、登记等工作，规范兽医人员注册、备案和登记信息等工作的管理。认真落实执业兽医师的资格标准，对急需执业兽医师的地区多调动可用资源，比如从执业助理兽医师相对充足的地区选调工作人员去急需的地区，对抽调的工作人员进行一些适当的奖励和激励政策，这样既能填补急需地区执业兽医师或者执业助理兽医师的空缺，还能促进防疫知识和技术的交流，提高各地区的防疫水平。各地防疫机构应加大对执业兽医师的宣传力度，鼓励相关工作人员报考执业兽医师，还可以通过定向招录的方式引进高校专业毕业生，来充实官方兽医队伍。河北省基层防疫机构的工作人员现在的状态是工作职能偏多、工作量巨大，可通过扩大对基层防疫工作人员的招录改善这种状态，增加财政编制名额。此外，还应该规范动物诊疗机构的许可证，严格落实有关法规规定，加强对动物诊疗机构、乡村兽医、执业兽医师的监督检查，依法查处违法的单位和个人。全面落实河北省关于动物防疫条件审核的有关要求，监督和督促相关企业或单位按照规定配备足够数量的执业兽医师或乡村兽医，提高河北省养殖业疫病防治服务的整体水平。

8.3.1.4 加强防疫宣传和技术培训，落实执业兽医师继续教育制度

河北省应定期开展防疫服务工作人员的知识培训，增加各地区防疫知识的沟通，防疫水平发达的地区向欠发达地区输送先进的防疫知识，提高工作人员的防疫服务水平。加强对执业兽医师的培训和监管，通过开展对执业兽医师的后续教育工作，不断增强工作人员的动物防疫法律、畜产品安全责任意识，提升专业理论知识和实际操作技能，让官方兽医真正做到与时俱进，不断提升服务能力。建议成立河北省执业兽医师协会，通过行业自律管理，完善执业兽医师职业道德规范、考试培训、继续教育、诊疗收费等相关制度，使兽医师能够更好地为养殖场（户）提供动物疫病防控和治疗服务。

8.3.1.5 创新防疫服务方式，提升养殖业疫病防治社会化服务能力

构建多样化社会服务组织，创新灵活多样的社会化服务形式。基层疫病防治服务机构是养殖业疫病防治服务的主体，疫病防治工作人员是这些机构的主要组成部分，充分发挥乡村兽医、基层防疫工作人员在基层动物疫病防控中的作用，鼓励其通过成立合作组织、技术服务公司、签约服务等创新形式，在乡村基层提供优质服务。鼓励龙头企业及大型养殖场通过输出以执业兽医师为主体的防疫服务队伍，提供优质兽医服务，增强其技术辐射带动作用，实现社会效益。支持具备一定条件的科研院所、省内农业大专院校面向社会开展技术咨询、业务培训、继续教育等兽医服务，通过签订合同，定期组织兽医专业培训学习和相关兽医专业的学生实习，既培训了工作人员也为兽医专业的毕业生提供了实习机会。

8.3.2 提高养殖主体在畜禽养殖中的疫病防治能力

养殖场（户）是接受防疫服务和承受疫病暴发的主体，所以为了避免养殖出现损失，使利益最大化，保证良好的经济和社会效益，养殖场（户）就需要加强自身防疫水平，使接受疫病防治服务的效果最大化。

8.3.2.1 完善基础设施，加强中小型养殖场（户）防疫意识和自我防疫能力

河北省畜禽养殖业仍以散养模式为主，在调研中发现，养殖散户及中小型养

殖场（户）的基础养殖环境急需改善，养殖户自身防疫意识亟待加强。对于其普遍存在的资金缺乏问题，各地区基层政府可以制定符合本地区实际的标准，对养殖环境符合要求的养殖户通过财政补贴、金融创新、保险服务等政策进行支持，比如与当地银行沟通或寻求民间组织经济支持，协调贷款服务，对养殖基础环境好的养殖户放宽贷款标准等；还可以与保险公司商定，增加与疫病防治相关的保险业务。此外，各地基层政府可以加大官方动物防疫基础设施建设力度，有规划地逐步建立、健全动物防疫检测的实验室体系，向养殖户开放，为养殖户提供技术支撑；还可以提供定期的消毒服务，集中处理排泄物，建立公共沼气池等，使畜禽养殖进入绿色、快速、循环可再生的发展模式。

8.3.2.2 鼓励龙头企业及规模化养殖场对外提供防疫服务，增强辐射带动作用

调研中发现，河北省规模化养殖场在防疫基础设施、防疫制度落实、疫病防控能力等方面较为规范，但缺乏技术输出和辐射带动作用，社会效益不强。目前，河北省畜禽养殖业已经进入产业及产品结构调整时期，这对于龙头企业及规模化养殖场来说是难得的机遇。因此，规模化养殖主体应紧跟国家形势和政府政策，继续规范和完善自身养殖场的基础环境，建立消毒体系、完善排泄物的处理措施；龙头企业和大型养殖场成立负责疫病防治的部门，聘请高水平的执业兽医师，为养殖场提供全方位的疫病防治服务，并依法购买和使用已经列入《乡村兽医用药目录》的兽用处方药，避免药物的残留。在规范自身发展的同时，还应走出去，对防疫水平较低的养殖户进行帮扶，组建以职业兽医师、乡村兽医为主体的技术服务团队，通过提供动物疫病检测、疾病医疗、肉品品质检验等方式对养殖场（户）进行防疫服务，起到示范带动作用，使河北省养殖业疫病防治服务能够更好更快地发展。

第 9 章

河北省现代畜牧业发展思路

9.1 发展现代畜牧业的重要意义

畜牧业发展水平是农业发达程度的重要标志。加快畜牧业发展，是国民经济发展和人民生活水平提高的必然要求，是推进农业结构战略性调整的重要措施，也是加快建设现代农业、促进农民增收的重要途径。畜牧业产业关联度高、拓展性强，大力发展畜牧业，可以充分利用农业资源优势，有效地转化粮食和农副产品，带动种植业和相关产业的发展，实现农产品多次增值；可以更加合理地配置农业资源，促进农村经济的协调健康发展。近年来，河北省发挥气候条件适宜、饲料资源丰富和环绕京津的产业优势，把畜牧业作为农业重点产业，不断加大支持力度，引导发展标准化规模养殖，培育壮大龙头企业，全省畜牧业实现稳步发展。但仍存在一些不容忽视的问题，主要是畜牧业产值占农林牧渔业总产值比重不高，生产管理方式粗放，质量效益不稳，产业链条不长，保障支撑能力较弱。加快发展现代畜牧业是构建现代农业产业体系的重要内容，是保障城乡居民菜篮子产品有效供给的重要手段，是促进农民收入稳定增长的重要途径。目前，河北省正处于传统畜牧业向现代畜牧业转变的关键时期。各级各有关部门要进一步统一思想，提高认识，树立现代发展理念，着力改善饲养装备条件，强化科技支撑，健全产业体系，全面提升一体化经营水平，加快建设高产、优质、高效、生态、安全的现代畜牧业。

9.2 发展现代畜牧业的总体思路

9.2.1 指导思想

以习近平新时代中国特色社会主义思想为指导，深入贯彻落实党的十九大和十九届二中、三中、四中、五中全会精神，坚持贯彻新发展理念，构建新发展格局，以实施乡村振兴战略为引领，以推动高质量发展为主题，以农业供给侧结构性改革为主线，把改革创新作为根本动力，把提高畜产品供给保障能力、绿色生态养殖和公共卫生安全水平作为主攻方向，把提升质量效益和竞争力作为核心任务，按照新时代河北省"三农"工作要求，加快构建现代化种业体系、高效益产业体系、高密度防疫体系、高标准产品体系和高水平技术体系，持续推动畜牧业可持续发展，走出一条富有河北省特色和辨识度的畜牧业高质量发展道路。

9.2.2 基本原则

加快畜牧业发展，应遵循以下原则。

9.2.2.1 坚持防疫优先、高质量发展原则

将动物疫病防控作为防范畜牧业产业风险和防治人畜共患病的第一道防线，着力加强防疫队伍和能力建设，落实政府和主体防疫责任，形成防控合力。以标准化、绿色化、规模化、循环化、数字化、基地化"六化"为导向，进一步推动产业转型，提高管理效能，全方位提升畜牧业高质量发展水平。

9.2.2.2 坚持生态优先、安全放心的原则

遵循"绿水青山就是金山银山"的理念，尊重自然规律、市场规律和产业规律，统筹推进动物防疫、生态养殖和畜产品质量安全工作，实现生产与生态高度

统一、发展与质量高度一致、产业与自然高度和谐。

9.2.2.3 坚持合理布局、优化结构的原则

立足各地资源禀赋和环境承载能力，因地制宜确定养殖区域、养殖种类，积极推进整县制农牧结合发展，进一步优化畜牧业的空间布局。积极发展适度规模养殖，进一步调优畜牧产业结构。

9.2.2.4 坚持创新驱动、科技兴牧的原则

大力推进畜牧业生态化、无害化、资源化等关键共性技术攻关，破解发展"瓶颈"，实现创新驱动。积极推进畜牧业与信息化融合发展，加快畜牧业"机器换人"，提高畜牧业科技装备水平，全面提升从业人员科技应用能力，加快推进科技兴牧。

9.2.2.5 坚持提质增效、强牧富民的原则

按照"一品一产""一产一链"的要求，大力培育新型畜牧业主体和产业龙头，引导第一、第二、第三产业联动发展，提升畜牧业集约化、专业化、组织化、社会化水平，构建畜牧业全产业链。按照现代产权制度改革的方向，创新产业链利益联结机制，增加农民收入，增强农民利益保障。

9.2.2.6 坚持市场导向、依法治牧的原则

坚持依法治牧和政策引导，充分发挥市场在资源配置中的决定性作用，推动生产、加工、流通、消费各环节融合发展，不断增强畜牧业发展活力。强化现代畜牧业立法、执法体系建设，加强法治宣传、畜牧业综合执法，善于运用法治思维和治理方式深化改革，促进畜牧业健康可持续发展。

9.2.3 主要目标任务

到 2025 年，综合生产能力显著提高，全省畜牧业产值占农林牧渔总产值的比重力争达到 50%，肉类、禽蛋、奶类总产量分别达到 550 万吨、400 万吨和

630万吨。重大动物疫病防控能力显著提高,畜禽发病死亡率下降2个百分点以上。畜产品质量安全水平显著提升,畜产品抽检合格率达到100%。草原生态显著改善,草原综合植被覆盖度达到80%以上。畜产品加工产值与畜牧业产值之比达到3.2:1,成为食品工业支柱产业。畜牧从业者收入不低于外出务工农民人均收入,适度规模以上养殖场主收入达到外出务工农民收入的2~3倍。基本建成布局区域化、养殖规模化、生产标准化、装备智能化、环境清洁化、经营产业化、管理信息化、服务社会化的现代畜牧业生产体系,率先基本实现现代化。

9.3 发展现代畜牧业的路径分析

围绕发展目标和主要建设任务,以支持最急需、最关键、最薄弱的环节和领域为重点,统筹安排财政支牧资金,引导带动地方和社会投入,组织实施八大工程。

9.3.1 畜禽种业工程

(1)加强地方畜禽遗传资源保护。完成河北省畜禽遗传资源普查,摸清全省畜禽遗传资源群体数量和分布情况。加强畜禽遗传资源保种场(保护区、基因库)改造提升,及时开展抢救性保护,确保全省所有畜禽地方品种应保尽保。建立省级畜禽遗传物质保存库,重点保存精液、胚胎、体细胞、DNA等遗传物质,构建活体保护和遗传物质保存相结合的畜禽遗传资源保护体系。利用基因组测序等分子生物技术开展遗传信息分析和评估,建立畜禽遗传信息数据平台,实现数字保种。

(2)加强现代育种体系建设。加快构建"以企业为主体、以市场为导向"的商业化育种机制,支持科研院校开展育种基础性研究。支持生猪养殖企业开展引进品种的本地化选育,基本实现种源省内自给。支持优质肉鸡、深县猪、唐县羊等品种的种禽企业,推广新型"公司+基地"等养殖模式。支持直隶黑猪等种业企业进一步做大做强。加快分子育种等现代生物育种技术产业化应用。

(3)加强良种推广应用。鼓励大型种业企业建立高代次种畜禽场,优化良种扩繁场布局。深化京津冀区域种业合作,加强畜牧业区域性品种开发利用。加大种畜禽质量监测和监督检验力度,不断提升种畜禽质量。

(4)加强种畜禽质量监管。实施种畜禽质量安全监督检验,规范种畜禽生产经营行为，营造健康有序的市场环境。依托省级种畜禽质量监测机构资源，扩大监测范围，健全种畜禽场内测定、检测机构测定与国家测定相结合的种畜禽质量测定和评价制度。

9.3.2 生态畜牧工程

按照土地承载能力和清洁美丽生态要求，改造提升所有保留牧场，促进养殖业与种植业的有机融合，全面实现畜禽养殖废弃物资源化利用，着力打造生态安全、环境友好型畜牧业。

（1）畜禽粪污资源化利用项目。继续鼓励县级政府争取国家、河北省整县推进粪污资源化利用项目，鼓励企业争取畜禽粪污资源化利用项目，通过项目资金和典型示范拉动规模养殖场进一步改造升级养殖设施装备、粪污处理设施装备，减少粪污存量，控制增量。建设一批粪污密闭发酵贮存设施，配置还田设施装备，加快推进机械化施肥。对现有规模养殖场配套设施建设实行分级管理，支持逐级提升，推动粪污处理设施向高水平发展。对新建规模养殖场严格落实"三同时"制度，配套建设粪污处理设施。对畜禽粪污全部还田利用的养殖场（户）登记管理，建立台账，对设有污水排放口的规模化畜禽养殖场、养殖小区进行重点管理，必须申领排污许可证；对无污水排放口的规模化畜禽养殖场、养殖小区，设有污水排放口的规模以下畜禽养殖场、养殖小区进行登记管理，无须申领排污许可证。到2025年，畜禽粪污处理设施一级场比例由15%增长到35%，二级场比例由35%增长到50%，三级场比例由50%降低到15%。

（2）农作物秸秆饲料化开发利用项目。加快秸秆、芦苇等饲料化技术研发和集成。扶持牛羊规模养殖场引进配套的农作物秸秆等集中处理技术与设备；支持组建企业化经营、社会化服务的农作物秸秆收集、加工、贮运中心，推进秸秆饲用产业化，引导废弃物资源化利用。力争五年内组建农作物秸秆饲用收集加工中心（平台）50个，年转化秸秆等500万吨以上。大力推广高效利用畜禽粪污的优质牧草品种，因地制宜建设资源循环型牧草基地。

（3）农牧循环发展项目。统筹规划畜牧业发展和农业结构调整，以地定养，以养定种，持续推进种养结合。支持中小规模场通过堆沤发酵，就地就近还田，提高土壤肥力。引导社会资本在养殖密集区建立大型沼气工程和有机肥厂，为改善蔬菜、水果品质提供精细化有机肥。支持种植大户、农民合作社、家庭农场等配套建设液体粪肥田间贮存池、输送管网设施，示范带动粪肥还田。

(4) 绿色养殖项目。优化调整畜禽养殖布局，引导养殖业向粮食主产区和环境承载能力较大地区转移。严格执行饲料添加剂安全使用规范，依法加强饲料中超剂量使用铜、锌等问题监管。实施动物源细菌耐药性监测、药物饲料添加剂退出和兽用抗菌药使用减量化行动，加强兽用抗菌药综合治理。开展畜牧业绿色发展评价，推广绿色发展配套技术，提升区域畜禽养殖可持续发展能力。

9.3.3 健康畜牧工程

重点是通过加强基层基础建设，进一步增强动物防疫检疫、投入品管控和畜禽屠宰流通监管能力，提升动物疫病监测预警水平，保障畜产品有效供给，着力打造健康安全型畜牧业。

(1) 动物防疫主体责任建设项目。严格实施养殖场户"密罐式"管理、屠宰企业"高压式"管理和驻场官方兽医"问责式"管理。全面落实企业自检和驻场派驻官方兽医"两项制度"，依法督促畜禽养殖、贩运、屠宰加工、无害化处理等环节从业者，履行重大动物疫病防控主体责任。持续开展大清洗大消毒、生猪运输车辆全程监管和养殖、屠宰企业提档升级"三大行动"，指导养殖、屠宰龙头企业建设清洗消毒中心，将所有畜禽运输车辆纳入备案和信息化监管。规范畜禽经纪人、贩运单位和个人，经营运输畜禽及其产品等从业行为。

(2) 动物疫病预防控制体系提升项目。建立健全各级动物疫病预防控制机构，配备足够的专业技术人员力量。组织开展多元化技术培训、实验室检测能力比对和技能比武，培养动物疫病监测预警技术人才。按照农业农村部动物疫病预防控制中心建设标准，配备和更新仪器设备，建立高致病性禽流感病毒等变异监控技术平台和P3实验室。建立健全疫苗常温、冷冻、冷藏运输、贮存、使用等环节的全程冷链体系、标准化应急防护物资和消毒物资储备库，配备监测采样车、疫苗运输车和机动消毒喷雾器等设施设备。同时，做好河北智慧兽医云平台建设，逐步实现动物疫病防治信息化管理。

(3) 动物流通监管体系提升项目。在京津等省际边界新建省际高速公路动物卫生监督检查站，在河北省北部和东部新建调入动物和动物产品隔离留验场，完善调入动物和动物产品流通防疫监管屏障体系，进一步完善省外调入动物和动物产品流通防疫监管屏障体系。

(4) 饲料兽药和畜产品质量管控项目。推进高端、环保型饲料添加剂和兽药产品研发与推广应用，全面推行环保型饲料生产和使用。强化畜产品质量安全监测体系建设，各市具备饲料和兽药主要成分、畜产品主要药物残留及农业农村部公布的禁用物质的定量检测与分析能力，各市、县具备畜产品中常见禁用物质和兽用抗菌药物残留定性检测能力，逐步形成市级核心监测、区域性监测和畜禽养殖场内部监测相配套的畜产品及投入品质量安全监测体系。加强对饲料兽药生产经营、养殖、屠宰、收购贩运等各环节产品质量安全的监督抽检和风险监测，特别是饲料中重金属和抗生素的监测，坚决杜绝滥用抗生素的现象。加强牧场投入品、生鲜乳收购站与运输车辆等管理，严格记录制度，逐步推行畜产品准出制度、诚信档案制度及"黑名单"通报等制度，确保不发生重大畜产品质量安全事故。

(5) 动物防疫机构建设项目。充实县（市、区）兽医力量，强化基层动物防疫队伍建设。健全县（市、区）动物卫生监督机构，配齐配强动物疫病防控专业技术人员。落实生猪大县乡镇动物防疫特聘计划，充分发挥执业兽医、乡村兽医作用。探索建立村级动物防疫员与第三方兽医队伍相结合的基层服务机构，大力发展兽医社会化服务组织，提升动物疫病预防、控制和扑灭能力。

9.3.4 畜产品加工工程

立足京津冀市场，升级改造现有畜禽屠宰产品加工企业，淘汰落后产能，培育和引进大型企业，重点围绕屠宰加工、乳制品加工和畜禽产品冷链加工配送项目，提高养加销各环节的经济效益和社会效益，着力打造京津冀地区畜禽屠宰加工业的集群基地。

(1) 畜禽屠宰加工升级项目。加快生猪屠宰行业转型升级，鼓励大型屠宰企业向上下游延伸，养殖、屠宰、加工、配送、销售一体化经营。加快屠宰行业整合，引导中小型屠宰企业开展生猪屠宰、肉类配送综合业务，大力发展自宰经营。持续开展国家生猪屠宰标准化示范厂和省级畜禽屠宰标准化厂创建，到 2025 年，创建 10 家以上国家生猪屠宰标准化示范厂、10 家以上省级畜禽屠宰标准化厂。

(2) 乳制品加工提升项目。鼓励蒙牛、君乐宝、新希望天香等骨干乳品加工企业延伸产业链、做大做强。支持企业优化乳品结构，重点发展乳粉和巴氏杀菌乳，积极开发奶酪、黄油等新产品；推进标准化生产，持续提升乳制品品质。支持奶农以开办"奶吧"等方式发展乳制品加工，因地制宜发展区域特色小型乳品加工企业。

(3) 畜禽产品冷链加工配送项目。清理畜禽屠宰"空壳企业"和"休眠企业"，空出的设置规划优先向优势养殖区域调整。引导屠宰企业向畜禽养殖主产区转移，推动就地屠宰，促进运活畜禽向运肉转变。鼓励新建畜禽定点屠宰企业建设冷藏储备库、低温分割车间等冷藏加工设施，配备冷链运输车辆，提高冷链储存、运输能力。推动物流配送企业完善冷链配送体系，拓展销售网络。完善"点对点"调运制度，规范活畜禽跨区调运管理。

9.3.5 智慧畜牧工程

围绕畜牧种业保护和提升、畜牧业机械化、畜牧业信息化和"互联网+畜牧"，全面提升畜牧业科技水平，实现畜牧业现代化与信息化融合发展。

（1）畜牧业机械化水平提升项目。推进养殖工艺与设施装备的集成配套，加快养殖机械升级换代。落实农机购置补贴政策，将养殖场（户）购置自动饲喂、环境控制、疫病防控、废弃物处理等农机装备按规定纳入补贴范围。大力开展部省级畜禽养殖标准化示范场建设，全面配备自动饲喂、环境控制、疫病防控、废弃物处理等机械装备，引进推广全株玉米收储和牧草收割、打捆、加工等机械设备。到2025年，部省级示范场达到85个，生猪、蛋鸡、肉鸡规模化养殖机械化率达到90%以上，肉牛、肉羊规模化养殖机械化率达到80%以上，大型规模养殖场全部实现全程机械化。

（2）畜牧业信息化水平提升项目。加快传统产业大数据平台的建设，发展智能养殖利用新技术，建立完善畜禽养殖、投入品监管、疫病防控、检疫监督、畜禽屠宰、监测预警、畜产品质量安全追溯等信息化管理平台，打造养殖、屠宰、流通、加工全程监管链条。支持生产经营主体建立健全电子档案，推广线上线下和现代物流结合销售模式。指导企业开展数据直联直报，构建畜牧业动态数据库，促进技术、营销和金融等社会化服务与产业有机融合，实现各环节互联互通、信息共享。完善奶牛养殖云平台，加强智能化奶牛场建设。到2025年，奶牛场实现智能化全覆盖，大型生猪养殖企业全部实现经营管理智能化。

（3）推广"互联网+畜牧"（电子商务）发展项目。充分发挥优势，创建"互联网+畜牧"，着力打造一批知名的畜产品电商企业。引导畜牧养殖、畜产品加工企业、饲料兽药企业在电商平台、农产品大宗交易市场开展网上营销，创建一批全省知名的畜牧产品电子商务品牌。建立面向消费者的产品信息可视、质量可追溯的智能化透视系统，破解"杀白"禽产品信任"瓶颈"。

9.3.6 新型畜牧工程

重点是通过提升养殖规模化水平，加强优质饲草饲料基地建设，构建畜牧业全产业链，创新服务机制，联动大众创业，促进产业增效、农民增收。

（1）提升规模化养殖水平。因地制宜发展规模化养殖，引导养殖场（户）改造提升基础设施条件，扩大养殖规模，提升标准化养殖水平。加快适度规模养殖场、养殖专业合作社和现代家庭牧场发展，鼓励畜禽养殖龙头企业、屠宰加工企业发挥引领带动作用，与养殖专业合作社、家庭牧场紧密合作、属地规模养殖场户通过统一生产、统一服务、统一营销、技术共享、品牌共创等方式，形成稳定的产业联合体，形成产加销一体化经营，提高抗风险能力。发展畜牧业社会化服务组织，发挥现代农业产业技术创新团队作用，加强技术培训，引领适度规模养殖场、养殖专业合作社和现代家庭牧场提高生产、疫病防控和产品收益能力。2025年，全省畜禽养殖综合规模化率达到85%。

（2）加强优质饲草饲料基地建设。优先发展苜蓿、燕麦等紧缺饲草，建设一批优质专用饲草料基地，以河北省内主要河流滩涂地为基地打造苜蓿种植带，以平原农业种植区建设燕麦种植示范区，逐步减少饲草进口；以奶牛养殖大县为重点，扩大全株青贮玉米种植面积，继续推进整县"粮改饲"项目实施。到2025年，全株青贮玉米、苜蓿、燕麦等优质饲草料面积达到100万亩以上，饲料产量达到300万吨。

（3）全产业链融合项目。鼓励规模养殖场、家庭牧场、合作社、饲料兽药和屠宰加工企业等抱团组建大型合作社或联合社，做大做强一批畜牧业全产业链，力争到2025年，河北全省培育5条以上产值超10亿元的大型畜牧业全产业链，培育一批产值超亿元的特色畜牧业全产业链，建立健全产业链联动发展和利益分配机制，更好地促进农民创业增收。

（4）金融保险服务推广项目。进一步拓展死亡动物无害化和保险联动实施范围，积极探索完善跨县域联动机制。创新畜牧业金融服务，探索完善畜牧业抵押贷款和"合作社（龙头企业）+金融信贷+养殖户"等信贷模式。探索拓展适合不同地区、不同畜禽品种的价格保险，开发多样化的畜牧业保险产品，推出一批具有推广价值的畜牧业保险品种。完善风险救助机制，对遭受自然灾害或重大疫病的养殖场户进行政府救助。

（5）新型主体培育项目。推动大型畜牧企业和畜牧行业协会设立大学生创业基金，鼓励大学毕业生投身畜牧业，引导新型农民从事畜牧业生产、经营、流通服务等，培育新型畜牧人。加强对青年从业者的联系培养，建立牧业青年企业家和专家联盟。

9.3.7 联防联控工程

（1）强化主体防控。进一步压实主体防疫责任，全面推行口蹄疫、高致病性禽流感、小反刍兽疫等强制免疫"先打后补"。通过养殖场户自行免疫、第三方服务主体免疫、政府免疫服务等多种形式，实现"应免尽免"。开展常态化自检、洗消，存栏5 000头以上规模猪场、种猪场全部建成非洲猪瘟检测室和独立洗消点。实施种畜禽场和规模场重点动物疫病净化行动，建成省级以上非洲猪瘟无疫小区80个以上，其中一级以上种猪场全部建成非洲猪瘟无疫小区。

（2）强化区域防护。完善部门协同防控机制，联动防控布病、禽流感等人畜共患病和野生动物疫病，组织开展打击违法违规调运、私屠滥宰等专项执法行动。改造提升以动物卫生监督所站、病死动物公共处理中心等为主的动物防疫基础设施。加快系统内兽医实验室改造升级，加强第三方实验室监管，切实增强动物疫病监测预警能力。加快推进非洲猪瘟无疫区建设。创新动物和动物产品检疫制度，探索建立企业兽医辅助检疫、官方兽医监督签证的试点机制。

（3）强化省际屏障。改扩建、迁建省际公路动物卫生监督检查站10个，落实动物及动物产品调运备案制度，提升设施装备、应急处理水平。落实重大动物疫病分区防控要求，积极推动北部防疫区联防联控，统筹做好动物疫病防控、动物及动物产品调运监管和市场供应等工作。加强口岸动物疫情防控，提升口岸监测预警、应急处置能力。

（4）强化应急能力。完善常态管理与非常态管理相结合机制，健全应急指挥、疫病监测、疫情处置、物资保障等应急工作体系。加强应急队伍建设和管理，定期组织开展培训和演练，提高应急能力。通过实物储备和厂家储备相结合，加强疫苗、消毒药、口罩、防护服等物资储备，确保省、市、县应急物资储备分别能够同时处置4个、2个、1个疫点。

9.3.8 高品质产品工程

（1）推进饲料兽药质量提升。严格执行兽药生产质量管理规范和饲料质量安全管理规范，进一步提升饲料兽药品质，组织实施饲料兽药质量安全监测计划，加大监督抽检力度，产品质量抽检合格率稳定在98%以上，非法添加风险得到有效控制，确保不发生区域性系统性重大质量安全事件。

（2）推进兽用抗菌药减量化和饲料环保化。大力推进畜禽健康养殖，落实促生长类药物饲料添加剂退出措施，深化完善"两化"管控机制和成效评估体系，着力规范兽药饲料使用行为。到2022年，在年出栏5 000头以上猪场、年出栏50 000羽以上肉鸡场、年末存栏10 000羽以上蛋鸡场等规模养殖场创建"两化"试点场1 000家以上，兽用抗菌药用药量减少10%以上，育肥猪饲料中铜、锌含量达到省团体标准，氮含量下降5%以上；到2025年，在年出栏500头以上猪场、年出栏10 000羽以上肉鸡场、年存栏2 000羽以上蛋鸡场等规模养殖场实现"两化"技术推广应用全覆盖。加强畜禽产品质量安全风险评估和监测，开展行政执法检查，倒逼规范行业秩序。

（3）推进屠宰企业转型升级。统筹养殖、屠宰产业布局，严格屠宰企业准入管理和日常监管，完善和规范屠宰企业环保治理设施设备，加快小型屠宰场点撤停并转。推动生猪屠宰企业完善采购、屠宰、销售一体化经营模式，倒逼淘汰代宰现象。推进牛羊禽集中（定点）屠宰，在重点县设置集中（定点）屠宰场，鼓励有条件的生猪屠宰企业增设牛羊屠宰线。鼓励支持屠宰企业、物流配送企业完善冷库、低温分割车间、冷藏车等设施设备，构建"集中屠宰、冷链配送、冷鲜上市"供应体系，逐步实现运活畜禽向运肉转变。

（4）强化动物及动物产品调运监管。按照就近调运原则，通过政策引导和市场调节相结合，减少活畜长距离调运。严格生猪"点对点"调运，引导屠宰企业与养殖企业建立稳定供应关系。统筹利用省外、国外两个市场、两种资源，鼓励引导省内屠宰企业走出去，扩大优质安全畜禽产品来源，补充调剂省内市场供应。

9.4 发展现代畜牧业的保障措施

9.4.1 强化组织领导

各有关部门、各市（县、区）要将畜牧业"十四五"规划纳入政府工作计划来统筹谋划。落实"菜篮子"市长负责制，将畜牧业高质量发展纳入乡村振兴考核范围，提高分值比重。加强部门协作，围绕规划目标任务，明确职责分工，强化协调配合。各市（县、区）要结合本地实际，制定畜牧业高质量发展实施方案，细化分解指标，明确工作任务，落实工作责任，制定工作措施，加大投入力度，并把畜牧产业发展列入对各市（县、区）的年终考核内容。

9.4.2 保障畜牧业发展用地

落实自然资源部、农业农村部《关于设施农业用地管理有关问题的通知》及河北省自然资源厅、农业农村厅《关于进一步改进和完善设施农业用地管理的实施意见》要求，解决养殖用地问题。落实生态环境部、农业农村部《关于进一步做好当前生猪规模养殖环评管理相关工作的通知》要求，对符合要求的畜禽养殖建设项目，加快环评审批。加大林地对畜牧业发展的支持，鼓励依法依规办理使用林地手续。鼓励立体养殖，提高土地利用效率。

9.4.3 创新金融支持机制

统筹整合中央、省财政专项资金、市财政专项资金、各市（县、区）财政相关预算资金，采取以奖代补，先建后补等办法，加大对龙头企业、畜禽标准化规模养殖、良种推广、粪污资源化利用、病死畜禽无害化处理等方面的支持。创新金融支持方式，采取贴息、担保等多种手段，吸引工商资本、金融资本、社会资本投向畜牧业领域。支持龙头企业加快股改进度，通过上市、发行债券等方式提高融资能力。引导金融机构开发畜禽活物、圈舍抵押、保单订单抵押等新型信贷服务。扩大政策性保险覆盖面，广泛宣传动员，做到"愿保尽保、据实承保"。

9.4.4 推进数字化引领

各级畜牧业主管部门要将数字化理念融入畜牧业工作全过程，加快工作流程数字化改造，构建数字畜牧业发展管理体系。各市（县、区）要加大数字畜牧业发展投入力度，引导工商资本、金融资本优先投入数字畜牧业建设。优先安排数字畜牧业基础设施建设项目用地，对符合条件的数字畜牧业专用设备和畜牧业物联网设备给予补贴。积极支持畜牧业龙头企业开展数字化经营，发挥畜牧业龙头企业在河北省数字化畜牧业建设中的示范、引导作用。

9.4.5 深化"放管服"改革

简化畜禽养殖用地取得程序以及环境影响评价、动物防疫条件审查、种畜禽进出口等审批程序，缩短审批时间，强化事中事后监管。进一步优化畜牧系统办事程序，完善办事流程等，确保畜牧业各项行政审批服务事项能在网上办理的都在网上办理。建立畜牧兽医综合执法体系，整合畜牧兽医行政监管、动物卫生监督、畜禽屠宰监管等力量，完善畜牧兽医行政执法与刑事司法衔接机制。

下 篇
非洲猪瘟专题

第 10 章

河北省生猪产业发展的基础状况

河北省是养猪大省,是全国生猪主产区之一。2017年底,全省生猪存栏1 957.8万头,出栏3 605.6万头,生猪出栏在全国位列第七。2018年,生猪产业面临产能过剩、市场价格筑底、反制美国贸易战饲料成本上升、下半年非洲猪瘟扩散、生猪跨省流通受限,以及畜禽养殖环保压力加大等一系列严峻挑战,我国生猪市场的稳定受到了极大挑战,河北省生猪市场亦跌宕起伏。应对新形势新要求,河北省生猪产业各主体主动适应畜牧业经济增速"换挡"新常态。2018年,河北省生猪规模化发展以及生猪产业技术的不断创新,使河北省生猪产业在继续保持稳定供给的基础上,实现了生产效益的逐步提升和发展方式的进一步转变。2019年以来,非洲猪瘟疫情持续蔓延,中国生猪产业在面临着产业升级和环保新要求的同时,遭遇非洲猪瘟疫情重大挑战。面对非洲猪瘟防控的严峻形势,我国生猪市场的稳定受到了极大挑战,供给端出现较大的下滑,生猪和猪肉价格出现大幅波动,河北省生猪市场亦跌宕起伏。非洲猪瘟背景下河北省生猪产业各主体与时俱进转型升级,加快了适时淘汰落后产能的步伐,加速了河北省规模化养猪的发展进程,使河北省生猪产业在尽可能减少疫情导致损失的基础上,积极实现疫病防控体系的健全和发展方式的逐步转变。

10.1 河北省生猪产业发展的国际和国内背景

10.1.1 世界生猪产业发展状况

10.1.1.1 生猪存栏和出栏

如图 10-1 所示,2013 年后全球生猪存栏量稳中有降,2017 年达到几年来的最低值 76 983 万头。虽然 2018 年全球非洲猪瘟疫情较为严重,但 2018 年世界生猪存栏量回升至 77 319 万头,较 2017 年上升了 0.44%。中国、欧盟以及美国的存栏总量占世界存栏量的比重为 84.93%,较 2017 年略有下降。2018 年,中国的存栏量在 2014 年以后连续 4 年下降,占世界存栏量的比重为 56.03%。2018 年,欧盟存栏量占世界存栏量的比重为 19.40%,美国占比为 9.50%,与 2017 年相比均有所上升。

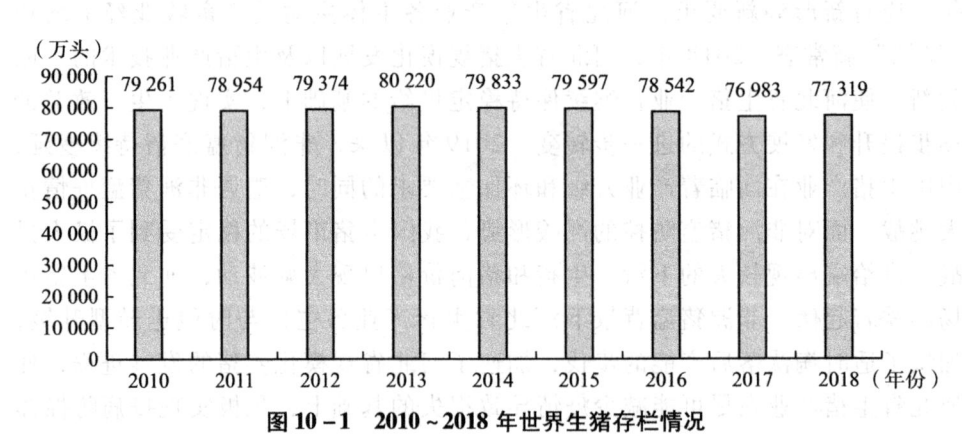

图 10-1 2010~2018 年世界生猪存栏情况

资料来源:美国农业部(USDA)。

如图 10-2 所示,2018 年,世界生猪出栏量达到 129 769 万头,比 2017 年上升了 2.50%,为近年来世界生猪出栏最高值。中国、欧盟以及美国的出栏量占世界出栏量的比重为 85.80%,比 2017 年有所上升。中国的出栏量占世界出栏量的比重为 54.56%,比 2017 年上升了 0.1 个百分点。欧盟出栏量占比为 20.92%,美国占 10.32%,欧盟和美国的份额与 2017 年相比无显著变化。

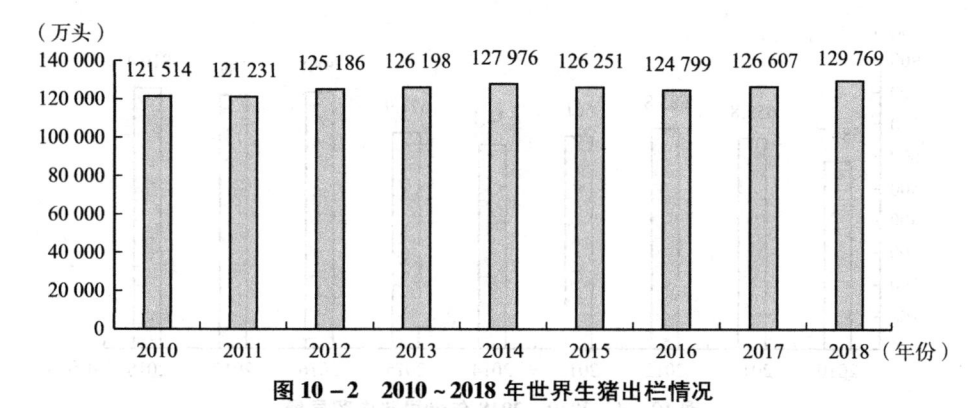

(万头)

图 10-2　2010~2018 年世界生猪出栏情况

资料来源：美国农业部（USDA）。

10.1.1.2　猪肉产量

近年来世界猪肉产量总体上呈稳步上升态势，如图 10-3 所示，2018 年世界猪肉产量达到 11 296 万吨，比 2017 年上升了 1.73%。中国、欧盟、美国的猪肉产量位居全球前三。2018 年，上述三个区域总猪肉产量占世界猪肉产量的 79.78%，比 2017 年略有上升，其中，中国占 47.82%，较 2017 年下降 0.11 个百分点，欧盟占 20.95%，比 2017 年有所下降，美国占 11.01%，比 2017 年有所上升。

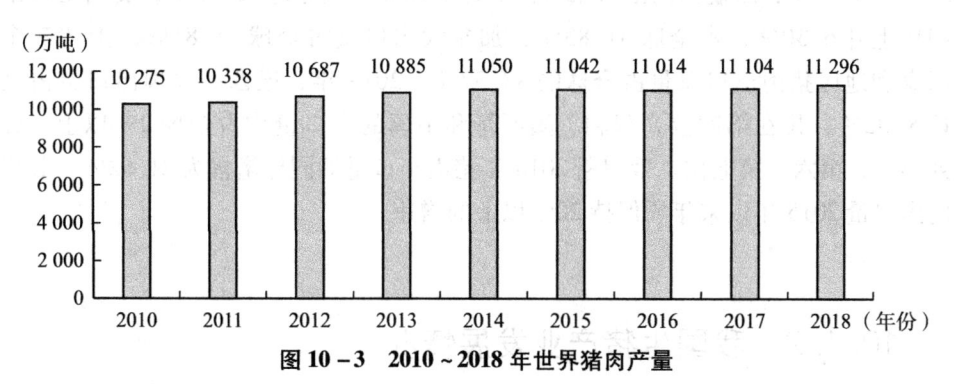

(万吨)

图 10-3　2010~2018 年世界猪肉产量

资料来源：美国农业部（USDA）。

10.1.1.3　猪肉贸易情况

如图 10-4 所示，2010~2018 年世界猪肉贸易量较为稳定。2018 年世界猪肉贸易量为 810.4 万吨，较 2017 年上升了 2.71%，为 2010 年以来的峰值。

图 10-4　2010~2018 年世界猪肉贸易量

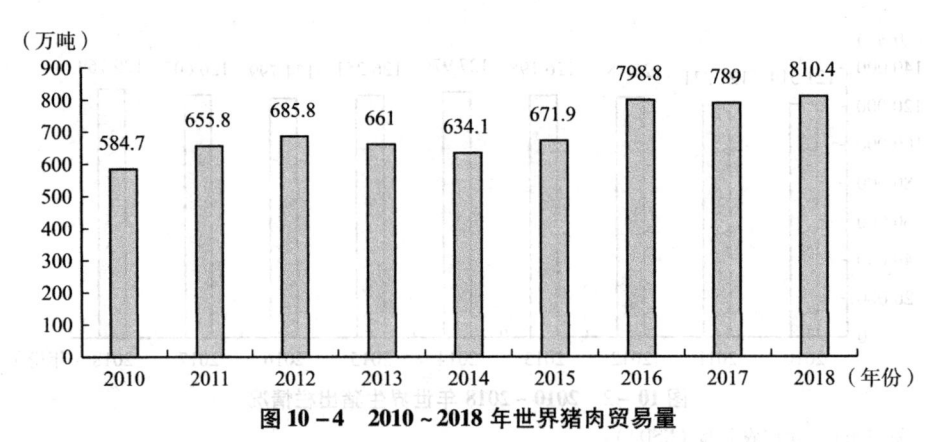

资料来源：美国农业部（USDA）。

根据美国农业部的数据，亚洲是猪肉的主要进口地，亚洲各主要进口国2018年猪肉进口量占世界总交易量的58.48%。中国为世界最大猪肉进口国，占全球进口量的21.59%；日本的进口量位居全球第二，份额达到18.63%；墨西哥的进口量占全球14.50%，排在第三位；韩国进口量占全球9.07%，排在第四位；美国进口量占全球的6.02%，排在第五位。

从猪肉出口情况来看，世界三大主要猪肉出口国（地区）为欧盟、美国和加拿大。2018年，欧盟猪肉出口量同比上升6.64%，占全球35.73%；美国出口量同比上升6.30%，占全球31.83%；加拿大出口量占全球15.81%。上述三个国家和地区猪肉出口总量占全球的83.37%。2018年，巴西的猪肉出口量占全球8.02%，排在第四位。智利、墨西哥和中国的出口量均占全球2%以上，分列第五、第六、第七位。俄罗斯2018年猪肉出口量的同比增幅为21.62%，其猪肉出口量2015年以来年均保持20%以上的增速。

10.1.2　我国生猪产业发展情况

10.1.2.1　生猪存栏和出栏

2019年我国生猪年末存栏量有较大幅度下滑。根据国家统计局相关公报，截至2019年11月底，全国生猪存栏总量为31 041.0万头，同比下降27.50%。如图10-5所示，我国生猪的存栏量自2013年以来一直呈现下降趋势，2014~2016年下降幅度较大，2017年下降幅度有所减缓，2018年和2019

年因非洲猪瘟疫情的影响出现较大幅度下降，2019年存栏量较2012年下跌16 989.2万头，跌幅达35.37%。

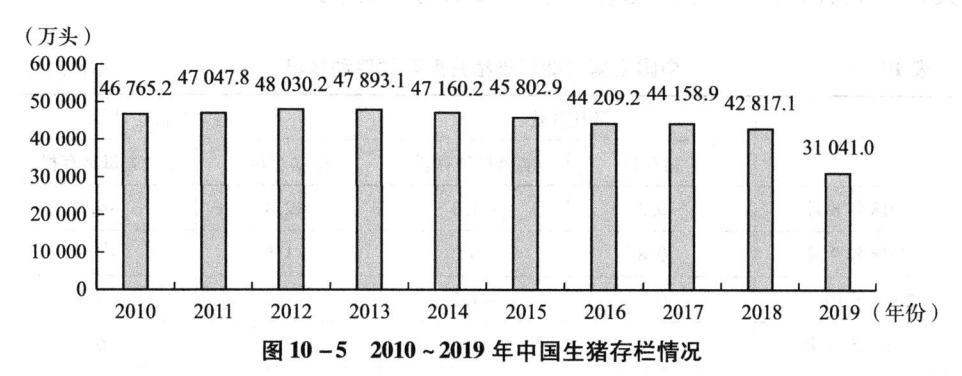

图 10-5 2010~2019年中国生猪存栏情况

注：2019年数据统计截至11月30日。
资料来源：历年《中国统计年鉴》和国家统计局公报。

如图10-6所示，2010~2014年我国生猪出栏量基本呈上升态势，2015~2019年基本呈下滑态势。2018年全国生猪出栏总量69 382万头，与2017年相比略有下降，下降幅度为1.2%。2019年生猪出栏量54 419万头，同比下降21.57%，表明2019年受非洲猪瘟疫情影响，全国生猪产能下滑的态势较为严峻。

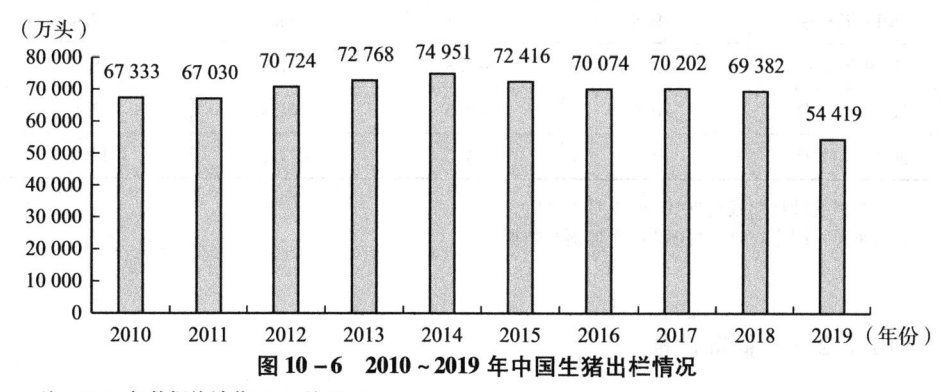

图 10-6 2010~2019年中国生猪出栏情况

注：2019年数据统计截至11月30日。
资料来源：历年《中国统计年鉴》和国家统计局公报。

10.1.2.2 能繁母猪存栏

2019年我国能繁母猪存栏量持续下滑。如表10-1所示，各月环比增幅和同比增幅基本全为负。从同比变化来看，下半年能繁母猪存栏下降幅度要远高于上半年的下降幅度。下半年每月同比下降幅度在 31.9%~38.9% 之间。从环比变化来看,每月下降幅度呈现波动扩大再收窄的趋势,从 1 月份的下降 3.6% 波动扩大到 8 月份的 9.1%,然后逐步收窄至 11 月份转负为正。

表 10-1　　　　　　　中国生猪和能繁母猪月度存栏变动情况　　　　　单位:%

时间	环比变化		同比变化	
	生猪存栏	能繁母猪存栏	生猪存栏	能繁母猪存栏
2018 年 8 月	-0.3	-1.1	-2.4	-4.8
2018 年 9 月	0.8	-0.3	-1.8	-4.8
2018 年 10 月	0.1	-1.2	-1.8	-5.9
2018 年 11 月	-0.7	-1.3	-2.9	-6.9
2018 年 12 月	-3.7	-2.3	-4.8	-8.3
2019 年 1 月	-5.7	-3.6	-12.6	-14.8
2019 年 2 月	-5.4	-5.0	-16.6	-19.1
2019 年 3 月	-1.2	-2.3	-18.8	-21.0
2019 年 4 月	-2.9	-2.5	-20.8	-22.3
2019 年 5 月	-4.2	-4.1	-22.9	-23.9
2019 年 6 月	-5.1	-5.0	-25.8	-26.7
2019 年 7 月	-9.4	-8.9	-32.2	-31.9
2019 年 8 月	-9.8	-9.1	-38.7	-37.4
2019 年 9 月	-3.0	-2.8	-41.1	-38.9
2019 年 10 月	-0.6	-0.6	-41.4	-37.8
2019 年 11 月	2.0	4.0	-39.8	-34.6

注:数据统计日期截至 2019 年 11 月 30 日。
资料来源:国家农业农村部 400 个监测县数据。

10.1.2.3　猪肉产量

2019 年全国猪肉产量为 4 255.0 万吨,比 2018 年减少 1 148.7 万吨,同比减少 21.26%。2019 年上半年受生猪价格低迷以及非洲猪瘟的双重影响,我国能繁母猪存栏量、生猪存栏量持续下滑,直接导致了 2019 年全年猪肉产出量的减少,并且产量低迷的态势可能会一直持续到 2020 年。此外,从图 10-7 可以看出,我国猪肉产量 2015~2016 年处于下跌态势,盈利状况不佳是下跌的主要原因之一,但是环境治理力度的加大等政策性原因也不容忽视。2017 年这种下跌态势的停止说明政策性因素对我国猪肉供给的影响在弱化。2018年和2019年的产量降低主要是受非洲猪瘟疫情影响。

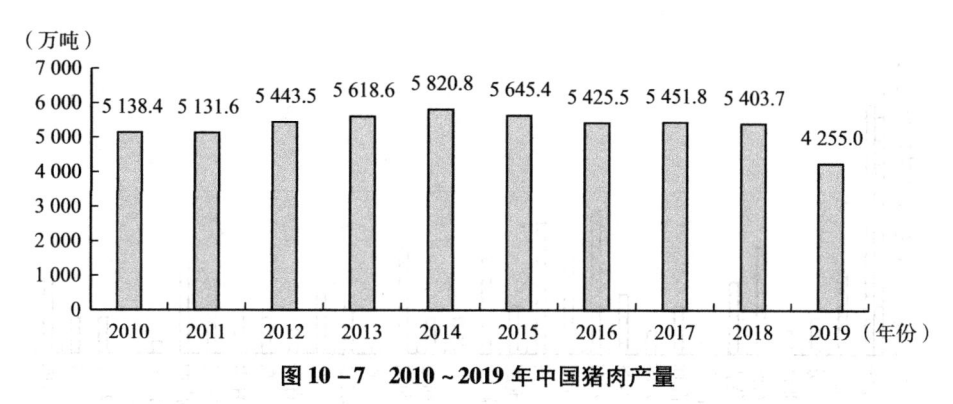

图 10-7　2010~2019年中国猪肉产量

年份	产量（万吨）
2010	5138.4
2011	5131.6
2012	5443.5
2013	5618.6
2014	5820.8
2015	5645.4
2016	5425.5
2017	5451.8
2018	5403.7
2019	4255.0

注：2019年数据统计截至11月30日。
资料来源：历年《中国统计年鉴》和国家统计局公报。

10.1.2.4　我国非洲猪瘟疫情情况及其对生猪产业的影响

全国非洲猪瘟持续点状暴发，整体可控。截至2019年11月30日，根据农业农村部数据，全国共暴发非洲猪瘟162起（不含台湾地区数据），其中家猪159起，野猪3起（黑龙江省、吉林省、陕西省各1起），累计扑杀生猪120万头。其中，2019年暴发63起（家猪62起，野猪1起），扑杀生猪39万头，全年新发省份为甘肃（1月）、宁夏（1月）、广西（2月）、山东（2月）、河北（2月）、新疆（4月）、西藏（4月）、海南（4月），除澳门和台湾外，其他省份2018年8月以来均有疫情发生。如图10-8所示，累计暴发较多的省份为辽宁（21起）、云南（12起）、贵州（11起）、四川（9起）、安徽（9起）。

2019年全国非洲猪瘟疫情暴发呈现出新特征新动态。一是较2018年明显减少。2019年新发疫情63起，仅为2018年8~12月发生起数的63.6%。疫情数量的减少表明非洲猪瘟疫情防控取得初步成效。二是月暴发起数呈递减态势。除4月份发生13起疫情外，其他月份均为个位数，特别是前7个月月均7.3起，后5个月月均仅2.2起（除陕西1起野猪疫情外），截至2019年末，除云南省腾冲市外，全国其他地区全部解除封锁。非洲猪瘟暴发一年后，养殖业对其态度从"谈非色变"转为日趋平和。三是在违规调运生猪中排查出疫情情况增加。2019年我国逐步重启生猪跨省调运，这对保障产销平衡、稳定猪价作用明显；但伴随着2019年下半年猪价快速走高，一些不法从业者唯利是图，铤而走险非法跨省调运生猪。2019年查处的违规调运生猪中，共排查出疫情9起，占总发生起数的 14.3%，违规跨省调运生猪对全国的非洲猪瘟疫情防控体系造成了更大的冲击和挑战。

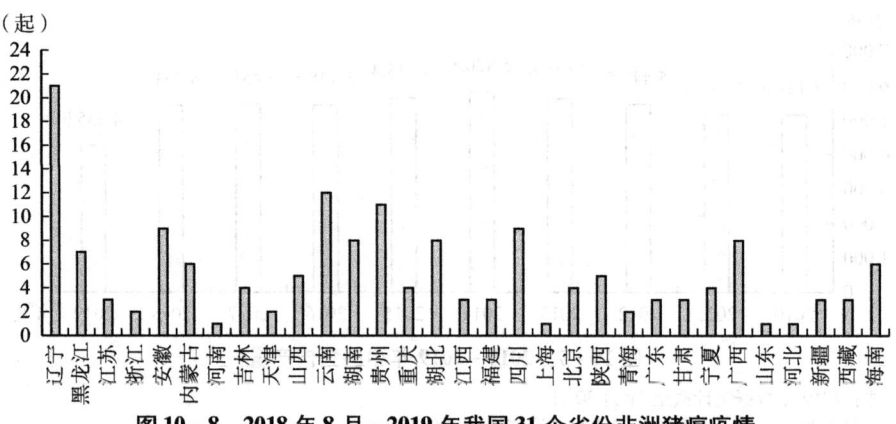

图 10-8　2018 年 8 月～2019 年我国 31 个省份非洲猪瘟疫情

注：数据统计日期截至 2019 年 11 月 30 日。
资料来源：农业农村部。

非洲猪瘟的暴发与蔓延对我国的生猪产业产生重大影响。短期来看，因非洲猪瘟疫情难防难控，各省份养殖场（户）清栏较多，全国基础产能持续下降，致使 2019 年下半年市场供应明显偏紧，猪价持续攀升达到历史高位。长期来看，一是"南猪北养"趋势放缓。由于产销分离的北养南销模式不利于疫情防控，加之北方（特别是东北地区）尚未建立完备的疫情防控体系，因此过去几年形成的"南猪北养"趋势减弱，北方生猪产量将有所下降，南方水网区生猪养殖将有一定程度的恢复。二是大区防控建设初现。我国地域广阔，区域间差异较大，实行分区可有效防控动物疫病。大区内既有主产的省份，也有主销的省份，区内生猪产销能做到基本平衡，如果发生重大预警或采取分区隔离时能保证最基本的消费。三是加速产业升级。面对严峻的疫情，开放式的传统散养户和半开放式的中小养殖户力有不逮，而规模化养殖场，尤其是大型养殖集团，一般更具有"密罐式"现代高强度疫病防控体系，较散养户更具有防控优势。四是大型企业一体化经营加快。大中型养殖公司在省域或跨省域范围进行产业布局，形成繁育、育肥、屠宰、运销一体化融合的全产业链生产方式。生猪产业变运猪为运肉，实现就地屠宰，冷链运输，减少活猪调运量，进而减少活猪流通所带来的疫情风险。

10.1.2.5　猪肉贸易情况

就贸易规模来看，我国猪肉进口量占国内产量的比重仅为 2%～3%，但近年来猪肉进口量呈不断上升趋势,如表 10-2 所示,由 2012 年的 52.23 万吨上升到 2019 年的 210.80 万吨,增长约 3 倍,年均增长 43.4%。进口增长较快的年份分别为 2016 年和 2019 年。2016 年 6 月我国猪价达到峰值 21.2 元/公斤,因此 2016 年我国猪肉进口同比大增 108.2%,成为世界上最大的猪肉进口国,虽然与 2016 年相比,2017 年和 2018 年有所下降,但仍呈现高位。2018 年 8 月以来非洲猪瘟疫情的暴发,国内生猪存栏和出栏量的大幅减少,使得国内猪肉供给偏紧,2019 年猪肉进口量较上年增加 91.52 万吨,同比增加 76.7%。自 2008 年以来,我国猪肉贸易持续逆差,成为猪肉净进口国,2012 年以来我国猪肉出口量总体呈下降趋势,由 2012 年的 6.62 万吨下降到 2019 年的 2.70 万吨,进出口逆差不断增大。

表 10-2　　　　　　　　2012~2019 年我国猪肉进出口情况　　　　　　　单位:万吨

指标	2012 年	2013 年	2014 年	2015 年	2016 年	2017 年	2018 年	2019 年
猪肉进口量	52.23	58.33	56.43	77.75	162.03	121.68	119.28	210.80
猪肉出口量	6.62	7.34	9.15	7.15	4.85	5.13	4.18	2.70

注:数据统计日期截至 2019 年 11 月 30 日。
资料来源:中国海关总署。

受非洲猪瘟疫情和猪周期下行的影响,加之 2015 年以来南方水网生态环保政策的日趋严格,致使我国生猪产能不断减少,猪价在 2019 年下半年开始迅速走高并在较长时期内高价运行。因此,我国进一步增加了猪肉进口保障国内需求,同时适时加大了中央储备猪肉投放量,对满足国内居民猪肉消费特别是中秋、国庆、元旦等节日消费,平抑肉价波动,维护社会稳定具有积极的作用(见表 10-3)。

表 10-3　　　　　　　　中央储备猪肉投放时间及数量

年份	时间	投放数量(万吨)
2019	1 月 10 日	0.96
	9 月 19 日	1.00
	9 月 26 日	1.00
	9 月 29 日	1.00

注:数据统计日期截至 2019 年 11 月 30 日。
资料来源:华商储备商品管理中心。

10.2 河北省生猪生产基本情况

10.2.1 生猪存栏和出栏

如图10-9所示,河北省2010~2018年生猪存栏数量大体在1 800万~2 000万头之间波动。2014年和2015年河北生猪存栏连续下降,去产能导致2016年猪价大幅攀升,该年生猪存栏达到近年高峰1 982.52万头,2017年河北生猪存栏量为1 957.80万头,较上年微降1.25%。由于2018年8月我国发生非洲猪瘟疫情并随之蔓延,河北省养殖场户出于恐慌心理纷纷减产和清栏,导致河北省2018年生猪存栏仅1 820.75万头,较2017年下降约7.0%,为2010年来的最低值。

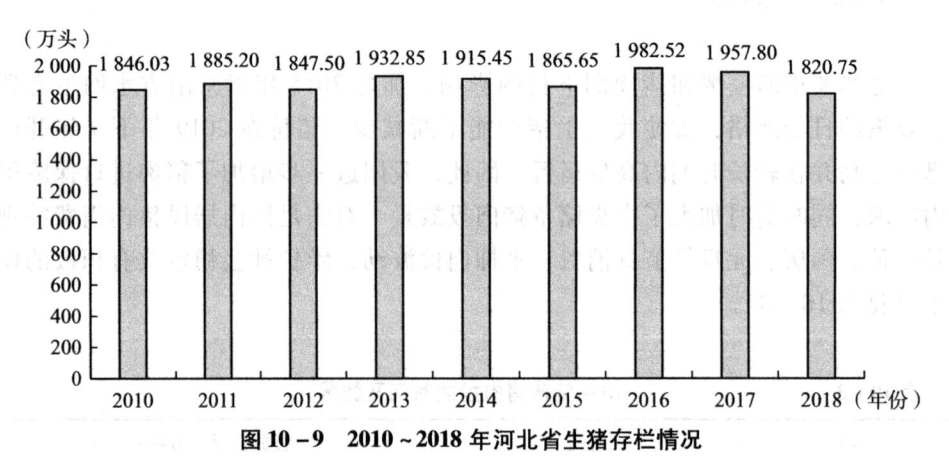

图10-9 2010~2018年河北省生猪存栏情况

资料来源:历年《河北省统计年鉴》。

如图10-10所示,从2010年到2014年,河北省生猪出栏量的总体趋势是逐渐增加。2014年河北省生猪出栏量达到3 638.40万头,2015年出栏量相较2014年下跌约2.4%,但依然达到3 551.10万头,2017年出栏量为3 785.30万头,较上年小幅增长1.14%。2018年因非洲猪瘟疫情,河北省生猪出栏量较2017年下降约2%,为3 709.59万头。

图 10 – 10 2010~2018 年河北省生猪出栏情况

资料来源：历年《河北省统计年鉴》。

10.2.2 猪肉产量

如图 10 – 11 所示，2010~2018 年河北省猪肉产量呈现波浪形的发展态势，与生猪出栏量变化趋势保持一致。2010~2014 年河北省猪肉产量一直保持递增态势，2014 年首次超过 280 万吨，达 281.22 万吨，较 2010 年增加约 14.7%。2015 年小幅下挫后，2017 年增至 291.50 万吨，2018 年受非洲猪瘟疫情影响，猪肉产量为 286.30 万吨，较上年下跌约 1.8%。2015~2017 年河北猪肉产量占河北肉类（猪、牛、羊、禽肉）产量比重呈现上行趋势，2016 年突破 60%，达到 61.27%，2018 年进一步升至 61.94%。2016 年河北猪肉产量占全国猪肉产量比重为 5.33%，2017 年占比为 5.35%，2018 年占比为 5.30%，表明近年来河北省生猪产业在全国生猪产业中竞争力稳定，保持在良好水平上。

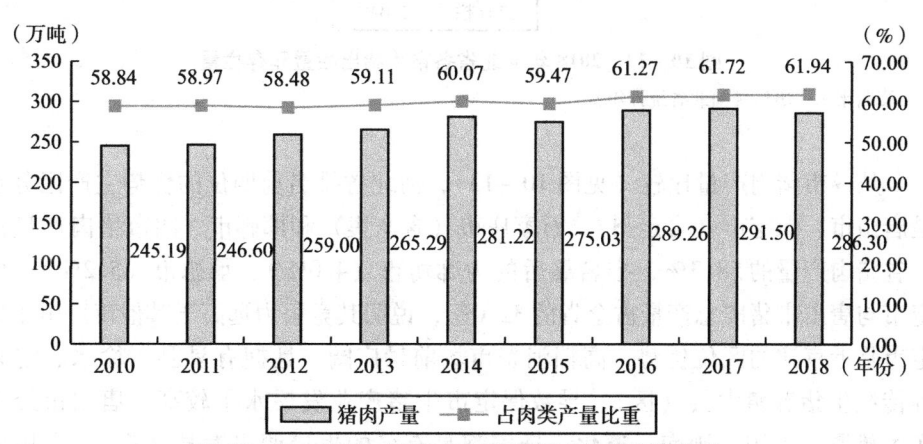

图 10 – 11 2010~2018 年河北省猪肉产量变化趋势

资料来源：历年《河北省统计年鉴》。

10.2.3 生猪养殖优势产区

近年来,河北省生猪养殖业在发展中逐步形成了以唐山市、石家庄市、邯郸市、保定市为核心的四大优势产区。如图 10-12 所示,从生猪出栏情况来看,2018 年唐山、石家庄(含辛集)、邯郸、保定(含定州)四个市的生猪出栏量分别为 592.59 万头、523.99 万头、445.59 万头、594.05 万头,四市生猪出栏总数占全省生猪出栏总数的 58.13%,四市出栏量较 2017 年增加 6.7 万头,占比下降 0.7%;从生猪存栏情况来看,2018 年唐山、石家庄(含辛集)、邯郸、保定(含定州)四个市的生猪存栏量分别为 341.39 万头、262.50 万头、211.06 万头、289.91 万头,四市生猪存栏总数占全省生猪存栏总数的 60.68%,四市存栏量较 2017 年减少 72.15 万头,占比上升 0.56%。

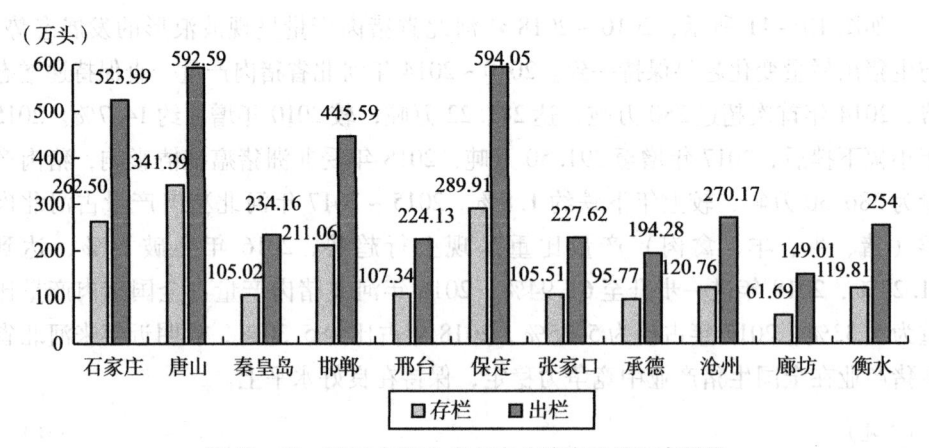

图 10-12　2018 年河北省各市生猪出栏量和存栏量

资料来源:历年《河北省统计年鉴》。

从各市猪肉产量比较(见图 10-13),河北省排名前四位的优势主产区分别是唐山市、保定市(含定州)、石家庄市(含辛集)和邯郸市,四市猪肉产量占全省猪肉产量的 58.3%,排名靠后的为廊坊市(4.0%)、承德市(5.2%)。保定市与唐山市猪肉总产量占全省的 32.0%,说明其竞争力远高于其他市。由于保定市临近京津的区位优势,高档消费市场前景广阔,且拥有易县、徐水、定兴等传统生猪养殖大县(区),导致保定市生猪产业发展水平较高。唐山市经济实力雄厚,玉田、滦南、遵化、迁安都是有名的生猪调出大县(市),人民生活消费水平较高等因素也为该市的生猪产业发展提供了有力支撑。而承德市由于特殊的地理位置、环保治理、气候等因素导致生猪产业发展缓慢。廊坊市所辖区域面积小，距离北京较近，在国家生猪环保政策的压力下，生猪产业发展受限，猪肉产量所占比重最小。

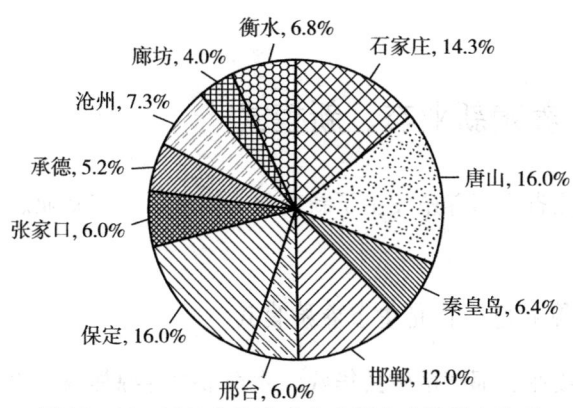

图 10-13　2018 年河北省各市猪肉产量所占比重

资料来源：历年《河北省统计年鉴》。

10.2.4　猪肉贸易情况

河北省猪肉进口量由 2005 年的 0 吨上升为 2018 年的 1 133.72 吨，增长幅度较大，但进口量占省内猪肉产量的比重不足 1%，而猪肉出口量由 2005 年的 1 131.93 吨下降为 2018 年的 0 吨，下降幅度也较大。如图 10-14 所示，2011 年

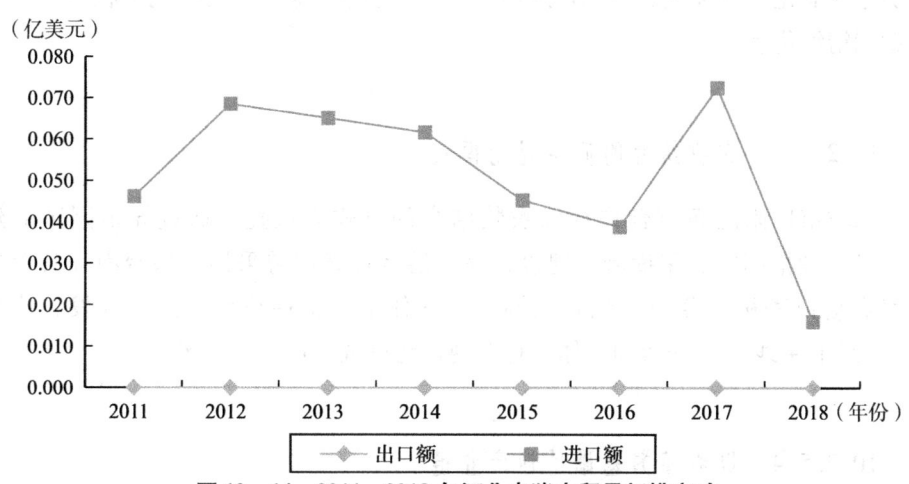

图 10-14　2011~2018 年河北省猪肉贸易规模变动

资料来源：海关信息网。

河北省猪肉出口额降为0，而进口大幅增加，猪肉贸易在2011年由之前的顺差变为逆差后，逆差一直持续，且自2011年以来河北省猪肉出口额一直为0，猪肉进口呈波动变化趋势，2017年达到一个进口的小高峰0.072亿美元，2018年进口猪肉0.016亿美元，达到自2011年以来进口的最低点。

10.2.5 养殖新业态、新模式

近年来，河北省生猪养殖发生了新变化，出现了一些新业态、新模式。

10.2.5.1 种养肥一体化生态养殖模式

廊坊市天鹏牧业、邯郸市磁县华威、武安市智寿源林牧、永清县胜利等养殖企业对养殖场内粪污经处理后变废为宝，灌溉公司种植的蔬菜、林果、藕池、花卉等农作物，实现生猪养殖和农作物种植的有机结合，改善了人、猪生活环境，从而达到良性循环，实现了生猪养殖带动生态种植业的产业链延伸。

10.2.5.2 实施数字化养殖新模式

武安市智寿源林牧有限公司投资建设数字化种猪场，引进先进的GPS管理软件，从供料饲喂、舍内环境控制、母猪群养饲喂到种猪测定和母猪发情鉴定等全部实施智能化自动控制，24小时监控，全场实现智能化、数字化远程管理，从而做到精细化生产。

10.2.5.3 农牧结合的旅游观光模式

廊坊市广阳区润宝合作社以农牧结合的方式为依托，通过养殖园区的建设，带动种植园区、采摘园区建设，吸引游客观光旅游采摘；邢台南和县森焱家庭农场以种植、养殖、观光采摘、餐饮住宿、良种培育、技术开发、体验店、"线上+线下"销售为一体，打造现代化可视农业生态园区。

10.2.5.4 以养殖为基础延伸产业链

廊坊市欧华农牧公司对商品猪进行屠宰加工，形成自己的猪肉品牌"欧华香

猪",为连锁店提供乳酸菌冷冻肉、生鲜肉、分割肉、猪副产品。另外,公司通过沼气设施对猪场粪污进行处理和资源化利用,生产的有机肥达到 NY525－2012 行业标准,可直接用于农业生产,并且创建了自己的有机肥品牌"丰饶"。

10.2.5.5 创建网上交易平台

借助移动互联网及电子商务技术,大北农集团以唐山市为基地推出猪交所,该所为全国性平台,能有效解决猪交易过程中交易链条过长、品质无法保证、质量不可追溯、交易成本居高不下、交易体验差等问题;秦皇岛北方宏都生猪网络交易有限公司建立了国内运行良好的生猪电子交易平台,改变了传统的商品猪收购模式。

10.2.5.6 "公司＋农户"模式

温氏股份有限公司在河北盐山县大力发展"公司＋农户"模式,即公司将商品猪的育肥阶段以"托管"的方式交由农户负责,并为农户提供先进的技术指导、优质饲料和疫苗的采购服务等;丰宁县丰鑫公司开展"龙头企业＋科研院校＋合作社＋家庭农场＋农户"模式,实施生态黑猪产业项目,支持带动 60 多家规模养殖场走规模发展、效益发展之路。

10.2.5.7 整县推进粪污资源化利用

安平县依托京安公司建设畜禽粪污集中处理中心,形成"畜禽粪污——沼气、电、热——有机肥——农作物——饲料——养殖"的大循环产业链条,将畜禽粪污变废为宝,为"养殖＋环保"的新能源产业发展奠定了良好基础;玉田县实施整县推进畜禽粪污资源化利用模式,全县建立 3 个粪污处理场,收集全市 43 家大型畜禽养殖场的粪污,通过发酵处理制作生物有机肥,远销山东、内蒙古、辽宁等省份。

综上,新业态的出现和发展是促进生猪产业转型升级的重要途径;生态农业园区模式则将第一、第二、第三产业进行了有机融合;"公司＋农户"模式有利于农民增收致富;新业态提高了资源利用化水平,减少了环境污染。

10.3 河北省生猪市场价格分析

10.3.1 生猪价格大幅攀升

受生猪产能深度下调影响,从 2019 年 3 月开始,河北省生猪价格不断攀升,如图 10-15 所示,2019 年 3 月收购价格涨至 13.78 元/公斤(集市价格,下同),4 月涨至 15.21 元/公斤,6 月涨至 17.16 元/公斤,7~8 月上旬基本维持在 19 元/公斤,8 月中下旬开始,河北省活猪价格开始大幅上升,8 月第 4 周、第 5 周突破历史最高点,分别达到 22.08 元/公斤和 25.81 元/公斤,环比涨幅分别为 12.20%、16.89%,9 月更是上涨至 26.14 元/公斤,环比上涨 20.51%,同比上涨 95.37%。2019 年第四季度猪价继续上涨,10 月、11 月均价超过 33.20 元/公斤。

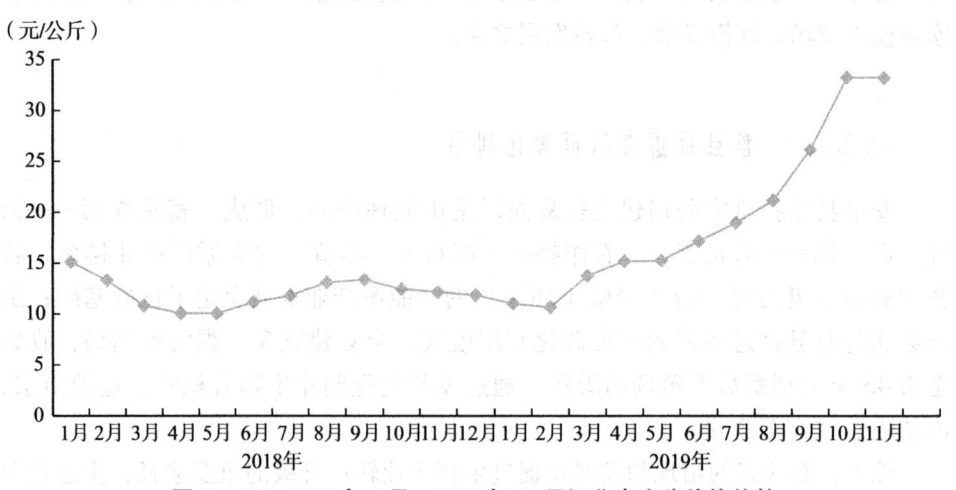

图 10-15 2018 年 1 月~2019 年 11 月河北省生猪价格趋势

注:数据统计日期截至 2019 年 11 月 30 日。
资料来源:河北省畜牧站。

10.3.2 猪肉价格涨幅明显

受生猪出栏深度调整的影响，2019 年 3 月河北省猪肉市场供给偏紧，价格上涨至 21.90 元/公斤（集市价格，下同），进入第二季度后进一步上涨，第二季度均价达 24.93 元/公斤。从 2019 年 6 月开始河北省猪肉价格上涨速度加快，6 月价格较 5 月上涨 6.66%，7 月上涨至 29.14 元/公斤，较 6 月上涨 11.60%，8 月中下旬涨幅进一步加大，8 月第 3 周突破 30 元关口，达到 30.38 元/公斤，猪肉价格涨势"汹汹"，9 月均价突破 40 元关口，达到 40.71 元/公斤，环比涨幅超过 24%，较上年同期上涨 87.26%（见图 10 - 16）。2019 年第四季度猪肉价格继续大幅上涨，10 月份涨至 49.10 元/公斤，环比上涨 20.61%，11 月突破 50 元关口，达到 52.57 元/公斤，环比上涨 7.07%，同比上涨 155.07%。

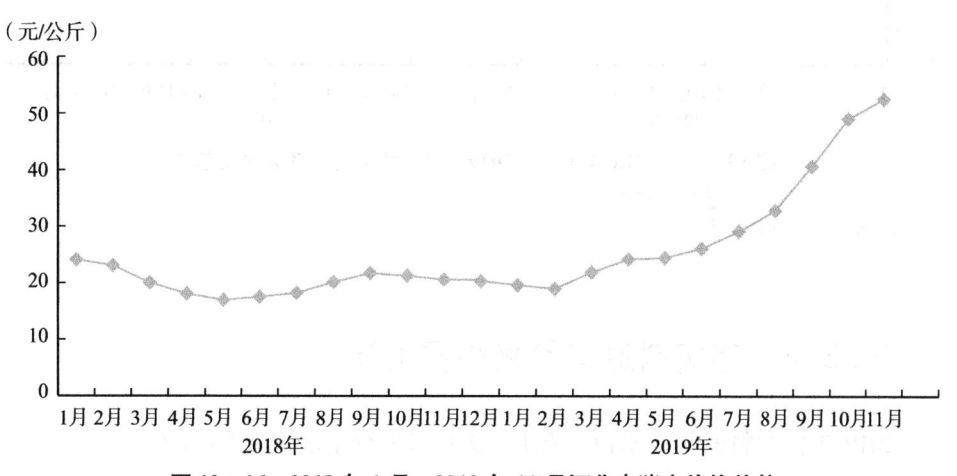

图 10 - 16　2018 年 1 月～2019 年 11 月河北省猪肉价格趋势

注：数据统计日期截至 2019 年 11 月 30 日。
资料来源：河北省畜牧站。

10.3.3 仔猪价格涨势持续显著

受非洲猪瘟疫情影响，河北省仔猪价格从 2018 年 8 月开始持续下跌，至 2019 年 2 月，仔猪价格已跌至 17.20 元/公斤（集市价格，下同），为近年来最低价位，较上年 8 月跌幅达 32.39%。如图 10 - 17 所示，2019 年 3 月河北省仔猪价格开始持续显著上涨，环比升幅达 15.32%，已接近上年 8 月阶段性高价。第二季度后河北省仔猪价格涨势猛增，4 月达到 35.06 元/公斤，较上月上涨 10.04 元，涨幅达 40.20%；7 月均价突破 50 元关口，达 50.91 元/公斤，9 月第 3 周突破 60 元大关，月均价格达 62.65 元/公斤，较上月增长 10.94%，10 月突破 70 元关口，达到 71.83 元/公斤，同比增长 14.65%，11 月创历史新高值 73.05 元/公斤，同比上涨 287.33%。

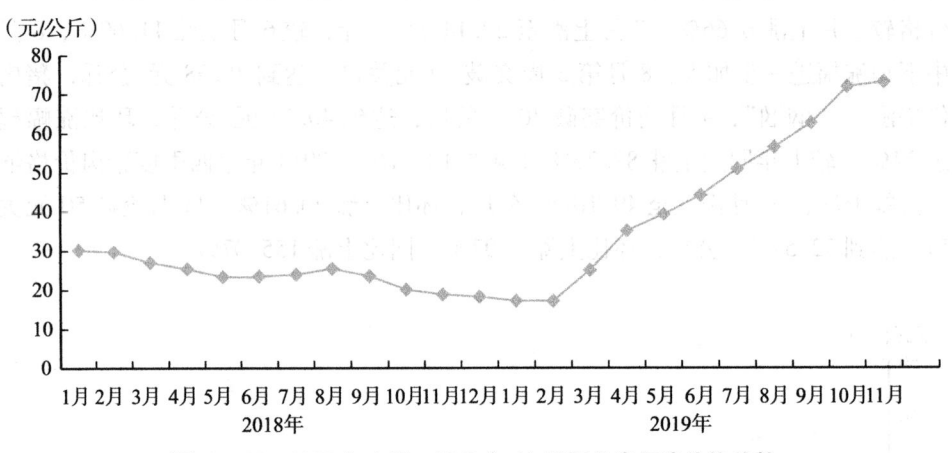

图 10-17　2018 年 1 月~2019 年 11 月河北省仔猪价格趋势

注：数据统计日期截至 2019 年 11 月 30 日。
资料来源：河北省畜牧站。

10.3.4　猪饲料原料价格小幅上调

2019 年猪饲料原料成本稳中有升，9 月玉米价格涨至 2.05 元/公斤，环比上涨 1.49%，较 4 月上涨 0.23 元，涨幅为 12.64%，豆粕、育肥猪配合饲料等价格全年随着猪价上涨而小幅上涨 5%，年末又回到年初的价格水平上。河北省 2018 年 1 月至 2019 年 11 月猪粮比价趋势如图 10-18 所示，河北省猪粮比价在 2019 年 1~2 月基本在 6 以下，表明河北省生猪养殖出现大面亏损，3 月全省平均猪粮比迅速回升至 7.41∶1，为 2018 年 8 月以来最高比值，生猪养殖开始步入盈利时期。此后，河北省猪粮比价进一步上升，至 6 月已升至 8.85，8 月破 10，达到 10.74，9 月提升至 12.75，第四季度突破 16，其中 10 月最后一周更是达到 19.21 的历史最高比值，扣除额外的防控成本，保守估计养殖户出售每头商品肥猪（120 公斤）盈利约 2 500 元以上，生猪养殖进入高盈利时期。

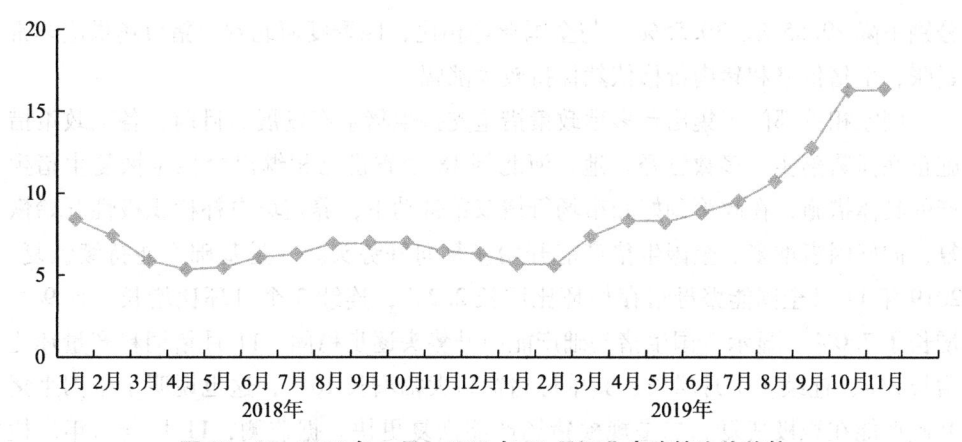

图 10-18　2018 年 1 月~2019 年 11 月河北省猪粮比价趋势

注：数据统计日期截至 2019 年 11 月 30 日。
资料来源：河北省畜牧站。

10.4　河北省生猪产业生产形势与发展趋势分析

10.4.1　生产形势分析

当前猪价上涨的主要动力来自供给端。受非洲猪瘟疫情影响，河北省仔猪均价在 2019 年 2 月仅为 17.20 元/公斤，创下 2015 年以来仔猪最低价格，当仔猪价格下降到谷底时，说明整个产业的生猪产能下降趋势较大，后期生猪供给不足，也就意味着新一轮猪价上涨的开启。从 2019 年 3 月开始仔猪价格迅速回升，6 月已猛涨至 44.23 元/公斤，较 2 月低谷价格上涨 157.15%，7 月均价突破 50 元关口，11 月均价达 73.05 元/公斤，较上年同期涨幅超过 287.33%，与 2 月相比上涨 55.85 元/公斤，涨幅达 324.71%。上述市场形势分析表明，生猪产能的深度下调直接影响着河北省活猪及猪肉价格的显著上涨。

从基础产能看，国家农业农村部 400 个监测县 10 月生猪存栏、能繁母猪存栏同比分别减少 41.4%、37.8%，为近年最大降幅，环比分别减少 0.6%、0.6%，呈逐月降低趋势。至 2019 年底，能繁母猪存栏同比降幅已连续 15 个月超过 5% 的预警值，表明当前全国生猪产能仍然降势不止。河北省自 2018 年 8 月以来，能繁母猪存栏已连续下降 15 个月。2019 年 6 月生猪存栏及能繁母猪同比分别下降29.55%、30.55%，与全国形势相比，四季度河北省生猪市场供应非常紧张，生猪价格和猪肉价格依然保持较大涨幅。

国家相关部门密集出台多项政策措施支持生猪生产发展。目前，各项政策措施正在抓紧落实，多数已经落地。河北等18个省份已相继出台稳定恢复生猪生产的具体措施，在政策利好和市场行情双重带动下，养殖场户补栏积极性开始恢复，向好因素增多。全国生猪产能开始恢复向好势头。一是基础产能持续恢复。2019年11月全国能繁母猪存栏环比增长2.2%，连续3个月环比增长，比9月增长了7.0%，显示全国生猪基础产能回升势头逐步稳固。11月猪饲料产量环比增长2%，连续4个月增长，其中母猪饲料大幅增长10%，这也说明了全国生猪基础产能在积极恢复。二是规模猪场产能恢复更快。据监测，11月全国年出栏5 000头以上规模猪场生猪和能繁母猪存栏环比分别增长2.7%和3.4%，均连续4个月增长。三是生猪出栏量显著下降。据监测，2019年8~11月生猪出栏环比持续下降。四是前期生产恢复较早的东北、西北和黄淮海地区生猪产能进一步释放。11月，内蒙古、黑龙江、山东、陕西、甘肃和宁夏等省份生猪出栏环比增幅明显高于全国平均水平。总体来看，2019年11月生猪生产恢复形势继续向好，为2020年加快恢复生猪生产奠定了坚实基础。此外，禽肉、禽蛋、牛奶等畜禽产品生产增加较多，为消费者提供了更多选择。

10.4.2 发展趋势分析

10.4.2.1 行业集中度提高，规模化养殖进程加快

近年来随着养殖成本的提高以及环保监管等因素的影响，加之非洲猪瘟疫情在全国范围内扩散，散养户大量退出，河北省全省生猪养殖规模化的程度正在明显提升。未来一段时间内，规模化养殖将是生猪养殖行业的主要趋势，中小散养户退出的市场空间，将由大型的规模化企业来填补。

10.4.2.2 种猪养殖产业化

随着养猪产业化及养猪业分工的推进，种猪产业化将是未来的必然趋势。外三元市场份额将会迅速减少，而以内三元为主的杂交配套系将会快速发展，市场份额会显著提高。河北省省内一些核心种猪场实现联合育种，也是全省提高猪育

种水平、育种效率、完善良种繁育体系最有效的手段。人工授精站将扮演更重要的遗传改良角色。

10.4.2.3 食品安全日益受重视，促进高端猪肉品牌的树立

政府监管部门无法对散养户进行全面监管，猪肉质量和安全无法保证，在客观上将促进国内高端猪肉品牌的发展。一是规模化的养殖企业有实力打造高端猪肉品牌；二是规模化的养殖企业具备更高的养殖和育种水平，可根据市场需求培育出肉质和口感更好的肉猪，以迎合消费者需求。

10.4.2.4 生猪标准化养殖和精细化饲养趋势

标准化养殖场基本做到对猪舍的精细设计，在品种改良、饲料营养、母猪繁殖等环节上精细管控，在清洁消毒、疫苗接种、药物保健等疫病防控环节上精细把握，并且非常重视专业人才的培养。未来几年，随着中小散养户的退出和规模化企业的扩大，标准化和精细化将是生猪养殖行业的发展趋势。

10.4.2.5 环保压力凸显，生态养殖另辟蹊径

近几年，国家相继出台旨在加强环境保护力度的系列法律法规和政策，畜牧养殖行业整体进入了环保高压期。为解决生猪养殖带来的环境污染问题，对养殖粪污资源化利用进行探索，尽可能将养猪的污染问题降低到最小范围，生态养殖实现了生猪养殖和农作物种植的有机结合，改善了人、猪生活环境，从而达到良性循环，实现了生猪养殖带动生态种植业的产业链延伸。

第 11 章

非洲猪瘟疫情影响的调查研究

11.1 非洲猪瘟对河北省生猪产业发展的影响

自 2018 年我国暴发非洲猪瘟疫情以来,对生猪产业发展产生了较大影响。为全面掌握在非洲猪瘟疫情影响下,河北省生猪产业发展现状、存在问题及如何推进产业转型升级,河北省畜牧站依托生猪产业创新团队的 7 个试验站开展了相关调研。本次调研在唐山市、石家庄市、衡水市、邯郸市、秦皇岛市、保定市和辛集市开展,对河北省生猪主要产区做到了全覆盖,调研的内容包括各市 2018 年生猪产业的总体情况、规模猪场的生产经营情况、散养户的生产经营情况、屠宰企业经营情况、生猪交易经纪人情况和冷链运输企业情况。此次调研覆盖面广、调查项目合理、调查对象设置科学、调查养殖场(户)数量充足,能够说明非洲猪瘟对河北省生猪产业的相关影响。

11.1.1 非洲猪瘟对规模养殖场的影响分析

截至 2018 年 12 月底,全省年出栏 200 头以上(含 200 头)养殖场 2.63 万个,存栏 1 258.78 万头,存栏量占全省 72.34%;年出栏 200 头以下养殖场户 22.34 万个,存栏生猪 481.27 万头,存栏量占全省 27.66%;年出栏 1 000 头以上生猪及种猪场 1 922 个,存栏 465.4 万头,存栏量占全省的 25.56%。

11.1.1.1 2018年9月与2019年1月存栏与出栏情况对比

从 2018 年 9 月到 2019 年 1 月生猪存栏和出栏的变化能够反映非洲猪瘟在短期内对生猪市场的影响。从调研的情况看，2018 年 9 月至 2019 年 1 月，生猪存栏量从 270 万头降至 218 万头左右，下降幅度达到 19.26%。

11.1.1.2 2018年9月与2019年1月能繁母猪存栏情况对比

从 2018 年 9 月到 2019 年 1 月能繁母猪存栏量从 312 万头降至 252 万头，下降幅度达到 22.11%；累计出栏量从 334 万头上升至 474 万头左右，上升幅度达到 41.92%。一方面能繁母猪存栏量大幅度下降，另一方面累计出栏量大幅度增加，两方面压力共同作用造成能繁母猪大幅度减少，将对未来生猪市场产生巨大影响。

11.1.1.3 针对非洲猪瘟主要的防疫措施与成本分析

规模养猪场应对非洲猪瘟防疫措施与成本分析如表 11-1 所示。

表 11-1　　　　　规模养猪场应对非洲猪瘟防疫措施与成本分析

规模养殖场主要防疫措施	成本分析（占总成本比重）
加强消毒，控制人员出入，外来人员进入全车消毒（包括驾驶室），人员换衣穿隔离服、换胶鞋实行隔离管理，人员实行隔离管理；严格控制工人请假外出，适当上调工资、奖金；场区处于戒严状态，内外定期全面消毒，做好各种疫病防疫工作和人流物流管控	由于增加人员配置、消毒设备配置、消毒剂用量导致猪场总经营成本提高 10% 左右
运输车禁止进场，清洗消毒后运输；猪场新建卖猪单向流动隔离舍或设立场外装猪台卖猪，卖猪和运输饲料的车在 1 公里外进行交易	
严格把控饲料及投入品关口，饲料原料直接从厂家进购，不喂残余物，不使用不达标饲料，发现问题立即隔离，坚持封闭饲养	
严禁从疫区调运种猪，添加保健药品以增加猪群抵抗力，改善防疫条件，谨慎注射常规疫苗	

资料来源：根据调研数据整理所得。

11.1.1.4 当前经营面临的困难和政策诉求分析

面临困难：生产成本增加，经营困难。运行资金不足，生猪出栏价格过低，利润低，运行风险大。2018年行情比较低迷，产出比例失调，由于免疫防治环节成本增加，整体运行成本增加；环保压力大，环保设施运行费用高，猪场承担压力大；运输猪及饲料的车辆可能带有病毒，难以检测；个别规模养殖场附近有屠宰场，存在安全隐患；非洲猪瘟常态化，造成引种困难，缺乏针对非洲猪瘟的特效药物与疫苗等有效防控措施。

政策诉求：出台生猪出栏补贴或能繁母猪补贴、资金补贴或资金贷款等行业扶持政策；出台市场猪肉安全质量治理条款。加大对消毒药剂的投放力度和疫苗的研发力度，免费发放部分消毒药；针对生猪销售流通环节出台有关规定，最好能限制生猪流通（对种猪调运政策可适度放宽），实行区域"只进不出"政策；只允许散养户在本地屠宰销售，规模场可到非疫区与屠宰企业"点对点"销售，全面加强非洲猪瘟检测；增加防控非洲猪瘟的硬件设备，如消毒设备等，增加对生物安全措施的投入力度。

11.1.1.5 未来经营意愿分析

70%的规模养殖场愿意选择保持现有规模，计划扩大或缩小养殖规模的养殖场各占15%。

11.1.2 非洲猪瘟对散养户的影响分析

11.1.2.1 目前针对非洲猪瘟主要的防疫措施与成本分析

散养户应对非洲猪瘟防疫措施与成本分析如表11-2所示。

表11-2　　　　　　　散养户应对非洲猪瘟防疫措施与成本分析

散养户主要防疫措施	成本分析（占总成本比重）
封闭饲养，发放防控知识明白纸，发放消毒药进行培训，要求进行封闭式管理，做好消毒工作、免疫工作、避免人员流动	由于增加人员配置、消毒设备配置、消毒剂用量导致猪场总经营成本提高15%左右

续表

散养户主要防疫措施	成本分析（占总成本比重）
加大药品防疫以及设备防疫的投入力度，养殖户猪场内外定期消毒。部分养猪户增加喂食，提高免疫力	由于增加人员配置、消毒设备配置、消毒剂用量导致猪场总经营成本提高15%左右
转变能源利用方式，用气代煤或电代煤	
严禁从疫区调运种猪，严保饲料及投入品关口，严防非洲猪瘟传入本场	

资料来源：根据调研数据整理。

11.1.2.2 当前经营面临的困难和政策诉求分析

面临困难：生产成本增加，毛猪价格过低，经营困难。生猪养殖处于低谷期，资金压力大，生猪出栏价格过低；环保问题，政策不明确，环保压力大，资金不足；运输猪及饲料的车辆可能带有病毒，难以检测；受非洲猪瘟疫情影响，不敢扩大规模。卖猪难，价格低。

政策诉求：出台设施建设、养殖等相关补贴政策，加大资金补贴和支持力度；请政府协调解决饲料采购生猪销售运输车辆的非洲猪瘟防控安全保障，加强非洲猪瘟疫情监测；希望在资金与安全措施上给予帮助。

11.1.2.3 未来经营意愿分析

70%的散养户选择保持现有规模，计划缩小养殖规模的养殖场占30%，没有散养户计划扩大规模。

11.1.3 非洲猪瘟对屠宰企业的影响分析

11.1.3.1 满负荷屠宰能力分析

根据调研结果统计，河北省2018年平均满负荷屠宰量为1 120 875头，其中保定市和石家庄市屠宰数量超过百万头。

11.1.3.2 非洲猪瘟前后月屠宰量对比分析

除邯郸市外,其余各市2019年1月的屠宰量均大于非洲猪瘟前月屠宰量。

11.1.3.3 非洲猪瘟前后销售区域对比分析

非洲猪瘟前,猪肉及相关产品的主要销售区域集中在京津冀地区;非洲猪瘟疫情发生后,主要销售区域除京津冀地区外,对其他省份,如浙江、江苏等,销售也有所增加。

11.1.3.4 当前防范非洲猪瘟主要的防疫措施和成本分析

屠宰企业应对非洲猪瘟防疫措施与成本分析如表11-3所示。

表11-3 屠宰企业应对非洲猪瘟防疫措施与成本分析

屠宰企业主要防疫措施	成本分析(占总成本比重)
加大在屠宰环节的消毒、冲洗和无害化处理,加强消毒、自检、落实屠宰企业等六项政策,按政策对非洲猪瘟进行排控检测	由于增加人员配置、消毒设备配置、消毒剂用量导致屠宰场总经营成本提高20%左右
严格进场票据检验,严格场区、车辆清洗消毒,采购检测设备和相关防毒防疫药品,对不同来源的生猪分批屠宰,屠宰后对暂储血液进行抽样化验	

资料来源:根据调研数据整理所得。

11.1.3.5 当前经营面临的主要困难和政策诉求分析

主要困难:企业运行资金不足,运行成本明显提高,因季节和成本的增加导致销售遇到"瓶颈";非洲猪瘟检测成本高,防疫成本高,生猪采购困难。

政策诉求:增加对屠宰企业的政策和资金补贴,增加猪肉跨省运输的资金补贴;出台猪血无害化处理补偿政策;加大对非洲猪瘟防控力度,建议在各市、区、县建立猪瘟检测机构。

11.1.3.6 未来经营意愿分析

70%的屠宰场愿意选择保持现有规模,计划扩大屠宰规模的占30%,没有计划缩小规模的屠宰场。

11.1.4 非洲猪瘟对生猪交易经纪人的影响分析

11.1.4.1 非洲猪瘟前后交易量对比分析

秦皇岛市非洲猪瘟前交易量为 79 814 头，2019 年 1 月交易量为 59 612 头；辛集市非洲猪瘟前交易量为 17 089 头，2019 年 1 月交易量为 45 183 头；保定市非洲猪瘟前月交易量为 186 685 头，2019 年 1 月交易量为 227 820 头，数量略有增加。

11.1.4.2 当前经营面临的主要困难和政策诉求分析

主要困难：没有对运输车辆彻底消毒的设施和设备，跨区域性检测难度大；交易量小，无法外销，生猪运输成本增加。

政策诉求：建设运输车辆大型消毒设施，加强非洲猪瘟监测力度；扶持养猪业发展，保持养猪业稳定；推进洗消车间的建设，解决生猪运输车脏乱差的问题。

11.1.5 非洲猪瘟对冷链运输企业的影响分析

11.1.5.1 非洲猪瘟前后运输量对比分析

秦皇岛市在非洲猪瘟前的猪肉运输量为 127 071 头，2019 年 1 月猪肉运输量为 175 468 头；保定市在非洲猪瘟前的猪肉运输量为 14 723 吨，2019 年 1 月猪肉运输量为 31 610 吨。数量增加主要是因为受非洲猪瘟影响，国家限制生猪跨运，但是猪肉的调运并未被限制，因此数量有所增加。

11.1.5.2 非洲猪瘟前后运价对比分析

秦皇岛市在非洲猪瘟发生前猪肉运价为 600 元/吨，当前猪肉运价为 700 元/吨；保定市在非洲猪瘟发生前猪肉运价为 450 元/吨，当前猪肉运价为 650 元/

吨。可以看出，非洲猪瘟疫情发生后，猪肉运价普遍有所上涨。

11.1.5.3 当前经营面临的主要困难和政策诉求分析

主要困难：防疫检测成本增大；可销售地区路途远，企业运营成本增加。

政策诉求：政府加大对非洲猪瘟防控的资金投入，在各市、区、县建立猪瘟检测机构；国家增加对冷链运输行业的资金和政策投入。

11.2 主产区生产调研分析

11.2.1 河北省生猪生产总体情况分析

由于此前持续盈利两年多，致使2018年上半年生猪产能过剩问题凸显，市场价格逐步筑底。2018年下半年非洲猪瘟疫情发生，活猪跨省流通受限，同时中美贸易摩擦导致饲料成本上升，加之一定的环保压力，致使生猪市场长期低迷不振。疫情虽是点状发生，但中大型规模养殖场频繁发病，进一步加剧了养殖场户恐慌心理，生产形势很不乐观。从监测数据结合调研情况分析：河北省能繁母猪存栏量下滑较快，势必对未来商品猪供应造成影响，进而对生猪产业造成较大影响。

11.2.1.1 生猪存栏量下滑较快

2014~2018年，如图11-1所示，生猪存栏由2 052万头下降到1 820万头左右，能繁母猪存栏由209万头降至174万头左右，2018年与2017年相比分别下降了11.3%、16.7%。根据行业统计，截至2019年2月底，全省生猪、能繁母猪存栏同比分别下降了23.88%、24.53%。据调查了解，到2018年12月底，全省生猪存栏尤其是母猪存栏下降比统计数字要严重得多，尤其是春节前大型规模场出栏淘汰量有增长趋势。从猪饲料生产销售情况分析也可佐证，2019年1月，河北省全省猪饲料产量168 934.45吨，同比下降20.8%，与上年8月相比下降13.2%。

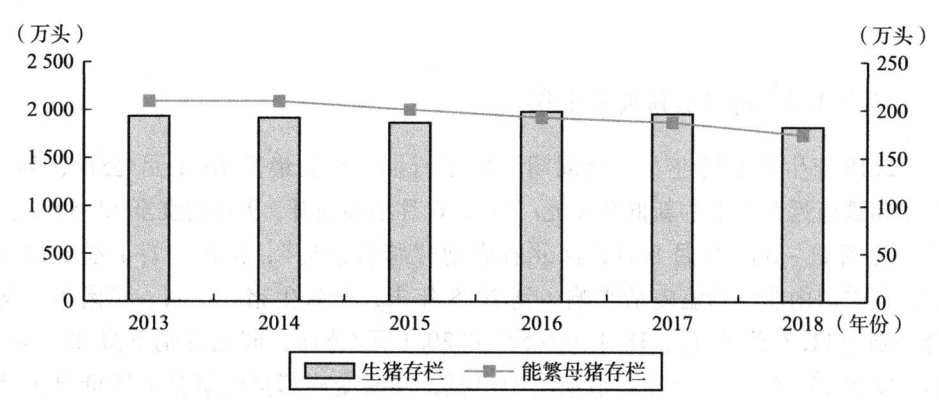

图 11-1　2013~2018 年河北省生猪及能繁母猪存栏情况

资料来源：河北省畜牧站提供的行业数据。

11.2.1.2　猪肉产量平稳略降

2014 年之前猪肉产量随出栏量增长逐步上升，2014 年之后得益于养殖效率的提升，在生猪存栏较快下降的情况下，猪肉产量基本保持平稳（见图 11-2）。2018 年河北省出栏生猪 3 709.6 万头，猪肉产量 286.3 万吨，同比分别下降 2.0%、1.7%。非洲猪瘟疫情引起养殖端恐慌。2017 年 11 月，全省大量生猪集中淘汰出栏，且辽宁等省份禁运解除，河北省猪肉外调量大幅下降，使得屠企猪肉库存量显著增长。

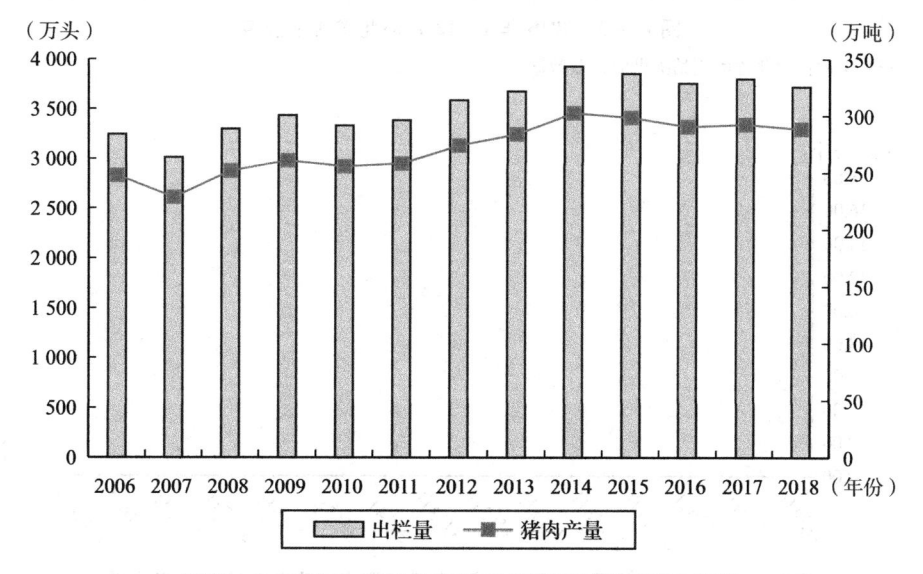

图 11-2　2006~2018 年河北省生猪出栏量及猪肉产量

资料来源：河北省畜牧站提供的行业数据。

11.2.1.3 猪价长期低迷不振

2018年生猪市场进入"猪周期"的下行期，年初最高15.4元/公斤，到5月中旬跌至近5年来的新低9.8元/公斤，6月小幅回升，9月初涨至13.6元/公斤（见图11-3）。9月8日，河北省启动"跨省禁运"，猪价短暂下滑随即回归，但受国内非洲猪瘟疫情影响，到2018年末，全省生猪、仔猪、猪肉集市均价分别为11.7元/公斤、18.1元/公斤和20.1元/公斤，同比分别下降22.1%、38.8%和15.1%。2019年春节前集中出栏，同时受非洲猪瘟解禁地区低价生猪产品冲击，市场供应大幅增加，猪价一度低至10元/公斤左右，春节后反弹了约1元。2月24日，省内公布疫情，如图11-4所示，到3月1日生猪收购价跌至

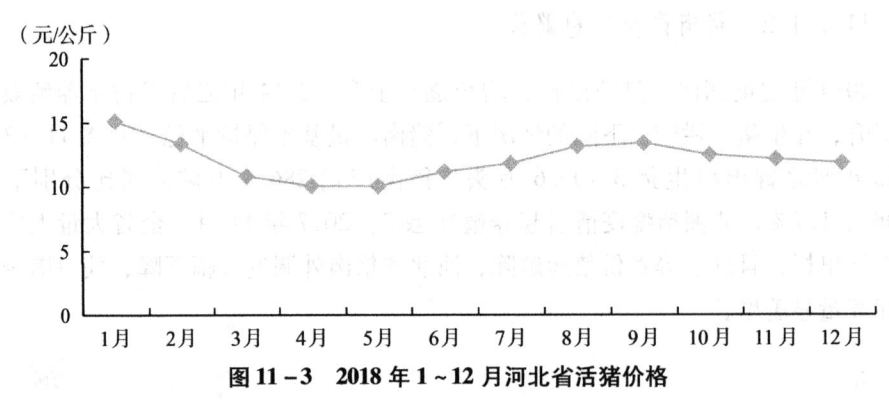

图11-3 2018年1~12月河北省活猪价格

资料来源：河北省畜牧站提供的行业数据。

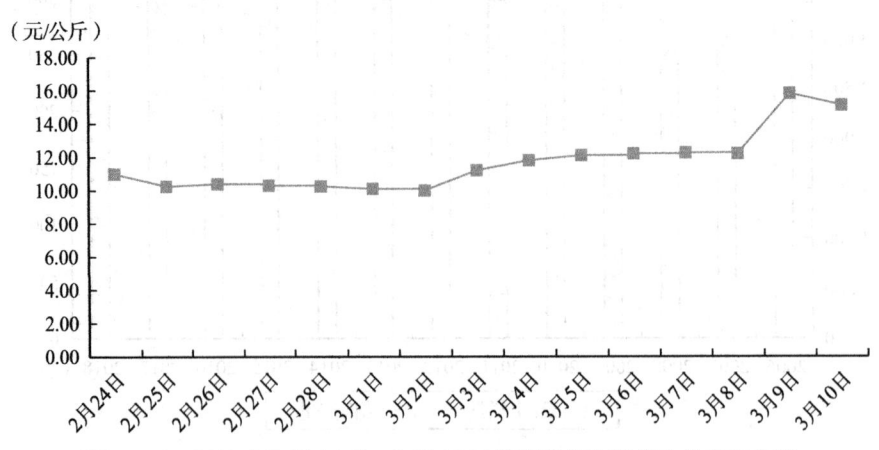

图11-4 2019年2月24日~3月10日某屠宰场生猪收购价每日走势

资料来源：河北省畜牧站提供的行业数据。

10.3元/公斤，之后转而快速攀升，尤其是3月9日一天内每斤暴涨了近3.6元，达到15.6元/公斤，与2月24日相比，涨幅约43%。3月12日，全省生猪收购均价落至15元左右。据调查，当前生猪存栏量严重下降，各市普遍预期猪价将高涨，致使养殖场户开始压栏，屠宰企业也趁机增加库存，猪价短期大涨，但缺少消费支撑，价格有所回落。

11.2.1.4 补栏积极性明显下降

2018年非洲猪瘟疫情在多个省份发生并不断扩散，养殖者恐慌心理逐步增加。2019年伊始，山东省、河北省相继公布疫情，仅存的两个养殖大省沦陷，恐慌心理进一步加剧，场户清栏停养较多，补栏计划停滞。据了解，受疫情压力，养殖户补栏积极性差，近3~4个月内普遍没有补栏计划。

11.2.2 石家庄市生猪生产情况分析

生猪产业是石家庄市三大畜牧主导产业之一，2018年底，全市生猪存栏207.7万头，出栏433.81万头；全市肉类总产量为54.75万吨，其中猪肉产量35万吨，占肉类总产量的64%。自2018年8月以来，受非洲猪瘟疫情和"猪周期"影响，石家庄市生猪产业呈现产能下降、供应收紧、价格攀升的总体态势，后期保供稳价形势比较严峻。

11.2.2.1 当前生猪产业运行形势

一是生猪存栏严重萎缩，但从2019年7月后逐步恢复。非洲猪瘟疫情严重打压了养殖户补栏积极性，能繁母猪淘汰节奏持续加快，生猪产能下降明显。据统计局统计，到2019年9月末，石家庄全市生猪存栏151.7万头，同比下降23.65%；生猪出栏274.85万头，同比下降14.41%；能繁母猪存栏15万头，同比下降24.32%。据参与全国生猪养殖固定监测的石家庄市30家监测村月度监测，2019年9月末，生猪存栏同比下降35.49%，能繁母猪同比下降35.15%；但从7月开始石家庄市已经遏制住了生猪存栏逐月下降的趋势。据参与全国生猪养殖固定监测的石家庄市30家监测村月度监测，从2018年11月到2019年6月，生猪存栏逐月下降，从5月开始降幅逐步缩小，7月止跌回升，7~9月生猪存栏比上月分别增长0.9%、1.42%、1.46%，说明生猪存栏在6月已下降到最低点，从7月开始在逐步恢复。

二是生猪屠宰量减少。据畜禽屠宰行业管理系统汇总，2019年9月石家庄全市20家生猪月报企业生猪屠宰量为66 400头，上年同期为129 842头，同比下降48.86%。前9个月累计屠宰量为717 925头，上年同期累计为852 795头，同比下降15.81%。

三是生猪价格逐步走高。据对石家庄市4个生猪交易价格县监测数据分析，2019年2月节后消费需求不振，猪价震荡下跌至每公斤10元，3月生猪产能下降的影响开始作用于市场，猪价逐步走高，10月底，石家庄市生猪价格已达到每公斤39.48元，上年同期为11.68元，上涨2.38倍。

11.2.2.2 后期走势判断

一是后期恢复生产制约因素多。第一，种猪场种猪存栏大幅下降，二元母猪、仔猪可供数量较少。第二，非洲猪瘟病毒污染面较大，夏季蚊虫孳生，防控形势严峻，养殖场户恐慌心理难以消除，补栏信心不足。第三，资金紧张，2018年猪价低迷，养殖户苦苦支撑，国内发生非洲猪瘟后，部分金融机构出于风险考虑，出现停贷、限贷等现象，部分养殖场资金链出现断裂，没有能力补栏。

二是未来的生猪形势。近期看，生猪产能不足的效应已体现，2019年10月以来，猪价上涨幅度较大，毛猪价格将在38元/公斤上下波动。随着价格的上涨，人们的消费也将减少，生猪价格继续大幅上涨的可能性不大。

11.2.2.3 采取的措施

一是强化关键防控措施落实。建立健全生物安全体系，强化生物安全意识。全面排查生物安全控制关键点，要做到"管住车、守住门、把住料、盯住人、看住猪、消好毒、关注邻"等防控重点，密切关注邻近地区疫病流行情况和周边猪场健康状况，做好生猪运输车辆彻底清洗消毒，抓好灭鼠、防鸟、除虫害等工作。

二是加强技术指导。为应对当前特殊时期生猪养殖产业出现的"见母就留"现象，有效指导养殖户提高生产效率，缓解市场供求矛盾，科学有序恢复生产，印发了《生猪养殖商品代仔猪留作种用技术指导方案》《感染非洲猪瘟养殖场恢复生产技术指南》手册2 000册，发放到养猪场指导恢复生产。2019年9月11日组织举办了2019年河北省职业技能大赛——河北省种猪繁殖技术职业技能竞赛石家庄市选拔赛，石家庄市在全省决赛中获得个人和团体两项冠军。

三是积极争取养猪扶持资金。争取生猪规模养殖场信贷贴息担保资金149万元，用于种猪场和年出栏5 000头以上商品猪场贷款贴息和担保费补贴。上报四个新建规模养猪场，申报2020年规模化养殖场建设补助项目，增加生猪出栏近7万头。市财政扶持原种猪场200万元引进原种猪900头。另外，认真贯彻落实《关于支持做好稳定生猪生产保障市场供应有关工作的通知》，市政府将安排财政资金对规模养猪场和种猪场给予一定补助。

11.2.3 唐山市生猪生产情况分析

2019年5月和11月，唐山市农业农村局组织专业技术人员组织开展了两次唐山地区生猪产业情况调研活动，并进行了对比，查找了原因，提出了建议。调查情况汇总如下：

11.2.3.1 调查总体情况

2019年5月，对唐山市丰南、丰润、芦台、开平、滦南、滦县、迁安、玉田、遵化、古冶、开平11个县（市）区的101个养猪场进行了跟踪调查，对各场的生猪存栏量、能繁母猪存栏量和出栏情况等主要生产数据进行统计，发现本次在全国范围暴发的非洲猪瘟疫情对唐山市生猪产业影响较大，存栏量下降。2019年11月，重点对唐山市的14个县（市）区的127个生猪养殖场的饲养情况、8个种猪场饲养调运、47个饲料企业、26个生猪屠宰场进行了调查。主要采取重点县区和企业走访、微信群调查、电话咨询、发放调查表等方式进行。通过调查分析，唐山市生猪养殖存栏量从2019年6月开始稳步回升，到9月以来生猪存栏量回升速度较快，预计到2020年7~9月生猪存栏量将会出现较大的回升。

生猪饲养。本次共调查了127个养猪场的饲养情况，其中饲养量在500头以上的有51个，500头以下的有76个。调查结果显示生猪存栏量有所回升：2019年10月生猪存栏5 418头，与2017年87 564头、2018年80 834头相比分别下降约38.12%、32.97%。2019年5月调查数值有大幅提升，说明唐山市生猪存栏量明显增加。2019年10月生猪出栏87 289头，预计到2019年底出栏达110 000头，与2017年189 874头、2018年184 646头相比，出栏量分别下降42%、40%。存栏量500头以下的较500头以上的养殖场猪只变动较小。经过对127个养猪场的调查表明：出栏品种以三元为主（占比63.78%），其他类商品猪做种用为多，还有极少量的杜洛克、大白等；2019年生猪出栏体重平均为137.88公斤，个别猪场出栏体重最高有达到192公斤，整体出栏体重较往年明显增大。

种猪饲养情况。通过调查了解，唐山市目前种猪养殖场8个（包括无证或证书过期的场），其中2019年新增种猪场1个（新好农牧有限公司）。种猪养殖场总数较2018年减少了2个（玉田和迁安各减少1个）；目前养殖场存栏量42 030头，主要集中在玉田、丰南、迁安、汉沽、芦台、迁西6个县（市）区。2019年新引入猪只于2019年11月以后陆续产仔，到2020年7月提供仔猪70万头左右。

饲料生产。对13个县（市）区的47个饲料生产企业2017～2019年的饲料生产情况进行调查。2019年生产总饲料量20.29万吨，较2018年减产15.81万吨，较2017年减产13.61万吨。其中，2019年仔猪料生产4.81万吨、母猪料2.13万吨、育肥猪料8.32万吨、其他饲料5.03万吨，较2018年分别减产1.39万吨、1.27万吨、2.51万吨、10.64万吨，较2017年分别减产1.34万吨、2.77万吨、1.34万吨、8.16万吨。2019年饲料生产总量较2018年下降43.8%，说明生猪存栏量下降较多。

生猪屠宰。截至2019年12月底，唐山市屠宰场共16个，较2018年底减少了10个；2019年1~9月共屠宰生猪110万头，到2019年底全市累计屠宰量达到140万头，较2018年屠宰量减少了约25万头，约减少了15.47%；2019年1~9月平均每头屠宰体重在132公斤，较2018年底增加了26公斤。屠宰量的减少说明唐山市生猪存栏量和出栏量较上年大幅降低，每头屠宰体重较上年增加说明育肥猪饲养周期延长。

11.2.3.2 生猪养殖情况总体分析

目前唐山市生猪存栏量逐步增加，活猪收购价格有所回落，2020年4~9月唐山市迎来繁殖母猪产仔高峰阶段，2019年调入的种猪均在2019年5月以后产仔，目前全市种猪存栏42 030头，到2020年产仔达70多万头。分析存栏增量主要原因：唐山市自2019年5月以来从外地调入种猪数量较多；大部分生猪养殖场留存的自繁自养的母猪已产仔猪；育肥猪只延长了出栏时间，增加了出栏体重，由往年的屠宰体重106公斤，到现在屠宰体重均在145公斤左右。

自唐山市生猪存栏量下降较快以来，采取了多种措施保障生猪再生产。市政府多次召开促进生猪生产方面会议进行调度，加大恢复生产技术指导。通过召开技术培训班、建微信群、下发复养技术手册等多种方式及时跟进养殖场复养指导工作，指导养殖场规范饲养管理，如何提高猪只繁殖能力，增强猪只体质，增加抵抗疾病能力等措施；市政府及时给予生猪再生产的优惠扶持政策；市农业农村局积极调度全市相关技术人员加强技术指导，积极开展非洲猪瘟疫情防控，增强养殖场恢复生产信心，使唐山市生猪存栏量逐步回暖。

11.2.3.3 存在问题及建议

一是疫病防控。虽然当前我国非洲猪瘟疫情发生的势头明显减缓，生猪生产和运销秩序逐渐恢复，但当前非洲猪瘟疫情防控形势依然复杂严峻，由于频繁的生猪调运和冬季动物易感疫病，疫情充满了不确定性，所以，尽快提高养殖场的生物安全水平，常抓不懈落实好现行的各项有效措施，疫情防控态势才会持续向好。

二是种质资源保护。养殖存栏量虽然逐步回暖，但目前大部分养殖者将商品母猪留作种用，虽然解决了市场供应现状，但养殖水平将会有所拉低，从生猪产业长远来看会存在很大弊端，为此，建议唐山市加大种猪场的政策扶持力度，保存曾祖代、祖代和父母代种猪，以便市场回归自然后能及时改善提高生猪养殖水平。

三是政策扶持。目前，我国对大型养猪场进行扶持的力度较大，但经过调查，中小型猪场在恢复生产中占据了较大比例，也发挥了较大作用。建议在下一步工作中，加大中小型猪场政策扶持力度，以便加快生猪复生产。

四是指导养殖场做好基础管理工作。目前，大部分养殖场的系谱不健全，档案记录不全面。建议有关部门充分利用现在加大猪只补栏阶段，做好养殖系谱登记，做到养殖档案记录翔实、全面，将有力推动生猪快速恢复生产和提高生猪生产性能，使猪只创造更高价值。

11.2.4 秦皇岛市种猪生产情况分析

11.2.4.1 种猪产业现状

秦皇岛市拥有种猪场9个，其中省级种猪场3个，市级种猪场6个，非洲猪瘟前共存栏能繁母猪3 700头，年供种能力可达到4万头。据调查，为应对2018年发生的非洲猪瘟疫情，全市6个种猪场采取了减栏的应对措施，目前9个种猪场共计存栏能繁母猪2 600头，下降了29.7%。由于各种猪场均在忙于恢复生产或扩大生产，虽有5个场具备供种能力，但均未开始对外供种。

11.2.4.2 对恢复种猪生产采取的措施和出台的政策

一是建立防疫检查站，加强非洲猪瘟的生物安全防控。在与辽宁省交界的路口和区域内各高速路口增设动物防疫检查站，最大限度地防止非洲猪瘟疫情的传播。

二是加强技术培训和指导。各级疫控中心和秦皇岛生猪综合试验推广站积极发挥职能作用，加强对种猪场防控非洲猪瘟的技术培训和指导。秦皇岛市先后举办非洲猪瘟防控技术培训班3期，培训人员260人次。省生猪产业创新团队秦皇岛综合试验推广站采购的专用材料全部用于种猪生产。

三是全面落实国家对种猪场的补贴政策。国家出台的贷款贴息、猪场扩建等补贴政策优先满足种猪场的需求，促进种猪场复产和扩大生产规模。秦皇岛市正在为改扩建种猪场申请国家补助资金1 200万元。

四是积极争取市县财政支持。目前正在与有条件的县区共同探讨，争取以商品猪场引种补贴的形式对种猪场销售的种猪给予补助。

11.2.4.3 发展趋势特点

一是种猪场能繁母猪存栏量逐渐增加。由于非洲猪瘟带来的恐慌，致使秦皇岛市种猪生产在原猪周期的基础上又出现了较大幅度的减栏。秦皇岛市种猪场能繁母猪存栏最高曾达到4 800头，由于"猪周期"减栏到3 700头。非洲猪瘟发生后能繁母猪存栏最低减少到1 350头。现经过4个种猪场扩大生产及3个种猪场恢复生产，使全市种猪场能繁母猪存栏提高到2 600头，今后有望进一步提升。

二是种猪出栏逐渐开始。据调查，目前秦皇岛市具备供种能力的5个种猪场可以开始对外供种，在2020年元旦、春节期间已可以批量供应。

三是商品猪场对引种有顾虑。受非洲猪瘟疫情影响，养殖场户大多对于由外引种有顾虑，担心出现疫情风险，秦皇岛市养殖场户基本采取留母种用的办法维持生产。

11.2.4.4 调研结论

秦皇岛市种猪场经过2018年非洲猪瘟疫情后的减栏生产，生产规模逐步恢复，虽然大部分还没有达到原生产规模，但目前已经逐渐具备一定供种能力。商品猪场对种猪有需求，但如何建立健全非瘟检测机制，消除引种场户对非洲猪瘟顾虑，是当前种猪销售需要解决的问题。

11.2.4.5　对策建议

今后一段时期，非洲猪瘟防控还是种猪生产的重中之重，希望能在种猪场生物安全防控设施设备改造、品种选育技术升级等方面给予补助支持，建立完善的销售种猪非洲猪瘟检测机制，制定相关规定完善种猪销售手续证明，以便促使种猪场在恢复生猪产业发展中尽快发挥作用。

11.2.5　辛集市生猪生产情况分析

11.2.5.1　基本情况

辛集市现有生猪规模养殖场 113 家，2019 年第四季度生猪存栏 34.75 万头，与上年同期 42.88 万头相比减少 18.96%；能繁母猪存栏 3.65 万头，与上年同期 4.01 万头相比减少 9.03%；猪肉产量 135.51 万吨，与上年同期 191 万吨相比减少 29.05%。

11.2.5.2　生猪稳产保供措施

辛集市政府对于稳定生猪生产非常重视，主管副市长多次召集市场监管局、自然资源局、农业农村局、财政局、保险公司等有关部门和单位，研究落实上级有关扶持生猪生产的政策举措，要求各部门攻坚克难、创新工作，把各项工作落到实处。

一是创新工作方法，全力做好非洲猪瘟防控知识宣传，落实防控措施。对于非洲猪瘟知识培训，采取了小范围分批次培训的办法，以减少养猪场户之间的接触。更多地运用微信群发、印刷宣传材料等形式，把最新的防控知识和理念宣传到广大养殖户。此外，还邀请省疫控中心主任对骨干大型养殖企业进行了非洲猪瘟防控知识培训。

二是实现了餐厨垃圾第三方集中处理。经农业农村局与市场综合执法局协调，经市政府批准，建立完善了餐厨垃圾集中收集处理体系，委托第三方处理。

三是全力提升规模猪场和生猪屠宰企业非洲猪瘟防控能力。

四是狠抓大型养猪企业防控措施落实。对企业车辆提出要求，杜绝运料车、生猪收购车辆直接进场。要求病死猪收集员在养殖场外收集，与生产无关人员不得进场，并逐场落实了监管责任人。

五是帮助养殖户分析生猪生产形势，广泛宣传国家各项扶持政策，坚定非洲猪瘟防控决心，坚定发展生产信心，鼓励养殖户积极扩大养殖规模，多留母猪，提升产能。

11.2.5.3 严格落实各项扶持政策

一是畜禽粪污资源化利用整县推进项目。辛集市已完成规模猪场粪污处理配套设施建设和污水管网入地；田庄乡东张口集中处理中心建设除有机肥厂部分外基本完成；鑫都科技有限公司、龙澄新能源科技有限公司和河北馨仙养殖有限公司有机肥厂项目已完成。2019年辛集市畜禽粪污综合利用率和规模场畜禽粪污处理配套设施配建率分别为91.75%、100%。项目计划内中央投资建设内容已全部完成。

二是生猪调出大县奖励资金项目。2018~2019年生猪调出大县奖励资金项目重点扶持与加强非洲猪瘟防控密切相关的自动料线建设和消毒设施建设，支持生猪屠宰企业完善和提升非洲猪瘟防控设施建设。精选了15家较大规模猪场，奖励资金约600万元，对7家规模养猪场建设车辆高温消毒系统，对1家屠宰场进行防疫和冷链建设，对13家规模养猪场建设自动料线外线。

三是流动资金和建设资金贷款贴息情况。制定了《种猪场信贷担保项目实施方案》，贴息资金是从中央财政农业生产发展资金的适度规模经营资金中统筹安排的，对养殖企业银行贷款贴息比例为2%，通过对种猪场流动资金贷款短期贴息，撬动金融资本，帮助生猪养殖企业渡过难关，促进生猪生产，保障生猪产品市场稳定供应。按时间要求对生猪养殖户贷款情况进行了统计，并发放到位。

四是生猪规模化养殖场建设补贴政策。新希望集团符合标准已上报，新希望提档升级侧重于智能化、自动化，不存在基建、土建。辛集市已按照生猪保险政策，落实生猪保险保额，进一步增强生猪养殖风险抵御能力。

五是土地用地政策。一般农民设施农业用地手续符合养殖用地条件的，土地部门依法办理。

11.2.5.4 存在的困难和问题

一是贷款贴息政策要求针对种猪场和年出栏 500 头以上生猪规模养殖场，辛集市有贷款意愿的猪场不多，符合贴息贷款标准的场很少，不能最大程度地促进生猪生产。

二是病死猪无害化处理补贴落实不到位。相关规定为每头病死猪国家、省级财政补贴分别为 50 元、20 元，现在辛集市的情况是 2018 年每头下达资金大约 50 元，且 2019 年补贴资金尚未下达。建议根据存栏或者出栏测定补贴总额度。

三是建议赋予县级统筹使用中央、省级、本级强制免疫资金权限。现在该项资金规定开支科目为人员防护、检测以及储存运输。目前猪场防控费用是很大一块开支，建议发文明确可以用该项资金列支消毒药品，直接发放到户。

四是建议简化生猪大县奖励资金使用手续，以便以短平快的方式尽快发挥资金效益。根据国家发展改革委《必须招标的工程项目规定》，生猪大县属于必须招标的项目，并且很多地方财政部门规定的招标限额非常低，为了规避责任，走招标程序势必迟延项目推进。经咨询有关人士，生猪调出大县资金为先建后补项目，先建后补项目未明确必须有招标手续。建议政策上加以明确，同时明确相应项目监管规定。

11.3 市场消费调研分析

关于非洲猪瘟对市场影响问题的研究团队制作了相关问卷进行数据调查。问卷内容涉及猪瘟发生前后消费意愿对比、心理对比、猪肉购买渠道前后的变更。问卷修改工作历时一个月。2019 年 3 月 26 日发布了该问卷，在团队成员的共同努力下，仅经过两天的时间问卷回收数量就达到了 1 266 份，该数量已能初步说明问题。

11.3.1 调查对象说明

调查对象以河北省为主，还包括辽宁、陕西、山西等多个省份，男女比例各占一半，以青年、中年居多，比例高达96%，其中约76%的人学历在专科以上，乡村、城镇、中等以上城市人群比例基本持平，所调查人群职业为农（牧）场经营者的占比9.56%，相对较少，公职人员占比31.67%，相对较多，普通农民、公司职员、学生占比大致相同，在所调查的人群中，人数、性别、职业、居住地等信息较为全面，涵盖人群较为广泛。被调查人群基本信息统计如表11-4所示。

表11-4　　　　　　　　　被调查人群基本信息统计

类别	选项	比例	类别	选项	比例
性别	男	50.90%	学历	小学及以下	0.55%
	女	49.10%		初中	7.42%
				高中	15.20%
年龄	20岁以下（不含20岁）	2.28%		专科	16.70%
	20~40岁（不含40岁）	58.70%		本科	40.20%
	40~60岁（不含60岁）	37.60%		硕士	15.90%
	60岁以上	1.42%		博士	4.03%
家庭所在地	中等以上城市	31.60%	职业	普通农民	20.54%
				农（牧）场经营者	9.56%
	城镇	33.10%		公职人员	31.60%
				公司职员	18.40%
	农村	35.10%		学生	19.90%

资料来源：根据调研数据整理所得。

11.3.2　消费者影响分析

11.3.2.1　消费意愿

调查人群中有713人是通过手机途径得知非洲猪瘟的发生，占比高达56.32%。通过问卷可以清楚地看出，调查人群中超过81%的人平时吃猪肉是最多的，其他肉类产品占比不到19%（见图11-5）。

在1 266人中，有821人因为非洲猪瘟影响了他们对猪肉的食用，占了调查对象总数的64.85%，而且影响程度由大到小的比例依次为12.24%、11.77%、

40.84%，这说明大部分人对非洲猪瘟是有忌惮的，有 35.15% 的人认为非洲猪瘟对其猪肉消费是没有影响的（见图 11-6）。

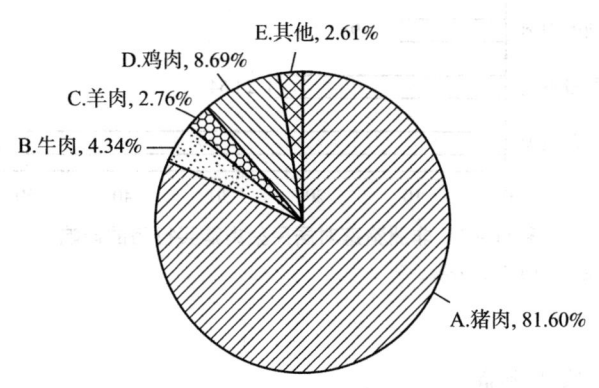

图 11-5　居民各种肉类消费占比

资料来源：根据调研数据整理所得。

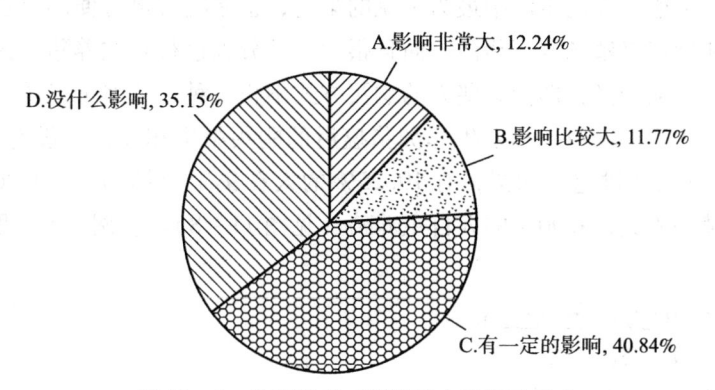

图 11-6　非洲猪瘟对居民猪肉消费的影响

资料来源：根据调研数据整理所得。

在调查的对象里面并不是所有人都了解非洲猪瘟，有 62.24% 的人不了解非洲猪瘟，有 48.58% 的人对非洲猪瘟存在恐惧心理。因为不了解非洲猪瘟如何发生、怎样传播、如何防治，所以对其产生恐惧心理，直接导致发生非洲猪瘟后猪肉消费减少。

虽然有 92.34% 的人没有因为非洲猪瘟而停止购买猪肉，但是人们减少了购买量，只有 24.64% 的人像原来一样。有 67.69% 的人减少购买量或者食用发生瘟疫之前购买的猪肉，还有一部分人有自己信任的特定养殖场购买猪肉，其余 7.66% 的人群不再购买猪肉（见图 11-7）。这说明非洲猪瘟虽然并不会导致大部分人不再购买、食用猪肉，但是也对人们的心理产生一定的影响。

放弃，用其他肉类替代	7.66
消费，在特定养殖场购买	6.72
消费，非瘟发生前的囤肉	10.98
消费，购买量不变	24.64
消费，但购买量减少	50.00

图 11-7　非洲猪瘟对居民猪肉购买行为的影响

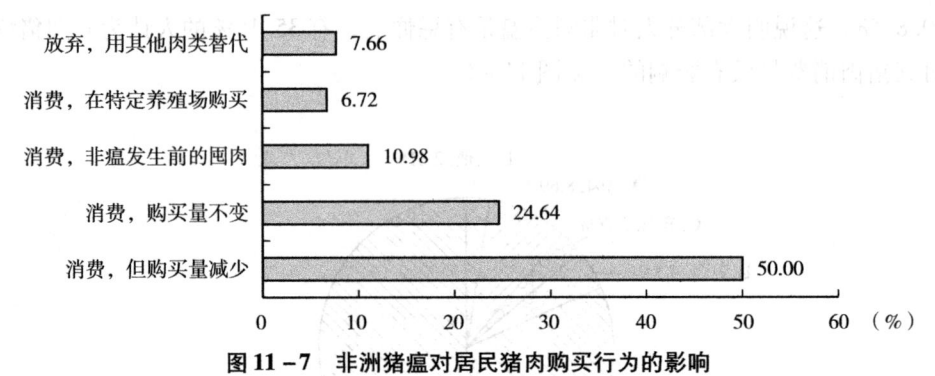

资料来源：根据调研数据整理所得。

11.3.2.2　购买渠道

被调查人群中，有 853 人平时在超市购买猪肉，603 人在集贸市场上购买猪肉，这两种渠道是人们生活中最为常见的渠道，也是购买最方便的渠道，极少的人在网上和特定养殖场购买猪肉，而且很少一部分人进行自主养猪，该题作为一道多选题可多项选择，即使有些人的购买方式不止一种，依然可以看出超市和集贸市场是主要购买渠道，和发生非洲猪瘟后的购买渠道相比，并没有很大区别，有 56.46% 的人通过超市购买，有 19.25% 的人在集贸市场购买，4.70% 的人通过特定养殖场购买，8.90% 的人自主养殖（见图 11-8）。在调查人群里面有半数

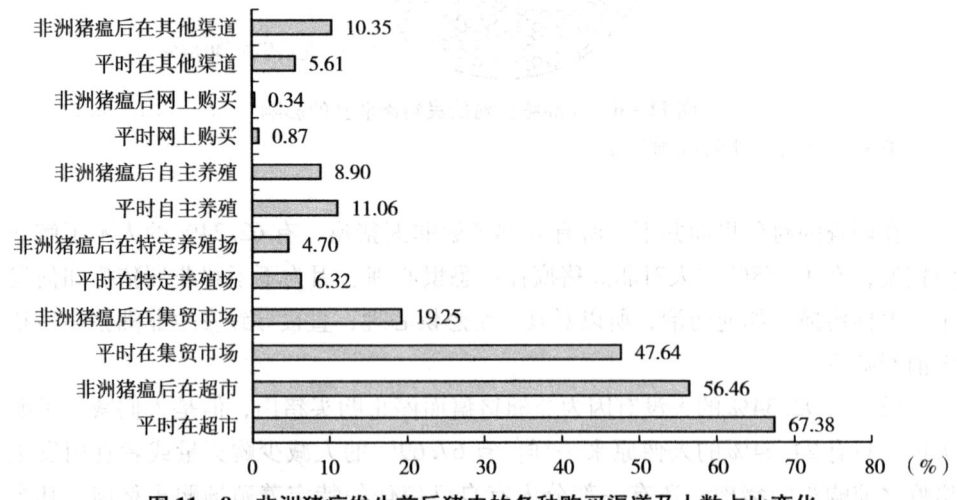

非洲猪瘟后在其他渠道	10.35
平时在其他渠道	5.61
非洲猪瘟后网上购买	0.34
平时网上购买	0.87
非洲猪瘟后自主养殖	8.90
平时自主养殖	11.06
非洲猪瘟后在特定养殖场	4.70
平时在特定养殖场	6.32
非洲猪瘟后在集贸市场	19.25
平时在集贸市场	47.64
非洲猪瘟后在超市	56.46
平时在超市	67.38

图 11-8　非洲猪瘟发生前后猪肉的各种购买渠道及人数占比变化

资料来源：根据调研数据整理所得。

以上的人是公司职员和公职人员，还有一部分农民，所以可以得出大多数人购买猪肉是通过超市、集贸市场渠道，而通过网上和特定养殖场购买的在极少数，因为通过这两种渠道购买的猪肉大多是品牌化生产，价格相对于超市和集贸市场的猪肉来说是比较昂贵的，而且网上购买猪肉的渠道还没有得到普及，不如在超市和集贸市场渠道购买方便，人们还不了解网上购买猪肉这条渠道。可以说非洲猪瘟的发生并没有在根本上影响或改变人们购买猪肉的渠道，超市和集贸市场依然是购买猪肉的主要渠道。

11.3.2.3 猪肉来源与种类

被调查人群中有 19.04% 的人觉得目前市场上销售的猪肉是可以放心食用的，有 53.84% 的人认为有部分猪肉是不安全的，有 14.45% 的人认为目前市场上的猪肉是不安全的，超过一半的人对现在市场的猪肉存在质疑，并且其中 61.85% 的人更愿意购买本地养殖场的肉，说明人们对于来历不明的猪肉是不能接受的，有 56.16% 的人愿意在生态农（牧）场订购猪肉，有 27.88% 的人表示无所谓，只有 15.96% 的人不希望购买，这说明生态农（牧）场具有潜在市场，大多数人还是能接受生态农（牧）场生产的猪肉的，而且随着经济的发展人们希望在价格可接受的条件下，可以吃到更健康的猪肉，有 81.83% 的人希望购买无抗生素残留的猪肉，而且接近 90% 的人希望购买的猪肉能够建立完整的质量追溯系统，让人们通过该系统充分了解猪从养殖到屠宰的全过程，还有 85.7% 的人更看重购买的猪肉是否符合动物福利标准，希望猪的生活环境变得更好，对于猪肉的质量也是个保障，超过 94% 的人希望在没发生过死猪现象的养殖场购买，说明该养殖场管理得当，没有发生过严重的疫情，所以人们会比较放心购买。无抗生素、具有质量追溯系统、符合动物福利标准的猪肉，是大多数人们对于高质量猪肉的追求，这也是人们购买猪肉的大趋势，只有小部分人还没有认识到猪肉质量问题的重要性。"有机认证""具有检疫标识""质量可追溯系统"这些词语在百姓的生活中逐渐变得熟悉，慢慢深入人心，成为人们购买猪肉时不可缺少的条件。

人们在购买猪肉时更喜欢冷鲜肉，占比 50.08%；有 34.99% 的人更愿意购买热鲜肉。有 40.6% 的人平时喜欢购买白猪肉，42.58% 的人觉得无所谓，只有 16.82% 的人喜欢购买黑猪肉。目前市场白猪肉居多，也可能是由于人们的消费习惯，只有很少一部分人购买黑猪肉。黑猪肉的营养价值高，养殖成本较白猪高，导致其价格会高于白猪肉，所以购买的人数不多，而且黑猪肉的知名度很低，人们不知道它的营养价值，有很多人不了解黑猪肉，说明黑猪肉的市场潜力巨大。

11.3.2.4 价格预期

在被调查人群中有37.44%的人觉得自己身边的猪肉价格有所上升，可能是发生非洲猪瘟猪肉降价，非洲猪瘟有所控制后价格上升，也有可能是市场上的合格猪肉较少，价格随之上升；20.22%的人觉得价格在下降，可能是非洲猪瘟后人们出于猪肉安全的考虑，猪肉的消费量减少或者停止购买猪肉，导致猪肉价格的下降；9.87%的人觉得没变化，可能因为市场猪肉供应正常，该地区也没有遭受瘟疫；还有32.46%的人不清楚价格变动情况。对于未来猪肉价格的预测，17.3%的人认为会下降，可能该地猪肉供过于求，或者受到非洲猪瘟影响已经有减少猪肉消费的趋势；7.03%的人认为未来猪肉价格不会变动，可能是该地非洲猪瘟得到有效控制，或者没有遭遇非洲猪瘟影响，市场的供需平衡；53.08%的人认为价格在未来会上涨，可能是找到了控制非洲猪瘟的有效方法，并且已有成效，猪肉消费量有所上升；还有22.59%的人不清楚价格将有什么样的变化。

11.3.2.5 食品安全性

关于专家所说的猪肉加热至70℃以上可以安全食用的说法，43.36%的人表示知道，51.42%的人表示相信，说明大多数人觉得专家的话是有权威性的，但是还有48.58%的人表示不相信，而且这个说法有56.64%的人表示还不知道。

11.3.2.6 猪肉品牌

通过此次调查可以得知，人们购买猪肉时有40%的人购买国内品牌猪肉，41%的人购买普通猪肉，极少数购买国际品牌猪肉，这充分说明国内人民对国际品牌了解较少，市场有待开发。品牌猪肉的价格要高于普通猪肉的价格，有大部分人购买普通猪肉，说明人们对品牌猪肉认知还没得到普及，不了解品牌猪肉贵在哪里，而且很多人不知道品牌猪肉从哪里购买，所以发展品牌猪肉首先要加大宣传，让人们了解品牌猪肉的优点和购买渠道，尽量做到价格亲民，达到让普通群众能够接受的标准，最重要的是不能仅限于在中等以上城市销售，中等以下城市、城镇也是很大的市场，所以要开拓中等以下城市等更为广阔的市场。

11.3.3 消费影响总结

综上所述，非洲猪瘟对猪肉消费有一定的影响，只有极小部分人因为非洲猪瘟不再吃猪肉，大多数人还是对猪肉有需求的，非洲猪瘟对猪肉消费并没有产生很大的影响。在经常吃饭的地点方面，63%的人在家里就餐，根据平常人家生活习惯来分析，大部分在家吃饭的人群关于猪肉的消费是不可或缺的，即使发生非洲猪瘟，人们也不可能停止猪肉的消费，有些人会相对之前减少购买。随着近些年经济的快速发展，人们对于猪肉的消费趋势也在不断变化，由最初的吃饱向吃得好、吃得健康发展，由追求价格向追求质量发展，无抗生素喂养、拥有质量追溯系统、检疫标识、有机认证这些都是当今猪肉消费的追求，也是未来发展的趋势。品牌猪肉具有较大潜在市场，顺应消费趋势，生产高质量、安全、好吃的猪肉，建立自己的品牌，可以与超市合作推销产品，提高知名度，还可以在集贸市场搞促销活动，积极促进附近的农民参与，合伙购买品牌猪肉，让他们以实惠的价格购买到高质量、放心的猪肉。通过调查可知人们对网购品牌猪肉渠道不太了解，所以应该制作品牌猪肉公众号，开网店，大力开发网上销售的渠道。非洲猪瘟进入中国后，确实对中国的猪肉消费产生了影响，但是这种影响是有限的，并没有根本改变大多数人对于猪肉的消费，虽然人们对非洲猪瘟产生了畏惧心理，但是因为这次的非洲猪瘟没有发现人畜之间传播的现象，人们只是不想吃有疫病的猪肉，并且不信任现在市场上销售的猪肉，所以导致一部分人减少消费，大多数人一旦确定有可信的猪肉销售渠道还会进行购买。

第12章

应对非洲猪瘟疫情的专项研究

12.1 跨省禁运类专项研究

12.1.1 跨省禁运对京津地区和河北省生猪产业的影响及对策与预案

2018年8月以来，非洲猪瘟疫情不断蔓延。河北省作为非洲猪瘟重点防控省份，开始执行禁止生猪调出调入，只允许猪肉调出调入的政策。跨省禁运政策会对京津地区生猪市场和河北省生猪产业带来怎样的影响？河北省应该采取什么样的措施和预案？河北省生猪产业技术创新团队，分析了跨省禁运对京津地区生猪市场和河北生猪产业的影响，并有针对性地提出了对策建议和预案。

12.1.1.1 跨省禁运对京津地区生猪市场的影响及河北省的对策

（1）短期内京津地区猪肉需求量快速上升。

根据北京市和天津市生猪产业创新团队提供的数据，2017年北京市出栏生猪242万头，需求1 000万头，两项相减缺口为758万头；天津市出栏350万头，需求550万头，两项相减缺口200万头。目前，北京市调入生猪中河北省约占40%，天津市调入生猪中河北省约占50%。据此测算跨省禁运后会导致河北省403.2万头生猪无法调入京津市场。另外，按生猪出肉率为75%，平均出栏体重为 120 公斤测算可知，由于跨省禁运政策京津市场会为河北省带来 36.29 万吨猪肉的外销机会，占河北省 2017 年猪肉产量的 13.19%。

（2）短期内京津地区猪肉价格可能震荡走高。

由于跨省禁运使得活体猪跨省运输受到限制，京津地区屠宰厂一时措手不及，导致毛猪收购出现困难，屠宰量锐减，猪肉上市量减少，造成价格升高。以北京新发地市场价格为例，2018 年 9 月 7 日，新发地市场白条猪的批发平均价是 18.40 元/公斤，比 2018 年 8 月 31 日的 17.20 元/公斤上涨 6.98%；比 2018 年 8 月 7 日的 18.26 元/公斤上涨 0.77%；比 2017 年 9 月 7 日的 18.26 元/公斤上涨 0.77%。随着生猪收购方式逐渐改进、适应，猪肉上市量会有所恢复，价格可能会有所回落。但是随着非洲猪瘟蔓延，跨省禁运的范围有可能继续扩大，因此京津市场猪肉价格可能会逐步走高。

（3）短期内京津地区生猪屠宰企业的屠宰利用率大幅走低。

随着河北省实施生猪禁运政策，外地生猪无法进入京津地区，使得京津地区生猪屠宰企业的屠宰利用率大幅走低。按 2017 年数据测算，因跨省禁运会导致北京市减少 758 万头屠宰量、天津市减少 200 万头屠宰量。近几年北京市生猪屠宰企业的屠宰利用率一直走低，2017 年北京市生猪定点屠宰企业有 9 家，设计屠宰能力均在 100 万头以上，总屠宰能力可达 1 500 万头，但 2013～2016 年实际屠宰量年均增长率为 -7.23%。因此，跨省禁运会致使京津地区生猪屠宰企业雪上加霜。

（4）政策建议。

跨省禁运对京津生猪市场会产生一定的影响，河北省可以充分发挥地域优势，扩大对京津地区的猪肉市场占有率。

一是增加进京定点生猪屠宰企业数量并提升现有定点企业产能。目前河北省进京生猪定点屠宰只有河北宏都实业集团有限公司、安平大红门食品有限公司和三河市鑫兴肉类有限公司，由于跨省禁运会增加 403.2 万头（按 2017 年数据核算）的屠宰量，这三家企业将不能满足屠宰需求。因此，需要增加进京定点生猪屠宰企业数量。另外，这三家企业设计产能 27 万吨左右，年屠宰量 500 万头以上，但目前实际进京产能 1 万吨左右，年屠宰量 171 万头，生猪跨省禁运政策有利于释放这些企业的设计产能，提升屠宰利用率。充分实施京津冀一体化发展战略，培育知名品牌，保障猪肉产品质量安全，提高河北省生猪京津市场占有率。

二是适时推进京津冀联防联动和防疫一体化。在防控非洲猪瘟的过程中，京津冀地区应贯彻"命运共同体"理念，河北省农业农村厅应适时与农业农村部积极沟通，推动京津冀在动物疫病防控方面的联防联动和防疫一体化协调机制，建立相互沟通协调制度，促进京津冀一体化战略实施。

12.1.1.2 跨省禁运对河北省生猪产业的影响

(1) 对生猪净调出的影响。

根据相关数据测算，河北省外销生猪占总出栏量的比例是 30.74%，外销猪肉占总猪肉产量的 7.66%。根据 2017 年数据，从外省调入 324.54 万头（检疫数据），调出 1 097.81 万头（按照 2017 年河北省总出栏量 3 571.3 万头核算），两项相减河北省净调出 773.28 万头。据此得出由于跨省禁运政策会导致河北省 773.28 万头生猪外销压力。另外，按生猪出肉率为 75%，平均出栏体重为 120 公斤测算，由于跨省禁运政策将造成河北省 69.59 万吨猪肉的外销压力，占 2017 年猪肉产量的 25.31%。

(2) 对生猪价格的影响。

一是短期内可能导致省内生猪价格降低。由于生猪跨省禁运在生产端会导致省内市场生猪供应量激增和猪肉外销压力加大；在消费端部分消费者受甲型 H1N1 流感的心理暗示以及对非洲猪瘟存在误解，会减少对猪肉和猪肉制品的消费，在供给增加和消费减少的情况下，可能导致河北省生猪价格和猪肉价格走低。

二是长期内可能导致省内生猪价格逐渐走高。生产主体受前期猪肉价格走低和对疫情恐惧的影响，部分主体的补栏意愿下降，小规模养殖户有可能会恐慌清栏，致使河北省生猪产量会有所下降，猪肉供给减少；在消费端，随着宣传的开展，消费者对非洲猪瘟的误解将逐步消除，猪肉消费量会逐渐恢复。此外，在生猪禁运的情况下，京津屠宰企业的生猪屠宰数量会减少，京津地区对河北省猪肉的需求量随之上升。河北省生猪和猪肉价格会逐渐走高。

(3) 对生猪养殖行业的影响。

一是加速小型养殖场和散户退出市场。2017 年河北省生猪饲养规模分布情况是万头以上规模养殖场提供出栏生猪占 23%，万头以下千头以上规模养殖场提供出栏生猪占 20%，千头以下养殖散户提供出栏生猪占 57%。从发生非洲猪瘟省份的情况来看，辽宁省沈阳市沈本新区养殖户存栏 383 头、安徽省芜湖市南陵县某养殖场存栏 459 头、安徽省金坝办事处某养殖场存栏 308 头、江苏省宜兴市某养殖场存栏 97 头等案例表明，发生疫情的养殖场主要是集中在 500 头以下的小型养殖场，这些养殖场和散养户防疫意识差，感染风险高。因此，跨省禁运对千头以下的养殖散户来说影响较大，由于养殖散户减栏、清栏速度加快造成短期内河北省生猪供给量大幅度增加，致使猪肉价格下跌，散养户的经济效益会受到较大影响。另外，千头以下散养户是河北省重点检测和管理对象，由于非洲猪瘟会增加养殖场的防控成本，从而进一步压低养殖场利润，这将加速千头以下散养户退出市场。

二是中长期对提升河北省生猪规模化养殖利好。从中长期看，生猪养殖规模化、标准化、清洁化是必然趋势，大型规模化养殖场在这方面具有更大优势，中型养殖场在各方面压力下，想要继续发展必将在规模化、标准化、清洁化上投入更多，这对全面提升河北省生猪规模化养殖是个利好。

（4）对生猪屠宰企业的影响。

一是短期内屠宰企业可能效益增加。生猪无法外运只能在省内屠宰，依据2017年数据分析，由于生猪跨省禁运导致省内屠宰企业平均每月要增加约64万头屠宰量。

二是中长期生猪屠宰企业可能出现过大投资冲动。在当期业务量激增的情况下，生猪屠宰企业可能会出现扩张规模的冲动。假如临时性的生猪移动监管取消，到时候生猪屠宰企业的业务量也会减少，如果此时扩张过大会造成后期设备闲置，导致固定资产贬值。

12.1.1.3 跨省禁运条件下河北省生猪产业发展对策

（1）适时增加政府猪肉储备。

适时增加政府猪肉储备量，应对短期内可能的猪肉价格大幅降低，稳定市场，防止由于价格大幅度波动对河北省生猪产业造成不良冲击。

（2）短期内严防猪肉流通造成非洲猪瘟传播。

由于非洲猪瘟病毒在猪肉尤其是冷冻猪肉中可存活几个月时间，猪肉流通传播猪瘟的风险仍然存在。因此，要加大猪肉尤其是冻猪肉流通过程中的监控、检疫、检查力度，防止猪瘟病毒传播。

（3）短期内要提升生猪养殖企业信心。

生猪养殖企业的销售会因跨省禁运而受阻，要鼓励和支持这类养殖企业和省内屠宰企业对接，解除其后顾之忧，防止这部分企业过分减少补栏。此外跨省禁运会对整个生猪养殖行业的养殖信心和期望产生负面影响，对此，要加强宣传和引导，让养殖企业认识到跨省禁运不意味着市场会萎缩，猪肉和猪肉制品不受跨省禁运影响，而且京津地区对河北省猪肉需求有可能增加。

（4）短期内加强宣传，提振群众消费信心。

利用报刊、电视、网站、微信公众号等媒介，同时发动基层组织散发宣传资料，正确引导广大消费者消除其对非洲猪瘟的恐慌心理，让广大群众了解非洲猪瘟不属于人畜共患病，恢复群众对猪肉和猪肉产品的消费信心。

（5）长期内积极推动生猪养殖业转型升级。

由于大型养殖企业在生猪规模化、标准化、清洁化养殖方面具较大优势，可以化危机为契机推动河北省的生猪养殖水平进一步提升。

（6）长期内积极规划区域内平衡生产。

对生猪养殖企业、生猪屠宰企业、物流企业、销售市场合理布局，减少生猪和猪肉运输距离和风险，加强冷链物流企业管理，控制物流环节二次污染风险。

12.1.1.4　跨省禁运后河北省预案

（1）跨省禁运后河北省生猪行业预测。

一是跨省禁运将导致省内生猪和猪肉的"双量齐增"。根据相关数据测算，河北省外销生猪占总出栏量的比例是30.74%，外销猪肉占总猪肉产量的7.66%。根据2017年数据，从外省调入324.54万头（检疫数据），调出1 097.81万头（按照2017年河北省总出栏量3 571.3万头核算），两项相减河北省净调出773.28万头。据此得出由于跨省禁运政策会导致河北省773.28万头生猪外销压力，可以按经验换算为69.59万吨猪肉的外销压力，占河北省2017年猪肉产量的25.31%。

二是跨省禁运短期内可能导致省内生猪价格降低。由于生猪跨省禁运在生产端会导致省内市场生猪供应量激增和猪肉外销压力加大；在消费端部分消费者受甲型H1N1流感的心理暗示以及对非洲猪瘟存在误解，会减少对猪肉和猪肉制品的消费，在供给增加和消费减少的情况下，可能导致河北省生猪价格和猪肉价格走低。

三是跨省禁运可能加快散养户退出市场。跨省禁运对千头以下的散养户来说影响较大，由于散养户减栏、清栏速度加快造成短期内河北省生猪供给量大幅度增加，致使猪肉价格下跌，散养户的经济效益会受到较大影响。另外，千头以下散养户是河北省重点检测和管理对象，由于非洲猪瘟会增加养殖场的防控成本，从而进一步压低养殖场利润，这将加速千头以下散养户退出市场。

（2）跨省禁运后河北省生猪产业预案。

一是增加政府猪肉储备。增加政府猪肉储备量，应对短期内可能的猪肉价格大幅降低，稳定市场，防止由于价格大幅度波动对河北省生猪产业造成不良冲击。

二是增加进京定点生猪屠宰企业数量。由于跨省禁运会增加303.2万头（按2017年数据核算）的原进京屠宰量，河北省仅有的三家进京定点生猪屠宰企业不能满足屠宰需求。因此，可以申请增加进京定点生猪屠宰企业数量。

三是提升现有进京定点生猪屠宰企业利用率。河北省的三家进京定点生猪屠宰企业设计产能 27 万吨左右，年屠宰量 500 万头以上，但目前实际进京产能 1 万吨左右，年屠宰量 171 万头，生猪跨省禁运后要尽最大可能释放这些企业的设计产能，提升屠宰利用率。

四是短期内加强宣传，提振群众消费信心。利用报刊、电视、网站、微信公众号等媒介，同时发动基层组织散发宣传资料，正确引导广大消费者消除其对非洲猪瘟的恐慌心理，让广大群众了解非洲猪瘟不属于人畜共患病，恢复群众对猪肉和猪肉产品的消费信心。

五是短期内要提升生猪养殖企业信心。生猪养殖企业的销售会因跨省禁运而受阻，要鼓励和支持养殖企业和省内屠宰企业对接，解除其后顾之忧，防止这部分养殖企业过分减少补栏。

六是限制外省猪肉调入。鉴于省内生猪与猪肉"双量齐增"的现实情况，对外省猪肉加大检疫力度，提高质检要求，从而提高外省猪肉进入河北省门槛，在一定程度上限制外省猪肉进入河北省。

七是对销往外省的猪肉进行补贴。对销往外省的猪肉进行一定补贴，促进省内猪肉外销。

12.1.2 生猪运输不再享受"绿色通道"对河北省生猪产业的影响

河北省交通运输厅于 2018 年 10 月 23 日印发《河北省交通运输厅办公室关于运输生猪等活畜禽的车辆不再享受鲜活农产品运输"绿色通道"政策的通知》。"绿色通道"全称是鲜活农产品公路运输"绿色通道"，在"绿色通道"上行驶的车辆可以享受通行费的优惠，同时给予便利优先通行待遇。自河北省实行"绿色通道"政策以来，在全省所有公路上实施高效率鲜活农产品流通的"绿色通道"有关优惠政策，极大降低了生猪饲养成本，加速了生猪运输，保障了市场需求。关闭生猪运输"绿色通道"后，会对河北省生猪产业带来什么影响？2018 年 10 月 24～30 日生猪产业经济岗专家团队，通过走访河北省生猪养殖企业、生猪经纪人、咨询北京大红门肉类食品有限公司采购部经理和业内相关专家，了解各方面情况后认为，关闭生猪运输"绿色通道"对河北省生猪产业产生如下两个方面影响。

12.1.2.1 不利影响

（1）增加了运输成本。

根据从业人员经验估算，此次关闭生猪运输"绿色通道"造成运输成本增加，分配到每头猪上会增加成本3~5元，由于生猪采购商在采购时借机压价，造成这部分费用名义上由运输主体支付，但实际上是由生猪养殖企业承担，这在一定程度上增加了养殖企业成本，造成养殖企业利润降低。

（2）降低了运输效率。

根据通知要求，运输家畜肉、家禽肉的车辆必须办理动物检疫证明，再加上之前需要办理的各种检验检疫手续，造成部分生猪运输主体不能正常开展业务，在一定程度上降低了运输效率。

（3）对生猪屠宰能力不足区域产生不利影响。

生猪运输"绿色通道"关闭后，对生猪省内跨市运输造成一定影响，如果当地没有屠宰企业或屠宰能力不足，生猪养殖企业需要跨市运输进行屠宰，运输受限在一定程度上不利于当地生猪产业发展。

12.1.2.2 有利影响

（1）有利于防控非洲猪瘟和其他疫病传播。

活畜禽长途调运是引发动物疫情传播的重要原因。相关研究数据显示，有接近一半的非洲猪瘟疫情是在生猪调运过程中传播的。因此，关闭生猪"绿色通道"可以在一定程度上控制病毒传播、降低疫情跨区域传播风险，有利于防控非洲猪瘟疫情，同时也有利于控制其他疫病传播。

（2）有利于充分利用屠宰企业产能。

河北省畜禽定点屠宰管理办公室2018年9月提供的数据显示，全省共有生猪定点屠宰企业434家（厂165家、点269家），设计产能200万吨左右，年屠宰量4 000万~4 500万头。实际产能68万吨，年屠宰量1 300万头，生猪屠宰企业产能还有很大提升空间。因此，在目前河北省生猪屠宰企业产能利用率普遍不高的大背景下，关闭生猪运输"绿色通道"有利于提高生猪屠宰产能和经营效益。

（3）有利于猪肉冷链运输业发展。

可以推动市场从运活畜禽向运肉转变。此次河北省对鲜活农产品运输"绿色通道"政策进行调整，在明确运输生猪等活畜禽的车辆不再享受鲜活农产品运输"绿色通道"政策的同时，运输鲜、冻畜禽肉等动物产品的车辆可继续享受原有的"绿色通道"政策。生猪就地屠宰，产品冷链运输、冷鲜上市，这对河北省猪肉冷链运输业的发展有一定促进作用。

（4）长期看有利于形成区域内"产加销"产业链。

由于生猪长途贩运造成疾病传染、损耗、成本加大、食品安全等一系列问题，从长期看生猪运输限制可能会持续下去，这在一定程度上会促使生猪养殖企业与屠宰企业和销售企业对接，区域内形成生猪养殖，就地屠宰，冷链运输，冷鲜上市的产业链，减少中间环节，有助于生猪产业良性发展。

12.2 非洲猪瘟防控类专项研究

12.2.1 河北省生猪产业在非洲猪瘟发生前后对比

当前，非洲猪瘟个例频发对全国生猪养殖产业造成不小影响，全国生猪调运基本处于中断状态。对比非洲猪瘟发生前后，河北省生猪产业发展受到明显影响。

12.2.1.1 发生非洲猪瘟前河北省生猪产业情况

发生非洲猪瘟以前，以 2017 年统计数据看，河北省 2017 年存栏生猪 1 873.6 万头，出栏生猪 3 571.3 万头，猪肉产量 275 万吨。根据相关数据，河北省生猪产业总产值在全省畜牧业总产值中的占比约为 60%，2017 年全省牧业产值 1 899.4 亿元，据此核算，2017 年河北省生猪产业总产值约为 1 139.64 亿元。2017 年河北省外销生猪 1 514.7 万头，折合猪肉 116.5 万吨，外销猪肉 28.9 万吨，合计外销猪肉 145.4 万吨，折合外销猪肉占河北省猪肉产量的 38.5%。上述外销生猪和猪肉中，销往北京市生猪 642.4 万头，猪肉 22.6 万吨；销往天津市生猪 366.5 万头，猪肉 5.6 万吨；销往其他省份生猪 505.9 万头，猪肉 6 415 吨。2017 年河北省销往北京市、天津市折合猪肉分别为 72 万吨、33.8 万吨，外销两市猪肉占河北省外销猪肉总量的 72.8%。

12.2.1.2 发生非洲猪瘟后河北省生猪产业情况及影响

发生非洲猪瘟以后，根据河北省畜牧业处、畜牧站的数据，河北省 2018 年 8

月销往北京市生猪日均11 016头、猪肉447.2吨,折合生猪共计16 979头;销往天津市生猪日均2 616头、猪肉216.9吨,折合生猪共计5 509头。

一是河北省内猪肉价格短期出现下降。据全省28个生猪价格监测县日报告数据分析:2018年10月23日,全省活猪平均收购价12.04元/公斤,仔猪平均出售价19.24元/公斤,同比分别下降12.94%、37.21%;环比分别下降0.91%、0.16%;与8月均价对比分别下降8.23%、24.37%。

二是河北省对京津地区猪肉外销增加,生猪调运减少。据河北省动物卫生监督所监测数据分析:10月22日,全省供京、津生猪产品分别为1 800.2吨、362.6吨,折合生猪24 002头、4 835头,同比分别增长36.46%和下降4.42%;环比分别下降8.05%、4.43%;与8月平均值对比分别增长41.36%和下降12.23%。

三是养殖场户补栏积极性下降。疫情发生后,特别是实施"跨省禁运"政策和暂时关闭生猪交易市场后,由于猪价低迷,叠加疫病风险,养殖户对后市普遍悲观,出栏情绪迫切,补栏积极性普遍降低,部分地区仔猪已经开始亏损,自繁自养养殖户对后市情绪悲观,开始推迟配怀计划,调整出栏节奏。

四是屠宰企业迎来机遇。由于河北省是生猪调出大省,原来以调出生猪为主,全省434家生猪定点屠宰企业年实际屠宰量仅有1 300万头左右,仅占全省出栏量的36%,"跨省禁运"政策实施后,受地缘因素影响,京津市场对河北省猪肉的需求量猛增,省内各大屠宰企业每日屠宰量大大增加,外销压力加大。

五是规模场迎来规范化红利,中小散户生存空间被进一步压缩。取消生猪交易市场后,小规模养殖场户的销售明显受阻,售价比规模场低0.6~0.9元/公斤,养殖效益明显下降,同时因其自身缺陷为非洲猪瘟的滋生和蔓延创造了条件,给防疫人员疫情追溯增加了很大的难度和负担,未来规范化快速成为行业的主旋律,其生存空间将被进一步压缩。而大型养殖企业将凭借其更少的边际成本弹性、完善的生物安全防控体系、更强的抗风险能力以及更好的食品安全保障能力,迎来一轮新的发展契机。

12.2.2　河北省生猪生产形势分析报告

2019年8月以来,活猪、仔猪、猪肉的市场价格均大幅上涨,带动其他主要畜产品价格波动加剧。全省坚持以供给侧结构性改革为主线,加快稳定和恢复生猪生产,保障市场供给,当前生猪产业总体呈现稳中向好的发展态势。

12.2.2.1 当前生猪产业现状与特点

（1）生猪价格持续大幅度上涨。

受生猪产能深度下调影响，从 2019 年 3 月开始，河北省活猪价格不断攀升，3 月收购价格涨至 13.78 元/公斤（全省 30 个生猪价格监测县报告数据，后文同），4 月涨至 15.22 元/公斤，6 月涨至 17.16 元/公斤。7~8 月上旬河北省活猪价格基本维持在 19 元/公斤，8 月中下旬开始，河北省活猪价格大幅上升，8 月第 4 周、第 5 周突破历史最高点，分别达到 22.08 元/公斤和 25.81 元/公斤，环比涨幅分别为 12.20%、16.89%。9 月上涨至 26.14 元/公斤，环比上涨 20.51%，同比上涨 95.37%，较 2019 年 2 月上涨 145.22%。进入 10 月第 5 周全省活猪平均收购价更是上涨至 39.55 元/公斤，环比上涨 5.72%，同比上涨 230.13%，与 2018 年 8 月均价对比上涨 201.45%（见图 12-1）。

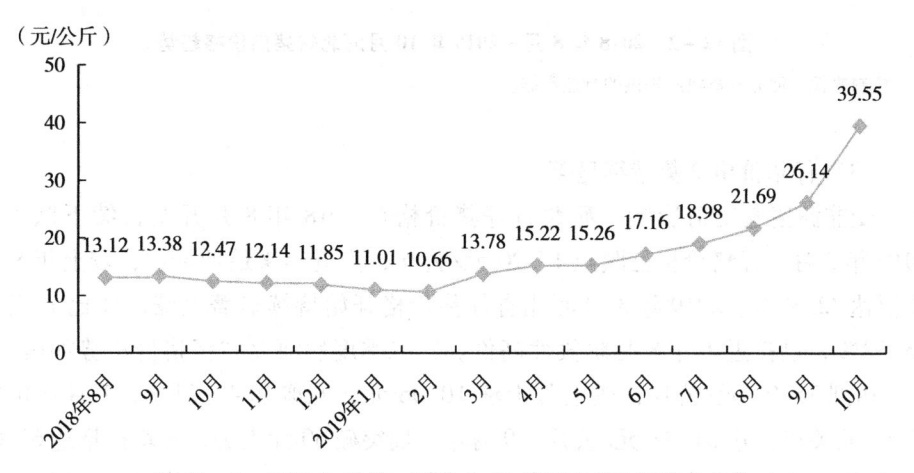

图 12-1 2018 年 8 月~2019 年 10 月河北省生猪价格趋势

资料来源：河北省畜牧站提供的行业数据。

（2）猪肉价格涨幅明显加快。

受生猪出栏深度调整的影响，2019 年 3 月河北省猪肉市场供给偏紧，价格开始上涨至 21.90 元/公斤，进入第二季度后进一步上涨，第二季度均价达 24.93 元/公斤。从 6 月开始河北省猪肉价格上涨速度加快，6 月价格较 5 月上涨 6.66%，7 月上涨至 29.14 元/公斤，较上月上涨 11.60%，8 月中下旬涨幅进一步加大，8 月第 3 周突破 30 元关口，达到 30.38 元/公斤，猪肉价格涨势"汹汹"，9 月均价突破 40 元关口达 40.71 元/公斤，环比涨幅超过 24%，较上年同期上涨 87.26%，较 2019 年 2 月上涨 114.38%。进入 10 月第 5 周，猪肉集贸市场平均交易价上涨至 58.99 元/公斤，环比上涨 9.93%，同比上涨 185.11%，与 2018 年 8 月均价对比上涨 192.61%（见图 12-2）。

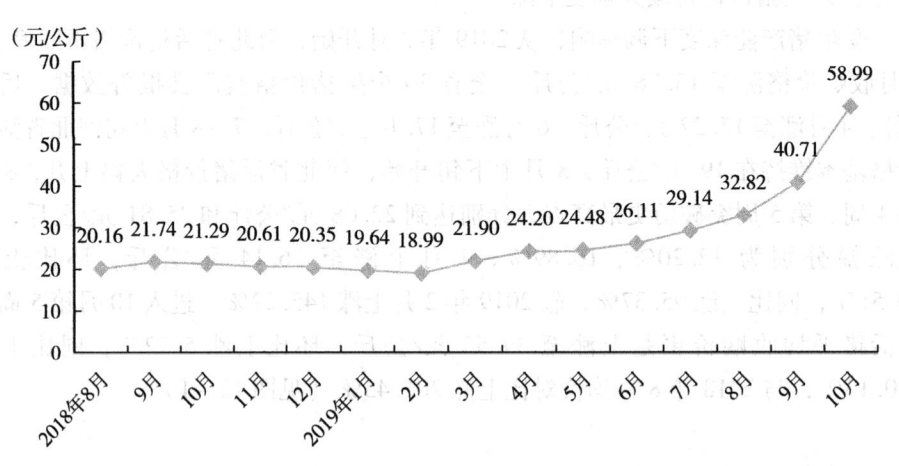

图 12-2　2018 年 8 月~2019 年 10 月河北省猪肉价格趋势

资料来源：河北省畜牧站提供的行业数据。

（3）仔猪价格涨势持续显著。

受非洲猪瘟疫情影响，河北省仔猪价格在 2018 年 8 月开始持续下跌，至 2019 年 2 月，仔猪价格已跌至 17.20 元/公斤，为近年来最低价位，较上年 8 月跌幅达 32.39%。2019 年 3 月河北省仔猪价格开始持续显著上涨，环比升幅达 15.32%，已接近上年 8 月阶段性高价。第二季度后河北省仔猪价格势如破竹，4 月达到 35.08 元/公斤，较上月上涨 10.06 元，涨幅达 40.21%，7 月均价突破 50 元关口，达 51.31 元/公斤，9 月第 3 周突破 60 元大关，月均价格达 62.65 元/公斤，较上月增长 10.94%，较上年同期涨幅超过 166%，与 2 月相比上涨 45.45 元/公斤，涨幅达 264.24%。10 月第 5 周全省仔猪平均出售价上涨至 78.00 元/公斤，环比上涨 2.0%，同比上涨 314.89%，与 2018 年 8 月均价对比上涨 206.6%（见图 12-3）。

（4）饲料原料成本小幅上升。

2019 年第三季度饲料原料成本稳中有升，9 月玉米价格涨至 2.05 元/公斤，环比上涨 1.49%，较 4 月上涨 0.23 元，涨幅为 12.64%。河北省 2018 年 8 月至 2019 年 10 月猪粮比价趋势如图 12-4 所示，河北省猪粮比价在 2019 年 1~2 月基本在 6 以下，表明河北省生猪养殖出现全面亏损，3 月全省平均猪粮比迅速回升至 7.41:1，为 2018 年 8 月以来最高比值，生猪养殖开始步入盈利时期。此后河北省猪粮比价进一步上升，至6月已升至8.85，8月达到10.74，9月提升至12.75，10月提高到了19.21，扣除额外的防控成本，养殖户出售每头商品肥猪（110公斤）盈利超过2 500元，最高可达到3 000元。生猪养殖进入高盈利时期，养殖效益较年初明显提高。

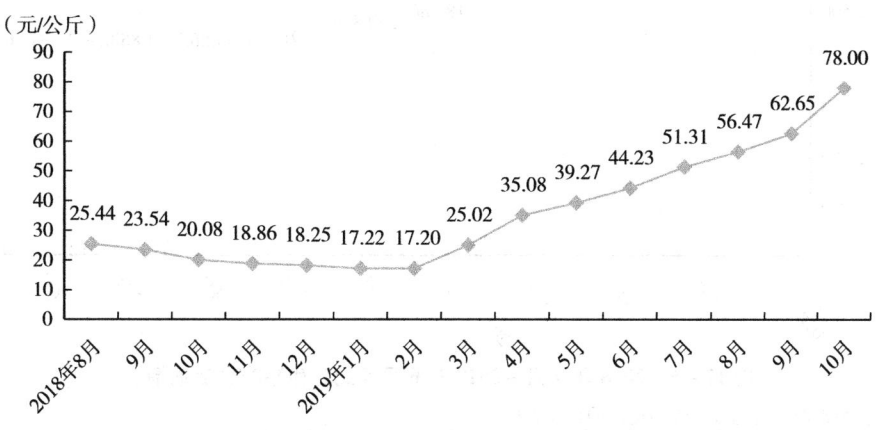

图12-3 2018年8月～2019年10月河北省仔猪价格趋势

资料来源：河北省畜牧站提供的行业数据。

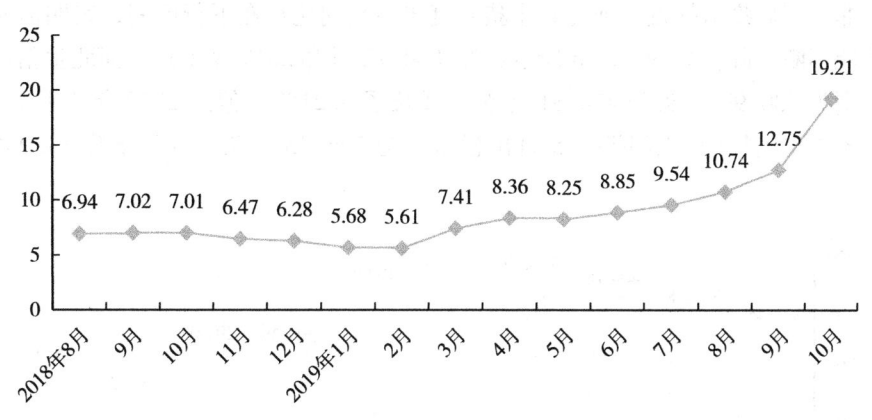

图12-4 2018年8月～2019年10月河北省猪粮比价趋势

资料来源：河北省畜牧站提供的行业数据。

（5）存栏量持续下降。

2019年非洲猪瘟月均发生起数较2018年明显减少，且均为点状发生，但行业恐慌心理仍然较为严重，养殖场（户）补栏积极性依然不足，全国生猪存栏持续下降。2018年9月至2019年6月河北省生猪存栏情况如图12-5所示。从2018年12月开始，河北省生猪存栏量持续下降，至2019年4月达到低谷为 1 886.58 万头，同比下降 30.81%，从 5 月开始存栏量缓慢回升，6 月期末存栏 1 894.86 万头，较 4 月回升 0.44%，生猪生产下降势头暂缓。

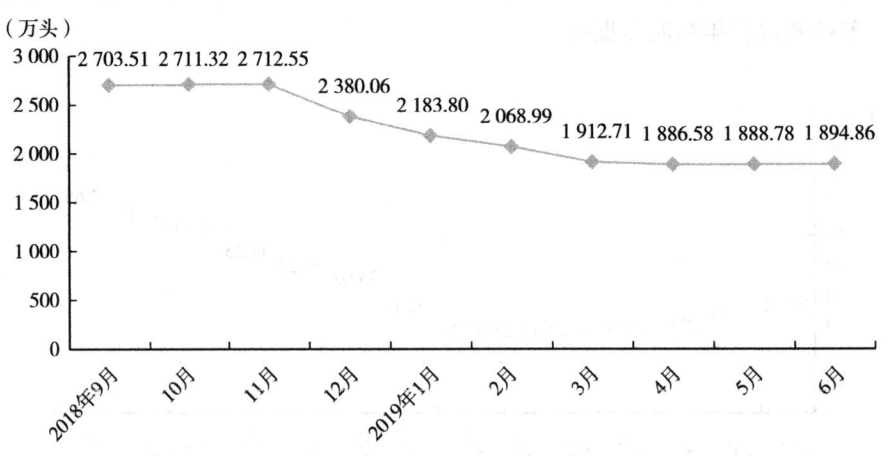

图 12-5　2018 年 9 月~2019 年 6 月河北省生猪存栏变动情况

资料来源：河北省畜牧站提供的行业数据。

（6）出栏量同比波动下降。

非洲猪瘟疫情暴发后河北省生猪月度出栏量同比均在下行区间，表明河北生猪产能不断下降。如图 12-6 所示，2018 年 12 月和 2019 年 1 月，河北生猪出栏量分别为 430.99 万头和 474.81 万头，增长了 3.21%。但从 2019 年 1 月开始，河北省生猪出栏量不断下降，5 月出栏量仅为 206.23 万头，同比下降 13.95%，

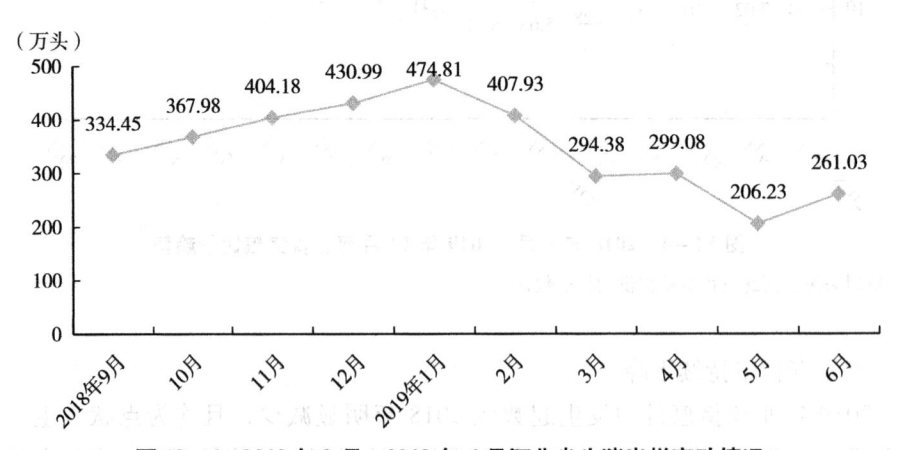

图 12-6　2018 年 9 月~2019 年 6 月河北省生猪出栏变动情况

资料来源：河北省畜牧站提供的行业数据。

较 1 月减少 56.57%。6 月出栏量为 261.03 万头，环比上升 26.57%，但同比下降幅度仍达 12.86%。总体来看，2019 年上半年河北省生猪产能较上年同期月度下降均值为 10.52%，其中第一季度平均下降 9.61%，第二季度下降均值为 11.42%，第二季度较第一季度产能下降幅度增加 1.81 个百分点。

（7）能繁母猪存栏深度下调。

从河北省监测数据进行分析，如图 12-7 所示，自 2018 年 9 月以来，河北省能繁母猪存栏已连续 10 个月下降，2019 年 6 月已经降至 210.92 万头，较 1 月下降 41.21 万头，降幅达 16.35%。由于 2018 年上半年猪价低迷已经导致养殖户大量淘汰母猪，能繁母猪存栏量已经达到低位，但由于非洲猪瘟疫情造成的行业恐慌，2019 年上半年河北省能繁母猪存栏量同比进一步深度下调，其中第一季度同比下调 23.61%，第二季度同比下调幅度为 30.67%。

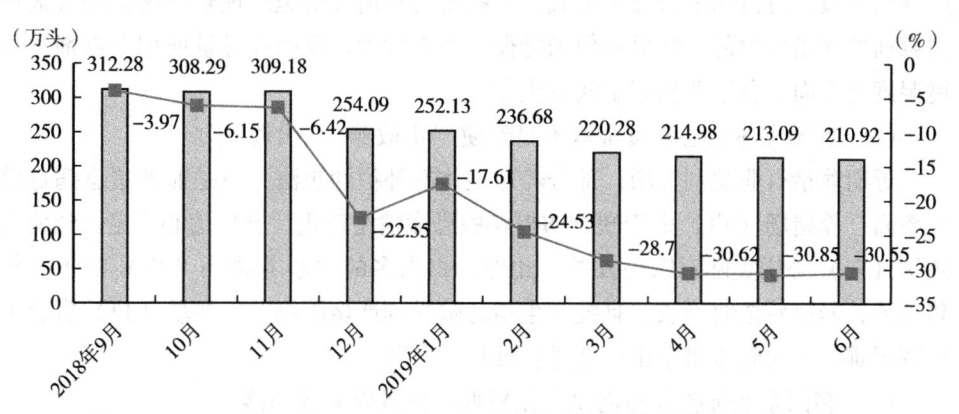

图 12-7 2018 年 9 月~2019 年 6 月河北省能繁母猪存栏量及同比变动情况

资料来源：河北省畜牧站提供的行业数据。

（8）补栏积极性显著提高。

仔猪价格自 2019 年 2 月中旬以来连续上涨，10 月第 5 周河北省仔猪平均出售价上涨至 78.00 元/公斤，环比上涨 2.0%，同比上涨 314.89%。二元母猪销量基本恢复至疫情发生前水平。目前生猪价格为 39.55 元/公斤，养猪户每出栏一头商品肥猪可盈利超过 2 500 元，最高可达到 3 000 元，养猪户补栏积极性显著提高。

12.2.2.2 当前生猪产业存在的问题

（1）"猪周期"与非洲猪瘟疫情冲击叠加致使产能深度下调。

2018 年 2 月开始，我国生猪生产进入新一轮去产能周期，存栏持续下降。

2018年8月初非洲猪瘟的突然暴发对本轮周期产生较大的扰动，不少养猪场（户）出于恐慌心理在上年10月开始大量清栏，导致从2019年6、7月开始生猪市场供应明显减少。河北省2019年6月生猪存栏及能繁母猪同比分别下降了29.55%、30.55%，略低于全国的下降水平，因此后期河北省生猪市场供应将依然偏紧。

（2）猪场生物安全措施改进不够致使复养困难重重。

自非洲猪瘟疫情暴发以来，从东北三省到河南省、安徽省、广东省、广西壮族自治区等生猪主产区，猪场在解除封锁后进行复产的多以失败告终，即便是大型养殖企业的复养成功率也偏低。分析其主要原因在于：对猪场自身生物安全漏洞评估不够，不能有效改进生物安全措施和流程；对周边地区疫情威胁的严重程度估计不足，在周边地区尚未彻底根除病毒和有效控制传染媒介的情况下开始复产导致失败；对猪场消杀毒不彻底，一些猪场对消毒措施的理解仅仅是用大剂量消毒剂处理猪场内部，结果不但未能彻底杀灭病毒，反而因过量使用消毒剂使环境湿度上升而有利于非洲猪瘟病毒生存。

（3）养殖主体信心和资金双不足致使"不敢养""没钱养"。

近期养猪行业盈利大增，部分养殖主体有补栏的想法，但是非洲猪瘟病毒致死率高，养猪场（户）由于缺乏防控经验恐慌情绪较重，补栏信心不足，致使养殖场（户）补栏实际意愿仍较差。此外，相当多的中小养猪场（户）由于上年猪价低，养猪亏损时间长，且疫区生猪运输受到严格限制，一些场（户）资金上出现困难，短时间很难拿出资金进行补栏或复养。

（4）多因素叠加扩大猪肉供求差短期高价难以大幅回落。

从生产的角度分析，由于前期能繁母猪下降较多导致基础生产能力难以恢复，市场出现种猪难求的局面。另外，一些养殖户把育肥猪转做种猪，也在一定程度上限制了当前市场供应的增加；从流通销售的角度分析，由于猪肉价格持续快速上涨，部分生猪屠宰加工企业加入抢猪、囤肉行列，人为加速了猪肉供应量下降，致使猪价、肉价持续上涨；从消费的角度分析，近期一些"猪肉限购""猪肉炫富"等虚假消息在网络传播，人为加重猪肉供应紧张氛围，进一步提高了消费者对猪肉的涨价预期。

12.2.2.3 后期生猪市场走势

2020年春节之前猪价仍将高位运行。河北省自2018年8月以来，能繁母猪存栏已连续11个月下降，2019年第三季度生猪存栏及能繁母猪同比分别下降了20.1%、19.9%，与全国形势相比，第四季度河北省生猪市场供应更加紧张，生猪价格和猪肉价格依然保持较大涨幅。另外，7、8月生猪存栏大幅下降，将直接影响元旦、春节期间的上市活猪量，因此，2020年元旦、春节消费旺季猪肉供应将继续呈现偏紧态势，年底前肉价还会高位运行。2020年1月底（春节前后），生猪价格将突破历史最高纪录，有可能攀升至45元/公斤以上，猪肉达到60元/公斤。

养猪场（户）补栏积极性提高，向好因素增加。为了恢复生猪产能国家密集出台多项政策措施支持生猪生产发展。2019年以来，各项政策措施正在抓紧落实，多数已经落地。河北等18个省份已相继出台稳定恢复生猪生产的具体措施，在政策利好和市场行情双重带动下，养殖场（户）补栏积极性开始恢复，向好因素增多。随着非洲猪瘟疫情进入相对平稳期，各项政策落地生效，预计生产积极性将进一步提升，2019年年底前生猪产能有望趋稳，2020年6月猪肉市场供应逐步稳定并恢复。

12.2.3 "后非洲猪瘟时期"创新服务模式做好疫情防控研究报告

2018年8月3日，沈阳某猪场确诊了我国首例非洲猪瘟疫情。在政府、养殖主体、科研工作者等多方共同努力下，我国在非洲猪瘟疫情防控中取得了有目共睹的成绩。2019年7月4日在国务院新闻办举行的加强非洲猪瘟防控工作有关情况吹风会上，农业农村部副部长对我国前段时间非洲猪瘟疫情防控效果总结道，总体看，非洲猪瘟疫情发生势头明显减缓，正常的生猪生产和运销秩序正在逐步恢复。生猪产业业内普遍认为当前形势与2018年刚发生疫情时有了很大不同，现在已经处于"后非洲猪瘟时期"，对非洲猪瘟疫病防控有了新认知。基于过去的实践经验，今后对非洲猪瘟疫情防控应适当进行以下修正和调整措施。

12.2.3.1 政府主导大环境的"非瘟"联合防控

非洲猪瘟疫情已在全国范围蔓延，不可能在短时间内根除，疫情防控应进入"持久对抗"阶段。政府应转变理念，做好打"持久战"的准备并依此重新制定防控政策，应当形成以政府为主导，政府—养殖主体—科研主体共同参与、联合防控的新格局。政府主要工作包括：第一，农业主管部门联合交通主管部门依据实际情况以区（县）为单位设置公路检查站，确保外地问题猪不进本区（县），本区（县）问题猪不出本地；第二，农业相关部门要加强对生猪屠宰厂的监管，配备官方兽医开展驻场检疫工作；第三，市场监督部门对市场中猪肉制品进行疫情排查，重点查处农贸集市中的小摊点、流动摊点等；第四，林业主管部门等对辖区内野猪保持一定频次的跟踪监测，防止野猪靠近养殖场感染疫病；第五，农业主管部门与金融部门积极筹划非洲猪瘟防控基金和推进保险金融服务建设。虽然早已将非洲猪瘟纳入强制扑杀补助范围，确定扑杀补助标准为1 200元/头，但东部地区按照中央补贴40%、地方政府补贴60%的执行标准，地方财政形成很大压力。就目前形势来看，在全国范围要打好防控非洲猪瘟的持久战，补偿资金完全由财政来解决是不现实的。因此，政府应通过多种渠道筹集资金缓解财政压力弥补资金缺口。

12.2.3.2 养殖主体做好养殖场的"密罐式"管理

根据非洲猪瘟防控的实践经验总结梳理，本书认为养殖场内非洲猪瘟防控的重点主要包括：第一，养殖场选址远离养猪密集区、屠宰场、生猪无害化处理场、人口密集区等地区。养殖场周围要定期消毒或用石灰带隔离，人员、车辆等进出道路要定期消毒或铺洒石灰。第二，养殖场内由实体隔断分割成不同生物安全等级的单元，猪舍为安全等级最高的单元。人员、车辆、物品等进入每一单元前必须进行有效的消毒防护，生物安全防护级别越高消毒防护措施越严格。第三，人员进入养殖场生产区前在指定地点封闭隔离48小时以上，隔离期间食物、生活用品等由专人递送。进入隔离房间后立刻洗澡更换隔离工作服，衣服及行李物品由专人负责消毒。隔离完成后，再次换新隔离服由专人专车送到养殖场。车辆进场要经过清除杂物——泡沫浸泡——水枪冲洗——消毒池消毒——烘干间烘干等程序。手机、钱包、快递等小件物品最容易成为防控漏点，消毒防疫不能忽视小件物品。第四，从养殖场外引种的种猪前期要在独立的隔离猪舍饲养观察，隔离猪舍中的猪只由专人饲养，不与其他猪舍饲养员接触，种猪入群前要进行采血检测。第五，降低卖猪频率，卖猪时要有专门的中转车辆从养殖场运出猪只，外来车辆不可靠近养殖场，中转车辆与卖猪车辆在养殖场外的缓冲区完成猪只转移。中转车辆运猪前后都要经过彻底消毒。第六，对病死猪与粪便的处理要严格按照规定流程，不可与活猪、饲料等二次接触。死猪处理过程中要用一次性塑料袋包裹，掩埋时病死猪上下层都要铺洒石灰，掩埋处理的病死猪要确保发酵。第七，考察饲料生产商产品原材料、生产过程、产品运输是否符合规范，不使用来源不明或不符合生产规范的饲料，禁止使用猪源性饲料，禁止使用厨余泔水作为饲料。第八，养殖场员工食堂要与养殖场内部（尤其是猪舍）之间形成实体围墙隔离带，食料、厨余泔水等严禁进入养殖场内。行政办公、后勤、饲养员、厨师等分开在不同餐厅就餐。厨师以外人员不得进入厨房，禁止帮厨。第九，进入猪舍的水要经过臭氧、酸化中和或高温等方式消毒，要定时对养殖场内水源管道内外清洗。做好养殖场内雨污分离，对雨水、污水等有导流设施。第十，设立"防非"专项奖金，对及早发现患病猪只的饲养员给予相应奖励。

12.2.3.3 科研工作者打造志愿技术服务团队

防控实践证明一线科研工作者在猪场布局规划、作业流程、消毒灭毒、患病猪只处理、复养生产等环节中均起到了技术支撑作用，极大降低了非洲猪瘟发生的风险。大多数科研工作者与养殖主体在非洲猪瘟的防控合作中都取得了双赢的结果。对于养殖主体而言这是一种高性价比的合作，而科研工作者也在实战中累积了丰富的防控经验。因此，建议通过志愿技术服务团队的形式来深化这种合作。以农业类高校、科研院所等单位的科研工作者为主体组建非洲猪瘟防控志愿服务团队。由农业主管部门牵头搭台，志愿服务团队和养殖主体相互选择，确保有需要的规模化养殖场能对接志愿技术服务团队，形成稳定的非洲猪瘟防控志愿技术服务体系。

服务体系中农业主管部门主要工作包括：第一，制定非洲猪瘟疫情防控志愿技术服务工作宗旨、原则等；第二，协调志愿技术服务工作中各主体间的工作对接，制定相关政策为开展志愿技术服务工作提供便利；第三，定期组织召开由养殖主体、志愿服务团队、基层兽医工作者参加的疫情防控经验交流会与技术培训会；第四，监督管理志愿技术服务工作，考核评定工作效能，对工作优秀的志愿技术服务团队给予荣誉性奖励。

养殖主体的主要工作包括：第一，养殖主体与志愿技术服务团队在工作宗旨和原则等范围内根据养殖场实际情况商定工作思路、执行工作计划；第二，及时准确向志愿技术服务团队提供养殖和疫病防控的基本情况，做到实事求是；第三，必要时为进驻养殖场的志愿服务团队提供进场工作便利及必要的防护措施和装备。

志愿技术服务团队的主要工作包括：第一，秉承志愿者精神，根据养殖场实际情况全心全意、实事求是为养殖场"量身定做"疫病防控计划；第二，以各志愿技术服务团队为节点，以互联网为载体构建区域防控网络，通过信息化、大数据等手段实现疫情信息、防控经验等信息共享；第三，根据在养殖场内的一线防控工作及时总结、评估、反馈、修正防控措施；第四，在实战中总结防控经验，思考当前河北省在非洲猪瘟及其他生猪疫病防控层面的短板，为补齐非洲猪瘟及其他生猪疫病防控短板提供指导意见。志愿技术服务体系运行稳定且良好后再逐步扩大,将屠宰加工企业主体、养猪协会合作社、生猪散户养殖主体等纳入体系服务范围。如果这一模式运行效果良好,并在实践中不断丰富体系完善机制,可以成为防控非洲猪瘟的一个典型创新模式,也为今后其他畜牧业疫病防控提供经验模式借鉴。

12.2.4　非洲猪瘟背景下的粪污资源化利用分析

作为生猪产业链中最基础的环节,我国的生猪养殖业一直以来都是农业生产中的重要组成部分,在第一产业领域中发挥着不可替代的作用。我国自2018年在辽宁沈阳暴发首起非洲猪瘟疫情后,2019年2月24日,河北也暴发了非洲猪瘟疫情,截至2019年8月10日,全国共发生148起非洲猪瘟疫情,累计扑杀生猪120万头,造成直接经济损失高达数十亿。在对非洲猪瘟疫情的研究过程中发现,畜禽养殖过程中产生的粪污也可能会携带非洲猪瘟病毒。因此,如何更加无害、有效地推进生猪粪污资源化进程,成为众多养殖主体亟须解决的问题。

自2017年国家提出要全面推进废弃物资源化进程以来,农业农村部、各地方政府积极响应国家号召,给予相应的政策及实际支持。2018年,国务院发布的2018~2022年《乡村振兴战略规划》再次强调了废弃物资源化的推进要求。发展现代农业,实现乡村振兴,废弃物资源化利用是必经之路。废弃物资源化利用的主要组成部分就是粪污资源化利用。而作为粪污产生及治理的主要责任主体—养殖主体,更要明确了解目前的养殖现状和政策要求。

12.2.4.1　政策要"领"

2016年河北省省内畜禽养殖粪尿排放量约9 600万吨,畜禽养殖粪污综合利用率达到65%左右。到2018年,以畜禽粪污作为原料的沼气工程清洁能源年产量为9 537.7万立方米。河北省针对省内养殖现状,在立足国家政策的基础上,也提出了推进河北省粪污资源化利用的方针政策。河北省政府在《关于印发河北省畜禽养殖废弃物资源化利用工作方案的通知》中,针对肥料化使用和能源化利用方面都提出了明确的要求。在肥料化使用方面,对于大中型和中小型养殖场在有机肥生产上制定了不同的支持政策:鼓励大中型养殖场与加工厂和社会化组织进行合作,鼓励中小型场采用"堆沤发酵"方式就近就地还田。在有机肥的使用上,通过开设试点和建立田间配套设施来鼓励消费者进行使用。在能源化利用方面,支持大型场开展沼气工程入户,用于发电、供气等。生产完的沼渣用于农业生产，从而实现资源的循环发展及利用。

12.2.4.2 现状要"明"

河北省的生猪粪污资源化进程正在有序推进。各规模养殖场内都配有专门的粪污处理设施或场所，从简单的蓄粪池到复杂的粪污专业处理设备，都体现出了养殖主体对粪污资源的重视程度在不断提高。尤其是在非洲猪瘟疫情出现后，生猪养殖过程中的粪污也成为疾病的传染源之一。

此处以粪肥的加工为例。为了降低粪污传染的可能性，在粪污处理工艺上，干清粪工艺成为众多养猪场的主要选择。干清粪工艺是指在养猪场内采用人工或机械方式将全部或大部分的固体粪便从猪舍地面上进行收集，地面残余粪尿用少量水冲洗，从而使固体和液体废弃物分离的一种粪便清理方式。

在对粪污资源做初步处理后，再加工主要有两种途径。其一就是对于集生产与加工于一体的养猪场，在初加工的干清粪中添加有机质或进行其他技术处理，使其成为附加值更高的有机肥；其二就是将初加工的肥料运输到专门的加工厂中用于深加工。

在非洲猪瘟暴发前，有相当一部分猪场直接联系加工厂到猪场内运输粪污，并且往往在这种情况下，加工厂还会给予养猪场很大的优惠，譬如减免运输费用等，而养猪场也往往在粪污出售价格上给予折扣或者采取赠予的方式进行出让。但是在非洲猪瘟暴发后，由于非洲猪瘟病毒的"无孔不入"，从加工厂到养猪场内直接进行运输已经难以实现。针对这一情况，目前采取的措施是养猪场将粪污资源运输到一个单向进出区域。养猪场从入口将粪污资源存放到一个区域当中，加工厂从出口处直接收集，二者不进行直接接触，如图12-8所示。

图12-8　非洲猪瘟后生猪粪污运输至加工厂示意

12.2.4.3 问题要"清"

当前的粪污资源化方式能够在一定程度上解决外界非洲猪瘟病毒传播的可能性，但是从粪污资源化利用的推进过程来看，目前仍存在许多制约问题：

一是对非洲猪瘟危害性的认识不够充分。从1921年非洲猪瘟首次暴发，至今已有62个国家出现非洲猪瘟疫情，但彻底清除非洲猪瘟疫情的仅有13个国家。邻国俄罗斯受非洲猪瘟（2007年暴发）困扰多年。我国自2018年暴发非洲猪瘟疫情以来，总体疫情控制稳定，但是由于养殖者对非洲猪瘟严重性认识不充分，往往会带来难以估计的损失，同时也会制约粪污资源化利用的发展。

二是粪污资源利用的成本高，附加值低，养殖主体的参与积极性差。大部分养猪场对于粪污资源的加工仍处于初级阶段，即简单将粪污进行无害化处理后就放置到农田中，粪污资源所含有的有机质成分难以被充分利用起来；对于中小型猪场而言，购置专门的粪污处理设备和技术有较大难度。在非洲猪瘟暴发后，猪场粪污资源的运输又成为困扰加工厂的一个难题。作为市场经营主体的一部分，盈利必然是其首要目标。一方面要完成国家或地方政府的无害化、资源化处理任务，另一方面又要考虑自身的盈亏情况，所以只能选择成本较低的资源化利用方式，导致非洲猪瘟传播的风险增加，粪污资源化利用进程受阻。

三是粪污资源化成品的推广力度不足，市场竞争力差。种植户对于肥料的选择，其一是看价格，其二是看能不能让作物高产。粪污资源制成的有机肥在肥力上要优于传统化肥，但是在实际选择上，种植户仍然愿意选择后者，除了价格原因以外，更多的是对于有机肥的不了解、不信任。

四是粪肥成品缺乏统一的技术标准，针对性有待提高。在使用当中，大多数种植户往往依靠自己多年以来的种植经验选择肥料，但是对土壤或作物的实际需求缺乏了解，因此会导致肥料有机质的流失，造成资源浪费。

12.2.4.4 对策要"准"

对于上述提到的问题，应该从养猪场自身的角度出发，结合当下的政策措施，寻找解决对策。粪污资源化利用的技术和设备成本占据了投入总成本的"半壁江山"，因此养殖主体要学会充分利用政府政策中的支持条件来改善自己的利用情况。本书认为，可以从以下几方面考虑：

一是帮助养殖主体更加充分地了解非洲猪瘟疫情。基层的养殖主体对非洲猪瘟的认识及了解可能存在滞后现象，因此可以采取更加细致的方式对非洲猪瘟疫情防治进行宣传。例如，到基层进行培训讲座，利用广播、电视等途径进行政策解读，发放"非瘟疫情防治措施明白纸"等。

二是提高养殖主体学习、了解政策的主动性与积极性。想要充分利用政策中的有利点，必须要认真研读政策的具体内容。当前，许多养殖主体受主客观因素影响，不愿意去看或不愿意了解相关政策内容，只是通过"口耳相传"的方式来了解大体内容。因此，推进粪污资源化利用的进程，必须要提高养殖者在政策学习方面的积极性。充分熟悉政策才能为削减成本提供理论依据。

三是建立粪肥加工者与需求者联系的有效机制。"按需生产"可以说是企业生产成本最为低廉的一种方式了。对于需求方而言也比较稳定，针对性也较强。具体来说，双方可以建立定期互访制度，以更好地了解双方的需求。

四是加大对粪肥的推广宣传力度。当种植户充分了解粪肥的好处后，粪肥的价值才会被人们所认可，才会真正地进入流通环节当中，从而得以建立粪肥的长效生产与消费机制。

12.3　生物安全体系建设类专项研究

12.3.1　非洲猪瘟背景下规模猪场生物安全体系建设的探讨

我国的生猪养殖业作为生猪产业链中最基础的环节，一直以来都是农业生产中的重要组成部分，在第一产业领域中发挥着不可替代的作用。自2018年非洲猪瘟疫情在我国辽宁省沈阳市首次暴发后，截至2019年8月10日，全国共发生疫情148起，累计扑杀生猪120万头，造成直接经济损失高达数十亿元。1909年，非洲猪瘟在非洲肯尼亚首次暴发，随后席卷全球。目前全球已有68个国家（地区）受其影响，但迄今为止，只有13个国家（地区）完全消除了非洲猪瘟疫情。已有的研究结果表明，非洲猪瘟病毒基因类型丰富、数量庞大、免疫逃逸机制复杂多变，能够从宿主免疫细胞的清除过程中逃离，因此疫苗研制十分困难。虽然非洲猪瘟疫情形势比较严峻，但了解其病毒特性后，通过制定严密的生物安全措施，控制传染源，切断传播途径，是能够做到可防可控的。通过查阅资料发现，血液、组织、分泌物和排泄物为非洲猪瘟的主要传染源，传播途径中人员、物资及车辆是最为主要的。根据非洲猪瘟病毒怕高温、怕干燥、怕强酸、怕强碱的"弱点"，可通过制定、实施生物安全措施，将猪场的损失降到最低。

非洲猪瘟的发生将加速散户退出生猪养殖业，因此本节将规模猪场生物安全体系的建设作为主要研究对象，从基础设施、人员管理、车辆管理、物资管理、风险动物控制和污物处理等多个方面对规模化猪场非洲猪瘟的防控进行论述。

12.3.1.1 基础设施

（1）场址选择。

猪场的场址选择是最为基础的环节，可为生物安全工作的后续开展提供良好的条件。猪场选址建设要符合国家《动物疫病法》规定的卫生防疫条件，远离城镇居民生活区、学校科研区等人员密集区域和水源地，防止对周围居民的正常生活带来负面影响的同时降低人员流动带来的疫病威胁。远离交通主干道和公路交叉区，降低车辆流动带来的生物安全风险，但交通基础条件要好，便于生猪及物品的运输。要事先了解场址周围生猪养殖密集度，密集度越低生物安全威胁越小，远离农贸交易市场、垃圾处理场和动物诊疗机构。必须保证猪场具备良好的通风及采光条件，水电等基础设施要完备，最好有树林和湖泊作为天然的生物安全保护屏障。

（2）场内建设。

第一，猪场内主要功能区要清晰、相互独立。主要功能区包括办公区、生活区、隔离区、生产区及无害化处理区等，根据地势及主风向，由高到低对其进行依次建设，各个区域之间都应设有卫生消毒间，且区域之间只有一个通道，禁止人员的逆向流动，降低生物安全风险。第二，净区与污区：净区与污区是相对的概念，生物安全级别高的区域视为相对的净区，生物安全级别低的区域视为相对的污区，介于净区与污区之间可视为缓冲区。只要从污区进入净区，人员必须进行消毒、换鞋、换衣服、洗手、工具区分。

（3）配套设备设施。

规模猪场生物安全工作的开展，基础配套设备一定要完善。应建立洗消烘干中心、洗消车辆设施、基础检测设备，如荧光 PCR 仪或快速检测设备、臭氧发生器等基础消毒设备。场内场外运输工具要区分使用，应配有内引回场车及外引离场车。应配备智能化监控，对猪场进行全方位无死角的全天检测。

12.3.1.2 人员管理

（1）外来参观人员。

要进行预约，至少提前两天向猪场相关负责人提出申请，并提供近期活动背景，经猪场审查合格后才可同意到场参观，并发放申请合格证，合格证必须一人一张，不能多人同时使用或冒用，参观人员到场后要及时出示申请合格证，门卫对人员进行入场登记，并再次询问近期是否与易感动物有近距离接触。要进行消毒，并在规定隔离区隔离 48 小时，未经允许的外来参观人员不得进入养殖场的生产区。

(2) 场内员工。

外出员工返场：返场要提前 24 小时提出申请，提供出场后去向并经审查合格后才可同意返场。返场员工要将携带的物资进行检查并消毒，再进行两次隔离，第一次隔离为 3 天，要采取返场员工衣物、皮肤等样本送实验室进行 PCR 检测，检测呈阳性的员工，禁止进入二次隔离。进入二次隔离区的员工，所有用品都应由场内消毒后统一提供，不得将私人物品带进二次隔离区，在入场工作前应再次进行 PCR 检测，结果呈阴性的才能入场工作。在隔离区时遵循场内规定的运动路线进行日常活动。

工作时员工：场内每个功能区的员工要严格按照规定路线进入各自的工作岗位，根据不同区域生物安全等级进行人员管理，不同功能区员工禁止交叉串岗，遵循单向流动的原则，严厉禁止逆向进入生物安全更高级别的区域，可用员工服装颜色将不同区域员工进行区分（具体颜色各场可灵活安排）。

(3) 运输司机。

司机人员要固定，每次运物资进场人员只限一人，车辆进行清洗时，司机应按照规定运动路线消毒后进入司机休息区。

12.3.1.3 车辆管理

(1) 运输车辆。

运输车辆要进行运输备案登记和严格的车辆消毒流程，洗消员按照预检——驾驶室清理——冲洗——泡沫浸润——二次清洗——沥水干燥——消毒——烘干——驾驶室臭氧熏蒸流程洗消；车辆消毒按照自上而下，车头到车尾，由内至外的顺序，对车顶、车厢、底盘、脚垫等进行全方位无死角清洗，车辆消毒完毕后要对洗车房及设备进行清洗、消毒和烘干。

(2) 场内车辆。

场内场外应在不同区域配备专门的工作车辆，要做到专区专用，如专用铲车、粪污车、运猪中转车各个区域消毒车辆相互不影响独立工作，车辆使用后应立即进行清洗、消毒和干燥。私家车一律不得进场。

12.3.1.4 物资管理

生活食材。食材的选取要固定，如有条件可由外部统一煮熟后配送。食材生产、流通背景要做到清晰可查、可控，达到食用安全标准。偶蹄类动物生鲜食品及加工制品禁止入场。蔬菜和瓜果类食材无泥土、无烂叶，禽类和鱼类食材无血水，使用食品消毒剂清洗后入场。猪场厨房提供熟食，禁止外来生鲜食材进入。饭菜容器经消毒后进入。

兽药疫苗。进场：兽药疫苗进场前要进行检验，检验合格后，兽药疫苗类物品拆除外包装后用75%浓度酒精喷洒消毒，禁止与地面接触。登记：所有消毒后的兽药疫苗要进行入库登记，包括兽药疫苗的名称、运输车辆车牌号、总重量、总包数、入库时间和检验状态、运输人、检验人和登记人姓名都要记录在册。在保存过程中，保管员要对兽药疫苗及时进行检查消毒，查看有无逾期和感官变化，如发现上述情况应及时向主管人员反映，并进行登记。使用：兽药疫苗的使用应坚持先进先出的原则，兽药疫苗的使用应遵循兽医开具的处方，由猪舍专人负责领取，饲养员不得随意领药。领取时须登记，领取后如未使用也不得放回仓库。使用时应由本场兽药人员操作，严格按照说明书或规章制度使用兽药疫苗等药品，注射器要做到一猪一针头。使用完毕后，应将兽药疫苗的盒（瓶）放回登记处，经保管人员核对后才能离开。

饲料。严厉禁止泔水喂猪，猪场应选择可靠的饲料供应商并详细了解其生产方式、运输方式及饲料成分，拒绝与猪同源的产品并保证饲料中不含有害成分，饲料要进行熟化，降低感染病菌的可能性，减少病毒的活性。饲料入库前要对饲料包装进行消毒，入库时要做好登记。

水源。猪场水源多来自河流水或地下水，为防止水源被污染带入病毒，猪场用水必须经过消毒后才准许猪场人员及易感动物饮用。对水源要进行定期化验检验，并进行登记备案。

生活物资。生活物资要由专人专车集中购买，购买地点要固定，进场登记前要经臭氧或熏蒸等消毒处理，要减少购买和入场频率，尽量避免与外界进行不必要的接触。

12.3.1.5 风险动物控制

根据病毒的传播途径，应对猪场内外的风险动物进行控制，可能将携带危害猪群健康的病原带进场内的动物，如野猪、牛、羊、鸟、鼠及蚊蝇等，禁止在猪场内和周围出现。

（1）场外管理。

规模生猪养殖场一般会选择远离城市的乡村地带，应事先了解猪场所处的地理环境周围是否有野生动物出没，尤其是野猪，发现后及时进行驱赶；猪场大门应选用密闭式，门与地面缝隙不超过1厘米，防止老鼠等生物进入，日常要保持大门关闭状态；猪场应设围墙，不得有缺口，且围墙上不得有爬墙类植物，一经发现应立即处理，要定期对围墙进行巡视，发现漏洞要及时修补。

（2）场内管理。

场内严禁饲养宠物，猪舍门无特殊情况应常保持在关闭状态，猪舍外墙除通风口、排污口不得出现其他缺口，并在通风口、排污口安装高密度铁丝网，窗户安装纱网，防止鸟类和老鼠进入。对房顶也要进行定期巡查，发现漏洞及时修补。赶猪过道和出猪台设置防鸟网，防止鸟类进入。

12.3.1.6 污物处理

（1）病死猪要无害化处理。

规模化猪场应结合自身实际情况，按照《病死及病害动物无害化处理技术规范》等相关法律法规及技术规范，配备符合本场的无害化处理设施，并对无害化处理做好记录；猪场死猪、死胎及胎衣严禁再出售和随意丢弃，及时清理并放置在指定位置，严厉禁止对病死猪进行解剖。要注意在进行无害化处理的过程中不得影响周围环境及污染地下水，如无法当日对病死猪进行处理，需低温暂存。无害化处理完成后要用漂白粉对表层土和运输路进行彻底消毒。

（2）粪便无害化处理。

猪场的粪便要及时清理，圈舍要适当通风，粪便要回收到专门的区域并进行消毒处理。目前正在使用的粪污处理方式有沼气法、腐熟堆肥法和烘干法等。不同规模场要根据自身实际养殖情况，选择适当的粪污处理方式。

（3）医疗废弃物处理。

兽药疫苗瓶等医疗废弃物要及时进行无害化处理。猪场医疗废弃物包括过期的兽药疫苗，使用后的兽药瓶、疫苗瓶及生产过程中产生的其他废弃物。根据废弃物性质采取煮沸、焚烧及深埋等无害化处理措施，严禁随意丢弃。要放置统一地点、集中处理。

（4）餐厨垃圾处理。

餐厨剩余物是非洲猪瘟暴发的重要原因之一，必须严格执行禁止用餐厨剩余物喂猪，餐厨垃圾应每日清理，避免滋生细菌。

12.3.1.7 结语

2019年（除4月份外）以来，非洲猪瘟每月新疫情暴发数量均为个位数。可以看出，非洲猪瘟疫情发生速度明显减缓。非洲猪瘟与其说是天灾，不如说是人祸。生物安全工作不仅能有效降低非洲猪瘟带来的损失，而且能促进生猪养殖行业的转型升级。生物安全作为成本最低、效果最好的防控措施，各大规模猪场更应根据自身情况逐步落实。只有养殖主体重视生物安全问题，才能有效推进生物安全防控措施的实施，从而进一步降低非洲猪瘟带来的损失。

12.3.2 不同养殖规模下生猪疫病风险认知对养猪户生物安全行为的影响

高致病性蓝耳、高热病、口蹄疫和伪狂犬等重大动物疫病严重影响生猪产业的健康发展，大量研究结论和成功疫病防控案例指出生物安全体系对有效预防和控制动物疫病暴发与流行有重要作用。我国2018年发生的非洲猪瘟疫情使广大生猪养殖户对生物安全重要性的认识空前提高。生猪疫病风险认知是养猪户在经营过程中对各种疫病所表现出来的主观感受和心理认识，其对促使养猪户生物安全意识转化为生物安全行动有重大影响。研究养猪户疫病风险认知对其生物安全行为的具体影响，对制定政策激励养猪户补齐生物安全措施短板具有重要现实意义。同时，当前关于猪场养殖规模与生物安全的关系存在诸多争议，例如，非洲猪瘟暴发初期，普遍认为"小散户"是生物安全重灾区，随着大型猪场不时沦陷，又有人说规模猪场的生物安全风险更大，因此，猪场养殖规模与生物安全的关系有待进一步研究。在此背景下，本书利用河北省786个养猪户的调研数据，建立多元有序Logistic模型研究养猪户疫病风险认知和养殖规模对其生物安全行为的影响，并在此基础上，进一步探究不同规模养猪户的生物安全行为和生猪疫病风险认知差异，旨在为相关政府部门出台政策促进养猪户提高生物安全体系建设水平，保障生猪产业健康发展，稳定猪肉市场有效供给提供理论和实证依据。

12.3.2.1 文献回顾

（1）生猪疫病风险研究。

生猪疫病风险概念来源于动物疫病风险，是指在一定的区域内，在生猪养殖、调运、屠宰和加工过程中，因生猪疫病致病因子的产生、传播、扩散而导致社会、环境和生猪群体遭受损失的可能性以及损失大小。当前学者们对生猪疫病风险的研究分为两个方向，其中自然学科方面的研究占据绝大多数，社会学科方面的研究呈逐年递增趋势。在生猪疫病风险自然学科研究方面，学者们主要是通过技术手段针对影响生猪健康的各种疫病提出防治措施或规避方法。夏红民

（2005）对口蹄疫、非洲猪瘟、猪水泡病和猪瘟等生猪常见疫病风险从疫病概述、风险评估和风险管理三个方面进行了系统研究。万昭军（2010）等采用对比试验方法研究了"发酵床"技术应用对生猪疫病风险的影响后得出，"发酵床"技术增大了生猪患呼吸道和消化道疾病的概率。在生猪疫病风险社会学科研究方面，当前学者们主要是把"生猪疫病风险"作为众多影响因子中的一个因子，放在模型中进行研究。李燕凌等（2013）指出生猪疫病风险对生猪市场价格变动有显著影响。王明利和肖洪波（2012）等通过实证研究得出，生猪疫病风险是生猪产业波动的重要外部冲击因素，而且由于生猪生产具有时滞性特征，疫病对供给造成的影响更大，持续时间更长。

（2）养猪户生物安全行为研究。

当前，我国尚未出台生物安全体系建设标准。养猪户防疫条件建设主要根据原农业部2010年1月4日颁布的《动物防疫条件审查办法》。该办法对养殖场选址、布局、防疫设施、配套的执业兽医或乡村兽医和关于免疫、用药、检疫报告、消毒、无害化处理、畜禽标识等制度及养殖档案建设提出了明确要求。我国养殖行业一直以粗放式经营模式为主，据2015年统计数据显示，领取动物防疫合格证的养殖户不足65%。学者们对猪场生物安全体系建设的研究主要集中在解释生物安全体系的定义和如何建立猪场生物安全体系两个方面。猪场生物安全体系建设，需要从猪场建设和管理两个方面入手。胡新岗和黄银云（2017）指出生物安全体系建设涉及场址选择、规划布局、设计建造、饲养方式、人员管理、车辆管理、用具管理、饲料及饮水管理、粪污及废弃物管理、虫鼠及飞禽控制、消毒、疫苗接种、检疫检测、疫病处理和疫病防治等诸多方面。李晓露（2018）指出猪场生物安全体系建设包括选址、建场、养殖、防疫、粪便及废弃物的无害化处理等方面。许拓等（2018）提出从猪场选址与布局、人员管理、外来物资消毒、车辆管理、消毒管理、疫苗免疫和引种隔离管理七个方面建设猪场生物安全体系。

综合学者前期研究成果，结合国家《动物防疫条件审查办法》相关规定，本书把"猪场的选址与布局""进出猪场的人员管理和防疫""进出猪场的车辆管理和防疫""进出猪场物品管理和防疫""养殖场内外环境管理和防疫""疫苗、药物使用管理和防疫""饲料、饮水管理和防疫""引种隔离管理""全面消毒管理""采用分点饲养方式""采用全进全出饲养模式""对蚊蝇、鼠、鸟等防控"12项生物安全体系建设项目作为养猪户生物安全行为的分析框架。

（3）生猪疫病风险认知与养猪户生物安全行为关系研究。

认知是把通过感觉器官得到的信息加以整合、解释和赋予意义的心理活动过程，其对个人行为和结果有重要影响。国内外学者普遍认为，养殖户的动物疫病风险认知对其防疫行为有显著影响。相对于国外较早开展的动物疫病风险感知与防疫关系研究，国内相关研究才刚刚起步。皮金等（Pidgeon et al.，2010）指出个体的决策行为直接建立在其对风险的感知上；科维洛等（Covello et al.，2010）利用纽约市西尼罗河病毒流行案例研究得出个体对动物疫病风险感知显著影响其行为；瓦列娃等（Valeeva et al.，2011）以荷兰育肥猪场为例指出养殖户对动物疫病风险感知程度能显著促进其采取防疫措施；唐素云（2015）指出环境风险感知对环境行为有显著正影响；张郁和江易华（2016）研究得出养猪户环境风险感知对其环境行为采纳存在显著影响；黄泽颖和王济民（2017）基于331个肉鸡养殖户的数据进行研究发现动物风险认知对养殖户增加防疫布局数量要求有显著正影响。遗憾的是，生猪疫病风险认知与养猪户生物安全行为的关系鲜有证实。

（4）不同养殖规模下养猪户生物安全行为和生猪疫病风险认知研究。

学者们对不同养殖规模猪场该如何建立生物安全体系的相关研究非常丰富。但把"养殖规模"作为一个因子，对其与生物安全行为和生猪疫病风险认知之间关系的研究还比较少，相似的研究有黄泽颖和王济民（2017）通过分析不同规模肉鸡养殖场在养殖场防疫布局要求达标情况后，得出从散养户到大规模养殖场随着养殖规模逐渐扩大，养鸡场防疫布局要求达标比例显著提升，且对疫病非常了解的样本比例整体呈现增长态势。

综上所述，可以得出如下结论：首先，在当前养猪业面临生物安全风险高发的背景下，生猪疫病风险认知这一养猪户重要的心理因素对其生物安全行为的影响机制还有待进一步研究和论证。其次，把"生猪养殖规模"作为解释变量引入研究模型，分析不同规模养猪户生物安全行为和生猪疫病风险认知，可以为解决当前"生猪养殖规模与生物安全关系"的争议提供实证依据。

12.3.2.2 理论分析、研究假设与模型构建

（1）理论分析。

行为决策理论最早始于阿莱斯悖论和爱德华兹悖论，是从新角度阐释经典理性决策理论中无法解释的问题发展起来的。行为决策理论从决策者的具体行为出发，考虑个体决策者的认知和主观意识，以及外部环境对决策者心理和行为的影响，改善了理性决策理论中关于"个体完全理性"的假设限制，增强了决策行为的解释力和预测力。本书研究基于行为决策理论，以养猪户生物安全行为受其对生猪疫病风险认知影响为前提假设，运用多元有序 Logistic 回归分析方法，针对养猪户生物安全行为进行研究。

（2）研究假设。

当前学者对风险感知在人的行为决策中所起到的作用进行了广泛研究，普遍认为风险感知在人类行为决策中扮演着重要角色。动物疫病风险主要由致病因子的危险性、宿主的易感染性和环境的影响三个因素共同作用产生。为了准确界定生猪疫病风险认知，本书在参考前期学者研究成果的基础上，与相关领域的专家、猪场经营者、政府疫病监测部门工作人员进行交流后将养猪户对生猪疫病风险认知分解为：生猪病源的危险性风险认知、生猪易感性风险认知和外部环境风险认知。

第一，生猪病原的危险性风险认知。病原的危险性是指病原的致病力，其大小取决于病原微生物的致病性和毒力。生猪病原的危险性风险认知就是指对某种类型病原微生物在一定条件下引起生猪发生疫病的危险程度认知和对该病原微生物致病强弱程度认知的统称。一般地，病原毒力越强、变异性越大、病原侵害的部位越重要、传播力越强、宿主越多，病原的危害性就越大。养猪户对引起生猪疫病的各种病原的危险性风险认知程度越高，越倾向于采取生物安全行为保卫生猪健康。

第二，生猪易感性风险认知。生猪易感性风险是指在相同环境下，不同品种、不同个体患病的风险。生猪的易感性与遗传特征，与其生长发育、营养、免疫、机体活动状态等有关。对生猪易感性风险认知包括生猪遗传性易感性和获得性易感性两个方面，遗传性易感性主要是由于不同品种生猪或同一品种的不同个体由于遗传物质上的差异造成对某些病原微生物易感程度的差异；获得性易感性则是通过环境、管理的调节可以使生猪易感性发生变化，如加强饲养管理和免疫接种都可以使生猪易感性发生变化。一般生猪易感性越强，患病的风险就越高。养猪户对生猪易感性风险的认知水平越高，越倾向于采取生物安全行为规避疫病风险。

第三，外部环境风险认知。从动物疫病角度看，环境是一个非常宽泛的概念，包括自然环境、社会环境、政策环境、经济环境以及畜牧业发展状况等。病原危险性和生猪易感性决定了在存在风险因子的情况下，生猪能否感染以及感染的后果怎么样，而自然、社会、经济和生猪防疫政策等各种外部环境对疫病流行能否起决定性作用。例如，疟疾需要蚊子作为传播途径，受自然因素影响，此病多集中于雨水充沛的热带和亚热带，在寒带就没有流行。当前非洲猪瘟疫情点状发生，国家出台的各种疫情防控措施，如扑杀、禁运等，都会对生猪行业产生一定影响。一般养猪户对外部环境风险认知程度越高，越倾向于采用生物安全行为减少损失。

第四，养殖规模对养猪户生物安全行为的影响。除了当前实务界对养殖规模与生物安全的关系存在争议外，实际上围绕规模化养殖能否促进养殖户防疫开展的问题，学术界的"促进派"和"阻碍派"已进行了广泛讨论，但至今仍无定论。

基于以上研究，本书提出如下研究假设：

H1：养猪户生猪病原的危险性风险认知正向影响其生物安全行为的实施。

H2：生猪易感性风险认知正向影响其生物安全行为的实施。

H3：外部环境风险认知正向影响其生物安全行为的实施。

H4：养殖规模不同养猪户生物安全行为有所差异。

第五，不同规模养猪户生猪疫病风险认知差异的影响。不同规模养猪户的人力资本、硬件设施和管理水平等各方面存在差异，可能导致养猪户生猪疫病风险认知差异，进而影响其生物安全行为。随着养殖规模扩大，养殖场防疫布局要求达标比例和对疫病非常了解的样本比例都呈现显著上升趋势。基于此本书提出如下研究假设：

H5：不同规模养猪户生猪疫病风险认知存在差异。

综合研究假说H1~H5，得出本书的理论研究模型，如图12-9所示。

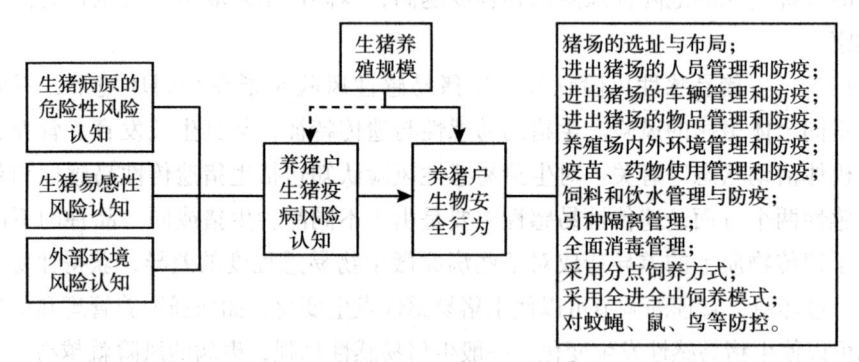

图12-9 理论研究模型

（3）实证分析模型构建。

本书研究的因变量为"养殖户生物安全行为"，根据问卷调查题目"您当前采取的生物安全防控行为有哪些？"具体选项包括前文所描述的"猪场的选址与布局"等12种行为。把养猪户所选择的生物安全行为按照个数进行累加求和，采纳其1~4种生物安全行为的称为"生物安全一级"，赋值为1，采纳5~8种的称为"生物安全二级"，赋值为2，采纳9~12种的称为"生物安全三级"，赋值为3。基于此，本书建立多元有序Logistic模型如下：

$$\ln\left[\frac{\sum_{i=1}^{j} P_i}{1 - \sum_{i=1}^{j} P_i}\right] = \alpha_j + \sum_{i=1}^{m} \beta_i x_i, \quad j = 1, 2, 3, \cdots, k-1 \quad (12.1)$$

其中，P_i代表运用某一等级生物安全行为的概率，α_j是模型的截距，β_i为偏回归系数，x_i 为 m 个影响养猪户环境行为的采纳的自变量。

12.3.2.3　数据来源与变量描述

（1）数据来源。

本书所使用的数据来源于河北省畜牧总站 2019 年 3 月 1 日~3 月 8 日开展的河北省生猪养殖场（户）生物安全体系建设情况调研。该调研以河北省 7 个生猪创新团队综合试验推广站为依托，采用分层、配额的抽样方法，对河北省 11 个地市的生猪养殖场（户）进行了调查。本书研究选择的养猪规模标准是在参考《全国农产品成本收益资料汇编》中关于生猪养殖规模分类标准和前期学者研究成果基础上确定的。以年出栏生猪数量为依据，100 头以下为散户、101~500 头为小规模养殖户、501~2 000 头为中规模养殖户、2 000 头以上为大规模养殖户。共回收有效调查问卷 786 份，其中散养户 147 份、小规模养殖户 312 份、中规模养殖户 208 份、大规模养殖户 119 份，分别占有效问卷数量的 18.7%、39.7%、26.46%、15.14%；另外，从养殖者年龄、文化程度、养殖年限和养殖规模等相关数据分布看，与河北省当前生猪养殖户以中老年为主，文化程度总体在高中及以下水平，养殖规模以中小专业养殖户为主的现实情况基本相符，样本具有较强代表性，能够说明河北省生猪养殖户的现实情况，而且与本研究的相关定义吻合。养猪户的基本特征如表 12-1 所示。

表 12-1　　　　　　　　生猪养殖户基本特征

类别 Category	选项 Option	比例（%） Proportion	类别 Category	选项 Option	比例（%） Proportion
性别 Gender	男	87.13	受教育程度 Degree of education	初中及以下	50.77
	女	12.87		高中（中专、技校）	31.55
年龄（岁） Age	18~40	34.1		大专及以上	17.68
	41~50	40.96	养殖年限（年） Year of breeding	<3	11.18
				3≤10	48.47
	>51	24.94		>10	41.35

资料来源：根据调研数据整理所得。

（2）变量描述。

自变量选取及测量：

第一，生猪病原的危险性风险认知。为了准确衡量养猪户对生猪病原的危险性风险认知程度，将这个指标采用李克特五分量表的方法，划分为 5 级，即完全不了解、比较不了解、一般了解、比较了解和非常了解。为了更好地解释对因变量的影响，在构建模型时对该指标进行处理，将评价结果"比较了解"和"非常了解"归为"病原风险认知程度高"一类，取值为1；将评价结果"完全不了解""比较不了解""一般了解"归为"病原风险认知程度低"一类，取值为0。

第二，生猪易感性风险认知。该指标的测量与处理方式与"生猪病原的危险性风险认知"相同，将评价结果"比较了解"和"非常了解"归为"易感风险认知程度高"一类，取值为1；将评价结果"完全不了解""比较不了解""一般了解"归为"易感风险认知程度低"一类，取值为0。

第三，外部环境风险认知。该指标的测量与处理方式同上，将评价结果"比较了解"和"非常了解"归为"环境风险认知程度高"一类，取值为1；将评价结果"完全不了解""比较不了解""一般了解"归为"环境风险认知程度低"一类，取值为0。

第四，猪场养殖规模。按照前文所述，将生猪养殖规模定义为：散养户、小规模、中规模和大规模。

控制变量选取及测量：

根据之前学者的研究结论和本书研究假设，养猪户的年龄和受教育程度、是否加入养殖合作社和外部支持等因素会对养猪户生物安全行为实施产生一定的影响，因此将它们设置为控制变量，以排除这些指标对自变量的干扰。其中"外部支持"指标是根据问卷题目"您在生猪养殖过程中从政府部门、金融机构或亲戚朋友处得到的支持情况？"具体选项包括：支持比较大和支持比较小，各控制变量具体赋值见表12-2。

表12-2 变量定义及说明

变量类型 Type of variable	变量名称 Name of variable	变量定义或赋值 Definition or assignment of variable
因变量 Dependent variable	养猪户生物安全行为	根据养猪户对12种生物安全行为的采纳情况进行赋值，采纳其中1~4种生物安全行为的称为"生物安全一级"，赋值为1，采纳5~8种的称为"生物安全二级"，赋值为2，采纳9~12种的称为"生物安全三级"，赋值为3
自变量 Independent variable	生猪病原的危险性风险认知	病原风险认知程度高=1；病原风险认知程度低=0（为参照组）
	生猪易感性风险认知	易感风险认知程度高=1；易感风险认知程度低=0（为参照组）
	外部环境风险认知	环境风险认知程度高=1；环境风险认知程度低=0（为参照组）
	养殖规模	大规模=1；中规模=2；小规模=3；散养户=4（为参照组）

续表

变量类型 Type of variable	变量名称 Name of variable	变量定义或赋值 Definition or assignment of variable
控制变量 Control variable	年龄	18~40岁=1；41~50岁=2；大于50岁=3（为参照组）
	受教育程度	大专及以上=3；高中（中专、技校）=2；初中及以下=1（为参照组）
	是否加入养殖合作社	加入养殖合作社=1；没有加入养殖合作社=0（为参照组）
	外部支持	支持比较大=1；支持比较小=0（为参照组）

12.3.2.4 模型估计与结果分析

（1）养殖户生猪疫病风险认知和养殖规模对其生物安全行为影响的估计结果。

为保证所得回归结果有效，本书用多重共线性检验法对各自变量进行检验，其方差膨胀因子（VIF）均<10，证明各自变量之间不存在多重共线性。基于调研所得数据，利用 IBM SPSS Statistics 24 统计软件对养猪户疫病风险认知和养殖规模对其生物安全行为的影响作用进行多元有序 Logistic 分析。对模型中是否所有自变偏回归系数全为 0 进行似然比检验，结果显示：养猪户、大规模养猪户、中规模养猪户、小规模养猪户和散养户 5 个模型全部通过似然比检验，且所有模型的显著性概率 P 值 <0.001，表明至少有 1 个自变量的偏回归系数不为 0，即所建立的模型是有效的。另外，对模型回归结果进行平行线检验，养猪户、大规模养猪户、中规模养猪户、小规模养猪户和散养户 5 个模型的卡方值分别为 20.237、20.627、8.125、8.791、10.890，P 值分别为 0.065、0.087、0.522、0.457、0.283，全部 >0.05，说明通过平行线检验，即各回归方程相互平行，可以使用有序 Logistic 进行分析。研究不同规模养猪户生物安全行为影响因素的前提是不同规模养猪户在生物安全行为方面存在差异，且该差异具有统计显著意义，通过单因素方差分析对其差异性进行检验，结果显示，在 1% 的显著性水平下，不同规模养猪户的生物安全行为存在显著差异（F 值 = 14.535，P 值 <0.001）。因此，可以对养猪户进行分类，分别考察大规模养猪户、中规模养猪户、小规模养猪户和散养户生物安全行为的影响因素，进而探讨它们之间的差异。具体回归结果见表 12-3。

表 12-3　Logistic 模型回归结果

变量 Variable		养猪户 Pigfarmers		大规模养猪户 Large-scale pig farmers		中规模养猪户 Medium-scale pig farmers		小规模养猪户 Small-scale pig farmers		散养户 Free-range household	
		β_i	e^{β_i}	β_i	e^{β_i}	β_i	e^{β_i}	β_i	e^{β_i}	β_i	e^{β_i}
自变量 Independent variable	大规模养猪户	0.977***	2.656								
	中规模养猪户	0.621***	1.861								
	小规模养猪户	0.479***	1.614								
	散养户（为参照组）										
	生猪病原的危险性风险认知	0.647***	1.910	1.484**	4.411	1.379***	3.971	0.334	1.397	0.134	1.143
	生猪易感性风险认知	0.977***	2.656	1.360**	3.896	0.826*	2.284	1.039***	2.826	1.023**	2.782
	外部环境风险认知	1.015***	2.759	1.362**	3.904	0.665*	1.944	0.988***	2.686	1.025***	2.787
控制变量 Control variable	年龄	0.338*	1.402	0.036	1.037	-0.020	0.980	0.695**	2.004	-0.041	0.960
	受教育程度	0.780***	2.181	1.875**	6.521	0.949*	2.583	0.536	1.709	-0.574	0.563
	是否加入养殖合作社	-0.563***	0.569	-0.922	0.398	-0.641**	0.527	-0.845***	0.430	0.060	1.062
	外部支持	0.565**	1.759	0.651	1.917	0.967***	2.630	0.111	1.117	0.551	1.735

注：*、** 和 *** 分别表示通过 10%、5% 和 1% 统计水平的显著性检验。

(2) 结果分析。

第一，养猪户生猪病原的危险性风险认知对其生物安全行为的影响。该指标在1%的显著性水平下通过检验，且对模型的影响方向符合预期。养殖户对生猪病原的认知水平越高，其对病原的危害性、传播途径和毒力等会有更清楚的认识，更能知道该从哪些方面进行生物安全建设，会采纳更多的生物安全行为。调查结果也印证了回归结论，对生猪病原的危险性风险认知高的养殖户中有81%采纳9种以上生物安全行为，而对生猪病原的危险性风险认知低的养猪户中只有19%采纳了9种以上生物安全行为。该指标的 e^β 为 1.910，表示在其他条件不变的情况下，对生猪病原的危险性风险认知高的养猪户相比于认知低的养猪户，其生物安全行为高一个等级的可能性是 1.910 倍。

第二，养猪户生猪易感性风险认知对其生物安全行为的影响。该指标在1%的显著性水平下通过检验，且对模型的影响方向符合预期。养猪户对其所养生猪的易感性风险认知程度越高，越能准确提前预判猪群对当前流行疫病的抵抗能力，在生猪遗传性易感性短期内无法改变的情况下，养猪户更多的是通过生物安全建设，改善环境和管理方式降低猪群的获得性易感性，从而保障猪群健康。调查结果也佐证了回归结论，对生猪易感性风险认知高的养殖户中有 92.6% 采纳9种以上生物安全行为，而对生猪易感性风险认知低的养猪户中只有 7.4% 采纳了9种以上生物安全行为。该指标的 e^β 为 2.656，表示在其他条件不变的情况下，对生猪易感性风险认知高的养猪户相比于认知低的养猪户，其生物安全行为高一个等级的可能性是 2.656 倍。

第三，养猪户外部环境风险认知对其生物安全行为的影响。该指标在1%的显著性水平下通过检验，且对模型的影响方向符合预期。养猪户对外部环境风险认知程度越高，就越能根据自然环境、社会环境、政策环境、经济环境以及畜牧业发展状况等情况适时调整自己的生物安全行为。调查结果也证明了回归结论，对外部环境风险认知高的养殖户中有 87.8% 采纳9种以上生物安全行为，而对外部环境风险认知低的养猪户中只有 12.2% 采纳了9种以上生物安全行为。该指标的 e^β 为 2.759，表示在其他条件不变的情况下，对外部环境风险认知高的养猪户相比于认知低的养猪户，其生物安全行为高1个等级的可能性是 2.759 倍。

从以上分析可知，养猪户生猪疫病风险认知对其生物安全行为有显著正向影响，根据回归系数大小进行排序依次是外部环境风险认知＞生猪易感性风险认知＞生猪病原的危险性认知。这可能是由于对生猪病原风险和易感性风险认知往往需要一定的专业知识和养殖经验，养猪户生物安全行为对这两类风险反应相对比较慢，而外部环境风险变化可能会使养殖户立即有所认知。例如，由于养殖场选址不符合相关规定，导致其无法通过相应环评，使猪场无法营业带来巨大经济损失。随着防控非洲猪瘟疫情政策变化，养猪户不断调整其生物安全行为，一方面保障生猪养殖安全，另一方面也是担心由于生物安全防范不达标，可能面临相应处罚。

第四，养猪户养殖规模对其生物安全行为的影响。该指标显示不同养殖规模的养猪场全部在1%的显著性水平下通过检验，且对模型有正向影响。不同规模的回归系数为大规模（0.977）＞中规模（0.621）＞小规模（0.479），也就是说，在其他因素不变的情况下养殖规模越大对养猪户采纳生物安全行为影响也越大。以大规模养殖为例，其$e^{\beta i}$为2.759，表示在其他条件不变的情况下，大规模养猪户相比于散户，其生物安全行为高一个等级的可能性是2.759倍。调查结果也说明了这个结论，在所有散养户、小规模、中规模和大规模养殖户中采纳9种以上生物安全行为的比例分别是45.6%、64.1%、67.3%和79.0%，也是逐渐提高的。另外，把养殖规模与养猪户所采纳的生物安全行为进行对应分析后得出（见图12-10），大规模养猪户生物行为偏好为："采用分点饲养方式""采用全进全出饲养模式""猪场的选址与布局"；中规模养猪户生物安全行为偏好为："进出猪场的物品管理和防疫""对蚊蝇、鼠、鸟等防控""引种隔离管理"；小规模养猪户生物安全行偏好为："全面消毒管理""饲料和饮水管理与防疫""进出猪场的车辆管理和防疫"；散养户生物安全行为偏好是："疫苗、药物使用管理和防疫""进出猪场的人员管理和防疫""养殖场内外环境管理和防疫"。

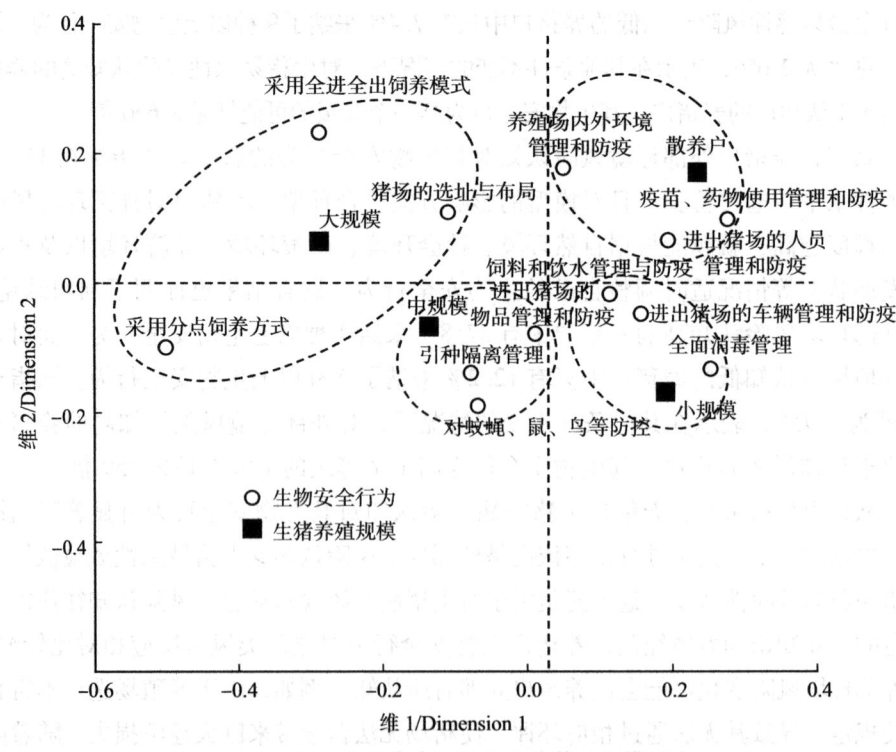

图12-10 生物安全行为与生猪养殖规模对应

通过以上分析，针对当前"养殖规模与生物安全关系"争议提出如下观点：一是养殖规模对养猪户生物安全行为有显著正向影响，且随着养殖规模扩大其生物安全行为更加完善；二是不同规模的养猪户其生物安全行为偏好有所差异。

第五，不同规模养猪户生猪疫病风险认知差异的影响。生猪病原的危险性风险认知、生猪易感性风险认知和外部环境风险认知对大规模和中规模养猪户的影响全部通过10%及以下显著性水平检验，其系数均为正；生猪易感性风险认知和外部环境风险认知对小规模养猪户和散养户的影响全部通过5%及以下显著性水平检验，系数全部为正；生猪病原的危险性风险认知在小规模养猪户和散养户中没有通过显著性水平检验。这与之前学者的研究结论相符，说明在其他条件不变的情况下，养猪户生猪疫病风险认知程度越高，对动物疫病危害性认识越深刻，越重视生物安全体系建设，在防疫上的投入越大。不同规模养猪户生猪疫病风险认知存在一定差异，尤其在生猪病原的危险性风险认知方面最为明显，造成这个现象的原因可能是由于对生猪病原的危险性风险认知需要养殖户具备较高的理论和病原知识，而小规模养猪户和散养户的受教育程度普遍不高，对理论和病原知识的理解能力相对较低。调研数据也佐证了这个结论，在大规模养猪户、中规模养猪户、小规模养猪户和散养户中具有大专及以上学历的养猪户占比分别是50.420%、19.231%、9.615%和6.122%，其中大规模养猪户比散养户高44.298个百分点。

第六，养猪户个人特征及经营特征对其生物安全行为的影响。养猪户个人特征中受教育程度指标在1%的显著性水平下通过检验，年龄指标在10%的显著性水平下通过检验，且都对模型有正向影响。这说明养殖户受教育程度越高，其对生猪疫病风险的认知水平越高，越年轻越愿意接受新知识、新观念和新防疫方法，就越倾向于采纳生物安全行为。养殖场组织化程度和外部支持两个指标全部在1%的显著性水平下通过检验。外部支持对养猪户生物安全行为有正向影响，这验证了之前学者的研究结论，由于生物安全建设、使用和维护费用是一笔不小的开支，在有外部支持的情况下，养猪户可以采纳更多生物安全行为。是否加入养殖合作社指标对养猪户生物安全行为具有负向影响，这可能与当前养猪户加入养殖合作社的比例较低有一定关系，从调查数据看，在786个有效样本中尚未加入养殖合作社的有534户，占比达到67.9%。

12.3.2.5 研究结论与政策建议

（1）研究结论。

本书基于河北省786个生猪养殖户的调研数据，研究了养猪户生猪疫病风险认知对其生物安全行为的影响，在此基础上进一步分析了不同规模养猪户生物安全行为和生猪疫病风险认知差异，研究表明：

第一，生猪疫病风险认知对养猪户生物安全行为有显著正影响。不同种类的风险认知对养猪户生物安全行为有显著正影响且有所差异，其中外部环境风险认知影响最大，其次是生猪易感性风险认知和生猪病原的危险性风险认知，这为提高养猪户疫病风险认知水平，鼓励其生物安全建设指明了方向。

第二，不同养殖规模对养猪户生物安全行为有显著影响。相对于散养户，大、中、小三种养殖规模对养猪户生物安全行为都有显著正影响，且随着养殖规模增大影响效应也有所提高。不同养殖规模养猪户的生物安全行为偏好有一定差异，大规模和中规模养猪户更偏向于硬件条件项目，如分点饲养方式、全进全出饲养模式和猪场的选址与布局等；小规模和散养户更偏向于软件条件项目，如全面消毒管理、疫苗、药物使用管理和防疫、进出猪场的人员、车辆的管理和防疫等。

第三，不同规模养猪户的生猪疫病风险认知存在差异。大规模养猪户和中规模养猪户对生猪疫病风险认识程度要高于小规模养猪户和散养户，其中在生猪病原的危险性风险认知上的差异最为显著。

第四，养猪户生物安全行为受多种因素影响。养猪户的年龄、受教育程度和猪场所获外部支持对其生物安全行为有显著正向影响，是否加入养殖合作社对其生物安全行为有显著负向影响。

（2）政策建议。

第一，增加对养猪户生猪疫病风险认知培训力度。鉴于养猪户疫病风险认知对其生物安全行为有显著影响，可以有针对性地对养猪户进行相关培训，尤其对于生猪病原和易感性专业知识进行培训，补齐养猪户疫病风险认知短板。充分发挥政策因素对养猪户生物安全行为的调节作用，但使用过程中要控制好政策外部负效应。

第二，通过分类施策促进不同规模养猪户生物安全建设。养殖规模越大对养猪户生物安全行为的影响越显著，对大规模和中规模猪场要引导其改变"重硬件、轻软件"思想，完善的硬件设施需要各种制度保障以及员工责任意识和主人翁精神才能发挥应有的效果。对于小规模猪场和散养户要在资金和技术支持方面加大力度，提高其生物安全建设投入能力。

第三，支持有发展潜力的小规模养猪户和散养户向标准化、规模化方向发展。一方面，政府相关部门对有发展潜力的小规模养猪和散养户从金融、保险和补贴等多方面进行支持，鼓励其逐步扩大养殖规模，提高养殖效益；另一方面，对那些存栏较少且兼业化严重的小规模养殖户和散养户，在政策许可范围内劝其退养。

第四，培养新型养猪人。在逐步提升现有养猪户经营能力的同时，多方面采取措施鼓励和吸引学历层次高、思想开放、具有创新精神的大中专毕业生、城市务工返乡人员、退伍军人等从事现代化养猪事业，培养更多新型养猪人。

12.3.3 猪场生物安全体系建设对养殖户适度规模养殖决策行为的影响

随着我国生猪养殖规模化程度逐渐提高，猪场聚集度和猪群密度也快速增加，与此同时猪场生物安全问题也愈加突出，并导致猪群健康水平低下，养殖效益不佳。尤其是出现重大动物疫情后，由于猪场生物安全体系建设不完善，致使猪群大规模死亡，造成重大经济损失，我国2018年发生的非洲猪瘟疫情使广大生猪养殖户充分认识到猪场生物安全体系建设和适度规模经营的重要性。在此背景下，养殖户势必加大猪场生物安全体系建设投入，越来越大的动物疫病防控压力和相关建设、使用及维护成本将迫使其动态调整生猪养殖规模。生猪养殖户以追求利润作为经营目标，会根据养殖收益调整养殖规模。根据规模经济理论，当养猪场达到适度规模时可以获得规模经济效益，因此，养猪户适度规模养殖是随其所获经营收益的变化而动态调整的过程。在当前动物疫病风险高发，生物安全体系建设成本增大的背景下，对河北省786个生猪养殖户进行问卷调查，建立多元无序Logistic模型研究养猪户适度规模决策行为的影响因素，重点分析了生物安全体系建设对其适度规模决策行为的影响效应，以此为政府相关部门出台政策稳定生猪生产，促进养猪户适度规模养殖提供理论和实证依据。

12.3.3.1 文献回顾

（1）猪场生物安全体系。

猪场生物安全体系的概念源于生物安全体系。生物安全体系是指为了实现生物安全而采取的一切举措和内容。当前，学者们对猪场生物安全体系建设的研究主要集中在解释生物安全体系定义和如何建立猪场生物安全体系两个方面。曹崇海（2013）认为猪场生物安全体系是指为了预防传染病传入猪场，控制疫病在猪场中传播，减少和消除疫病发生的综合体系。李玉杰（2018）指出生物安全体系是一个涉及建筑学、兽医学、微生物学、营养学、法律法规、管理学等多学科的系统工程。胡新岗（2017）指出生物安全体系建设涉及场址选择、规划布局、设计建造、饲养方式、人员管理、车辆管理、用具管理、饲料及饮水管理、粪污及废弃物管理、虫鼠及飞禽控制、消毒、疫苗接种、检疫检测、疫病处理、疫病防治等诸多方面。猪场生物安全体系建设，需要从猪场建设和管理两个方面入手。李晓露（2018）指出猪场生物安全体系建设包括选址、建场、养殖、防疫、粪便及废弃物的无害化处理等方面。许拓（2018）提出从猪场选址与布局、人员管理、外来物资消毒、车辆管理、消毒管理、疫苗免疫和引种隔离管理七个方面建设猪场生物安全体系。

据此，本书把"猪场的选址与布局""进出猪场的人员管理和防疫""进出猪场的车辆管理和防疫""进出猪场的物品管理和防疫""养殖场内外环境管理和防疫""疫苗、药物使用管理和防疫""饲料和饮水管理与防疫""引种隔离管理""全面消毒管理""采用分点饲养方式""采用全进全出饲养模式""对蚊蝇、鼠、鸟等防控"12项生物安全体系建设项目作为养猪户生物安全体系建设与评价的分析框架。

(2) 生猪适度规模养殖。

"适度规模养殖"概念最早是在2010年中国奶业发展高峰论坛上，由与会专家和代表提出并作为一种畜牧业可持续养殖方式。对于"适度规模养殖"概念，学界和政界都在广泛使用，但并没有一个被普遍认可的定义。当前，学者对生猪适度规模养殖的研究主要有两类：一类是对适度规模现状和存在问题的描述性统计研究。王新华（2018）研究了南华县养猪场适度规模的现状，并针对存在的养殖环境不规范、养殖环节标准化程度低等问题，从猪场选址和布局等六个方面提出对策。刘志祥（2017）通过研究总结出我国生猪养殖模式分为大型集约化养殖、以家庭为单位的专业化适度规模养殖和农户散养，通过案例和数据分析认为适度规模是我国生猪养殖的发展方向。另一类是利用 DEA 或 C-D 函数等工具测算具体的适度养殖规模大小。田文勇（2017）利用 C-D 生产函数测算出四川省农户适度规模养殖的年出栏量为 118 头。陈双庆（2017）从利润最优角度得出我国企业化生猪养殖母猪适度存栏规模约为 438 头，生猪出栏规模约为 5400 头，通过收益比较分析得出，农户适度规模年出栏量为 500 头左右。当前针对适度规模经营决策行为的研究还比较少，既有研究也多是描述性研究，缺少相关实证研究。田文勇（2018）基于环境规制背景，从微观层面剖析了养殖户适度规模决策在环境规制前后的变化情况及影响因素，并提出政策建议。李文瑛（2017）基于行为经济学前景理论，运用二元 Logistic 模型，对养殖主体在生猪价格波动背景下的决策行为影响因素进行了研究，得出盈亏不同背景下其决策行为的影响因素不同，且具有非对称特征。

综上所述，学者们对猪场生物安全体系建设和生猪适度规模养殖的研究成果已经很多了，但生物安全体系建设对养猪户适度规模养殖决策行为影响的研究还比较少，尤其缺少相关实证研究。

12.3.3.2 理论分析、研究假设与模型构建

（1）理论分析。

有限理性理论认为，在当前疫病风险高发、生物安全体系建设成本及使用费用激增的背景下，养猪户适度规模养殖决策行为是作为有限理性"经济人"的选择。由于在获取和处理信息时面临认知局限，再加上养殖户年龄、性别、受教育程度、风险偏好等个体特征不同造成在认知和计算能力方面存在差异，很难做到完全意义上的理性决策。因此，养猪户适度规模养殖决策行为受多种因素影响，是特定行为环境下基于有限理性做出的主观抉择。

借鉴以往学者对生物安全体系建设和养猪户养殖决策行为影响因素的研究成果，选择生物安全体系建设及评价、个人特征、养殖特征、市场风险预期和外部支持等变量作为分析生物安全体系建设对养猪户适度规模决策行为影响的因素。

（2）研究假设。

生物安全体系建设及评价。生物安全体系建设及评价包括三个指标：①生物安全防控措施采纳数量。采纳的生物安全防控措施越多，就越能防止疫病传入猪场，保障生猪健康，从而稳定猪场养殖规模；②生物安全体系建设使用成本压力。养猪户生物安全体系建设使用成本压力越小，越有利于生物安全体系发挥应有效果，最终保障猪场生物安全，促进猪场顺利经营；③生物安全体系防控效果评价。生物安全体系防控效果越好，养猪户生物安全信心越大，越倾向于维持和扩大养殖规模。基于此，提出以下假设：

H1：生物安全防控措施采纳数量正向影响养猪户适度规模决策行为。

H2：生物安全体系建设使用成本压力反向影响养猪户适度规模决策行为。

H3：生物安全体系防控效果评价正向影响养猪户适度规模决策行为。

个人特征。个人特征包括两个指标：①受教育程度。通常情况下，养猪户的受教育程度越高，对生物安全体系的理解和接受能力越强、市场风险判断能力越高，从而影响其决策行为；②风险偏好。养猪户不同的风险态度及偏好对其适度规模决策行为有重要影响，风险偏好型更倾向于在高风险中博取高收益，而风险厌恶型宁愿放弃高利润机会也不以身犯险。基于此，提出以下假设：

H4：养猪户受教育水平正向影响其适度规模决策行为。

H5：养猪户风险偏好正向影响其适度规模决策行为。

养殖特征。养殖特征包括两个指标：①疫病损失程度。养猪户因疫病造成的

损失程度不同，其决策行为有所差异，通常情况下损失程度越大，其缩小适度养殖规模的可能性越高；②生猪养殖保险。养猪户购买生猪养殖保险，能够对其生产经营起到兜底作用，从而在一定程度上影响其经营决策行为。基于此，提出以下假设：

H6：疫病的损失程度反向影响养猪户适度规模决策行为。

H7：购买生猪养殖保险正向影响养猪户适度规模决策行为。

市场风险预期。养猪户市场风险预期对其适度规模决策有重要影响，市场预期风险越小，其扩大养殖规模的可能性就越大。基于此，提出以下假设：

H8：养猪户市场风险预期反向影响其适度规模决策行为。

外部支持。当各种疫病给养殖户带来较大损失时，由于无力承担相应损失，其适度规模养殖决策行为将受到较大影响，适当的外部支持有利于保持生产稳定。当前养猪户所能获得的外部支持主要有政府帮扶、金融支持和亲朋帮助。基于此，提出以下假设：

H9：养猪户所获外部支持正向影响其适度规模决策行为。

（3）实证模型构建。

本书研究的因变量为"养猪户适度规模养殖决策行为"，根据问卷调查题目"您当前的适度规模养殖决策是什么？"具体选项包括扩大养殖规模、维持现有规模和缩小养殖规模。鉴于因变量有三个选项且没有"次序"，本书采用多元无序Logistic模型进行相应研究。考虑到目前生猪市场的主要矛盾是"稳定生猪生产"，本书重点研究扩大养殖规模和维持现有规模两种行为的影响因素，所建模型以"缩小养殖规模"为参照组。模型具体形式如下：

$$\ln\left[\frac{p_1}{p_3}\right] = \alpha_1 + \beta_{11}X_1 + \cdots + \beta_{1n}X_n \tag{12.2}$$

$$\ln\left[\frac{p_2}{p_3}\right] = \alpha_2 + \beta_{21}X_1 + \cdots + \beta_{2n}X_n \tag{12.3}$$

其中，p_1、p_2、p_3 分别代表扩大养殖规模、维持现有规模、缩小养殖规模的取值概论水平，且 $p_1 + p_2 + p_3 = 1$；X 为养猪户养殖决策的影响因素，β 为待估参数，n 为影响因素数量。

12.3.3.3 数据来源与变量描述

（1）数据来源。

本书研究所用数据来源于河北省畜牧总站2019年3月1日~3月8日开展的"河北省生猪殖场（户）生物安全体系建设情况调查"。该调查以河北省7个生猪创新团队综合试验推广站为依托，采用分层、配额的抽样方法，对河北省11个地市的生猪养殖场（户）进行了调查。共回收有效调查问卷786份，其中散养户147份、小规模养猪户312份、中规模养猪户208份、大规模养猪户119份，分别占有效问卷数量的18.71%、39.69%、26.46%、15.14%；另外，从养殖者年龄、文化程度、养殖年限、养殖规模等相关数据分布看，与河北省当前生猪养殖户以中老年为主，文化程度总体在高中及以下水平，养殖规模以中小专业养殖户为主的现实情况基本相符，样本具有较强代表性，能够说明河北省生猪养殖户的现实情况，而且与本书研究的相关定义吻合。养猪户的基本特征如表12-4所示。

表12-4　　　　　　　　　　生猪养殖户基本特征　　　　　　　　　　单位：%

类别	选项	比例	类别	选项	比例
性别	男	87.13	文化特征	小学	5.73
	女	12.87		初中	45.04
年龄	18~30岁	6.36		高中（中专、技校）	31.55
	31~40岁	27.74		大专及以上	17.68
	41~50岁	40.97	养殖年限	3年以下	11.18
	51~60岁	21.63		3~10年	48.47
	60岁以上	3.31		10年以上	41.35

资料来源：根据调研数据整理所得。

（2）变量描述。

自变量选取及测量：

第一，生物安全防控措施采纳数量。对养猪户生物安全防控措施采纳数量的测量，依据养猪户对前文所描述的12项生物安全体系建设项目的采纳情况进行统计，养殖户采纳其中1种生物安全防控措施赋值为1，采纳2种赋值为2，以此类推，采纳12种赋值为12。

第二，生物安全体系建设使用成本压力。为了准确衡量养猪户对生物安全体系建设使用成本压力的感受，将这个指标采用李克特五分量表的方法，划分为5级，即压力非常小、压力比较小、压力一般、压力比较大和压力非常大。为了更好地解释对因变量的影响，在构建模型时对该指标进行处理，评价结果将"压力比较大""压力非常大"归为"压力大"一类，赋值为1，将"压力非常小""压力比较小""压力一般"归为"压力小"一类，赋值为2。

第三，生物安全体系使用效果评价。该指标的测量与处理方式与"生物安全体系使用及维护压力"相同，将评价结果"效果非常""效果比较好"归为"效果好"一类，赋值为1；将"效果非常差""效果比较差""效果一般"归为"效果差"一类，赋值为2。

控制变量选取及测量：

根据之前学者的研究结论和本书研究假设，养猪户受教育程度、风险偏好、疫病的损失程度、生猪养殖保险、市场风险预期、外部支持等因素会对养猪户适度规模决策行为产生一定的影响，因此将它们设置为控制变量，以排除这些指标对自变量的干扰，各控制变量具体赋值见表12-5。由于外部支持包含政府帮扶、金融支持和亲朋帮助三个指标，为了综合反映外部支持对因变量的影响，本书参考前期学者的研究方法对上述三个外部支持变量运用主成分因子分析法，通过计算因子得分，并按照各因子的方差贡献率进行加权，获得综合外部支持指标。具体计算方式如下：

$$\text{index} = \frac{1}{\sum_{i=1}^{n} \lambda_i} \left(\sum_{i=1}^{n} \lambda_i f_i \right) \tag{12.4}$$

其中，λ_i 表示因子 i 的方差贡献率，f_i 为因子 i 的因子得分，n 表示保留的因子个数。

表12-5　　　　　　　　　　变量定义及说明

变量类型	变量名称	变量定义和赋值
因变量	养猪户适度规模养殖决策行为	扩大养殖规模=1；维持现有规模=2；缩小养殖规模=3
自变量	生物安全防控措施采纳数量	根据养猪户对12种生物安全体系建设项目的采纳情况进行赋值，采纳1种措施赋值为1，采纳2种赋值为2，以此类推，采纳12种赋值为12
	生物安全体系建设使用成本压力	压力大=1；压力小=2
	生物安全体系使用效果评价	效果好=1；效果差=2
控制变量	受教育程度	大专及以上=1；高中（中专、技校）=2；初中及以下=3
	风险偏好	风险偏好型=1；风险中立型=2；风险厌恶型=3
	疫病的损失程度	损失较轻=1；损失一般=2；损失较重=3
	生猪养殖保险	购买保险=1；没有购买保险=2
	市场风险预期	风险非常小=1；风险一般=2；风险非常大=3
	外部支持	对政府扶持、金融支持和亲朋帮助的评价采用李克特五分量表进行打分，然后采用因子分析法计算"综合外部支持"指标

12.3.3.4 模型估计与结果分析

(1) 猪场生物安全体系建设对养殖户适度规模决策影响的估计结果。

为保证所得回归结果有效,本书用多重共线性检验法对各自变量进行检验,其方差膨胀因子 (VIF) 均小于 10,证明各自变量之间不存在多重共线性。基于调查所得数据,利用 IBM SPSS Statistics 24 统计软件对养猪户适度规模经营决策行为的影响因素进行多元无序 Logistic 分析。对模型中是否所有自变偏回归系数全为 0 进行似然比检验,结果显示:模型未引入自变量时 $-2\ln(L)$ 为 1 454.748,引入自变量后减少至 1 335.394,两者之差为 119.354,自由度为 26,显著性概率 $P = 0.000 < 0.001$,表明至少有一个自变量的偏回归系数不为 0,即所建立的模型是有效的。具体回归结果见表 12-6。

表 12-6 Logistic 模型回归结果

变量	模型 1(扩大规模)		模型 2(维持现状)	
	系数 β_i	期望值 $\text{Exp}(B)$	系数 β_i	期望值 $\text{Exp}(B)$
生物安全防控措施采纳数量	0.084 *	1.088	0.064 **	1.066
生物安全体系建设使用成本压力	-0.556 **	0.573	-0.293	0.746
生物安全体系防控效果评价	0.906 ***	2.475	0.768 ***	2.155
受教育程度	0.947 ***	2.578	0.058	1.060
风险偏好	1.714 ***	5.549	0.152	1.164
疫病的损失程度	0.830 ***	2.294	0.680 ***	1.974
生猪养殖保险	0.885 ***	2.423	0.124	1.132
市场风险预期	1.243 ***	3.466	0.641 *	1.898
综合外部支持程度	0.294 **	1.342	0.123	1.131

注:*、** 和 *** 分别表示通过 10%、5% 和 1% 统计水平的显著性检验。

(2) 结果分析。

生物安全体系建设及评价对适度规模养殖决策行为的影响分析:

第一,生物安全防控措施采纳数量。该指标在两个模型中全部通过显著性检验,且系数为正,表明采纳的生物防控措施越多,动物疫病传入猪场的概率就越小,可以最大限度地降低疫病对生猪健康的影响,稳定生猪生产规模。另外,调查数据显示近 90% 的养殖户都能意识到猪场选址与布局对生物安全的重要意义,这可能是由于当前环保政策中的约束性规制发挥了应有的效果,养殖户对猪场选址要符合养殖区域的规定理解较好。"进出猪场的物品管理和防疫""进出猪场的车辆管理和防疫""进出猪场人员的管理和防疫""疫苗、药物使用管理和防疫"等措施采纳占比也都超过了80%,说明当前养殖户对生物安全防控的重点把握比较到位。

第二,生物安全体系建设使用成本压力。该指标在模型1中在5%的显著性水平下通过检验,在模型2中未通过显著性检验,但其对模型的影响方向符合预期。说明生物安全体系建设使用成本压力越大,越有可能影响其运行效果,甚至使生物安全防控体系形同虚设。在调研中也发现部分养猪户的生物安全设备应用不充分,相关防控和检疫措施执行不到位,更为严重的是个别养猪户生物安全防控意识淡薄,把生物安全防控设备和管理条例仅仅作为应付相关部门检查的手段。调查数据显示,在当前非洲猪瘟防控压力下,感觉生物安全体系建设使用成本压力大的养猪户占比达到68.57%,对相关数据进行统计核算后得出目前规模猪场生物安全防控费用约占猪场经营费用的10%~15%。造成这种情况的主要原因是,近期由于猪场的消毒、防控、检疫等相关需求爆发式上涨,市场相关产品供不应求,价格水涨船高。

第三,生物安全体系防控效果评价。该指标在模型1和模型2全部在1%的显著性水平下通过检验,且对模型的影响方向符合预期。生物安全体系使用效果评价越好,说明其对阻止疫病传入猪场的效果就越好,生物安全保障越好,越能促进养殖户稳定生产水平和规模。调查显示,养殖户对生物安全体系防控效果评价中认为效果好的占比达到77.48%,说明当前养殖户对生物安全体系的防控效果比较满意,在生物安全体系建设投入方面也比较积极。另外,生物安全体系防控效果在模型1的期望值是2.475,这说明在其他条件保持不变的情况下,对生物安全体系防控效果评价好的养猪户要比评价差的养猪户选择扩大养殖规模的概率高2.475倍。

其他控制变量对适度规模养殖决策行为的影响分析:

在模型1中,养猪户受教育程度、风险偏好、疫病的损失程度、生猪养殖保险、市场风险预期5个指标全部在1%显著性水平下通过检验,综合外部支持程度在5%显著性水平下通过检验,且以上指标系数均为正,对模型的影响方向符合预期。在模型2中,只有疫病的损失程度和市场风险预期两个指标分别在1%和10%显著性水平下通过检验,其他指标没有通过显著性检验,但这些指标对模型的影响方向都符合预期。因此,提高养猪户受教育水平,降低疫病对养猪户的损失程度,提高生猪养殖保险购买率,提升外部支持程度都有助于养猪户稳定生产,保障市场供应。调查数据显示,养殖户所获外部支持程度按照大小排序为政府帮扶＞亲朋帮助＞金融支持，其中对政府帮扶评价最高，可能是近几年国家和省（市）为养猪户提供的粪污处理补贴、粪污资源化利用补贴和病死猪无害化处理等方面一些具有普惠性的政策有关，但金融支持评价最低，这可能与养猪户在经营过程中遇到"贷款难、贷款贵"等问题比较突出有关。

12.3.3.5 研究结论与政策建议

（1）研究结论。

本书基于河北省 786 个生猪养殖户的调研数据，研究了生物安全体系建设对养殖户适度规模决策行为的影响，并结合调研情况分析了养殖户决策行为特征，相关研究表明：

第一，生物安全体系建设对养殖户适度规模决策行为有显著影响效应。一是生物安全防控措施采纳数量对扩大养殖规模和稳定现有规模都具有显著的正向影响，生物安全防控措施采纳得越多，越能保护生猪健康，保障猪场稳定经营；二是生物安全体系建设使用成本压力对扩大养殖规模和稳定现有规模都具有显著的负向影响，过大的成本压力和淡薄的生物安全防控意识，可能造成生物安全防控设施不能发挥应有效果，对生猪健康养殖造成较大威胁，不利于养猪户稳定生产；三是生物安全体系防控效果评价对扩大养殖规模和稳定养殖规模具有显著的正影响，生物安全体系防控效果越好，猪场的安全防护就越有保障，能够促进养猪户稳定或扩大养殖规模。

第二，养猪户适度规模决策行为受多种因素影响。养猪户的受教育水平、风险偏好、疫病的损失程度、是否购买生猪养殖保险、市场风险预期、外部支持程度等对养猪户扩大养殖规模决策行为有显著影响，各个因素的系数大小不同，说明对决策行为的影响存在差异。

（2）政策建议。

第一，建立"三位一体"生物安全防控体系。加强生物安全防控体系建设，不只是养猪户、屠宰场和生猪运输企业等主体的单方面责任，政府和消费者也是重要参与者。政府部门要围绕建立政府—养猪户（屠宰场、运输企业）—消费者"三位一体"的生物安全防控体系开展工作。

第二，支持规模猪场提升生物安全体系建设水平。在硬件上支持年出栏 1 000 头以上规模场进行标准化改造，重点支持猪舍环境控制系统进行自动化升级，支持养殖企业建设粪污处理设施，更新清洗消毒设备。在软件上强化制度管理，制定实施科学规范的畜禽饲养管理规程，严格遵守饲料、饲料添加剂和兽药使用有关规定。

第三，探索生猪养殖保险型新模式。一是支持推进"财政+保险+担保+银行"联动保险模式；二是探索生猪产业链互保模式。

第四，稳定养猪行业信贷支持。各金融机构要切实稳定预期、稳定信贷、稳定支持，不得对养猪户、屠宰加工企业等盲目停贷、压贷、抽贷、限贷。

12.3.4 加强生物安全建设助力复养工作开展

自2018年暴发非洲猪瘟以来，我国的生猪养殖行业遭受了严重的损失。全国范围内生猪供给急剧减少，猪肉价格上涨明显。为了保障生猪供给，稳定国计民生，国家农业农村部于2019年3月发布了新的《非洲猪瘟疫情应急实施方案》。该方案对疫区的封锁和解封时间以及养殖主体所关注的复养问题都做出明确的解释：疫情发生周围3公里范围内为疫区，疫区内没有受到感染的养殖户可继续饲养。当养殖户感染非洲猪瘟后，需要引入哨兵猪进行观察，30天后未发生疫情则可以解封，否则需42天后才能解封。解封后仍需继续引进哨兵猪进行观察，如果45天后没有疫情发生，则经有关部门检测合格后可以恢复补栏。

非洲猪瘟暴发后，有许多地区的养殖户都尝试了复养工作，但是成功的案例较少。通过对复养失败案例的分析，可以从以下几方面考虑其原因：一是复养猪场选址存在问题，复养环境恶劣。部分猪场在选择时未考虑到周边感染或易感染疫情的情况，基础设施和设备投入过于粗糙，导致病毒并未完全清除，使得复养失败。二是复养猪场在清洗及消毒设备建设方面和技术引进方面欠缺投入。洗消设备和技术是复养猪场建设的核心环节，直接关系到后续哨兵猪和引进种猪的监测情况。为节省成本而减少在洗消设备和技术上的投入，增加了猪场感染病毒的风险。三是场内复养人员对复养问题缺乏充分认识。对复养工作盲目自信，对日常的复养工作缺乏监管，以及对员工的奖惩措施不到位，造成对复养工作的疏忽，易导致复养失败。

12.3.4.1 复养的成功案例

案例1：四川省是我国唯一的生猪战略保障基地，为保障生猪产业的正常发展，先后发布《促进生猪生产保障市场供应的九条措施》《金融支持稳定生猪生产的八条措施》。同时，四川省农业农村厅召开会议，对复养工作进行探讨，并率先出台非洲猪瘟感染后的生猪复养试行方案。在此基础上，四川省眉山市充分利用自身的自然和社会条件，通过与国外优势企业合作，省内龙头企业带动，扶持本地企业发展等途径，成功实现复养。四川省眉山市万家好种猪繁育有限公司从养殖场的环境和设施入手，准备复养工作。先通过技术人员的帮助对场内及周边地区的安全隐患进行排查，随后公司与养殖户共同合作，按照3∶2的出资，对猪舍及相关器械进行改造。该场目前已成功复养生猪5 700头，改造成本为100～150元/头。①

万家好种猪繁育有限公司的成功经验值得借鉴，其复养改造成本明细如表12-7所示。

表12-7　　四川省眉山市万家好种猪繁育有限公司复养改造成本明细　　单位：元

改造项目	改造成本	改造项目	改造成本
风机	9 000	猪舍及屋顶改造	2 000
水帘（含防蚊网）	5 600	墙面封闭	16 000
料塔	13 000	防鼠板	3 000
料线	8 000	圈舍改造	3 000
洗消间	4 500	围栏改造	2 000
猪场洗消（含人工）	5 000	用电改造（三相电）	6 000
小计	45 100	小计	32 000
合计		77 100	

资料来源：全国畜牧总站。

案例2：江苏省连云港地区的连城牧业公司在冲破重重困难后，也成功实现了复养。2018年8月19日，连城牧业发生非洲猪瘟疫情，随后连云港市按照国家相关要求对这一疫情进行了妥善处理。在经过42天的洗消和无害化处理后，该疫区于2018年10月4日按时解封。在经过6个月零3周的封闭空场期后，连城牧业开展复养试验工作。在通过随后的非洲猪瘟疫情病原检测后，正式开展复养工作，并取得成功。

为实现复养，连城牧业公司先后在基础设施和设备上投入200多万元。从厂房建设到管理体系建设，每一环节都有各自的操作流程。在外部洗消防控的投入上，从车辆运输到进场，在2 000米、500米、150米设置三处消毒地点，整个流程长达3个小时。每个环节都按照标准执行，严格把关，跟踪监控。②

庞大的人力、物力和财力投入，完整的管理体系的制定，严格按照规章制度

---

① 资料来源：全国畜牧总站。
② 参见：《江苏首例非洲猪瘟疫点复养生猪上市》，中国江苏网，http://www.jschina.com.cn/。

执行，由内而外，做好防控工作，是连城牧业成功的不二法门。

12.3.4.2 成功复养的对策建议

在学习国家有关政策及相关专家学者的意见后，本书总结了一些助力复养工作的措施，简要概况为"内外联动，三点一线"。其中，"内外联动"指的是场内消毒和场外防毒要统一联动，"三点"指的是人、物和大环境，"一线"指的是以"三点"为中心，将"三点"和"内外联动"有机联系起来的制度和系统。具体如下：

一是大环境，主要包括猪场选择和环境评估。

想要进行复养工作，首先，要确保猪场远离交通主干道、屠宰场等易感地区和场所，确保复养猪的生活环境，如围墙、道路和消毒设施等相对稳定，避免与外界进行不必要的接触；其次，要对预选定的猪场进行环境评估，看是否有利于复养进程的推进。确保猪场无病毒感染，复养所需的哨兵猪和种猪均已通过无毒检验以及具备防治疫情的能力。

二是物，主要包括两大类。一类是技术和设备的投入，另一类是猪种的选择和甄别。

在技术和设备上，比较关键的是洗消和检测两个环节。这是确保复养工作能够顺利进行的有效保障，也是复养工作的主要开销。在猪的引进方面，哨兵猪的选择显得尤为重要。顾名思义，哨兵猪就如同战场上的哨兵一样，在战争发生前查探敌情。哨兵猪就是在认为复养猪场符合条件后，用以检测非洲猪瘟是否仍然存在的试验猪。如果没有发生疫情，则可以继续进行复养工作，反之则需要重新衡量是否适合复养。在复养种猪的选择方面，要保证复养种猪不携带病毒且能够正常饲养。

三是人，复养过程中方方面面都需要人的参与，而人的身份又多种多样，因此需要根据不同的角色做好分内之事。

决策者和执行者要及时、充分了解当前的政策制定情况以及非洲猪瘟的防治情况，立足于自身的发展实际，充分细致地规划复养工作，建立严格的管理体系。既不能盲目乐观，肆意追求数量，也不能畏首畏尾，止步不前，做好应急方案计划，以面对突发情况。管理者一方面要及时纠正员工的懈怠意识，或是对不作为的员工进行惩罚，另一方面要经常与员工沟通日常复养工作上的进展，奖励认真完成工作任务的员工。场内的工作者作为复养工作的直接参与者与疫情防控的实施者，"消毒"工作是重中之重。因此，要做好岗前培训，在养殖前、中、后三个不同阶段按照规定的规章制度实施，统一行动方案与措施，通过进行模拟演练等方式，培养工作人员面对突发事件的应对能力。监督者对于复养前场所的确认以及哨兵猪的选取都要做到符合标准,要场内和场外携手共进,互相监督,杜绝一方懈怠或敷衍了事的行为。场内可以设立专门的监察部门,配备专门的病毒检测设备。场外方面可以同当地的检验防疫部门沟通,建立健全生物安全防控体系。

复养工作的顺利开展,不仅需要全体养殖人员的积极参与,还需要政府相关部门的大力支持。政策支持,复养场所无毒,防控及管理体系完善,复养者工作细致、充分,"内外联动,三点一线",复养成功指日可待。

12.4 生猪养殖保险类专项研究

我国是世界第一养猪大国和猪肉消费国,养猪业是我国农业的支柱产业,年产值约1.7万亿元。生猪产值占农业总产值的11.6%、占畜牧业总产值的51%。猪肉是我国家庭基础食物,猪肉消费占肉类消费的65%。近年来随着规模化养殖步伐加快,生猪养殖的自然风险和市场风险进一步加大,2018年的非洲猪瘟更是给了生猪产业致命的打击,也暴露出我国目前养猪产业总体素质较低,抵御风险的能力十分不足的深层次问题。保险是规避养殖风险的一种重要保障。通过开展政策性畜牧业保险不仅可以建立畜牧业风险防范机制,增强政府防灾救灾能力,还可以使受灾养殖户及时得到赔偿,解除畜禽养殖户的后顾之忧,实现"猪粮安天下"的稳定局面。河北省是畜牧大省,生猪养殖规模居全国前列,做好非洲猪瘟疫情防控工作,完善生猪保险机制,意义极为重大。

12.4.1 河北省政策性生猪保险开展概况

目前,河北省开展的生猪保险包括能繁母猪保险和育肥猪保险两种。生猪保险基本条款和发展情况见表12-8。

表12-8   河北省政策性生猪保险基本条款和发展情况

开办年份	补贴险种	保额(元)	费率(%)	各级财政补贴比例(%)				自缴比例(%)
				中央	省	市	县	
2007	能繁母猪	1 000	6.0	50.0	15.0	10.0	5.0	20
2013	育肥猪	500且≤MP*70%	5.0	50.0	15.0	10.0	5.0	20

资料来源:中国人保财险公司河北分公司。

(1) 能繁母猪保险。根据《能繁母猪保险保费补贴管理暂行办法》，从 2007 年起，中央财政支持在全国范围内建立能繁母猪重大病害、自然灾害、意外事故等保险制度。参加保险的母猪每头需要交保险费 60 元，保险金额为 1 000 元。在地方财政部门配套补贴 30% 保费的基础上，中央财政补贴 50%，养猪户承担 20%。补贴对象为能繁母猪存栏量 30 头以上的养殖户（场），未达到此规模的，要通过专业合作组织或以村、乡为单位，以统保方式参加保险。

(2) 育肥猪保险。根据河北省财政厅发布的《关于调整育肥猪保险保费补贴比例等有关事项的通知》，自 2013 年起，育肥猪将作为保险试点在全省范围内进行推广。保险费用方面，由中央财政承担 50%，省财政承担 30%，养殖户只需缴纳 20%。投保的育肥猪在因疾病、自然灾害、意外事故等死亡后，每头育肥猪可获得最高 500 元的保险赔偿。

12.4.2 河北省生猪保险发展存在的问题

12.4.2.1 覆盖率低，赔付率高

根据河北省 2016 年生猪保险的数据，保费收入 31 374.80 万元，赔付支出 22 048.18 万元，总赔付率 70.27%。70% 的赔付率被公认为保险企业经营的盈亏平衡点，可以看出，经营生猪保险对于保险公司来说风险较大，盈利少甚至亏损，尤其是能繁母猪保险，赔付率高达 101.17%（见表 12-9）。这严重影响了保险公司经营生猪保险的积极性。

从生猪保险覆盖率来看，2016 年河北省生猪出栏量 3 742.57 万头，承保的生猪为 1 150.36 万头，覆盖率为 30.73%，意味着河北省目前仍有近 7 成的生猪处于风险无保障状态，中央惠农政策未能惠及所有农户。而同期江苏、安徽等省份能繁母猪保险参保率均超过 90%，上海则实现了对主要粮油作物、畜禽和设施蔬菜等品种的 100% 保险全覆盖，基本实现"应保尽保"。

表 12-9　　2016 年河北省生猪保险承保与赔付情况

险种	保费收入（万元）	赔付支出（万元）	赔付率（%）	承保数量（万头）	出栏量（万头）	覆盖率（%）
能繁母猪	4 449.73	4 501.96	101.17	74.13	—	—

续表

险种	保费收入（万元）	赔付支出（万元）	赔付率（%）	承保数量（万头）	出栏量（万头）	覆盖率（%）
育肥猪	26 921.79	17 546.22	65.17	1 075.53	—	—
合计	31 374.80	22 048.18	70.27	1 150.36	3 742.57	30.73

资料来源：河北省保监局。

12.4.2.2 保障水平低，损失补偿有限

一是保险金额低，损失补偿不足。目前河北省能繁母猪的保障金额为 1 000 元，育肥猪的保障金额为 500 元，与生猪的实际市场价值严重脱轨，不能有效弥补养殖户生产损失。以育肥猪为例，按生猪出栏成本 12.0 元/公斤估算，出栏成本最低 1 200 元/头，而通过投保生猪保险最多从保险公司获得 500 元的补偿，损失补偿不足二分之一。

二是保险责任范围狭窄，重大传染性疫病未包含进来。养殖保险政策不完善，好多病因死亡不理赔，导致有死亡原因认定不符合实际情况现象。尤其是针对重大传染性疫病保险是不赔偿的，仅仅依靠政府补贴。此次非洲猪瘟，政府对强制扑杀和无害化处理的生猪，一头猪的补贴费用在 800 元/头，仅政府补贴是弥补不了养殖户的损失的，因此导致有的养殖户未及时上报疫情。实行扑杀政策，但补偿不到位，造成农场主隐瞒疫情和处置情况，增加了防控难度。

2018 年 9 月 13 日，财政部、农业农村部联合印发《关于做好非洲猪瘟强制扑杀补助工作的通知》，将政府扑杀的补贴标准从 800 元/头提高至 1 200 元/头。然而，非洲猪瘟等重大动物传染病，一般需要 10 年时间才能成功根除，在财政补贴之外，应完善目前的生猪保险机制，开发商业性重大疫病政府强制扑杀专项保险。

三是市场风险尚未被纳入保障范围。目前生猪保险只承保自然灾害和疫病风险，然而近几年生猪价格波动剧烈，养殖户面临的市场风险逐渐凸显，我国北京、四川等省份开始探索生猪价格指数保险，保障由于饲料价格上涨、猪肉价格下跌导致的农户收入损失。而目前河北省生猪保险针对市场风险还未设置相应的险种，对行业平稳发展的作用不大。

12.4.2.3 理赔环节繁杂，赔付不及时

目前，保险公司的理赔审核工作主要集中在省一级，材料上报环节较多，赔付不及时的问题比较普遍。不少养殖户反映，从出现保险事故、报案、查勘、定

损到获得赔款的周期太长。例如，有的县市规定养殖户出险后要有电话报案单、现场查勘报告、理赔申请书、免疫证及免疫耳标、病死猪的照片、乡镇畜牧兽医中心诊断证明等多道文书手续，且缺一不可。有的还要将病死猪的一只耳朵割下来交给保险公司，才算手续齐全。正常情况下需要10天左右才能领到赔付款，而有些地方从出险报案到赔付到位长达2~3个月的时间。理赔时间太长，不仅延误养殖户的补救时机，还影响养殖户参保的积极性。

12.4.2.4 道德风险严重，经营难度大

由于信息的不对称和各自目标的不一致，生猪保险道德风险防范的难度较大。一方面，由于生猪市场价格波动较大，造成生猪的价值有时会低于保额，而且牲畜有自然淘汰的需要，这些都有可能诱使农牧民杀死生猪骗保。另一方面，确认保险标的和死亡原因有难度。目前主要依靠耳标来鉴定保险标的，但农户对生猪佩戴耳标并不积极。保险公司缺乏专业畜牧兽医人才，很难确定生猪的死亡原因。因此，在养殖业保险中，造假骗赔的现象也时有发生，有的地方还相当严重，如索赔现场照片的雷同现象，就是个别乡镇兽医站人员把同一张假现场照片以几十元的价格卖给不同农户造假索赔等。养殖户在投保后欺骗保险公司或者对保险标的管理不善放任不理，给养殖业保险经营带来一定的影响，保费配套补贴负担仍然很重。严重的道德风险导致养殖业保险赔付率居高不下。

12.4.2.5 县级财政配套能力弱，全面承保压力大

尽管河北省对县级保费负担比例已经从10%下调为7.5%，但是，农业大县大多是财政贫困县，财政收入增长慢，收支矛盾突出，落实配套资金存在困难，严重抑制了县级政府发展农业保险的积极性。有的省份只能要求各地把承保面控制在一定范围内，根本不能做到"应保尽保"。保险公司考虑到应收账款的压力，也不能全面开展承保工作，或者拖延养殖户的赔款。

12.4.3 规范和促进河北省生猪保险发展的对策

12.4.3.1 加强宣传，提高养殖户风险管理和保险意识

要全面落实好党和国家的强农惠农政策，需要不断统一和提高政府部门、保

险公司和农业生产者对农业保险的正确认知，政府与保险公司需联合加大农业保险宣传力度。各级各部门要充分利用各种宣传方式、加大宣传力度，让每一位养殖户都能了解能繁母猪保险的相关政策规定，提高养殖户参保积极性，力争做到"应保尽保"，让更多的养殖户享受到惠农政策的好处。加大宣传，营造良好氛围。加强对政策性农业保险的正面宣传，通过各种形式，宣讲有关政策，讲透意义作用，讲清险种条款，讲明责任利益，增强广大农民群众的自我参保意识。充分利用电视、网络、文体活动等各种群众喜闻乐见的形式，深入宣传，广泛发动，加深广大农民群众对政策性农业保险有关知识的了解，激发农户参保热情，调动参保积极性，提高参保率和覆盖率。

12.4.3.2 部门联动，完善生猪无害化处理与保险联动机制

根据我国相关规定，病死猪须进行无害化处理。但由于补贴金额少，病死猪无害化处理一直都面临着诸多困难，就地掩埋的现象时有发生，同时也给病死猪流向餐桌埋下了隐患，更是不利于疫情的防控。以政策性农业保险为杠杆，发挥保险公司与畜牧主管部门的相互制衡与协同效应，构建保险联动的病死畜禽无害化处理机制。

保险公司需要严格规定赔款条件。统一将养殖环节病死畜禽无害化处理列入养殖业保险理赔主要条款，规定凡是参加保险的死亡畜禽没有按要求进行无害化处理的一律不予理赔，在病死畜禽交由畜牧部门指定场所进行无害化处理后，保险公司依据无害化处理中心出具的凭证，方可对养殖户进行赔偿。

政府部门构建开发保险、防疫、检疫、屠宰、补贴、无害化处理信息共享平台，提高养殖业承保数据的准确性，实现生猪从"养殖"到"餐桌"全流程动态闭环可追溯管理，保证国家财政补贴落到实处。畜牧业主管部门完善生猪耳标佩戴管理体系，建立科学完整的可追溯体系。严格执行标识制度，耳标必须在养殖场内佩戴，严禁出售时、收购后再打标识。动物防疫人员参与保险公司的协同查勘，严格出具死亡诊断及无害化处理证明。

12.4.3.3 完善政策性生猪保险，将非洲猪瘟等重大疫病纳入保障范围

针对养殖企业或养殖户的切实风险保障需求，即政府扑杀财政补贴不足以补偿实际损失，保险公司应积极开发针对非洲猪瘟重大传染性疫病的专项保险产品，以降低非洲猪瘟对广大养猪生产者的风险预期。一旦发生非洲猪瘟疫情，养殖生猪被扑杀后，被保险人只要有县级政府开具的扑杀发文，不必等政府财政的

扑杀补偿款到位，即先行赔付，养殖户就可及时得到相对充足的经济补偿。非洲猪瘟保险产品可以采用三种方式：一是在原来政策性生猪保险的基础上，扩展保险责任范围，将非洲猪瘟包含进来，并相应提高保费和政府补贴。二是在政策性生猪保险基础上，开发商业性非洲猪瘟强制扑杀专项保险，两者相互补充。三是非洲猪瘟强制扑杀保险作为政策性生猪保险的附加险。

此外，要优化生猪保险条款。以"大户小户均可投保"替代"保大户不保小户"，以"大猪小猪一律承保"代替"10 公斤以下的小猪不保"，降低养殖户投保门槛，扩大保险范围；适当提高育肥猪保险金额，降低或取消一定比例免赔额，提高养殖业保险保障水平；建立灵活的保险费率调节机制，对于饲养管理条件好的养殖场给予减保费、无赔款优待等优惠政策。

12.4.3.4　探索生猪价格保险制度，规避市场风险

价格指数保险能够发挥保险的价格调节作用，能有效规避市场风险，稳定农产品供给，提高机构和资金的运作效率，已经成为世界农业保险发展的新趋向。

由于生猪产业整体产业链薄弱，我国生猪市场价格一直呈现非正常波动。国外对于生猪价格风险的保险分散措施较为典型的是加拿大的生猪价格保险。该产品通过美国主要市场的猪肉价格，同时根据汇率、出肉率、肉类等级的因子进行调整，建立一个综合生猪市场价格。如果在承保期限内，生猪的出栏价格低于该目标价格，则赔偿差价部分。北京市已经开始探索生猪价格保险，河北省作为生猪大省，应由主管部门推动，保险公司联合科研院所系统开发生猪价格指数保险产品，选择试点地区，探索并逐步完善生猪价格指数保险运行机制。

12.4.3.5　提高保险公司经营管理水平，简化规范理赔流程

承保机构不能只关注自身的经营效益，还应承担相应的社会责任。在人力、物力、财力上都要不断加大对养殖业保险工作的力度。要加强养殖业保险的内控管理，建立健全规范的承保、核保、查勘、定损和理赔流程。要以提高理赔服务质量为核心，简化理赔手续和环节，明确理赔时限，以高度的责任心做好理赔工作，坚决杜绝惜赔、少赔、拖延不赔等侵害养殖户利益的行为，为参保养殖户提供优质便捷的保险服务。简化和规范理赔手续，以方便群众、惠农利农为原则，建立高效快捷的理赔专班，做到快速查看、加速理赔，在验明

保险凭证、保险标的和业主身份的前提下，大力推行现场赔付。成立由政府部门牵头、畜牧、贷款行、保险公司、担保机构共同参加的评估小组，对被认定的风险和损失及时予以补偿，有效保全信贷资产的安全，消除银行发放畜牧业贷款的后顾之忧。

第 13 章

河北省非洲猪瘟疫情防控分析

13.1 非洲猪瘟疫情简介

13.1.1 非洲猪瘟疫情的起源

非洲猪瘟（ASF）是由非洲猪瘟病毒（ASFV）借助呼吸道、消化道感染猪只所引起的一种高热、出血的烈性传染病。非洲猪瘟病毒对外界环境的适应力强，可以在感染猪分泌物和环境污染物中长期存活，并可以通过感染猪的血液、粪便、尿液和唾液污染、软蜱、肉制品等直接或间接传播。世界动物卫生组织（OIE）将非洲猪瘟列为法定报告动物疫病，我国农业农村部将其列为重点防范的一类动物疫病。

非洲猪瘟首次于 1914 年在坦桑尼亚被发现，1921 年肯尼亚首次公开报道该病疫情。20 世纪 50 年代传入欧洲，70 年代传入美洲。2017 年传入俄罗斯伊尔库茨克州，该地距我国边境仅 1 000 公里，与我国贸易往来频繁，对我国生猪养殖形成空前威胁，非洲猪瘟成为我国近 10 年来重点防控的动物疫病。2018 年 8 月 3 日中国动物卫生与流行病学中心确认我国辽宁省沈阳市沈北新区某猪场出现 ASF 疫情。基于 p72 基因的进化树分析表明我国此次 ASFV 流行株与俄罗斯远东流行株同源性较高。

2018～2021 年，全国共发生 195 起非洲猪瘟疫情，除香港特别行政区、澳门特别行政区、台湾地区和新疆生产建设兵团未发布疫情通报外，其余省份均确认发生非洲猪瘟疫情。

根据农业农村部检测数据，2021年全国共报告发生14起非洲猪瘟疫情，均为家猪疫情，以点状发生为主，区域总体情况稳定。相关专家认为，规模化养殖场生物安全防控的升级完成，使得整个产业的疫病防控水平大幅提升。

13.1.2　全球非洲猪瘟疫情情况

2018年以来，非洲猪瘟疫情在全球迅速蔓延，根据OIE发布的数据，仅2018年全球就有15个国家发生非洲猪瘟疫情，其中欧洲10国（波兰、俄罗斯、拉脱维亚、捷克、罗马尼亚、摩尔多瓦、乌克兰、匈牙利、保加利亚、比利时）、非洲4国（科特迪瓦、南非、乍得、赞比亚）和亚洲1国（中国）。累计疫情总数超过4 800起，其中，家猪发生次数1 470起，占30.3%；野猪发生次数3 376起，占69.7%。野猪的非洲猪瘟基本都是发生在欧洲。波兰和拉脱维亚发生野猪非洲猪瘟的次数在欧洲占比较大。根据国家农业农村部发布的国际疫情动态统计，2018年全球因非洲猪瘟疫情死亡和扑杀家猪87 637头（不含中国），野猪5 652头。2018年家猪发生非洲猪瘟次数前5位的国家分别是罗马尼亚（1 144起）、波兰（109起）、乌克兰（104起）、中国（97起）和俄罗斯（54起）。

相较于2018年，2019年非洲猪瘟在全球更加猖獗。2019年新发生疫情主要集中在11个东亚和东南亚国家，包括蒙古（1月）、越南（2月）、日本（2月）、柬埔寨（4月）、朝鲜（5月）、老挝（6月）、缅甸（8月）、菲律宾（9月）、韩国（9月）、东帝汶（10月）、印度尼西亚（11月），欧洲新增疫情的国家为斯洛伐克（7月）。野猪的非洲猪瘟基本都是发生在中欧、东欧和俄罗斯的远东地区，亚洲的非洲猪瘟疫情主要是家猪感染。截至2019年11月末，全球27个国家和地区新发非洲猪瘟14 600多起。2019年越南成为非洲猪瘟疫情最为严重的国家。2019年2月越南北部的兴安省和太平省发现非洲猪瘟疫情，此后迅速在全境蔓延开来，8月底全部63个省市均已发现非洲猪瘟疫情，暴发起数占全球的50%以上，至9月上旬被扑杀的生猪已超过400万头，占越南全国猪群总数的10%以上。根据农业农村部2021年7月19日发布的疫情消息，2021年以来，全球共有18个国家和地区发生995起家猪和3 333起野猪共4 328起非洲猪瘟疫情。

从其他非洲猪瘟疫情发生国家的防控工作来看，有一些成功的经验措施值得我国借鉴。(1)成立专业委员会。为统筹强化应急管理，古巴采取了这一措施，专业委员会可以统筹指导疫情防控，避免在疫情防控中存在权责不明、互相推诿的现象和出现防控漏洞，同时可以从宏观层面掌握全国疫情发展态势。(2) 制定根除计划。古巴和西班牙都制定了分阶段的根除计划，明确了各阶段的防控任务、权责体系和运行机制等，为疫情防控理顺路径。(3) 建立疫情信息通报系统，能够让政府和生产者等主体及时了解疫情信息，尽早做出合理判断和防控行为，极大提高了疫情信息的传递效率，为疫情防控争取更多时间。(4) 实行区域化管理。分区切割防控，将疫情控制在本区内直至消灭。各区之间构建疫病传播壁垒，有效避免不同地区相互交叉感染。(5) 建立相应的技术服务团队。西班牙采取非洲猪瘟疫情防控专家团队服务机制，对提高养殖一线防控水平和基层兽医防控能力起到重要作用，成为有效实施非洲猪瘟根除计划的关键。(6) 鼓励民间团体积极参与。民间团体参与具有一定的灵活性和自主性，可以很好地弥补政府行政管理缝隙和调动生产者防控积极性，并且具有一定的互相监督功能。如西班牙养殖者建立卫生协会，到1990年西班牙境内共成立了979个协会，包括农民41 321人，种猪922 996头。这些协会在疫情防控的疫病上报和防控经验分享等方面发挥了重要作用。(7) 优化产业布局。如法国的养殖区主要集中在陆路传播途径较少的区域，同时在该区域内形成完整的产业链，在集中养殖区域就可以将生猪生产为猪肉产品，有效减少长距离生猪调运。鼓励建立农业合作社，汇集资金，分担风险，提高参与主体的市场、生产风险对抗能力。(8) 创新财政补贴政策。通过实用性较强的补贴政策更新升级养殖场的防控设施，提高疫病防控能力，同时缓解养殖者的资金压力。

13.2 河北省非洲猪瘟疫情防控难点

13.2.1 生猪养殖量大

河北省是我国的养猪大省，根据国家统计局网站公布数据，河北省2014~2017年每年生猪出栏量均超过3 400万头，在所统计的31个省份中每年均排在第七位。生猪养殖数量大，但受制于养殖场场地、资金等限制以及养殖模式影响，河北省生猪养殖密度较高，增加了生猪间通过直接接触传播非洲猪瘟病毒的可能性。同时，生猪养殖量大伴随的是活猪调运、生猪屠宰等工作量增加，猪肉产品、饲料、排泄物等产出量增加，而非洲猪瘟病毒在这些环节或产物中均可以长时间存活，加大了猪只感染的概率。

13.2.2 散户养殖居多

河北省生猪养殖中以散户养殖居多，散户养殖在猪舍建设、日常消毒、饲料喂养、排泄物处理、病死猪处理等环节中存在诸多疫病防控漏洞。散户养殖主体养殖资金有限，往往在猪舍建设和日常消毒方面片面追求降低养殖成本导致饲养密度高、对病菌本身及软蜱等非洲猪瘟病毒载体的清除效果不佳，最终难以达到疫病防控标准。在饲料方面为降低养殖成本部分选择厨余泔水喂养，而厨余泔水是我国非洲猪瘟病毒的主要传播途径之一。散户养殖对排泄物处理和病死猪处理相对于规模化、标准化养殖难以达到行业规定的处理标准，加大了疫情传播的概率。此外，散户养殖主体众多且养殖场（户）布局分散，对行业管理部门造成监管与规制困境，难以达到预期的行政管理效能。

13.2.3 防控经验缺乏

2018年是我国首次发生非洲猪瘟疫情，虽然早在2007年我国就开始了非洲猪瘟疫情防控研究工作，2015年原农业部批准印发《非洲猪瘟防治技术规范（试行）》，2017年9月《非洲猪瘟疫情应急预案》正式发布。但在防控的实践层面上我国还是缺乏立足本国国情的经验，更多的是学习总结其他国家的防控经验。此次非洲猪瘟疫情传播速度快，波及范围广，尤其在前3个月，面对疫情发展防控效能相对较低。而河北省是当前我国发生非洲猪瘟疫情省份中较晚的一个省份，与其他疫情发生省份相比更加缺乏疫情防控的实践经验，尤其是基层兽医团队缺乏相应的实战经验、能力以及人力资源。此外，此次非洲猪瘟疫情防控不仅涉及农业主管部门，还需要食品药品监督管理部门、公路交通管理部门、科研院校等多个主体共同参与，联合应对，在这方面河北省也相对缺乏实践经验。

13.2.4 地理位置特殊

河北省地处我国生猪养殖北方商业化核心区域，生猪产业链中大量环节作业发生在河北省或途经河北省。河北省环抱京津，毗邻渤海，大量陆域物流和海关贸易穿省而过，国内、国外感染源均有可能进入河北省。这些由地理位置决定的因素无法改变，加大了疫病防控难度。

13.3 河北省非洲猪瘟疫情防控建议

世界范围内尚无公布的非洲猪瘟病毒有效疫苗，对非洲猪瘟的防控化学治疗手段并不适用。目前，各国主要是采取扑杀、消毒、封锁等物理防控手段。我国此次非洲猪瘟疫情防控也主要是采取上述物理手段。根据前文所述河北省因特殊省情疫情防控难点多、难度大的特点以及结合其他疫情发生国家的成功经验，建议当前河北省非洲猪瘟疫情防控应当形成以政府为主导，政府—养殖主体—科研主体共同参与联合防控的格局。在这一格局中首先应当划清行为界限，厘清各自责任。以养殖场为分界，养殖场内部由养殖主体主要负责，养殖场外部由政府主导负责，科研主体在一线双挑研究与防控责任，同时辅以现代信息技术构建疫情信息系统，如图13-1所示。

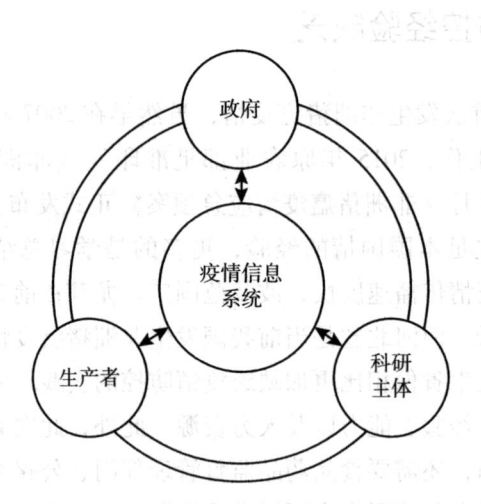

图13-1 非洲猪瘟疫情多元防控体系

13.3.1 政府主导多元参与体系

政府首先应进一步强化应急管理手段，成立相应的疫情防控联合工作组，主导构建多元参与体系。由河北省政府主导，农业农村厅牵头将在疫情防控中涉及的各级人民政府、交通运输主管部门、食品药品监督主管部门、市场监督主管部门、金融部门、公安部门等行政管理部门纳入工作组内。工作组统一制定省级层面的非洲猪瘟疫情防控政策体系；构建具有疫情通报与预警、技术发布、防控经验分享、产业趋势与市场价格预测等功能的信息系统；厘清各部门防控职能，划分权责，统筹整合防控资源和协调行政管理行为。工作组会内各部门履行好本职责任，具体包括：基层农业主管部门对本区内各猪场非洲猪瘟疫情发生情况做到精准掌握。加强对生猪屠宰厂的监管排查，各屠宰环节实行监督打卡记录。按规模配备一定人数的兽医工作人员。交通运输主管部门在各区（县）进出路口设置检验检疫点，切实检测运输活猪及肉制品的车辆的跨地调运。农业主管部门与食品药品监督管理部门加强对饲料、兽药等生猪养殖投入品的监管，从养殖上游加强生产投入品的管控。市场监督管理部门加强对终端市场的生鲜猪肉和猪肉制品等的来源审查和检测以及厨余泔水去向的监管。海关部门加强对可成为病菌病毒载体的入境物品的检疫。农业主管部门与金融部门积极筹划非洲猪瘟疫情下保险金融服务建设工作，一方面，弥补基层政府因扑杀补贴造成的财政压力，对确有困难的市县，可降低或取消市县财政承担比例，为地方财政解绑，疏导地方政府疫情发现和上报的心理负担。另一方面，尽可能地为养殖场补栏、复养提供资金融贷渠道，解决资金紧张难题。探索开发非洲猪瘟疫情保险产品，降低养殖风险，保障养殖主体利益。基层政府和公安部门还要加强舆情监控，对失实和不当舆情及时处置，对恶意造谣及时整治，通过各种官方平台正面引导舆情走向，消除负面影响和公众恐慌；面向养殖主体普及防控政策和疫病防控知识、经验、技术等，创造良好的一线防控环境，提高养殖主体防控水平。此外，河北省发生疫情较晚，相比其他省份缺乏防控实践和经验，应积极向其他省份学习，分析总结其他省份防控政策的优缺点，借鉴其中经验，为河北省防控提供实践指导。

优化产业布局，引导促进产业转型升级。此次非洲猪瘟疫情对我国生猪产业发展是一次巨大挑战，同时也带来了潜在机遇。非洲猪瘟疫情对我国生猪产业形成了"洗牌"的效果。不符合现代农业生产规范和要求的生产者逐步被淘汰，政府应借此机会积极参与生猪产业布局优化，形成具有聚集效应的产业链格局；引导生猪产业转型升级，向现代化生猪产业发展。尤其注意对中小规模养殖场进行一定扶持，防止养殖规模连续谱出现断层。

13.3.2 生产主体严格执行防控标准

生猪产业生产主体主要涉及养殖场、屠宰厂、肉制品加工企业、饲料加工企业等,在这些生产主体中养殖场的防控最为关键,也是疫情防控的源头。养殖场应继续强化非洲猪瘟疫情防控工作,做好养殖场内的"密罐式"防控管理,防控的重点包括:(1)养殖场选址远离养猪密集区、屠宰场、生猪无害化处理场、人口密集区等地区。(2)养殖场内由实体隔断分割成不同生物安全等级的单元,生物安全等级越高的消毒防护措施越严格,猪舍为安全等级最高的单元。(3)人员进入养殖场前在指定区域封闭隔离;车辆进场要经过水枪冲洗、消毒池消毒、烘干间烘干等程序。(4)从养殖场外引种的种猪前期要在独立的隔离猪舍饲养观察,隔离猪舍中猪只由专人饲养,种猪入群前要进行采血检测。(5)实行全进全出和分点式饲养,降低卖猪频率和猪只交叉接触概率。(6)对病死猪与粪便的处理要严格按照规定流程,不与活猪、饲料等二次接触。(7)不使用来源不明或不符合生产规范的饲料,禁止使用猪源性饲料和厨余泔水。(8)进入猪舍的水要经过臭氧、酸化中和或高温等消毒方式,养殖场水源管道内外都要定时清洗;做好养殖场内雨污分离。(9)设立"非洲猪瘟防控"专项奖金,提高饲养员对疫病的研判诊断能力,奖励及早发现患病猪只的饲养员。(10)积极与科研主体对接,为进驻养殖场的科研人员提供进场工作便利及必要的防护措施和装备,配合执行科研人员依据本养殖场实际情况制定的防控措施。(11)同县(区)内养殖场联合成立互助协会或合作社,共享疫情信息和防控经验。

屠宰厂等其他生产主体同样也要严格执行非洲猪瘟疫情防控生产作业标准,在本生产区域内要保证从源头上病毒难进入,生产中病毒难存活,出厂时病毒难传播。屠宰厂在猪只进厂、屠宰、猪肉出厂、废弃物处理等各个环节严格落实防控措施,提高防控意识,并配合农业主管部门为本屠宰场配置的兽医工作人员的日常工作。猪肉制品加工企业、饲料加工企业和兽药加工企业首先应树立社会责任感,坚决不采购来路不明或大幅度低于市场价格的原材料,不进行违规生产和欺诈行为。在猪肉制品加工和饲料加工前进行病毒检验,加工中严格按照规范作业流程。生产者自主形成企业联盟,在非洲猪瘟疫情防控中相互帮扶,互相监督,形成产业内自觉抵制不良生产行为的良好风气。

13.3.3 科研主体积极引导防控一线

我国非洲猪瘟疫情防控和各国防控经验都表明,由农业类高校、科研院所、科研单位等组成的科研主体在非洲猪瘟疫情防控中具有不可或缺的关键作用。在未来非洲猪瘟疫情防控中应当进一步激发科研主体在一线防控中的参与度和引导力,构建并完善高效的科研主体参与机制,使科研主体成为防控一线的引导力量。组织农业类高校、科研院所等的科研工作人员组建非洲猪瘟防控志愿服务团队。志愿服务团队和养殖主体根据"业务需要，位置就近"的原则相互自主选择，确保有需要养殖场能够对接技术服务团队，形成稳定的非洲猪瘟防控志愿技术服务运行机制。技术服务团队的工作主要包括：第一，根据养殖场实际情况全心全意、实事求是为养殖场"量身定做"疫病防控计划。第二，在疫情信息防控系统中，以各志愿技术服务团队为关键节点，实现疫情信息、防控经验等信息共享。第三，在实战中总结防控经验，思考当前我国在非洲猪瘟及其他生猪疫病防控层面的短板，为补齐非洲猪瘟及其他生猪疫病防控短板提供指导意见。针对疫情发展提出合理防控方案，收集疫病样本，研究疫病防控技术，创新疫病防控方法。第四，经济管理研究方向的科研人员研究饲料、猪肉、仔猪、种猪等价格走势和市场环境，预测市场走向，为生产者提供市场信息便于生产者合理规划生产，尽可能降低市场风险对生产的冲击。第五，此次疫情暴露了我国基层畜牧兽医不健全、知识更新不够、整体素质不高的现状，技术服务团队应积极为基层兽医工作站提供技术培训与业务指导，提高基层兽医工作者防控能力与水平。第六，从防控技术、防控机制等方面为政府提供政策建议，为政府防控政策制定的科学化、合理化提供理论保障。

第14章

"后非瘟时代"河北省生猪产业转型升级对策建议

河北省是传统养猪大省，2018年饲养量5 500万头，猪肉产量占全国的5.3%，居全国第七位。2018年以来，生猪产业面临产能过剩市场价格筑底、中美贸易摩擦饲料成本上升、非洲猪瘟扩散生猪跨省流通受限、畜禽养殖环保压力增大等严峻挑战，为此，省生猪产业技术体系组织专家深入调研，分析存在的问题，提出生猪产业转型升级建议。

14.1 "后非瘟时代"河北省生猪产业特点

第一，养殖优势产区逐步形成。河北省形成了以唐山市、石家庄市、保定市、邯郸市为核心的四大生猪优势产区。从存栏看，2017年唐山、石家庄（含辛集）、邯郸、保定（含定州）4市生猪存栏量分别为346万头、277万头、237万头和316万头，占河北省全省总存栏量的60.12%。

第二，规模化标准化养殖比重上升。伴随规模化养殖企业大量进入和散户逐步退出，生猪养殖规模化进程加快，生产效率明显提高。2018年生猪年出栏500头的规模化猪场占比达到48%。

第三，养猪新模式持续涌现。近年来，河北省生猪产业出现了种养肥一体化生态养殖、数字化养殖、农牧结合旅游观光、网上交易和"公司+农户"托管等新模式，成为生猪产业转型升级的重要途径。

第四，种猪产业化发展。随着养猪产业化及分工细化，以地方猪和含地方猪血液杂交的商品猪生产快速发展，市场份额明显提高。河北省省内一些核心种猪场实现联合育种，也成为提高猪育种水平和效率，完善良种繁育体系的最有效手段。

14.2 河北省生猪产业发展存在的问题

第一，自主育种能力差。当前，河北省育种基础设施和手段落后，育种意识不强，种猪长期依赖进口，形成了引种、扩繁、销售、退化、再引种的恶性循环。同时，对地方猪种资源保护不够，缺乏资金投入和利益补偿，多数地方猪种已绝迹，目前仅有深县猪还有少量存在。

第二，养殖效率有待提高。河北省年出栏生猪 200 头以下的小规模养殖场存栏生猪 481.27 万头，存栏量占全省的 27.66%，这些养殖场大多缺乏基本的养猪设施或设施设备不规范，生产水平和养殖效益低下，也给防疫和管理带来一定困难。

第三，环保压力增大。随着养殖规模扩大，粪污产出越来越集中，养猪的不种地、种地的不养猪，导致种养分离、就近还田通道不畅，粪污资源化利用模式不成熟，加上环保税开征，造成养猪环保压力越来越大。

第四，产业链条各环节融合度差。因生猪生产、屠宰、加工、冷链运输等环节联系松散，加上加工及流通滞后、品牌及营销环节薄弱，造成各环节利益分配不合理，成为制约养猪产业发展的重要因素。

14.3 促进河北省生猪产业转型升级的对策建议

面对非洲猪瘟疫情冲击，应做好持久战准备，短期内重点帮助企业活下去，中长期要规划扶持产业健康发展。坚持保防结合、规范发展，即保规模场和区域整体防控相结合，制定规模化标准化养殖规范，加快生猪产业转型升级。

14.3.1 科学防疫稳生产

坚持一手抓非洲猪瘟防控，一手抓生猪生产和市场供应。加强养殖场防疫管理，落实养殖场防疫主体责任和防控措施。加强舆论引导，正确看待疫情，防止养殖企业过分减栏，支持已清场企业新规划再投产，全力稳定生猪生产。

14.3.2 加强良繁体系建设

完善生猪良种繁育、地方遗传资源保护、品种选育、生产性能测定四大体系。落实国家生猪遗传改良计划，科学开展遗传改良。以原种场为核心，扩繁场为依托，商品场为基础，完善原种场、扩繁场、商品场三级良种繁育体系。加强深县猪国家保种场基础设施建设，建立深县猪核心群，开展杂交配套利用模式研究应用。完善生猪生产性能测定基础设施，加强数据分析和应用。

14.3.3 提高产业生产效率

坚持规模化、标准化养殖，制定生猪养殖标准，结合各地资源禀赋，提高生猪生产整体计划性，探索"配额制"养猪，合理确定各地养殖规模，建立生猪养殖主体的进入门槛和规模，推进规模化养殖场建设。提高生产效率，通过经济手段对生猪养殖产前、产中、产后环节进行激励，保障养殖者收益，支持生猪屠宰加工企业技术升级，结合国家生猪生产分区管控，进一步科学规划厂址，优化运输路线，降低运输费用等。

14.3.4 推动废弃物资源化利用

支持规模化养殖场和养殖户推广生态养殖、循环经济模式。实施生猪养殖大县资源化利用项目，打造生猪养殖绿色示范县。建立生猪养殖污染行为制度，采取有效措施预防和控制养殖污染。严格落实生猪养殖环境保护制度，制定防控规划，确定粪便污染防治目标和重点控制区，提高猪粪污染综合治理水平。构建资源化利用循环经济发展新机制，对养殖规模超过土地承载力的县，加强承载能力预警，并在规定时间内减少养殖总量。

14.3.5 加快第一、第二、第三产业融合发展

支持大型养殖企业集团进行全产业链布局,推行育、繁、养、宰、销一体化融合发展,打造生猪全产业链模式。缺乏大型养殖企业的地区,引导推广"点对点"产业链生产模式。实施屠宰企业品牌化战略,优化猪肉产品结构,开发风味产品,推进肉品分类分级,实行优质优价。在环京津地区建设一批畜产品加工物流园区,形成环绕京津的规模适度、需求匹配的物流仓储网络。

14.3.6 推进生猪生产、交易和流通信息化建设

利用信息技术和数据分析优化饲料配方、选择最优培育方案,实现对猪场运行、生产、经营的科学管理;采用信息技术监测猪场的有害气体、温度、光照等环境数据和自动获取生猪生长、生产信息,推进猪场饲养设施设备的信息化、智能化、自动化;充分利用电子商务平台和统一编码技术所具有的发现价格、规避风险、合理调整存出栏等优势,促进整个生猪养殖产业链快速发展。

参考文献

[1] [美] 艾·里斯，杰克·特劳特著. 定位 [M]. 王恩冕，于少蔚译. 北京：中国财政经济出版社，2004.

[2] 白献晓，温青玉. 河南省畜牧产业化集群发展与培育研究 [J]. 河南农业科学，2016 (6).

[3] 宾幕容，文孔亮，周发明. 湖区农户畜禽养殖废弃物资源化利用意愿和行为分析——以洞庭湖生态经济区为例 [J]. 经济地理，2017，37 (9).

[4] 蔡颖萍，杜志雄. 家庭农场生产行为的生态自觉性及其影响因素分析——基于全国家庭农场监测数据的实证检验 [J]. 中国农村经济，2016 (12).

[5] 曹崇海. 规划化猪场的生物安全措施概述 [J]. 猪业科学，2013 (9).

[6] 曹庆新，杨东鹏. 认知行为理论视角下青少年手机依赖行为的原因及对策建议 [J]. 太原城市职业技术学院学报，2019 (10).

[7] 陈胜可. SPSS 统计分析从入门到精通 [M]. 北京：清华大学出版社，2010.

[8] 陈双庆. 我国生猪养殖的适度规模研究 [D]. 北京：中国农业科学院，2014.

[9] 谌明蕾. 吉林省不同规模生猪养殖户对环境污染的认知及防治行为研究 [D]. 长春：吉林农业大学，2016.

[10] 程云飞. 非洲猪瘟防控措施 [J]. 世界热带农业信息，2021 (7).

[11] 程志利，刘燕，孟君丽，魏玉东. 非洲猪瘟对河北省生猪产业的影响 [J]. 北方牧业，2018 (20).

[12] 程志利、赵博伟. 2021 年第一季度河北省畜牧业生产形势分析 [J]. 北方牧业，2021 (3).

[13] 董寒青. 多选题的统计分析及其 SPSS 实现 [J]. 统计与决策，2013 (10).

[14] 董艳娇，王建华，李天泉. 我国兽药产业的现状与发展对策 [J]. 中

兽医医药杂志, 2020, 39 (2).

[15] 豆志杰, 钟明艳. 基于耕地污染负荷的畜禽养殖业空间布局优化研究 [J]. 中国农机化学报, 2021, 42 (4).

[16] 杜玲燕. 城乡收入差距对居民消费影响的研究 [D]. 北京: 中国农业科学院, 2016.

[17] 方天堃. 畜牧业经济管理 [M]. 北京: 中国农业大学出版社, 2003.

[18] 耿健, 王小婷, 李艳华. 黑龙江省中兽药产业面临的机遇与发展建议 [J]. 黑龙江畜牧兽医, 2021 (2).

[19] 关佳佳. 宠物行业的发展现状与前景 [J]. 当代畜禽养殖业, 2018 (8).

[20] 郭文娟. 饲料生产 [J]. 河北经济年鉴, 2017 (4).

[21] 国策, 郑辉. 如何推进我国宠物行业的连锁经营 [J]. 中国牧业通讯, 2006 (22).

[22] 何可, 张俊飚, 田云. 农业废弃物资源化生态补偿支付意愿的影响因素及其差异性分析——基于湖北省农户调查的实证研究 [J]. 资源科学, 2013, 35 (3).

[23] 和元. 浅析现代畜牧业的现状与发展 [J]. 畜禽业, 2020, 31 (12).

[24] 河北省农业农村厅. 2020年全省畜牧业工作要点 [J]. 北方牧业, 2020 (3).

[25] 侯希江. 宠物食品发展前景探索 [J]. 中国动物保健, 2017 (8).

[26] 胡新岗. 苏北地区适度规模羊场生物安全体系建设调研及对策 [J]. 黑龙江畜牧兽医, 2017 (9下).

[27] 胡杨, 张艳荣, 于晶. 我国宠物行业的现状与前景 [J]. 知识经济, 2018 (10).

[28] 黄赛. 小宠物玩出大市场 [J]. 中国工作犬业杂志社, 2015 (12).

[29] 黄晓慧, 陆迁, 王礼力. 资本禀赋、生态认知与农户水土保持技术采用行为研究——基于生态补偿政策的调节效应 [J]. 农业技术经济, 2020 (1).

[30] 姜文萍. 宠物行业发展的趋势和方向 [J]. 中国畜牧兽医文摘, 2018 (2).

[31] 寇涛. 后非洲猪瘟时期福建省生猪产业转型升级的思考 [J]. 中国猪业, 2020, 15 (4).

[32] 李采明. 适度规模加种养结合是化解畜禽养殖风险的关键 [J]. 中国牧业通讯, 2011 (5).

[33] 李东华. 河南省畜牧业产业化体系建设研究 [D]. 郑州: 河南农业大学, 2009.

[34] 李林,白飞英,闫振富.日本"松阪牛肉"对河北省发展现代畜牧业的启示[J].北方牧业,2020(12).

[35] 李玫,高俊岭.欧美宠物市场发展新趋势[J].中国畜牧兽医文摘,2006(6).

[36] 李文英.价格波动背景下生猪养殖决策行为影响因素研究[J].农业现代化研究,2017(3).

[37] 李文瑛,肖小勇.价格波动背景下生猪养殖决策行为影响因素研究——基于前景理论的视角[J].农业现代化研究,2017,38(3).

[38] 李晓露.猪场生物安全体系建设探讨[J].畜禽业,2018(8).

[39] 李玉杰,王庆伟,陈志飞,等.现代规模化猪场生物安全体系的规划建设[J].养猪,2018(6).

[40] 梁帆,路剑.非洲猪瘟影响下河北省生猪产业结构变化分析[J].黑龙江畜牧兽医,2021(14).

[41] 廖祺.动物疫病防控策略经济学评估研究[D].武汉:武汉大学,2017.

[42] 刘斌.宠物饲养的法律规制[D].北京:中国社会科学院,2012.

[43] 刘桂艳,永梅,张建军.我国草原畜产品流通渠道整合与模式创新[J].黑龙江畜牧兽医,2021(14).

[44] 刘明月,陆迁.禽流感疫情冲击下疫区养殖户生产恢复行为研究——以宁夏中卫沙坡区为例[J].农业经济问题,2016,37(5).

[45] 刘硕敏.内蒙古农畜产品质量安全的精细化监管研究[D].呼和浩特:内蒙古大学,2018.

[46] 刘雪芬,杨志海,王雅鹏.畜禽养殖户生态认知及行为决策研究——基于山东、安徽等6省养殖户的实地调研[J].中国人口·资源与环境,2013,23(10).

[47] 刘振涛,程鹏,彭紫瑞.畜禽养殖废弃物资源化利用政策梳理——以河北省生猪养殖为例[J].猪业科学,2020,37(9).

[48] 刘志祥.适度规模应为生猪养殖之发展方向[J].中国畜禽种业,2011,7(11).

[49] 雒国兴.基因芯片技术在现代畜牧业中的应用[J].甘肃畜牧兽医,2019,49(12).

[50] 马英杰,张秀珍.基于产业链一体化的饲料企业管理战略转变路径的研究[J].中国饲料,2021(11).

[51] 马永喜.规模化畜禽养殖废弃物处理的技术经济优化研究[D].杭

州：浙江大学，2010.

[52] 马有祥，杨振海．2017 中国饲料工业年鉴［M］．北京：中国农业出版社，2018.

[53] 莫京，马建华．2011 商标报告：商标的活动、发展及重要改变［J］．科学观察，2012（5）.

[54] 潘丹，孔凡斌．养殖户环境友好型畜禽粪便处理方式选择行为分析——以生猪养殖为例［J］．中国农村经济，2015（9）.

[55] 乔海曙，谢顺利．增强中低收入者消费能力："消费带动发展"阶段的必然选择［J］．消费经济，2007（10）.

[56] 仇焕广，莫海霞，白军飞，等．中国农村畜禽粪便处理方式及其影响因素——基于五省调查数据的实证分析［J］．中国农村经济，2012（3）.

[57] 全群丽．走进皇家宠物食品［J］．中国工作犬业杂志社，2018（3）.

[58] 沈秋花，张超超．上海某村居民健康素养认知与性别、年龄、文化程度的关系分析［J］．上海医药，2013（33）.

[59] 石哲．河北省生猪养殖粪污处理问题与对策研究［D］．保定：河北农业大学，2018.

[60] 孙东升．我国饲料产业发展现状及发达国家和地区饲料产业发展的经验借鉴（续）［J］．饲料研究，2003（7）.

[61] 孙世民，张园园．基于养殖档案的畜产品供应链质量控制信号博弈分析［J］．技术经济，2016，35（7）.

[62] 孙世民，张媛媛，张健如．基于 Logit–ISM 模型的养猪场（户）良好质量安全行为实施意愿影响因素的实证分析［J］．中国农村经济，2012（10）.

[63] 田文勇，姚琦馥．技术水平对生猪养殖户适度规模养殖的影响研究：基于四川生猪养殖户的调查［J］．黑龙江畜牧兽医，2018（24）.

[64] 汪兴华．新时期现代畜牧业的培植与发展［J］．当代畜禽养殖业，2015（7）.

[65] 王舫．基于环境承载力的黑龙江省畜禽产业布局优化研究［D］．哈尔滨：东北农业大学，2020.

[66] 王国刚，杨春，王明利．中国现代畜牧业发展水平测度及其地域分异特征［J］．华中农业大学学报（社会科学版），2018（6）.

[67] 王新华．南华县家庭适度规模养猪场现状与思考［J］．云南畜牧收益，2016（4）.

[68] 王欢，乔娟，李秉龙．养殖户参与标准化养殖场建设的意愿及其影响因素——基于四省（市）生猪养殖户的调查数据［J］．中国农村观察，2019（4）.

[69] 王均良, 贾青. 现代畜牧业发展需要解决的关键问题 [J]. 畜牧兽医杂志, 2017, 36 (3).

[70] 王明利、王济民. 我国畜牧业产业化发展战略和对策 [J]. 农业经济问题, 2002（增刊）.

[71] 王竹换, 庞鑫. 浅析认知行为理论在社会工作实务中的运用 [J]. 法制与社会, 2009 (2).

[72] 温忠麟, 侯杰泰, 张雷. 调节效应与中介效应的比较和应用 [J]. 心理学报, 2005 (2).

[73] 小天天. 2018 中国宠物行业白皮书 [R]. 京东大数据研究院, 2018.11.21.

[74] 谢杰, 李鹏, 包荣成. 现代畜牧业转型升级和路径选择 [J]. 中国畜牧杂志, 2016 (10).

[75] 熊靓. 我国居民食物消费特征及影响因素研究 [D]. 北京：中国农业科学院, 2016.

[76] 许金新, 张文娟. 现代畜牧业发展的问题与对策浅析 [J]. 山东畜牧兽医, 2019, 40 (8).

[77] 许若兰. 论认知行为疗法的理论研究及应用 [J]. 成都理工大学学报（社会科学版）, 2006 (4).

[78] 许拓. 规模化猪场生物安全体系建设 [J]. 猪业科学, 2018 (8).

[79] 杨环. 探究现代畜牧业发展的意义和对策 [J]. 中国畜禽种业, 2021, 17 (3).

[80] 杨义风. 基于规模比较视角的吉林省生猪养殖户粪污资源化利用研究 [D]. 长春：吉林农业大学, 2018.

[81] 仰叶齐. 积极放大品牌效应做强安徽农业品牌 [J]. 江淮时报, 2019 (5).

[82] 于江学. 电子商务背景下畜产品加工企业品牌营销策略创新研究 [J]. 黑龙江畜牧兽医, 2021 (6).

[83] 余丹. 口碑传播对服务品牌社群形成的影响研究 [D]. 广州：暨南大学, 2011.

[84] 韩运生. 农产品品牌建设中存在的常见问题及思路 [J]. 中外企业家, 2017 (14).

[85] 张红程, 路剑, 孟宪华. 2020 年河北省生猪产业发展形势及后市展望 [J]. 北方牧业, 2021 (Z1).

[86] 张晖, 虞祎, 胡浩. 基于农户视角的畜牧业污染处理意愿研究——基

于长三角生猪养殖户的调查 [J]. 农村经济, 2011 (10).

[87] 张守莉, 郭庆海. 简谈精品畜牧业的基本内涵和特征 [J]. 黑龙江畜牧兽医, 2011 (22).

[88] 张文岑. 动物疫病防控效果及其经济学评估 [D]. 太原: 山西农业大学, 2017.

[89] 张文彤. IBM SPSS 数据分析与挖掘实战案例精粹 [M]. 北京: 清华大学出版社, 2012.

[90] 张弦, 刘志颐. 中国现代畜牧业发展路径选择 [J]. 世界农业, 2015 (2).

[91] 张勇. 5G 技术下现代畜牧业发展的愿景与展望 [J]. 中国畜牧业, 2019 (15).

[92] 张勇翔, 王国刚, 陶莎, 徐伟平. 2020 年饲料产业发展状况、未来趋势及对策建议 [J]. 中国畜牧杂志, 2021, 57 (6).

[93] 张郁, 江易华. 环境规制政策情境下环境风险感知对养猪户环境行为影响——基于湖北省 280 户规模养殖户的调查 [J]. 农业技术经济, 2016 (11).

[94] 张郁, 齐振宏, 孟祥海, 张董敏, 邬兰娅. 生态补偿政策情境下家庭资源禀赋对养猪户环境行为影响——基于湖北省 248 个专业养殖户（场）的调查研究 [J]. 农业经济问题, 2015, 36 (6).

[95] 赵瑞东. 河北省生猪养殖废弃物治理及资源化利用研究 [D]. 保定: 河北农业大学, 2018.

[96] 赵飞, 崔景芳, 刘洋, 甄理, 陆诗军. 政策引领 试点先行 努力构建病死猪无害化处理与生猪养殖保险联动工作的新机制 [J]. 今日畜牧兽医, 2020, 36 (9).

[97] 赵晓静, 韩若婵. 城市宠物饲养的现状与对策 [J]. 保定职业技术学院, 2010 (1).

[98] 赵志昆, 河北省发布 2020 年重点支持畜牧业政策 [J]. 北方牧业, 2020 (8).

[99] 郑琴琴. 宠物食品市场和质量调查与思考 [J]. 新商机, 2008 (12).

[100] 郑琴琴. 中国宠物经济创新发展研究报告 [R]. 亿欧智库, 2020 (10).

[101] 周勋章, 李广东, 孟宪华, 杨江澜, 路剑. 非洲猪瘟背景下不同规模养猪户生物安全行为及其影响因素 [J]. 畜牧与兽医, 2020, 52 (2).

[102] 周勋章, 李广东, 孟宪华, 杨江澜, 路剑. 非洲猪瘟背景下养猪户决策行为及其影响因素 [J]. 农业工程学报, 2020, 36 (8).

[103] 周勋章, 杨江澜, 徐笑然, 彭紫瑞, 路剑. 不同养殖规模下生猪疫病风险认知对养猪户生物安全行为的影响——基于河北省786个养猪户的调查 [J]. 中国农业大学学报, 2020, 25 (3).

[104] 朱玉峰. 宠物市场现状与药品产业趋势研究 [D]. 洛阳: 河南科技大学, 2015.

[105] 邹阳. 海林农场禽畜粪便资源化利用调查研究 [D]. 大庆: 黑龙江八一农垦大学, 2016.

[106] Alex Gillett, Kim Loader, Bob Doherty, Jonathan M. Scott. A multi-organizational cross-sectoral collaboration: Empirical evidence from an "Empty Homes" project [J]. Public Money and Management, 2016, 36 (1).

[107] Alex Sayf Cummings. Shadows of a sunbelt city: The environment, racism, and the knowledge economy in Austin by Eliot M. Tretter (review) [J]. Journal of Social History, 2017, 51 (2).

[108] Covello V. T., Peters R. G., Wojtecki J. G., Hyde R. C. Risk communication, the west nile virus pidemic and bioterrorism: Rspondingto the communication challenges posed by the intentional or unintentional release of a pathogen in an urban setting [J]. Journal of Urban Health: Bulletin of the New York Academy of Medicine, 2001, 78 (2).

[109] CSC Sekhar. Volatility of agricultural prices-an analysis of major international and domestic markets [R]. Research on International Economic Relations, 2003, Working Paper, No. 103.

[110] Dell Hawkins, Roger J. Best, Kenneth A. Coney. Consumer behavior: Building marketing strategy [J]. Journal of Women's Health. 2001.

[111] Henk Jochemsen. An ethical foundation for careful animal husbandry [J]. NJAS – Wageningen Journal of Life Sciences, 2013 (66).

[112] Holbrook M. B., Schumann D. W., Gardial S. F. Understanding value and satisfaction from the customers point of view [J]. Survey of Business, 1993.

[113] I. G. Staritsky, IS. Geijzendorf fer, H. S. D. Naeff, C. M. L. Hermans. Spatio-temporal analysis of farmtermination in animal husbandry in the Netherlands in the period 1997 – 2006 and implications for the future [J]. Procedia Environmental Sciences, 2011.

[114] Khandi S. A., Mandal G. M. K., Hamdani S. A. Knowledge level of Gujjars about modern animal husbandrypractices [J]. Environment & Ecology, 2010.

[115] K. N. Bhilegaonkar, S. Rawat, R. K. Agarwal. Food safety assurance sys-

tems: Good animal husbandry practice [J]. Encyclopedia of Food Safety, 2014 (4).

[116] Lee J. N, Pi S. M, Kwok R. C, Huynh M. Q. The contribution of commitment value in internet commerce: An empirical investigation [J]. Journal of the Association for Information System, 2003.

[117] Pidgeon N. , Hood C. , Jones D. , Tumer B. and Gibson R. Risk perception, in Risk - Analysis, Perception and Management: Report of a Royal Society Study Group [M]. London: The Royal Society, 1992.

[118] Raymond Bauer. Consumer behavior as risk taking in dynamic facilitate product adoption [J]. The Journal of Marketing Research, 1960.

[119] Temple Grandin ORCID. Welfare problems in cattle, pigs, and sheep that persist even though scientific research clearly shows how to prevent them [J]. Animals, 2018, 8 (7).

[120] Tjeerd Kimman, Maarten Hoek, Mart C. M. de Jong. Assessing and controlling health risks from animal husbandry [J]. NJAS - Wageningen Journal of Life Sciences, 2013 (66).

[121] Valeeva NI, Asseldonk MAPMV, CBC Backus. Perceived risk and strategy efficacy as motivators of risk man-agement strategy adoption to prevent animal diseases in pig farming [J]. Preventive Veterinary Medicine, 2011, 102 (4).

附录 A

2020 年河北省农业农村厅对生猪养殖企业情况的调查

第 1 题　您的养殖场所在地是＿＿＿＿＿。[填空题]

第 2 题　性别？[单选题]

 A. 男　　　　　　B. 女

第 3 题　年龄（周岁）＿＿＿＿＿。[填空题]

第 4 题　受教育程度？[单选题]

 A. 小学及以下　　B. 初中或中专　　C. 高中　　　　D. 大专

 E. 本科及以上

第 5 题　如果您有一笔闲置资金，现有两个养殖项目，第一个风险大、利润大；第二个风险小、利润小，您将会选择哪个项目进行投资？[单选题]

 A. 两个项目都有风险，不进行投资

 B. 投资第二个项目

 C. 投资第一个项目

第 6 题　您对养殖风险信息的关注程度是？[单选题]

 A. 一点也不关注　B. 很少关注　　　C. 一般　　　　D. 较为关注

 E. 非常关注

第 7 题　您是否从事种植业？[单选题]

 A. 是　　　　　　B. 否

第 8 题　耕地面积（亩）＿＿＿＿＿；主要农作物种类＿＿＿＿＿。[填空题]

第 9 题　2018 年您的生猪养殖收入为＿＿＿＿＿万元；2019 年您的生猪养殖收入为＿＿＿＿＿万元；生猪养殖收入平均占您家庭总收入的＿＿＿＿＿％。[填空题]

第 10 题　您的家庭劳动力数量（人）＿＿＿＿＿。[填空题]

第 11 题　家庭成员从事养猪人数为＿＿＿＿＿人；猪场雇佣工人数量为＿＿＿＿＿人。[填空题]

第 12 题　您从事生猪养殖＿＿＿＿＿年。[填空题]

第 13 题　您目前的年出栏生猪为多少头？[单选题]

 A. 100 头以下　　　　　　　　B. 101～500 头

C. 501~2 000 头　　　　　　　D. 2 000 头以上

第 14 题　您是否加入了养殖合作社？［单选题］

A. 是　　　　　　B. 否

第 15 题　您的饲养方式为？［单选题］

A. 自繁自养　　B. 种猪场　　C. 只育肥　　D. 只繁育

第 16 题　是否采取全进全出模式？［单选题］

A. 是　　　　　　B. 否

第 17 题　2018 年，您的猪场育肥猪出栏_____头，仔猪销售_____头；2019 年，您的猪场育肥猪出栏_____头，仔猪销售_____头；2020 年，您的能繁母猪存栏_____头，育肥猪存栏_____头。［填空题］

第 18 题　2018 年，您的养殖场种猪出栏_____头，仔猪销售_____头；2019 年，您的猪场种猪出栏_____头，仔猪销售_____头；2020 年，您的猪场存栏种猪_____头。［填空题］

第 19 题　2018 年，您的猪场育肥猪出栏_____头；2019 年，您的猪场育肥猪出栏_____头，2020 年，您的育肥猪存栏_____头。［填空题］

第 20 题　2018 年，您的猪场仔猪销售_____头；2019 年，您的猪场仔猪销售_____头；2020 年，您的猪场能繁母猪存栏_____头。［填空题］

第 21 题　目前，您的养殖场猪舍总面积为_____平方米，猪舍数量共_____间。［填空题］

第 22 题　您是否购买了生猪养殖保险？［单选题］

A. 是　　　　　　B. 否

第 23 题　您当前每头生猪的饲养成本与上一期相比如何？［单选题］

A. 成本增加　　B. 成本不变　　C. 成本降低

第 24 题　成本增加幅度为？［单选题］

A. 10%以下　　B. 10%~20%　　C. 20%~30%　　D. 30%~40%

E. 40%~50%　　F. 50%以上

第 25 题　成本主要是什么成本变动引起的？［单选题］

A. 仔猪成本　　B. 饲料成本　　C. 人工成本　　D. 防疫成本

E. 其他

第 26 题　成本降低幅度？［单选题］

A. 10%以下　　B. 10%~20%　　C. 20%~30%　　D. 30%~40%

E. 50%以上

第 27 题　成本降低主要是由什么成本变动引起的？［单选题］

A. 仔猪成本　　B. 饲料成本　　C. 人工成本　　D. 防疫成本

E. 其他

第 28 题　您 2018 年的生猪销售价格是_____元/公斤，2019 年生猪销售价格是_____元/公斤，2020 年目前销售价格是_____元/公斤。［填空题］

第 29 题　您对 2020 年及以后的生猪价格走向预期是？［单选题］

A. 会大幅度下跌　　　　　　　B. 会小幅度下跌

C. 基本保持不变　　　　　　　D. 会小幅度上涨

E. 会大幅度上涨

第 30 题　您目前的补栏意愿及补栏行为？［单选题］

A. 没有补栏意愿　　　　　　　B. 有意愿，但未开始行动

C. 有意愿，且已经开始行动

第 31 题　您不愿意补栏或还未开始行动的原因是？［多选题］

A. 资金不足

B. 担心非洲猪瘟再次暴发，或发生其他猪病

C. 受疫情影响，部分生产资料不足

D. 养猪场环保不达标，担心后期面临被拆风险

E. 自身养猪经验有限，补栏信心不足

F. 对扶持措施落实性、可持续性存在顾虑

G. 担心集中补栏现象出现，后期猪价易出现回落

H. 饲养成本过高

I. 屠宰场压价严重

G. 其他

第 32 题　您计划补栏数量与上期出栏数量相比？［多选题］

A. 少很多　　　　　　　　　　B. 少一些

C. 和上期出栏量一样　　　　　D. 多一些

E. 多很多

第 33 题　您是否有稳定的仔猪来源？（也包括自己家的仔猪）［单选题］

A. 非常不稳定　　B. 不太稳定　　C. 一般　　　　D. 比较稳定

E. 非常稳定

第 34 题　您觉得新冠肺炎疫情对您养殖活动的影响有多大？［单选题］

A. 影响非常大　　B. 影响比较大　　C. 一般　　　　D. 影响比较小

E. 没有影响

第 35 题　您觉得非洲猪瘟和新冠肺炎疫情哪个影响更大？［单选题］

A. 非洲猪瘟影响更大　　　　　B. 新冠肺炎疫情影响更大

C. 两者影响一样大　　　　　　D. 说不清楚

第 36 题　您的养殖场目前是否实施了标准化疫病防控？[单选题]

　　A. 是　　　　　　B. 否

第 37 题　您目前的标准化防疫手段有？[多选题]

　　A. 选址

　　B. 布局

　　C. 生猪进场要求

　　D. 免疫、消毒、无害化处理等防疫管理制度

　　E. 设施设备（通风，消毒，兽医室，污水污物处理，隔离室，防鼠，虫，蝇设备）

　　F. 环境卫生

　　G. 饲料管理

　　H. 免疫

　　I. 兽药使用

　　J. 消毒

　　K. 疫病监测

　　L. 疫病控制与扑灭

　　M. 废弃物处理

　　N. 档案管理

第 38 题　您对如下政策的认知程度是？[矩阵单选题]

题目/选项	非常不了解	不太了解	一般了解	比较了解	非常了解
养殖场建设补贴政策					
规模养殖场（户）补贴政策					
适当增加生猪调出大县奖励资金规模政策					
购买农机装备补贴政策					
生猪良种补贴政策					
能繁母猪补贴政策					
贷款贴息期限延长政策					
贷款贴息补助范围扩大政策					
押品目录扩大政策					
部分押品贷款试点范围扩至全国政策					

续表

题目/选项	非常不了解	不太了解	一般了解	比较了解	非常了解
不盲目限贷、抽贷、断贷政策					
保险保额增加政策					
用地按农业地管理政策					
用地使用范围扩大政策					
禁养区整改调整政策					
环评审批调整政策					
畜禽粪污全部还田无须申领"排污证"政策					
基层动物防疫机构标准化建设政策					
病死猪专业化集中处理政策					
技术推广政策					
标准化示范场创建政策					
"绿色通道"政策					
限时免收种猪及冷冻猪肉车辆通行费政策					

第39题　您觉得当前政策对生猪养殖是否有利？［单选题］

　　A. 非常不利　　　B. 较为不利　　　C. 没有影响　　　D. 较为有利

　　E. 非常有利

第40题　您是否担心下一步政策变动给自己的养殖活动带来不利影响？［单选题］

　　A. 非常担心　　　B. 比较担心　　　C. 一般　　　　　D. 不担心

　　E. 一点也不担心

第41题　您获得过下面哪些政策扶持？［多选题］

　　A. 生猪良种补贴

　　B. 能繁母猪补贴

　　C. 育肥猪保险补贴

　　D. 生猪调出大县奖励

　　E. 标准化规模养猪场（区）建设扶持

　　F. 猪场粪污处理设备补贴

　　G. 重大生猪疫病免费强制免疫

H. 重大生猪疫病强制扑杀补贴

I. 基层动物防疫工作补助

J. 生猪养殖用地支持

K. 生猪养殖信贷支持

L. 其他

M. 未获得任何政策支持

第42题 政府对相关养殖政策的宣传频率？[单选题]

A. 从未宣传　　　　　　　　B. 宣传次数很少

C. 一般　　　　　　　　　　D. 宣传次数较多

E. 宣传次数非常多

第43题 您与人谈论养殖政策的频率？[单选题]

A. 频率非常低　　B. 频率较低　　C. 一般　　　　D. 频率较高

E. 频率非常高

第44题 您认为养殖废弃物会对环境造成污染吗？[单选题]

A. 严重污染　　B. 污染很大　　C. 一般污染　　D. 污染很小

E. 没有污染

第45题 您认为畜禽污染治理应该由谁来承担责任？[单选题]

A. 政府承担责任

B. 政府与养殖企业共同承担责任

C. 造成污染的养殖企业承担责任

D. 不清楚

第46题 您对下列养殖废弃物处理与资源化利用政策的了解情况？[矩阵单选题]

题目/选项	非常不了解	不太了解	一般了解	比较了解	非常了解
《畜禽养殖业污染物排放标准》					
《畜禽规模养殖污染防治条例》					
《畜禽养殖业污染防治技术规范》					
畜禽粪污处理与资源化利用补贴政策					
畜禽粪污处理与资源化利用优惠政策（用水、用电、用地、税收等方面）					
排污费/环保税（征收对象、税目税额等）					

续表

题目/选项	非常不了解	不太了解	一般了解	比较了解	非常了解
有关粪肥买卖的扶持政策					
养殖废弃物资源化利用承诺书或协议书					
有关养殖废弃物资源化利用的技术推广政策					

第47题　您认为下列有关畜禽养殖废弃物处理与资源化利用的政策执行力度如何？［矩阵单选题］

题目/选项	力度非常小	力度比较小	力度一般	力度比较大	力度非常大
政府或环保部门对养殖户废弃物处理行为监督力度					
政府或环保部门对养殖户废弃物违规处理行为的实际处罚力度					
政府对养殖户畜禽粪污处理与资源化利用的补贴力度					
有关畜禽粪污处理与资源化利用的政策优惠力度（用水、用电、用地、税收等方面）					
政府对养殖环保税的征收力度					
政府对粪污买卖的帮扶力度					
与政府或其他组织签订的养殖废弃物资源化利用承诺书的约束强度					
环境保护和治理的宣传教育力度					
有关养殖废弃物处理与资源化利用的技术推广指导水平					

第48题　以下因素对您养殖废弃物处理与资源化利用行为的影响程度？［矩阵单选题］

题目/选项	影响非常小	影响比较小	影响一般	影响比较大	影响非常大
政府或环保部门对养殖户废弃物处理行为的监督					
政府或环保部门对养殖户废弃物违规处理行为的处罚					
畜禽养殖粪污处理与资源化利用方面的补贴					
畜禽养殖粪污处理与资源化利用方面的优惠政策					
政府征收环保税					
健全便利的粪肥交易市场					
与政府签订养殖废弃物资源化利用承诺书					
与其他组织（包括养殖协会、养殖合作社、养殖龙头企业等）签订养殖废弃物资源化利用承诺书					
各类形式的环保宣传教育					
有关养殖废弃物处理与资源化利用的技术培训					
养殖废弃物处理与资源化利用设施的健全性与便捷性					

第49题　您认为政府对畜禽养殖污染防治的投资力度如何？［单选题］
A. 力度非常大　　B. 力度比较大　　C. 力度一般　　D. 力度比较小
E. 力度非常小

第50题　您认为有关畜禽养殖粪污处理与资源化利用的政策效果如何？［单选题］
A. 效果非常差　　B. 效果比较差　　C. 效果一般　　D. 效果比较好
E. 效果非常好

第51题　总体来看，您对畜禽养殖粪污处理与资源化利用的相关政策是否满意？［单选题］
A. 非常不满意　　B. 比较不满意　　C. 一般满意　　D. 比较满意
E. 非常满意

第 52 题　非常不满意或比较不满意的原因在于＿＿＿＿＿＿。［填空题］

第 53 题　您的养殖场中的哪些粪污处理设施受到过政府补贴？［多选题］

A. 沼气池　　　　　　　　B. 固液分离机

C. 发酵　　　　　　　　　D. 沉淀池

E. 氧化塘　　　　　　　　F. 储粪池

G. 其他　　　　　　　　　H. 无任何设施补贴

第 54 题　除粪污设施补贴外，您是否获得过其他有关养殖粪污处理与资源化利用的政府补贴？［单选题］

A. 是　　　　B. 否

第 55 题　收到的是哪方面的补贴，金额多大？＿＿＿＿＿＿。［填空题］

第 56 题　总的来说，您觉得有关养殖粪污处理与资源化利用的政府补贴是否容易获得？［单选题］

A. 非常不容易　B. 比较不容易　C. 一般容易　D. 比较容易

E. 非常容易

第 57 题　您是否享受过政府有关养殖粪污处理与资源化利用的优惠政策？［单选题］

A. 是　　　　B. 否

第 58 题　具体是哪方面的优惠政策？＿＿＿＿＿＿。［填空题］

第 59 题　您觉得有关养殖粪污处理与资源化利用的政策优惠是否容易获得？［单选题］

A. 非常不容易　B. 比较不容易　C. 一般容易　D. 比较容易

E. 非常容易

第 60 题　当地政府是否征收环保税/排污费？［单选题］

A. 是　　　　B. 否

第 61 题　您是否参加过有关养殖废弃物处理与资源化利用的技术培训？［单选题］

A. 是　　　　B. 否

第 62 题　总共参加过＿＿＿＿＿＿次培训。［填空题］

第 63 题　这些技术培训由谁提供？［多选题］

A. 政府　　　　　　　　　B. 养殖协会

C. 养殖合作社　　　　　　D. 养殖龙头企业

E. 饲料、兽药公司　　　　F. 其他

第 64 题　总体而言，您认为有关养殖废弃物处理与资源化利用的技术是否容易获取？［单选题］

A. 非常不容易　　B. 比较不容易　　C. 一般容易　　D. 比较容易

E. 非常容易

第 65 题　您认为目前粪肥买卖是否便利？［单选题］

A. 非常不便利　　B. 比较不便利　　C. 一般便利　　D. 比较便利

E. 非常便利

第 66 题　您是否接受过除疫苗之外疫病防疫方面的补贴或扶持？［单选题］

A. 是　　　　　　B. 否

第 67 题　您是否参加过政府的标准化疫病防控培训？［单选题］

A. 是　　　　　　B. 否

第 68 题　您认为获得防疫技术服务（防疫技术指免疫、兽药使用、消毒、疫病检测、疫病控制和扑灭等内容）的便利性如何？［单选题］

A. 非常不便利　　B. 不太便利　　　C. 一般　　　　D. 较为便利

E. 非常便利

第 69 题　您的借款来源，除了银行和农村信用社以外，还包括？［多选题］

A. 亲朋好友

B. 阿里巴巴、蚂蚁贷、正大公司等借贷平台

C. 互助协会类组织

D. 签订合同的组织

E. 高利贷

F. 其他

G. 无

第 70 题　2015 年以前从正规银行贷款的笔数是？［单选题］

A. 0 笔　　　　　B. 1 笔　　　　　C. 2 笔　　　　D. 3 笔

E. 4 笔　　　　　F. 5 笔及以上

第 71 题　您是否有亲戚朋友在金融结构或者政府部门工作？［单选题］

A. 是　　　　　　B. 否

第 72 题　您是否有向银行或农村信用社申请贷款被拒绝的经历？［单选题］

A. 是　　　　　　B. 否

第 73 题　您向银行或农村信用社申请贷款被拒绝的原因是？［多选题］

A. 没有抵押和担保

B. 经济条件达不到

C. 有贷款逾期记录

D. 无法提供个人征信等证明

第 74 题　您在借款时，向银行或者农村信用社提供的抵押担保方式是？［多选题］

　　A. 养殖场抵押

　　B. 企业生产设备、农用具、牲畜或生产资料抵押

　　C. 农村土地承包经营权抵押

　　D. 农村居民房屋权抵押

　　E. 城市房屋所有权抵押

　　F. 土地使用权抵押

　　G. 门面抵押

　　H. 应收账款抵押

　　I. 股权质押

　　J. 知识产权质押

　　K. 汇票、支票、本票质押

　　L. 订单质押

　　M. 法人保证担保

　　N. 自然人保证抵押（含公职人员担保等）

　　O. 农户联保

　　P. 免担保

第 75 题　您是否带动了当地小规模养殖场（户）共同发展？［单选题］

　　A. 是　　　　　　B. 否

第 76 题　您认为带动小规模猪场对于您来说是？［单选题］

　　A. 互利共赢　　　B. 一种负担　　　C. 完全没有必要

第 77 题　你带动小规模养猪场（户）的方式是？［多选题］

　　A. 公司＋小规模养猪场

　　B. 合作社＋小规模养猪场

　　C. 公司＋合作社＋小规模养猪场

　　D. 托管租赁

　　E. 租赁入股

　　F. 其他方式

第 78 题　您带动小规模养猪场（户）的项目包括哪些？［多选题］

A. 提供仔猪	B. 提供育种产品（精液等）
C. 提供饲料	D. 提供防疫服务
E. 提供兽药	F. 提供养殖管理指导
G. 提供技术支持	H. 提供物流运输服务

I. 提供屠宰服务　　　　　　　　J. 提供订单销售

K. 提供猪肉产品加工　　　　　　L. 提供废弃物处理服务

第79题　您在带动小规模猪场过程中主要面临的困难有哪些？[多选题]

A. 资金压力大　　　　　　　　　B. 管理难度大

C. 政策支持力度低　　　　　　　D. 小规模猪场不配合

E. 小规模猪场水平太低

第80题　您没有带动小规模养猪场（户）的原因是？[多选题]

A. 资金压力大　　　　　　　　　B. 管理太费事

C. 没有政策支持　　　　　　　　D. 收益不明显

E. 小规模养猪场不愿意被带动　　F. 小规模养猪场硬件设施差

G. 小规模养猪场人员素质低

第81题　您参加的产业链组织模式是什么？[单选题]

A. 公司（企业）+养殖户

B. 专业合作社+养殖户

C. 公司（企业）+专业合作社+养殖户

D. 公司（企业）+协会+养殖户

E. 经纪人+养殖户

F. 农贸市场+养殖户

G. 超市+养殖户

H. 其他

第82题　您是否与合作社或企业签订《生猪销售合同》？[单选题]

A. 是　　　　　　B. 否

第83题　签订销售订单合同的合同期限是_____年。[填空题]

第84题　您是否因为签订了订单合同，从而从银行或者企业获得过贷款？[单选题]

A. 是　　　　　　B. 否

附录 B

2020 年河北省农业农村厅对生猪饲料和兽药企业发展情况的调查

企业基本情况

第 1 题　省份、城市与地区：_____。[填空题]

第 2 题　您的性别：[单选题]

A. 男　　　　　B. 女

第 3 题　您的学历是：[单选题]

A. 小学　　　　B. 初中　　　　C. 高中　　　　D. 中专

E. 大专及以上

第 4 题　是否有过养殖生猪的经验：_____。[单选题]

A. 是　　　　　B. 否

第 5 题　贵企业主要经营：_____。[单选题]

A. 兽药　　　　B. 饲料　　　　C. 兽药和饲料同时经营

日常管理和生产经营情况（饲料企业）

第 6 题　贵企业成立于_____年。[填空题]

第 7 题　贵企业目前的资金情况：[单选题]

A. 资金充裕　　B. 资金一般　　C. 资金紧张

第 8 题　贵企业饲料生产类型：[单选题]

A. 全价料　　　B. 浓缩料　　　C. 预混料　　　D. 其他

第 9 题　贵企业的饲料中含有的营养成分：[多选题]

A. 粗饲料　　　B. 青绿饲料　　C. 青贮饲料　　D. 能量饲料

E. 蛋白质补充料　F. 矿物质饲料　G. 维生素饲料　H. 添加剂

I. 其他

第 10 题　贵企业近三年的饲料生产量为 2017 年_____吨，2018 年饲料生产量为_____吨，2019 年饲料生产量为_____吨。[填空题]

第 11 题　贵企业 2020 年 1 月饲料生产量为_____吨，2 月饲料生产量为_____吨，3 月饲料生产量为_____吨。[填空题]

第 12 题　贵企业在购进生产原料时，一般会记录哪些内容：[多选题]

A. 进场日期 B. 进场数量
C. 进场批次 D. 供货方名称
E. 供货方地址 F. 供货方联系方式
G. 其他

第 13 题　贵企业在产品出厂时会记录哪些内容：［多选题］

A. 出厂日期 B. 出厂数量
C. 出厂批次 D. 下游购买者名称
E. 下游购买者地址 F. 下游购买者联系方式
G. 其他

第 14 题　以上记录保存时间一般为_____年。［填空题］

第 15 题　以上记录是否已实施电子化管理：［单选题］

A. 是　　　　　B. 否

第 16 题　2018 年贵企业在研发方面的投入为_____万元，2019 贵企业在研发方面的投入为_____万元，2020 年贵企业在研发方面的预计投入为_____万元。［填空题］

第 17 题　近期您认为下列因素对贵企业盈利变动的影响程度为：［矩阵单选题］

题目/选项	很大 (50%以上)	较大 (30%~50%)	一般 (20%~30%)	较小 (10%~20%)	很小 (0~10%)	几乎没有
购买大宗原材料玉米价格						
购买饲料维生素添加剂价格						
生产生猪饲料销售价格						
人工、水电等各项费用						
资金成本						
国外对进口原材料的管制						
汇率波动						
环保因素						
其他（请注明）						

第 18 题　企业目前经营状况：［单选题］

A. 盈利　　　　B. 盈亏平衡　　　C. 亏损

日常管理和生产经营情况（兽药企业）

第 19 题　贵企业成立于_____年。［填空题］

第 20 题　贵企业目前的资金情况：［单选题］

A. 资金充裕　　　　B. 资金一般　　　　C. 资金紧张

第 21 题　贵企业生产兽药的主要类型有：［单选题］

A. 生物制品（含针剂，疫苗）

B. 其他兽药（含化学药品和抗生素）

C. 中药制剂（含中药材和中成制剂）

D. 其他

第 22 题　贵企业生产的兽药主要针对：［单选题］

A. 生猪养殖　　　　　　　　　　B. 肉（奶）牛养殖

C. 肉（蛋）鸡养殖　　　　　　　D. 羊类养殖

E. 水产类养殖　　　　　　　　　F. 其他

第 23 题　贵企业在购进生产原料时，一般会记录哪些内容：［多选题］

A. 进场日期　　　　　　　　　　B. 进场数量

C. 进场批次　　　　　　　　　　D. 供货方名称

E. 供货方地址　　　　　　　　　F. 供货方联系方式

G. 其他

第 24 题　贵企业在产品出厂时会记录哪些内容：［多选题］

A. 出厂日期　　　　　　　　　　B. 出厂数量

C. 出厂批次　　　　　　　　　　D. 下游购买者名称

E. 下游购买者地址　　　　　　　F. 下游购买者联系方式

G. 其他

第 25 题　以上记录是否已实施电子化管理：［单选题］

A. 是　　　　　B. 否

第 26 题　贵企业的兽药产品已获得的认证有：［单选题］

A. ISO9001 国际质量管理体系认证　　B. 农业农村部 GMP 验收

C. 其他

第 27 题　2018 年贵企业在研发方面的投入为_____万元，2019 贵企业在研发方面的投入为_____万元，2020 年贵企业在研发方面的预计投入为_____万元。［填空题］

第 28 题　企业目前经营状况：［单选题］

A. 盈利　　　　　B. 盈亏平衡　　　　C. 亏损

日常管理和生产经营情况（饲料与兽药企业）

第 29 题　贵企业饲料厂成立于_____年，贵企业兽药厂成立于_____年。［填空题］

第30题　贵企业目前的资金情况：[单选题]

A. 资金充裕　　　B. 资金一般　　　C. 资金紧张

第31题　贵企业生产兽药的主要类型有：[多选题]

A. 生物制品（含针剂，疫苗）　　　B. 其他兽药（含化学药品和抗生素）

C. 中药制剂（含中药材和中成制剂）　D. 其他

第32题　贵企业的兽药生产主要针对：[多选题]

A. 生猪养殖　　　　　　　　B. 肉（奶）牛养殖

C. 肉（蛋）鸡养殖　　　　　D. 羊类养殖

E. 水产类养殖　　　　　　　F. 其他

第33题　贵企业饲料生产类型为：[单选题]

A. 全价料　　　B. 浓缩料　　　C. 预混料　　　D. 其他

第34题　贵企业的饲料中含有的营养成分包括：[多选题]

A. 粗饲料　　　B. 青绿饲料　　　C. 青贮饲料　　　D. 能量饲料

E. 蛋白质补充料　F. 矿物质饲料　　G. 维生素饲料　　H. 添加剂

I. 其他

第35题　贵企业近三年的饲料生产量为2017年_____吨，2018年_____吨，2019年_____吨，2020年1月饲料生产量为_____吨，2月饲料生产量为_____吨，3月饲料生产量为_____吨。[填空题]

第36题　近期您认为下列因素对贵企业盈利变动的影响程度为：[矩阵单选题]

题目/选项	很大 (50%以上)	较大 (30%~50%)	一般 (20%~30%)	较小 (10%~20%)	很小 (0~10%)	几乎没有
购买大宗原材料玉米价格						
购买饲料维生素添加剂价格						
生产生猪饲料销售价格						
人工、水电等各项费用						
资金成本						
国外对进口原材料的管制						
汇率波动						
环保因素						
其他（请注明）						

第 37 题　贵企业在购进生产原料时，一般会记录哪些内容：［多选题］

A. 进场日期　　　　　　　　　B. 进场数量

C. 进场批次　　　　　　　　　D. 供货方名称

E. 供货方地址　　　　　　　　F. 供货方联系方式

G. 其他

第 38 题　贵企业在产品出厂时会记录哪些内容：［多选题］

A. 出厂日期　　　　　　　　　B. 出厂数量

C. 出厂批次　　　　　　　　　D. 下游购买者名称

E. 下游购买者地址　　　　　　F. 下游购买者联系方式

G. 其他

第 39 题　以上记录是否已实施电子化管理：［单选题］

A. 是　　　　　　B. 否

第 40 题　贵企业的兽药产品已获得的认证有：［单选题］

A. ISO9001 国际质量管理体系认证

B. 农业农村部 GMP 验收

C. 其他

第 41 题　2018 年贵企业在研发方面的投入为＿＿＿＿＿万元，2019 贵企业在研发方面的投入为＿＿＿＿＿万元，2020 年贵企业在研发方面的预计投入为＿＿＿＿＿万元。［填空题］

第 42 题　企业目前经营状况：［单选题］

A. 盈利　　　　　B. 盈亏平衡　　　　C. 亏损

市场销售情况（饲料企业）

第 43 题　贵企业针对的客户群体主要分布在：［单选题］

A. 年出栏 100 头以下的养殖场

B. 年出栏 101～500 头的养殖场

C. 年出栏 501～2 000 头的养殖场

D. 年出栏 2 000 头以上的养殖场

第 44 题　贵企业近三年销售量为 2017 年：＿＿＿＿＿吨，2018 年：＿＿＿＿＿吨，2019 年：＿＿＿＿＿吨，贵企业 2020 年 1 月饲料生产量为＿＿＿＿＿吨，2 月饲料生产量＿＿＿＿＿吨，3 月饲料生产量＿＿＿＿＿吨。［填空题］

第 45 题　贵企业产品出售的区域和占比是：［多选题］

A. 省内，占比＿＿＿＿＿　　　　　　B. 国内，占比＿＿＿＿＿

C. 国际，占比＿＿＿＿＿

第 46 题　您是否和养殖合作社有定向供应饲料的协定：［单选题］

A. 是　　　　　　B. 否

第47题　您饲料销售的渠道和占比是：［多选题］

A. 饲料经纪人，占比_____

B. 养殖户散户，占比_____

C. 大型的养殖公司，占比_____

D. 养殖合作社等其他合作组织，占比_____

E. 其他，占比_____

第48题　受非洲猪瘟和新冠肺炎疫情影响，贵企业的收益：［单选题］

A. 上升了，上升幅度为_____　　　B. 下降了，下降幅度为_____

第49题　您认为，贵企业在市场竞争过程中，优势最大的是：［多选题］

A. 价格　　　　B. 品牌知名度　　C. 产品质量　　D. 销售渠道

E. 科研技术　　F. 公司管理制度　G. 其他

第50题　贵企业是否会对产品进行售后跟踪服务：［单选题］

A. 是　　　　　　B. 否

第51题　贵企业的宣传方式：［多选题］

A. 电视广告宣传　B. 线上网络推广　C. 人员线下推广　D. 线下展会推广

E. 赠礼品促销　　F. 路边广告牌　　G. 其他

市场销售情况（兽药企业）

第52题　贵企业针对的客户群体主要分布在：［单选题］

A. 年出栏100头以下的养殖场　　　B. 年出栏101~500头的养殖场

C. 年出栏501~2 000头的养殖场　　D. 年出栏2 000头以上的养殖场

第53题　贵企业近3年的销售额为：2017年_____（单位：万元），2018年_____（单位：万元），2019年_____（单位：万元）。［填空题］

第54题　贵企业产品出售的地区和占比是：［多选题］

A. 省内，占比_____　　　　B. 国内，占比_____

C. 国际，占比_____

第55题　您产品销售的渠道和占比是：［多选题］

A. 饲料经纪人，占比_____

B. 养殖户散户，占比_____

C. 大型的养殖公司，占比_____

D. 养殖合作社等其他合作组织，占比_____

E. 其他，占比_____

第56题　受非洲猪瘟和新冠肺炎疫情影响，贵企业的收益：［单选题］

A. 上升了，上升幅度为_____　　　B. 下降了，下降幅度为_____

第57题 您认为贵企业在市场竞争过程中，优势最大的是：［多选题］

A. 价格　　　　　　B. 品牌知名度　　C. 产品质量　　　　D. 销售渠道

E. 科研技术　　　　F. 公司管理制度　G. 其他

第58题 贵企业是否会对产品进行售后跟踪服务：［单选题］

A. 是　　　　　　　B. 否

第59题 贵企业的宣传方式：［多选题］

A. 电视广告宣传　　　　　　　　　B. 线上网络推广

C. 人员线下推广　　　　　　　　　D. 线下展会推广

E. 赠礼品促销　　　　　　　　　　F. 路边广告牌

G. 其他

市场销售情况（饲料和兽药企业）

第60题 贵企业针对的客户群体主要分布在：［单选题］

A. 年出栏100头以下的养殖场　　　B. 年出栏101～500头的养殖场

C. 年出栏501～2 000头的养殖场　　D. 年出栏2 000头以上的养殖场

第61题 贵企业近三年饲料销售量为2017年：_____吨，2018年：_____吨，2019年：_____吨，贵企业2020年1月饲料生产量为_____吨，2月饲料生产量_____吨，3月饲料生产量_____吨。［填空题］

第62题 贵企业近3年的兽药销售额为：2017年_____（单位：万元）；2018年_____（单位：万元）；2019年_____（单位：万元）。［填空题］

第63题 贵企业饲料产品出售的主要地区是：［多选题］

A. 省内，占比_____　　　　　　　B. 国内，占比_____

C. 国际，占比_____

第64题 贵企业兽药产品出售地区和占比是：［多选题］

A. 省内，占比_____　　　　　　　B. 国内，占比_____

C. 国际，占比_____

第65题 您是否和养殖合作社有定向供应饲料的协定：［单选题］

A. 是　　　　　　　B. 否

第66题 您饲料的销售渠道和占比是：［多选题］

A. 饲料经纪人　　　　　　　　　　B. 养殖户散户

C. 大型的养殖公司　　　　　　　　D. 养殖合作社等其他合作组织

E. 其他

第67题 受非洲猪瘟和新冠肺炎疫情影响，贵企业的收益：［单选题］

A. 上升了，上升幅度为_____　　　B. 下降了，下降幅度为_____

第68题 您认为，贵企业在市场竞争过程中，优势最大的是：［多选题］

A. 价格　　　　　B. 品牌知名度　　C. 产品质量　　　D. 销售渠道
E. 科研技术　　　F. 公司管理制度　G. 其他

第69题　贵企业是否会对产品进行售后跟踪服务：[单选题]
A. 是　　　　　　B. 否

第70题　贵企业的宣传方式为：[单选题]
A. 电视广告宣传　B. 线上网络推广　C. 人员线下推广　D. 线下展会推广
E. 赠礼品促销　　F. 路边广告牌　　G. 其他

生物安全

第71题　您对非洲猪瘟疫情的认知情况：[矩阵单选题]

题目/选项	非常了解	了解较多	一般了解	了解较少	非常不了解
疫情治病机理认知					
传播途径认知					
表现症状认知					
猪瘟疫情防疫认识					

第72题　贵企业生产受非洲猪瘟或新冠肺炎疫情的影响程度为：[单选题]
A. 影响非常大　　B. 影响比较大　　C. 影响一般　　　D. 影响比较小
E. 没有影响

第73题　受非洲猪瘟和新冠肺炎疫情影响，贵企业下列防控措施的变化为：[矩阵单选题]

题目/选项	大幅下降	略有下降	没有变化	略有提高	大幅提高
检疫检验水平					
操作规程					
出厂检验水平					
卫生控制水平					
设施和设备					
车辆运输管理					
人员管理					

第74题　贵企业是否会对原料来源做风险等级评估：[单选题]
A. 是　　　　　　B. 否

第75题 贵企业是否定期对兽药厂周围环境进行病毒检验：[单选题]
A. 是　　　　　　B. 否

第76题 贵企业多长时间进行一次病毒检验：[填空题]

第77题 您认为同行企业的质量安全管理水平如何：[单选题]
A. 非常高　　　　B. 比较高　　　　C. 一般　　　　　D. 比较差
E. 非常差

政策诉求情况

第78题 政策支持情况：[矩阵单选题]

题目/选项	已开展，已参与	已开展，未参与	未开展，有需求	未开展，不想参与
信贷支持				
土地支持				
人才引进支持				
检验检疫定期定点服务				
基础设施建设				
税收支持				
资金支持				
产品销售与推广支持				

第79题 您对未来生猪饲料生产加工业的看法：[单选题]
A. 非常有信心　　B. 比较有信心　　C. 一般　　　　　D. 比较没信心
E. 非常没信心

第80题 您还对哪方面的政策有较大需求：_____。[填空题]

附录 C

河北省猪肉产品加工企业情况调研

一、企业基本情况

第1题　企业负责人姓名：_____［填空题］

第2题　企业负责人的性别：_____［单选题］

A. 男　　　　　　B. 女

第3题　企业负责人的年龄：（周岁）_____［填空题］

第4题　企业负责人文化程度：［单选题］

A. 小学　　　　B. 初中　　　　C. 高中　　　　D. 中专

E. 大专、本科及以上

第5题　企业地址：_____［填空题］

第6题　企业是否上市：［单选题］

A. 是　　　　　　B. 否

第7题　企业性质：［单选题］

A. 国有企业　　　　　　　　B. 集体所有制企业

C. 私营企业　　　　　　　　D. 股份制企业

E. 联营企业　　　　　　　　F. 外商投资企业

G. 港、澳、台投资企业　　　H. 其他

第8题　龙头企业级别：［单选题］

A. 国家级　　　　B. 省级　　　　C. 市级　　　　D. 县级

E. 非龙头企业

第9题　贵企业的加工形式是：［单选题］

A. 初加工企业　　B. 深加工企业　　C. 混合加工企业

第10题　贵企业加工的产品是否有品牌：［单选题］

A. 是　　　　　　B. 否

第11题　贵企业产品品牌数量及名称：_____［填空题］

第12题　贵企业现有员工人数：［单选题］

A. 20人以下　　　　　　　　B. 20~50人

C. 50～300 人　　　　　　　　D. 300～1 000 人

E. 1 000 人以上

第 13 题　贵企业大专学历及以上的员工人数占总员工人数的比重为：[单选题]

A. 0～25%　　　B. 25%～50%　　　C. 50%～75%　　　D. 75%～100%

第 14 题　贵企业年销售额为：_____（单位：万元）；年利润为：_____（单位：万元）。[填空题]

二、企业生物安全方面

第 15 题　贵企业每年消耗的猪肉是_____。（单位：万吨）[填空题]

第 16 题　贵企业主要加工原料的来源渠道是：[多选题]

A. 自有生产基地　　　　　　　B. 与农户、合作社订单收购

C. 中间经纪人　　　　　　　　D. 国外进口

E. 其他

第 17 题　贵企业购买的原料是否达到公司加工的质量安全要求：[单选题]

A. 是　　　　　B. 否

第 18 题　贵企业加工用水的来源是：[单选题]

A. 未经过滤的地下水　　　　　B. 经过过滤的地下水

C. 自来水　　　　　　　　　　D. 经检验符合标准的饮用水

第 19 题　贵企业用水的水源质量状况：[单选题]

A. 差　　　　　B. 较差　　　　　C. 一般　　　　　D. 好

E. 很好

第 20 题　贵企业在生产过程中是否使用了投入品：（如食品添加剂等）[单选题]

A. 是　　　　　B. 否

第 21 题　贵企业生产加工车间是否进行定期清洁消毒：[单选题]

A. 是　　　　　B. 否

第 22 题　贵企业的产品检验方式是：[单选题]

A. 自己检验　　　　　　　　　B. 委托第三方检验

C. 法定机构检验　　　　　　　D. 其他

第 23 题　贵企业取得了哪些产品质量安全认证：[多选题]

A. 没有通过任何认证

B. 绿色农产品认证

C. 无公害农产品认证

D. 有机农产品认证

E. ISO9000 系列认证

F. HACCP（危害分析和关键控制点认证）

G. GTP（良好贸易规范）

H. QS（食品生产许可）

I. GAP（良好农业规范）

J. 其他

第 24 题　贵企业产品追溯体系涉及哪些方面：［多选题］

A. 生产源头　　　B. 产中加工　　　C. 物流运输　　　D. 无

三、日常管理和经营情况

第 25 题　贵企业当前的经营状况为：［单选题］

A. 企业生产经营情况很好　　　　B. 企业生产经营情况一般

C. 企业生产经营情况较差　　　　D. 企业没有开展业务

第 26 题　贵企业所处的发展阶段是：［单选题］

A. 创业期　　　B. 成长期　　　C. 快速扩展期　　　D. 稳定发展期

E. 转型期

第 27 题　贵企业的资金缺口情况为：［单选题］

A. 急需资金　　　B. 不急需　　　C. 无缺口，不需要资金

第 28 题　贵企业的主要融资渠道有：［多选题］

A. 自有资金　　　B. 内部集资　　　C. 银行贷款　　　D. 供货商赊账

E. 民间借贷　　　F. 发行股票　　　G. 其他

第 29 题　贵企业融资的主要用处有：［多选题］

A. 扩大生产　　　　　　　　B. 维持正常生产需要

C. 归还拖欠贷款　　　　　　D. 技术改造（研发）

E. 拓展营销渠道　　　　　　F. 其他

第 30 题　贵企业加工技术方面是否有自己的技术创新：［单选题］

A. 是　　　　　B. 否

第 31 题　贵企业研发经费占销售收入的比重为：［单选题］

A. 无　　　　　B. 0～3%　　　C. 3%～5%　　　D. 5%～10%

E. 10%～20%　　F. 20% 以上

第 32 题　贵企业认为当前影响企业发展的主要因素有：［多选题］

A. 宏观经济形势　　　　　　B. 市场需求不足

C. 技术人才缺乏　　　　　　D. 资金紧张

E. 用工成本上升，招工难　　F. 原材料价格上升

G. 用地难　　　　　　　　　H. 其他

四、企业市场销售情况

第33题　贵企业主要产品供应的市场是：[单选题]

A. 本省市场　　　　B. 京津冀市场　　　C. 全国市场　　　　D. 国际市场

第34题　贵企业产品销售渠道有：[多选题]

A. 超市　　　　　　　　　　　　　　B. 农贸市场

C. 肉类批发市场　　　　　　　　　　D. 特许加盟店

E. 自办的直销店　　　　　　　　　　F. 餐饮企业

G. 企事业单位食堂　　　　　　　　　H. 网上销售

I. 其他

第35题　贵企业选择的物流运输是：[单选题]

A. 第三方物流　　　B. 自营物流　　　　C. 其他

第36题　贵企业是否对市场需求及消费者需求做过调研：[单选题]

A. 是　　　　　　　B. 否

第37题　贵企业目前对本企业产品营销的亮点或重点有：[多选题]

A. 产品类型新颖　　B. 产品质量　　　　C. 产品包装　　　　D. 生产加工技术

E. 产品口味　　　　F. 加工绿色化　　　G. 品牌　　　　　　H. 其他

第38题　贵企业是否遇到过产品滞销：[单选题]

A. 是，经常遇到　　　　　　　　　　B. 是，偶尔遇到

C. 从未遇到

第39题　贵企业产品滞销的主要原因有：[多选题]

A. 交通限制，存储不易　　　　　　　B. 信息滞后，市场供求信息不对称

C. 销售形式单一　　　　　　　　　　D. 产品本身质量问题

E. 市场竞争激烈　　　　　　　　　　F. 缺乏品牌意识

G. 其他原因

五、政策诉求方面

第40题　贵企业认为当前政务服务环境：[单选题]

A. 非常满意　　　　B. 比较满意　　　　C. 一般　　　　　　D. 比较不满意

E. 非常不满意

第41题　贵企业认为当前的税负环境：[单选题]

A. 重　　　　　　　B. 较重　　　　　　C. 比预期中好

第42题　贵企业认为哪些行政审批流程手续烦琐：[多选题]

A. 立项申请用地和建设　　　　　　　B. 财税政策申请

C. 工商登记、变更　　　　　　　　　D. 环境评价

E. 安全许可　　　　　　　　　　　　F. 其他

第 43 题　贵企业希望获得政府哪些方面的帮助：[多选题]
A. 企业融资　　　　　　　　　B. 开拓市场
C. 技术扶持　　　　　　　　　D. 产品销售
E. 雇工问题　　　　　　　　　F. 政府服务
G. 其他

第 44 题　贵企业享受过哪些政府扶持和优惠政策：_____。[填空题]

第 45 题　贵企业还想得到哪些政府扶持和优惠政策：_____。[填空题]

附录 D

2020年河北省农业农村厅对银行及金融机构支持生猪产业发展情况调查

第1题 银行名称为：_____。[填空题]

第2题 贵行的性质为：_____。[单选题]

A. 四大国有商业银行   B. 全国性股份制商业银行

C. 政策性银行   D. 城市性商业银行

E. 农村信用社   F. 外资银行

G. 其他

第3题 贵行可支持生猪产业贷款的行业有：[多选题]

A. 养殖行业   B. 饲料行业

C. 兽药行业   D. 屠宰加工行业

E. 生物安全防控行业   F. 冷链、物流行业

G. 其他

第4题 贵行的生猪贷款抵押担保方式有：[多选题]

A. 养殖场抵押

B. 企业生产设备、农用具、牲畜或生产资料抵押

C. 农村土地承包经营权抵押

D. 农村居民房屋权抵押

E. 城市房屋权抵押

F. 土地使用权抵押

G. 门面抵押

H. 应收账款抵押

I. 股权抵押

J. 知识产权抵押

K. 汇票、支票、本票质押

L. 订单质押

M. 法人保证担保

N. 自然人保证抵押（含公职人员担保等）

O. 农户联保

P. 免担保

Q. 其他

第 5 题　贵行放贷是否必须让借款人（企业）入生猪保险？［单选题］

　　A. 是　　　　　　　　　B. 否

第 6 题　养殖户贷款条件：年均产值不得低于_____万元；生猪年存栏不低于_____头，从事生猪养殖时间不少于_____年。（没有限制的直接填无）［填空题］

第 7 题　家庭农场养殖型贷款条件：年均产值不得低于_____万元；生猪年存栏不低于_____头，从事生猪养殖时间不少于_____年。（没有限制的直接填无）［填空题］

第 8 题　企业法人贷款条件：年均产值不得低于_____万元；生猪年存栏不低于_____头，从事生猪养殖时间不少于_____年。（没有限制的直接填无）［填空题］

第 9 题　目前贵行为_____家生猪企业提供贷款。［填空题］

第 10 题　生猪贷款中哪一类性质企业贷款最多：［单选题］

　　A. 国有企业　　　　　　　B. 集体所有制企业

　　C. 联营企业　　　　　　　D. 三资企业

　　E. 私营企业

第 11 题　生猪贷款年利率为_____。［填空题］

第 12 题　养殖场（户）申请通过后，贷款办理时间为：［单选题］

　　A. 1~3 个工作日　　　　　B. 4~7 个工作日

　　C. 一周以上

第 13 题　2017 年发放生猪贷款_____亿元，2018 年发放生猪贷款_____亿元，2019 年发放生猪贷款_____亿元。［填空题］

第 14 题　贵行有什么政策支持发生突发疫情或自然灾害的养殖场（户）：［多选题］

　　A. 降低还款利率　　　　　B. 较低贷款条件

　　C. 可申请信用贷款　　　　D. 展期

　　E. 其他

第 15 题　贵行是否推出线上贷款业务？［单选题］

　　A. 是　　　　　　　　　B. 否

第 16 题　非洲猪瘟疫情发生后，贵行的做法有：_____［填空题］

第 17 题　新冠肺炎疫情发生后，贵行的做法有：_____［填空题］

附录 E

2020 年河北省农业农村厅对生猪保险发展情况的调查

一、公司基本信息

第 1 题　贵公司名称：_____。［填空题］

第 2 题　贵公司是否有独立的生猪保险部门？［单选题］

　　A. 是　　　　　　B. 否

第 3 题　贵公司生猪保险经营模式为：_____。［填空题］

二、生猪保险产品

第 4 题　贵公司正式开办生猪保险业务的时间为_____年_____月，最先开展的生猪保险产品为：_____。［填空题］

第 5 题　贵公司生猪保险产品有：［多选题］

　　A. 能繁母猪保险　　　　　　B. 育肥猪保险

　　C. 仔猪保险　　　　　　　　D. 生猪价格指数保险

　　E. 生猪饲料成本指数保险　　F. 其他

第 6 题　能繁母猪保险：2017 年保费收入为_____万元，保额为_____元（每头），保费收入中财政补贴占_____%，农户缴纳占_____%。2018 年保费收入为_____万元，保额为_____元（每头），保费收入中财政补贴占_____%，农户缴纳占_____%。2019 年保费收入为_____万元，保额为_____元（每头），保费收入中财政补贴占_____%，农户缴纳占_____%。保险期限为_____年。观察期限为_____。（没有开展此险种的可以不填写）［填空题］

第 7 题　育肥猪保险：2017 年保费收入为_____万元，保额为_____元（每头），保费收入中财政补贴占_____%，农户缴纳占_____%。2018 年保费收入为_____万元，保额为_____元（每头），保费收入中财政补贴占_____%，农户缴纳占_____%。2019 年保费收入为_____万元，保额为_____元（每头），保费收入中财政补贴占_____%，农户缴纳占_____%。保险期限为_____年。观察期限为_____。（没有开展此险种的可以不填写）［填空题］

第 8 题　仔猪保险：2017 年保费收入为_____万元，保额为_____元（每头），保费收入中财政补贴占_____%，农户缴纳占_____%。2018 年保费收入为_____万元，保额为_____元（每头），保费收入中财政补贴占_____%，农户缴纳占_____%。2019 年保费收入为_____万元，保额为_____元（每头），保费收入中财政补贴占_____%，农户缴纳占_____%。保险期限为_____年。观察期限为_____。（没有开展此险种的可以不填写）［填空题］

第 9 题　在生猪保险相关产品中，您认为经营风险最高的生猪保险产品为［单选题］

  A. 能繁母猪保险　　　　　　B. 育肥猪保险

  C. 仔猪保险　　　　　　　　D. 生猪价格指数保险

  E. 生猪饲料成本指数保险　　F. 其他

第 10 题　贵公司目前在河北省的能繁母猪保险覆盖率约为_____%（没有开展此险种写"无"），育肥猪保险覆盖率约为_____%（没有开展此险种写"无"），仔猪保险覆盖率约_____%（没有开展此险种写"无"），生猪价格指数保险覆盖率约为_____%（没有开展此险种写"无"），生猪成本指数保险覆盖率约为_____%。（没有开展此险种写"无"）［填空题］

第 11 题　贵公司的参保条件有哪些（针对养殖场）：［多选题］

  A. 养殖场所在位置不在禁养区范围

  B. 养殖场所在地应当在洪水水位线以上的非蓄洪区、行洪区

  C. 生猪饲养管理正常，经营管理制度完善

  D. 取得动物防疫合格证

  E. 建场时间

  F. 其他

第 12 题　贵公司的参保条件（猪只要求）：年龄_____；体重_____；数量_____。（能繁母猪保险）。年龄：_____；体重_____；数量_____（育肥猪保险）。年龄：_____；体重_____；数量_____（仔猪保险）。［填空题］

第 13 题　参保养殖场（户）是否必须全场投保？［单选题］

  A. 是　　　　B. 否

第 14 题　贵公司是否会对养殖场（户）提供科技延伸服务？［单选题］

  A. 是　　　　B. 否

第 15 题　可以提供的科技延伸服务有：［多选题］

  A. 繁殖技术服务　　　　　　B. 生物安全防疫技术服务

  C. 其他

第 16 题　贵公司是否有"猪险贷"等贷款服务？［单选题］

  A. 是　　　　　B. 否

第 17 题　贵公司宣传生猪保险的途径为：［多选题］

A. 依靠各级政府、畜牧兽医部门　　B. 依靠村委会、各村大队

C. 利用网络进行线上宣传　　　　　D. 保险业务员线下推广

E. 其他

第18题　贵公司认为开展生猪保险面临的困难有：［多选题］

A. 道德风险较大，给公司经营造成损失

B. 业务开展专业性较强，人才缺失

C. 保单设计难度大

D. 相关政府部门不配合，工作开展难度大

E. 法律法规政策缺失，缺乏专门的政府部门进行监管

F. 养殖场（户）风险意识不强，有效需求不足

G. 其他

三、生猪保险业务开展

第19题　开展生猪保险业务后对贵公司经营的影响：［单选题］

A. 带来积极影响，推动公司业务发展

B. 没有任何影响

C. 带来消极影响，公司经营有损失

第20题　当被保人报案时是否会有其他人员协助查勘？［多选题］

A. 村干部协助　　　　　　　　　B. 畜牧兽医部门协助

C. 其他

第21题　在接到被保人报案时多长时间会进行勘查：［单选题］

A. 立即勘查　　　　　　　　　　B. 12小时内

C. 12~24小时　　　　　　　　　D. 24~48小时

E. 超过48小时

第22题　目前贵公司如何对病死猪进行勘查定损：［多选题］

A. 实地现场勘查　　　　　　　　B. 在指定地点统一勘查

C. 快递邮寄材料　　　　　　　　D. 线上网络勘查

E. 其他

第23题　现场勘查报告向总公司汇报时间：［单选题］

A. 当天汇报　　　　　　　　　　B. 每周固定时间汇报

C. 每月固定时间汇报　　　　　　D. 其他

第24题　贵公司给被保人支付赔款时采用的方式为：［单选题］

A. 现金支付　　B. 银行转账　　C. 其他

第25题　贵公司是否遇到过骗保案件？［单选题］

A. 是　　　　　　B. 否

第 26 题　2017 年生猪保险赔付_____亿元，2018 年生猪保险赔付_____亿元，2019 年生猪保险赔付_____亿元。[填空题]

第 27 题　2017 年受理生猪保险投诉_____件，2018 年受理生猪保险投诉_____件，2019 年受理生猪保险投诉_____件。[填空题]

四、非洲猪瘟背景下生猪保险业务开展

第 28 题　贵企业是否有意开展非洲猪瘟保险业务：[单选题]

A. 是　　　　　　　　B. 否

第 29 题　贵公司非洲猪瘟相关保险产品开发进度：[单选题]

A. 已经开发完毕，正在试点运行

B. 已经开发完毕，但并未运行

C. 正在开发

D. 谋划阶段

第 30 题　贵企业是否对生猪保险业务人员进行生物安全培训？[单选题]

A. 是　　　　　　　　B. 否

第 31 题　贵公司对生猪保险业务人员进行培训的形式为：[多选题]

A. 线上网络学习

B. 找生猪行业专家进行线下培训

C. 其他

五、业务人员基本情况调查

第 32 题　贵公司生猪保险业务人员学历大多数集中在：[单选题]

A. 高中及以下　　　　　　　B. 专科学历

C. 大学本科学历　　　　　　D. 研究生学历及以上

第 33 题　贵公司生猪保险从业人员工资水平在什么范围内：[单选题]

A. 3 000 元以下　　　　　　B. 3 000～4 000 元

C. 4 000～5 000 元　　　　　D. 5 000～6 000 元

E. 6 000 元以上

第 34 题　贵公司生猪保险从业人员中接受过专业兽医知识教育的占比为_____%。[填空题]

第 35 题　贵公司是否会对生猪保险从业人员进行职业道德培训？[单选题]

A. 是　　　　　　　　B. 否

六、政策诉求

第 36 题　贵公司开展生猪保险后，政府有没有给予公司政策优惠_____（"有"或"无"），优惠为_____（没有的填"无"）。[填空题]

第37题　您对政府的各方面工作满意程度为：[矩阵单选题]①
  A. 法律法规制定　　　　　　　　B. 生猪保险的宣传工作
  C. 生猪保险组织工作　　　　　　D. 生猪保险创新工作
  E. 生猪保险补贴力度　　　　　　F. 生猪保险补贴发放时间
  G. 生猪保险监管力度

第38题　政府的各项工作中，对哪一方面最不满意？[单选题]
  A. 法律法规制定　　　　　　　　B. 生猪保险的宣传工作
  C. 生猪保险组织工作　　　　　　D. 生猪保险创新工作
  E. 生猪保险补贴力度　　　　　　F. 生猪保险补贴发放时间
  G. 生猪保险监管力度

第39题　您认为当前生猪保险发展最需要政府提供哪方面的政策支持？_____。[填空题]

---

① 本题为矩阵选择题，问卷对象通过选择满意度评价按钮对政府各方面工作满意程度进行选择。

附录 F

生猪粪污资源化利用情况调查问卷

您好，感谢您参与本次调研。本次调研是一个认知调研。所有问题没有对错之分，请认真阅读并回答即可。同时请放心，该问卷只用于学术研究，我们不会对外泄露您的任何隐私。

1. 您居住的省份城市与地区：[比如：河北保定，河北石家庄……]*

   _____

2. 您的性别：[单选题]*

   A. 男　　　　　　　　B. 女

3. 您的年龄：[单选题]*

   A. 29 岁以下　　　　　B. 30~49 岁

   C. 50~69 岁　　　　　D. 70 岁以上

4. 您的受教育程度：[单选题]*

   A. 小学及以下　　　　B. 初中

   C. 高中　　　　　　　D. 中职专科

   E. 本科及以上

5. 您的政治面貌是：[单选题]*

   A. 中共党员　　　　　B. 共青团员

   C. 民主党派成员　　　D. 群众

   E. 其他

6. 您本人是否有过任职村干部或在企业任职等经历？[单选题]*

   A. 是　　　　B. 否

7. 您对粪污资源化利用这个概念：[单选题]*

   A. 非常熟悉　　B. 比较熟悉　　C. 一般熟悉　　D. 比较陌生

   E. 非常陌生

8. 您企业的类型属于：[单选题]*

   A. 个体经营　　　　　B. 私营企业

   C. 集体所有企业　　　D. 股份有限公司

E. 国有企业　　　　　　　　　　F. 有限责任公司

G. 合资企业

9. 您的养殖规模为（以存栏量为主）：[单选题]*

A. 49 头及以下/年　　　　　　　B. 50~499 头/年

C. 500~9 999 头/年　　　　　　 D. 1 万头及以上/年

10. 您收入的主要来源是：[单选题]*

A. 育肥仔猪

B. 商品猪销

C. 生猪粪污资源销售

D. 将生猪粪污制成有机肥进行销售

E. 将生猪粪污制成沼气进行销售

F. 销售饲料或药品

G. 技术销售或设备销售

H. 其他_____

11. 您企业目前经营的年收入大概在：[单选题]*

A. 50 万元以下　　　　　　　　B. 50 万~100 万元

C. 100 万~150 万元　　　　　　D. 150 万~200 万元

E. 200 万~250 万元　　　　　　F. 250 万~300 万元

G. 300 万~350 万元　　　　　　H. 350 万~400 万元

I. 450 万~500 万元　　　　　　J. 500 万~550 万元

K. 550 万元以上

12. 您的养殖场每年产生的粪污废弃物的数量为：（单位还请您标注，如×××吨/年，或×××立方米/月）[单选题]*

A. 没具体算过　　B. 具体数量是：_____

13. 您如何对待猪场内的粪污资源：[多选题]*

A. 随意搁置，不做任何用途

B. 仅将其收集到某一区域，不做其他用途

C. 将其收集到某一区域，进行消毒，但不做他用

D. 不做任何处理，直接用于自家田地施肥

E. 简单处理，如暴晒后，用于自家田地施肥

F. 将其收集到某一区域，进行消毒，然后用于自家田地施肥

G. 不做任何处理，直接用于销售

H. 简单处理，如暴晒后，用于销售

I. 将其收集到某一区域，进行消毒，然后用于出售

14. 您是否也在从事着种植业：［单选题］*

A. 是　　　　　　　B. 否

15. 您是否租赁着土地？［单选题］*

A. 是　　　　　　　B. 否（请跳至第 17 题）

16. 您租赁土地是为了：［单选题］*

A. 种植作物　　　B. 消纳粪肥　　　C. 二者都有

17. 您认为粪污资源化行为是否会给您带来收益？［单选题］*

A. 会　　　　　　　B. 不会

18. 您认为粪污资源化行为会给您带来哪方面的收益？［单选题］*

A. 经济收益　　　　　　　　B. 生态环境上的收益

C. 二者都有　　　　　　　　D. 都没有

19. 您每年用于粪污资源收购的单位成本是：（元/吨）［单选题］

A. 不从外界收购

B. 自给自足

C. 自给一些，从外界购买一些，购买的成本为：_____

D. 从外界收购，收购成本为：_____

20. 您目前每年用于粪污加工的成本占您销售总收入的比重约为：［单选题］*

A. 5% 以下　　　B. 5%～10%　　　C. 10%～15%　　　D. 15%～20%

E. 20%～25%　　F. 25%～30%　　G. 30%～35%　　H. 35%～40%

I. 40%～45%　　J. 45%～50%　　K. >50%

21. 您认为在粪污资源化过程中，对于各项成本占您投入总成本的比重是：［矩阵单选题］*

	非常小	较小	一般	较大	非常大
粪污收集和加工设备	○	○	○	○	○
粪污加工处理技术	○	○	○	○	○
人工成本	○	○	○	○	○
水电	○	○	○	○	○
其他	○	○	○	○	○

22. 您将粪污资源进行加工后的成品为：［多选题］*

A. 有机肥　　　　　　　　　B. 粪肥

C. 沼气　　　　　　　　　　D. 其他（请说明详情）_____

23. 您是否会将粪污加工后的成品用于销售？［单选题］*

A. 是　　　　　　　B. 否

24. 目前您将粪污资源加工制成品进行利用的途径有：［多选题］*

A. 通过指定经营点销售　　　　B. 通过批发商销售
C. 通过中介或单位进行销售　　D. 直接对接消费者
E. 自给自足　　　　　　　　　F. 赠送
G. 其他（请说明详情）_____

25. 当您有一笔闲散资金时，您更倾向于：[单选题]*
A. 用于扩大建设投资　　　　　B. 保持现状
C. 将该笔资金放入银行等储蓄机构

26. 政府下列行为的频率是：[矩阵单选题]*

	没有	较少	一般	较多	非常多
政府对环境的管控程度	○	○	○	○	○
政府进行的相关培训情况	○	○	○	○	○
政府的财政及政策补贴力度	○	○	○	○	○
政府的宣传力度	○	○	○	○	○

27. 目前您是否享受到了政府的补贴？[单选题]*
A. 是　　　　　B. 否（请跳至第29题）

28. 若您享受到了政府的补贴，您得到补贴的形式为：[单选题]*
A. 资金补贴（还请填写具体金额，例如：×××元/年）_____
B. 技术补贴
C. 设备补贴
D. 以上都有，补贴金额为：_____

29. 您是否愿意开展或继续展开粪污资源化利用活动？[单选题]*
A. 是　　　　　B. 否

30. 您现在比较渴望得到什么方面的政策补贴或帮助？（可具体）

31. 您认为本问卷还有哪些需要完善的地方？

附录 G

河北省宠物食品需求调查问卷

尊敬的先生/女士：

您好，非常感谢您对我们此次调研的配合。我们需要对宠物食品市场情况做一些调查，有助于对宠物食品市场的研究。您的回答受到《统计法》的保护。我们收集到的所有信息，将只用于计算机数据统计分析，有关您家庭或个人的信息不会出现在其他任何场合。我们将尊重您的个人隐私，忠实地为您保守秘密。衷心感谢您的合作！

一、个人及家庭基本情况

1. 您的年龄阶段？
□18～30 岁　　　　　　　　□31～45 岁
□46～60 岁　　　　　　　　□60 岁以上

2. 您的性别？
□男　　　　　　　　　　　□女

3. 您的婚姻状况？
□未婚　　　　　　　　　　□已婚

4. 您的文化程度？
□初中及以下　　　　　　　□高中（含中专、技校）
□大专及以上

5. 您是否有子女？
□是　　　　　　　　　　　□否

6. 您的居住地？
□城镇　　　　　　　　　　□农村

7. 您的职业？
□公务员或事业单位　　　　□公司职工
□个体工商户　　　　　　　□学生
□其他

8. 您的个人月收入？
□4 000 元以下　　　　　　□4 000～6 000 元

☐6 001~8 000 元　　　　　　　　☐8 000 元以上

9. 您的家庭月收入？
☐6 000 元以下　　　　　　　　☐6 000~9 000 元
☐9 001~12 000 元　　　　　　☐12 000 元以上

10. 您每月的可支配收入？
☐1 000 元以下　　　　　　　　☐1 000~3 000 元
☐3 001~5 000 元　　　　　　　☐5 000 元以上

11. 您每月购买宠物食品总金额：_____

12. 您购买宠物食品的频率？
☐3~5 天　　☐6~15 天　　☐16~30 天　　☐30 天以上

13. 您未来购买宠物食品的消费趋势？
☐增加　　　☐持平　　　☐减少

14. 您选择替代品的原因？
☐替代品的价格　　☐替代品的便捷　　☐替代品的功能

二、饲养宠物基本情况

1. 您的养宠时间？
☐1 年　　☐2~3 年　　☐4~5 年　　☐5 年以上

2. 您的宠物类型？
☐大型宠物　　☐中型宠物　　☐小型宠物

3. 您饲养宠物的数量？
☐1 只　　☐2~3 只　　☐3 只以上

4. 您饲养宠物的目的？
☐喜爱小动物　　☐陪伴　　　☐买卖　　　☐时尚表现
☐增进人际关系　☐打发时间　☐新鲜体验　☐其他

5. 您家宠物的家庭地位？
☐非常不重要　　☐比较不重要　　☐一般重要　　☐比较重要
☐非常重要

三、对宠物食品的认知与看法

1. 您熟知的宠物食品品牌？
☐皇家　　　☐冠邦　　　☐力狼　　　☐艾尔
☐比瑞吉　　☐宝路　　　☐其他

2. 您购买的宠物食品品牌？
☐国内品牌　　☐国外品牌

3. 您选择国内宠物食品品牌的原因？（可多选）
□价格优势　　　□品牌优势　　　□产品质量　　　□食品功能性
□其他

4. 您选择国外宠物食品品牌的原因？（可多选）
□价格优势　　　□品牌优势　　　□产品质量　　　□食品功能性
□其他

5. 影响您对宠物食品品牌信赖度的因素？（可多选）
□广告宣传　　　□口碑　　　　　□专利项目　　　□企业文化
□互动交流　　　□产品产地
□其他

6. 您购买宠物食品的主要种类？（可多选）
□无谷　　　　　□鲜肉　　　　　□天然　　　　　□处方
□功能　　　　　□普通

7. 您对宠物食品的了解程度？
□非常不了解　　□比较不了解　　□一般了解　　　□比较了解
□非常了解

8. 您了解宠物食品信息的途径？（可多选）
□微博　　　　　□微信　　　　　□QQ　　　　　　□宠物网站
□宠物公众号　　□养宠者介绍　　□其他

9. 您认为宠物食品哪个特点最能引起您的关注？（可多选）
□科技含量高　　□保健功能强　　□绿色健康营养　□宠物适口性好
□其他

10. 影响您购买宠物食品的主要因素有哪些？（可多选）
□价格　　　　　□品牌　　　　　□产品质量　　　□食品功能性
□包装　　　　　□渠道便捷度　　□售后　　　　　□营销方式
□其他

11. 您的宠物食品有哪些购买渠道？（可多选）
□超市　　　　　□宠物食品商铺　□网上购买　　　□宠物医院
□自家DIY　　　 □其他

12. 您的宠物食品最主要的购买渠道？
□超市　　　　　□宠物食品商铺　□网上购买　　　□宠物医院
□自家DIY　　　 □其他

13. 您最关注的宠物食品促销手段是什么？
□特价促销　　　□限时抢购　　　□体验购买　　　□换购
□其他

14. 您是否愿意购买宠物食品？
□是　　　　□否

15. 您对宠物食品产业的发展有哪些意见和看法？_____

后　记

　　进入21世纪以来，我国畜牧业发展取得了举世瞩目的成就。畜牧业生产规模化、标准化程度不断提高，畜产品总量和质量稳步提升。"十三五"期间，国家加大了畜牧业扶持政策实施力度，畜牧业发展方式发生了积极转变，高产、优质、高效、生态、安全的现代畜牧业得到极大发展。目前，畜牧业产值已占中国农业总产值的34%，畜牧业发展快的地区，畜牧业收入已占到农民收入的40%以上。我国畜牧业在保障城乡食品价格稳定、促进农民增收方面发挥了越来越重要的作用，畜牧业逐渐成为农村发展和农民增收的主要动力来源，以"温氏""牧原""新希望""大北农"等为代表的一大批畜牧业优势企业不断涌现，为促进我国畜牧业高质量发展做出了积极贡献。近年来，河北省发挥气候条件适宜、饲料资源丰富和环绕京津的产业优势，把畜牧业作为农业重点产业，不断加大支持力度，引导发展标准化规模养殖，培育壮大龙头企业，全省畜牧业实现稳步发展。2020年畜牧业总产值达到2 309.72亿元，畜牧业成为促进农民增收、推动农村经济发展的重要支柱产业。

　　本书是河北省教育厅人文社会科学研究重大课题攻关项目"河北省现代畜牧业发展研究"（项目编号：ZD201516）的研究成果。笔者在调研过程中，深入畜牧业生产一线，近距离接触、考察了各规模养殖企业、饲料加工企业、兽药生产厂商，与养殖户负责人、企业经营者、政府畜牧业主管部门工作人员进行了深入访谈。发现河北省畜牧业产业的"不平衡、不充分"问题比较突出，从养殖规模看既有年出栏上万头甚至几十万头的生猪、羊、牛养殖场，也有年出栏几十头的小散户；大型规模化养殖场已实现"机械化、智能化"生产，小规模养殖户仍是简单粗放的人力劳作。畜牧业存在着一些不容忽视的问题，主要包括畜牧业产值占农林牧渔业总产值比重不高，生产管理方式粗放，质量效益不稳，产业链条不长，保障支撑能力较弱。目前河北省正处于传统畜牧业向现代畜牧业转变的关键时期，加快发展现代畜牧业是构建现代农业产业体系的重要内容，是保障城乡居民菜篮子产品有效供给的重要手段，是促进农民收入稳定增长的重要途径。开展河北省现代畜牧业发展研究，对促进各级相关部门统一思想，提高认识，树立现代发展理念，着力改善饲养装备条件，强化科技支撑，健全产业体系，全面提升一体化经营水平，加快建设高产、优质、高效、生态、安全的现代畜牧业，有重要现实意义，这成为激励笔者展开深入研究的动力源泉。

本研究团队围绕河北省发展现代畜牧业的现实条件，主要畜牧产业的发展现状，以及饲料兽药、粪污处理、畜产品品牌、疫病防控和宠物食品市场等主要组成部分进行了比较深入的追踪研究。在实地调研过程中，从省厅到区县各级政府畜牧业主管部门，河北省现代农业产业体系生猪产业创新团队首席办公室、各试验站提供了非常大的帮助，从畜牧产业统计数据搜集，到组织、联系有关畜牧企业及业内人士访谈，都为研究工作开创了很好的便利条件，在此对各级政府畜牧主管部门和生猪产业创新团队的相关领导同志表示衷心的感谢！借此机会向所有帮助过我们的各位老师、同学和编辑人员一并表示衷心的感谢！

由于学术水平所限，很多地方研究浅显，不足之处有待今后完善，欢迎同行专家学者不吝赐教。

作者
2021 年 10 月 18 日